에 덴 컬 처

우리 세대가 갈망하는 새로운 내일

EDEN CULTURE
에 덴 컬 처

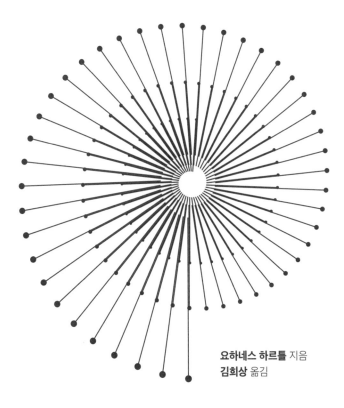

요하네스 하르틀 지음
김희상 옮김

 나무생각

차례

제 0 부

●

에덴을 그리워하며

제1부

•

첫 번째 비밀: 결속

제2부

●

두 번째 비밀: 의미

제3부

●

세 번째 비밀: **아름다움**

제4부

●

에 덴 컬 처

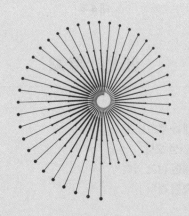

2052년 11월 12일 요나스Jonas는 지하 벙커에서 발견되었다. 야외에는 불에 탄 자동차들이 널렸으며, 방사선에 오염되었다는 경고판이 보였다. 사람들은 군복을 입었다.

"미래에 오신 걸 환영합니다."

이 말은 요나스가 의식을 잃고 쓰러지기 전 마지막으로 들은 것이다.

이 장면은 드라마 시리즈 〈다크DARK〉에 등장한다. 독일에서 처음으로 넷플릭스가 제작한 이 드라마는 국제적으로 성공했으며, 비평가들의 호평을 받은 작품이다. 이 드라마보다 더 잘 알려진 것은 영국 드라마 〈블랙 미러Black Mirror〉다. 이 시리즈는 각 편마다 미래를 다르게 묘사한다. 완벽한 커플을 자동으로 매치해주는 인공지능, 소셜미디어 활동 기록 데이터를 이용해 죽은 사람조차 계속 살아가게 만드는 생명공학, 일거수일투족을 놓치지 않는 총체적인 감시망, 프로그래밍 가능한 두뇌, 모든 기억의 완벽한 저장, 반체제 활동가를 추적하고 탄압하는 전투견 로봇….

〈블랙 미러〉는 이런 모든 묘사를 아주 잘 연출했으며, 〈다크〉만큼 분위기가 어둡지는 않다. 하지만 어떤 드라마를 보든 칙칙한 느낌은 지울 수 없다. 정말 이런 것이 우리의 미래일까? 모든 것을 기술로 꾸며내는 세상이? 모든 것이 의미를 잃고 공허하며 권력자의 입맛대로 휘둘리는 세상이? 이른바 '하이퍼모던hypermodern', 곧 '초현대적'이라는 수식어로 치장된 세상에서 뿌리를 잃고 외로운 투쟁을 벌여야만 하는 인간이 과연 우리의 미래 모습일까? 어떤 영화 제작자가 미래를 어떻게 그려내든 그 미래는 한결같이 '디스토피아Dystopia'다. 미래에 온 것을 환영한다고?

제0부

에덴을
그리워하며

우리의
오래된
정원

내가 어려서 성장한 집은 오래된 정원을 가졌다. 정원은 나에게 마음껏 달릴 수 있을 정도로 커 보였다. 울창한 나무들이 에워싼 정원은 숱한 비밀을 품고 있었다. 우리가 숨바꼭질을 하던 측백나무 아래에 수북이 쌓인 마른 나뭇가지들과 8월에 갓 깎은 잔디밭에서 올라오는 신선한 내음…. 여름방학에 나무 위에서 뚝딱거리며 집을 짓고 놀 때면 시간이 그대로 영원할 것만 같았다. 우리는 널빤지를 깐 바닥에 이불과 방석을 가져와 깔고 거기에 앉아 온갖 과일즙들을 섞어 만든 칵테일을 마시며 깔깔대고 웃었다. 집처럼 편안하면서도 자연 그대로였던 곳, 그곳이 우리의 정원이었다.

그로부터 30년이 흐른 지금, 나의 아이들은 할머니와 할아버지의 집을 찾아갈 때마다 그동안 더욱 오래된 그 정원에서 뛰논다. 무엇이 이 정원을 신비롭게 만들까? 내가 자주 품었던 물음이다. 특히 도시에 살면서부터 나는 이 물음을 곰곰이 생각해왔다. 우리의 새 집에도 정원이 있기는 하다. 새롭게 조성된 주택단지는 서른 개의 똑같은 크기를 가진 정사각형 잔디밭을 마치 쇠창살 같은 울타리로 나누어놓았다.

나의 부모님이 옛집을 구입한 것은 벌써 80년 전의 일이다. 제1차 세계대전을 치르느라 군인들이 징발될 때도 이 정원은 이미 존재했다. 이런 오랜 역사가 정원이 품은 첫 번째 비밀이리라. 정원은 그만큼 해묵었다. 내가 어렸을 때 정원에는 가문비나무 한 그루가 서 있었다. 이 나무의 몸통은 세 명의 아이들이 팔을 벌려 안아도 모자랄 정도로 굵었다. 나무 꼭대기는 어찌나 높은지 하늘을 뚫을 기세였다. 나는 이 가문비나무를, 옛 정원을 잊을 수가 없다. 정원을 생각할 때면 언제나 내 가슴은 애틋한 그리움으로 물든다.

독자 여러분도 이런 감정을 틀림없이 알리라. 할아버지의 거실과 거기서 똑딱이던 벽시계, 초등학교 복도에 깔린, 녹색 칠을 한 마룻바닥에서 나던 냄새, 흉내 낼 수 없는 맛과 향기를 자랑하는 특별한 음식, 예전에 살았던 지역과 그곳의 거리 풍경, 그리고 여러분의 거실, 마룻바닥, 음식 또는 전혀 다른 어떤 것이든, 내 경우의 정원이든 확실한 공통점이 있다. 우리의 그리움은 해당 대상을 잃었다는 상실감과 맞물린다는 사실이다. 정원은 우리가 잃었다고 느끼며 그 시절로 다시 돌아가고 싶다는 감정을 불러일으키는 대표적인 상징이다. 이 책에서는 바로 이런 갈망의 장소를 찾아가보고자 한다. 우리가 본래 어떤 인생을 살고 싶었는지 하는, 갈망의 근원을 이루는 그 기억을 찾아가보고자 한다. 무슨 향수에 젖자는 말이 아니다. 우리가 소망하는 내일의 세상을 함께 그려보자는 것이다.

옛 신화 ─────────────

상실의 감정은 인류가 근본으로 가지는 감정이다. 많은 문화권의 신화와 전설이 잃어버린 순수함의 이야기를 들려주는 이유가 달리 있을까?

"아우레아 프리마 사타 에스트 Aurea prima sate est"

고대 로마의 시인 오비디우스가 인간의 늙어감을 두고 쓴 시의 첫 구절이다. 이 구절의 뜻은 다음과 같다.

"태초에는 황금시대가 있었나니."

이 황금시대는 조화와 평화를 자랑했으며, 아직 도시가 생기지는 않았다.

"또한 땅은 괭이로 파거나 쟁기로 갈아엎는 강제를 받지 않고도 모든 것을 스스로 베풀었다."[1]

에덴 컬처

오비디우스는 저절로 자라는 과일들을 이야기하기도 한다. 이런 상상은 오비디우스만 한 것이 결코 아니다. 고대 그리스 신화에서도 신들이 사는 축복의 섬 엘리시온Elysion을 이야기한다. 이 섬에는 지저귀는 새들과 활짝 핀 꽃과 절로 자라는 맛난 과일이 가득하다고 한다. 구약성경은 인류의 역사가 에덴동산에서 사는 아담과 하와로 시작되었다고 증언한다. 에덴은 먹고 마실 것이 차고 넘쳐나는 낙원이며, 이곳에서 남자와 여자는 아무것도 입지 않고 자유롭게 지냈다.

낙원을 그리는 이런 이야기는 그저 순진무구한 상상의 결과물일까? 실제로 우리 인간은 일반적으로 과거를 미화하는 경향을 보인다. 내가 어린 시절의 정원을 아름답게만 추억하듯. 물론 정원의 모든 것이 낙원의 분위기를 자랑하지는 않는다. 어쨌거나 이 정원에서 내가 좋아하고 아꼈던 두 개의 난쟁이 인형이 이웃집 개의 공격을 받아 희생된 사건(!)은 낙원과는 거리가 멀다. 마찬가지로 정말 그런 황금시대가 있었는지도 불분명하다. 하지만 우리가 이런 갈망을 담아낸 그림을 그린다는 점만큼은 부정할 수 없는 사실이다. 이런 그림을 우리는 왜 그리며, 그것은 어떤 의미를 가질까? 어째서 이런 그림은 전래되어 오는 고대 문화마다 빠짐없이 등장할까?

인문학자로서 나는 이런 그림이 가지는 의미를 연구해왔으며, 우리 인간 존재가 가지는 근원적인 갈망이 표현된 결과물이라 믿기에 이르렀다. 다시 말해서 우리의 삶이 이러저러한 모습이면 좋겠다는 희망을 응축시켜놓은 것이 이런 낙원의 그림이다. 그리고 우리의 생각과 느낌은 무의식적으로 이런 그림의 지배를 받는다. 되도록 신비를 덜어내고 합리적으로 생각하자는 계몽의 노력도, 과학의 눈부신 성과도, 이런 그림이 가지는 상징성의 힘을 빼놓지는 못한다. 오히려 계몽과 과학은 어떻게 해야 우리가 생명 친화적인 미래를 꾸려갈 수 있을지 가려볼 안목을 흐려놓고 말았다. 사정이 이처럼 꼬여버린 데에는 원인이 없지 않다.

고대 문화는 세상이 어때야 하는지 그 이상적인 모습을 상상하면서, 이 이상적인 세상이 어떤 모습을 가져야 하는지 최소한 짐작과 예상은 제시했다. 그러나 근대 이후 우리의 역사는 오로지 우리에게 '어떻게 살면 안 된다'는 이야기만 들려주었다. 디스토피아를 앞다투어 그리는 저 영화나 드라마에 섬뜩한 공포를 느끼면서도 사람들이 뜨거운 반응을 보이는 이유는 현재 우리 앞에 펼쳐지는 미래의 모습이 그만큼 공포를 자아내기 때문이다. 특히 심각한 문제는 우리가 과학의 힘에 기댄 미래를 건설하고자 노력할수록 디스토피아는 현실로 다가온다는 사실이다.

세상은 갈수록
더 좋아지나?

디스토피아를 그리는 영화나 드라마는 현실과 맞지 않는 것처럼 보일 수도 있다. 각종 통계자료가 보여주는 숫자만 믿는다면,

세상은 갈수록 더 좋아지고 있다는 고무적인 그림이 그려지기 때문이다. 예를 들어 지난 40년 동안 전 세계적으로 영양실조에 시달리는 사람들은 절반 정도 줄었다. 사회학자 토머스 로버트 맬서스Thomas Robert Malthus, 1766~1834는 인구 증가로 말미암아 굶어 죽는 사람들이 폭발적으로 늘어날 것이라고 예측했었다. 그러나 그의 예측은 빗나갔다. 산업화 이후 곡물의 생산량은 꾸준히 늘어났으며, 굶주려 죽는 사람도 크게 감소했다.

인구 1인당 소득으로 측정하는 풍요 지수도 전 세계적으로 꾸준히 늘어났다. 산업화가 시작되기 전에 극소수의 상위층을 제외한 거의 모든 사람들이 쓰라린 가난에 신음했다면, 1980년대 초에는 세계 인구 가운데 약 40%가 절대빈곤에 시달렸다. 오늘날 이 비율은 고작 10%에 지나지 않는다.[2]

더 많은 좋은 소식을 듣고 싶은가? 자연재해, 비행기 추락, 전쟁으로 사망하는 사람의 수도 감소하고 있으며, 어린아이 사망률, 미세먼지 피해 및 핵무기도 마찬가지로 현격하게 감소했다. 늘어난 것은 문맹퇴치율(1800년에 글을 읽을 줄 아는 사람이 10%였으며, 오늘날은 86%에 달한다.), 깨끗한 식수를 공급받는 인구 비율(1980년의 58%에서 오늘날은 88%로 상승), 여성의 교육 수준, 소아암 완치율, 기대수명 등이다.[3]

우리는 지금보다
더 잘 지낼 수 없다

앞서 소개한 통계자료를 본다면, 우리는 다가올 미래를 낙관적으로 보아야 할 충분한 근거를 가진다. 하지만 우리가 경험하는 현실은 완전히 다르다. 지극히 평범한 월요일 저녁의 나의 인스타그램 계정에는 팔로워들이 보내온 답들로 넘쳐난다. "피곤하다", "서글프다", "아무 의욕이 없다"처럼 하나같이 부정적이다. 이 모든 답변은 내가 5만여 명의 팔로워들에게 바로 지금 어떻게 느끼는지 묻자 보내온 것이다. 물론 이 답들은 일종의 스냅사진처럼 순간의 감정을 포착한 것이기는 하다. 그러나 이런 암울한 분위기를 보여주는 사례는 이 밖에도 많다.

벌써 몇 년 전부터 나는 아주 다양한 주제들을 다룬 강의 동영상을 유튜브에 올려왔다. 업로드한 모든 동영상 가운데 하나는 아주 많은 사람들이 찾아본 것인데, '영혼이 눈물을 흘릴 때면'이라는 제목의 이 강의 영상은 약 100만 명이 시청했다. 2013년에 만들어 올린 것이라 기술적으로 특별히 잘 만든 것이 아님에도 이처럼 큰 관심을 받은 것은 인생이 팍팍하게 느껴지고, 그 답을 찾으려는 열기가 크기 때문이리라. 왜 그렇게 많은 사람들이 힘든 인생을 살까? 심지어 많은 청년들은 '도대체 이런 세상에서 결혼을 해서 아이를 낳는 것이 윤리적으로 책임 있는 행동일까' 하는 절박한 의문을 품는다.

미국의 저널리스트 그레그 이스터브룩Gregg Easterbrook은 '진보의 역설'이라는 표현으로 자신이 관찰해온 바를 압축했다.

"서구 국가에서 우울증이나 원인을 특정할 수 없는 부정적 감정에 지속적으로 시달리는 사람은 반세기 전보다 10배 정도 더 많다. 미국인과 유럽인은 모든 것을 갈수록 더 풍요롭게 누리지만 단 한 가지만큼은 예외다. 그것은 곧 행복이다."[4]

물론 이런 진단이 모든 개인에게 들어맞는 것은 아니라 할지라도 경향인 것은 분명하다. 1997년부터 오늘날까지 독일의 직장인들이 우울증과 공황장애 또는 스트레스 장애로 업무를 소화하지 못한 날들의 수는 세 배로 늘어났다. 이런 결과는 독일 직장인 의료보험 '데아카DAK, Deutsche Angestellten-Krankenkasse'가 2020년에 발표한 심리분석 보고서에 담긴 것이다.[5] 청소년의 경우도 사정은 나아 보이지 않는다. 독일 보건부 산하의 질병 연구소 '로베르트 코흐 연구소'는 여성 청소년의 3분의 1, 남성 청소년의 5분의 1이 여러 심신질환에 시달린다고 조사 결과를 밝혔다.[6]

하지만 심리적 평안함만 줄어드는 것은 아니다. 공감 능력도 갈수록 떨어지는 추세는 흘려볼 수 없다. 미국의 대학생 1만 4천 명을 상대로 한 72편의 인성 연구를 메타 분석한 결과는 공감을 나눌 줄 아는 자세와 능력이 1979년과 2009년을 비교할 때 40% 줄어들었음을 확인해준다.[7]

이런 연구 결과는 뭔가 근본적인 문제가 있음을 경고한다. '코로나 팬데믹'과 이로 말미암은 봉쇄 정책이 장기적으로 이 모든 경향을 더 강화하는 쪽으로 영향을 미치고 있음은 두말할 필요없다. 인간이 갈수록 더 성공적인 인생을 살거나 더욱더 강력한 힘을 가진다 한들, 그로 말미암아 갈수록 더 심각한 우울증과 외로움에 시달린다면 그 성공과 힘이 다 무슨 소용일까? 하지만 안타깝게도 우리 사회 전체는 정확히 이런 길로 가고 있다.

빗나간
유토피아

날카로운 시선이 꼭 상대를 꿰뚫을 것만 같다. 그는 잠시 침묵하며 자신이 한 말이 무슨 뜻인지 상대방이 온전히 알아들을 수 있도록 시간을 준다는 듯 상대를 똑바로 노려보았다. 미래를 안다고 주장하는 이 남자의 이름은 일론 머스크Elon Musk다.

머스크는 테슬라의 대표다. 그는 전기자동차와 자율주행 분야의 선구자이며, 최초로 화성을 찾아가는 민간 우주비행을 계획했다. 화성 우주비행이라니 유토피아처럼 들리는 이야기다. 하지만 머스크가 1990년대 중반에 전 세계 온라인 지불 시스템 페이팔 PayPal을 설립했을 때 이 사업 구상도 유토피아처럼 들렸다. 2018년 머스크는 가슴팍에 "화성을 점령하자Occupy Mars"라고 쓰인 티셔츠를 입고 유튜브 스타인 코미디언 조 로건Joe Rogan과 스튜디오에 함께 앉아 마리화나를 피웠다. 물론 대담 초기에 어떤 미래를 기대하는지 빠른 속도로 늘어놓는 머스크가 마리화나에 취한 상태는 아니었다. 그는 곧 인간과 기계가 융합해 인류를 능가하는 '트랜스휴먼 지능'이 출현할 거라고 했다. 이런 기술이 실현 가능한지가 아니라, 언제 실현되는지 우리는 물어야만 한다고 그는 강조했다. 인간의 두뇌로 조종되는 기계, 기계의 조종을 받는 인간 두뇌. 결국 우리가 고민해야 하는 문제는 단 하나다. 머스크의 말대로 트랜스휴먼이 현실로 나타난다면, 기계가 승리하게 될 거라는 점이다. 기계는 그야말로 무한히 빨라질 수 있기 때문이다.

머스크 자신이 설립한 회사 '뉴럴링크Neuralink'는 전 세계적으로 인간과 기계를 결합해주는 기술 연구를 선도하는 기업이다. 머스크는 10년 동안 정치가들을 상대로 앞으로 기술 시대의 도래가 초래할 문제들을 경고했다. 그런 그가 이제는 다 포기하고 기술 시대를 받아들이기로 결심한 것일까? 그는 돌이킬 수 없는 기계의 지배를 다소 체념한 듯 받아들이기로 한 모양이다.[8]

이런 비관적인 견해는 독일 철학자 리하르트 다비트 프레히트 Richard David Precht 역시 자신의 최신 신간 《인공지능과 인생의 의미》에서 선보인 바 있다.[9] 프레히트는 우리가 맞이하게 될 미래가 누구도 원하지 않는 이른바 '포스트휴먼post-human', 곧 '인간 이후 시대'가 되는 게 아닐까 걱정한다.[10] 하지만 프레히트가 본격적으로 제기하는 물음은 정확히 이것이다. 로봇과 기술이 우리 인간보다 훨씬 더 효율적이 된다면, 대체 인생의 의미는 무엇인가? 그러나 책은 제목으로 독자가 품었을 기대를 만족시켜주지 못하고 좀 애매하게 논의를 마무리한다. 프레히트는 인간의 인생 자체가 의미라고 주장한다.

일론 머스크의 입장은 더욱더 어정쩡하다. 기계가 우리 인간을 누르고 승리하는 것을 우려하면서도 그는 진지한 해결책을 전혀 제시하지 않는다. 그저 앞으로 세계를 지배할 기계들이 좀 인간적인 면모를 갖출 것으로 기대한다고만 말한다. 인간적인 기계는 기술적으로 따라올 수 없는 인류를 살려두는 선택을 하는 기계를 뜻한다. 왜? 그래야 좋으니까. 우리가 침팬지보다 훨씬 더 뛰어나기에 침팬지를 살게 해준 것과 마찬가지다. 하지만 우리의 생사 여부를 기계에게 맡겨두자는 것이 우리 인간이 스스로를 두고 생각할 수 있는 전부일까?

발전을 회의적으로
바라보는 시선
/

이 모든 혼란을 빚어낸 주된 책임은 기술과 자본주의에게 있다. 프레히트를 비롯해 현대를 비판적으로 보는 많은 사람들은 어쨌거나 그렇게 주장한다.[11] 예를 들어 젊은이들 사이에 인기를 누리는 것은 이른바 '탈성장 운동degrowth movement'이다. 이 운동은 경제성장이 아니라, 경제의 제한을 해결책으로 간주한다.[12] 그러나 발전을 추구하는 성향은 인류의 역사만큼이나 오래된 것이다. 그리고 산업화와 기술과 자유시장경제는 그 어느 때보다 나은 물질적 풍요를 누리도록 기여했다. 바로 그래서 이 모든 것을 싸잡아 죄악시하는 것은 곤란하다.

우리가 물어야 할 정확한 물음은 발전이 꼭 필요한가 하는 것이 아니다. 오히려 우리는 어떻게 해야 발전을 인간적으로 할 수 있을지 물어야 한다. 순진하게 발전에만 매달리거나, 발전이라면 무조건 회의적인 시각으로 바라보는 태도는 둘 다 바람직하지 않다. 현재와 미래의 기술적 가능성만 가지고 왈가왈부하기보다는 어떤 종류의 발전을 추구해야 하는지 물어야만 한다. 인간 이성은 언제나 새로운 발명을 이루어왔지만, 동시에 인간 이성은 무언가를 부정할 수 있는 능력을 뜻하기도 한다. 일단 잡은 방향이 틀렸구나 하고 깨닫고 인정할 줄 아는 자세 역시 일종의 발전이다.[13]

최근 세간의 주목을 끈 개념 가운데 하나는 '공명Resonance'이다. 독일 사회학자 하르트무트 로자Hartmut Rosa는 공명이라는 개념으로 인간과 세계 사이의 바람직한 관계를 묘사한다. 오늘날의 세계는 모든 것이 갈수록 더 빨라진다. 이와 더불어 사람들 역시 갈수록 더 많은 것을 체험한다. 하지만 어찌 된 일인지 이 모든 것은 우리에게 갈수록 더 심드렁해진다. 한마디로 인간과 세계 사이의 공감이 점차 사라지는 것이다.[14] 로자가 하는 말을 듣고 있노라면 그가 다른 인생 모델을 찾고자 얼마나 애썼는지 알 수 있다. 나는 그와 레스토랑에서 만나 우리가 어떤 인생 대안을 가졌는지를 주제로 열띤 대화를 나누었다. 음식은 거의 손도 대지 못했다. 로자는 "개인적으로든 문화적으로든 바람직한 인생 모델을 우리는 전혀 찾아내지 못하고 있다."는 의견을 피력했다.[15] 바로 그래서 우리가 다른 인생을 전혀 상상조차 하지 못한다고 그는 부연했다. 심지어 어떤 인생을 원하지 않는지도 우리는 말하지 못한다.

비판과 반대는 언제나 쉬운 일이다. 하지만 대체 무얼 원하는지, 어떤 것을 찬성하는지 말하기는 간단한 일이 아니다. 우리는 어떤 인생을 원하는가?

로자와 나는 이 만남에서 우리가 원하는 인생이 정확히 무엇인지 깔끔하게 풀어보지는 못했지만, 이후 나는 그가 말한 '공명'이라는 개념을 늘 되새겼다. 다른 사람들과 공명하며 사는 세계, 서로 울림을 주고받을 수 있는 세상을 만들어가는 것. 이런 대안이야말로 〈다크〉와 일론 머스크가 그려 보이는 차가운 기술 세계보다는 훨씬 더 근사한 울림을 준다.

긍정심리학에서는 '번영Flourishing'이라는 개념을 쓴다. 심리학의 많은 고전 학파들이 영혼의 아픔을 치유하는 일에 집중한 반면, 긍정심리학은 인간이 어느 한쪽에 치우치지 않고 모든 면에 걸쳐 균형을 이루고 번영하기 위해 무엇을 필요로 하는지 살핀다. 물론 모든 새로운 발명이 번영에 이바지하는 것은 아니다!

제2차 세계대전이라는 지옥을 경험한 이후 '계몽의 변증법'이라는 말을 담금질해낸 사람들은 '프랑크푸르트학파'의 선구적인 사상가들이다. 계몽이란 좋고 나쁨을 가려볼 줄 아는 능력을 함양하는 자세를 뜻한다. 인간이 이룩한 기술 발전은 비인간적인 산물을 적잖이 배출했다. 그렇다면 대안은 이런 발전을 송두리째 부정하는 퇴보가 아니라, 인간다움을 만드는 것이 무엇인지 묻는 성찰이다.

"과거를 보존하고 고집하는 게 아니라, 무망한 것으로 밝혀진 헛된 희망을 버리는 태도가 중요하다."

《계몽의 변증법》서문에 등장하는 표현이다. 이 책은 1944년에 쓰였다.[16] 역사를 이끌고 나가는 힘은 희망에서 나온다. 정확히 말하자면, 역사를 이끌고 나가는 참된 희망을 일깨우고 실현해나가는 태도가 필요하다.

인간의 생태

푸른색 스웨터, 시선은 굳어 있고 목소리는 떨린다. 어떤 사람들은 숭배하고, 어떤 이들은 미워한다. 그레타 툰베리Greta Thunberg가 목청을 높일 때면 중립을 지키는 사람은 거의 없다. 툰베리의 발언은 피할 수 없는 운명의 무게를 담았다. 지난 몇십 년에 걸쳐 일어난 그 어떤 운동도 생태 운동만큼 폭발적 전파력과 호소력을 자랑하지 못했다.[17] 생태 운동은 우리의 지구를 두고 완전히 다르게 생각하도록 영향을 미쳤다.

청소년 기후행동, 즉 '미래를 위한 금요일Fridays for future'**은 수백만 명의 학생들을 거리로 나오게끔 이끌었다. 그만큼 압도적인 다수가 기후변화를 심각한 위협으로 보기 때문이다. 운동의 명칭

• 영어 정식 명칭은 'School Strike for Climate' 또는 'Youth for Climate'이다. 2018년 8월 그레타 툰베리가 기후를 지키기 위한 동맹휴학을 호소하면서 시작된 운동이다. — 옮긴이

에 '위한for'이라는 단어가 들어가기는 하지만, 생태 운동은 일차적으로 어떤 것을 위한다기보다는 무엇을 '막으려는' 운동이다. 생태 파괴와 기후변화를 막으려는 것이 생태 운동의 목적이다. 맞는 말이다, 우리는 멸종당하고 싶지 않으니까.

멸종 위기에 처한 동물은 보호할 가치가 충분하다는 점이야 누구나 동의할 이야기지만, 인간의 경우는 그리 분명치 않다. 인간은 지구라는 별에 엄청난 부담을 안기는 존재이기 때문이다. 황당하게 들리기는 하지만, 사실이 그렇다.

독일의 교사이자 반출산주의자 베레나 브룬슈바이거Verena Brunschweiger는 자신의 책《선언: 아이가 없는 게 아니라 아이를 갖지 않는다》에서 아이야말로 지구에 가하는 최악의 위협이라고 주장하며, 자녀가 없는 부부에게 혜택을 주어야 한다고 강조한다. 영국의 여가수 블라이스 페피노Blythe Pepino는 기후 문제가 해결될 때까지 출산을 거부하자며 '출산 스트라이크Birth Strike' 운동을 벌였는데, 미국에서도 반향을 불러일으켰다. 그리고 영국의 왕자 해리Harry와 그의 아내 메건Meghan은 환경을 위해 자녀를 둘로만 제한하기로 했다.[18] '제한한다'는 말은 이들도 자녀를 가지는 것을 지구에 가해지는 잠재적 위험으로 보고 있다는 뜻이다. 자동차를 너무 자주 타지 않거나, 육류를 지나치게 소비하지 않아야 하듯.

생태 운동의 맹점은 하필이면 인간이다. 인간이 지구에서 살아갈 자격이 있는지조차 확신하지 못하면서, 어째서 많은 사람들은 지구를 보호하려 들까? 우리는 인간의 새로운 생태를 필요로 한다. 인간이 지구와 평화롭게 공존하는 생태가 구축되지 않는다면 과격 환경운동단체 '멸종 저항 운동Extinction Rebellion'이 그들 홈페이지에 걸어둔 디스토피아적인 구호처럼 우리의 내일은 그야말로 암담하기 때문이다.

"안녕, 너의 미래는 엉망진창이 될 거야."[19]

희망

나는 당신의 미래, 나의 미래, 우리의 미래가 엉망진창이라고 믿지 않는다. 그런 이유로 이 책은 희망의 책이다. 지금껏 우리가 살아온 인생과 다른 인생은 얼마든지 있을 수 있다고 믿는, 불처럼 뜨겁게 분노하는 희망의 책이다! 몽상가나 할 법한 이야기라고? 좋다. 나를 몽상가라고 불러도 무방하다. 내가 보기에 세상에는 꿈꾸는 사람들, 비전을 가진 사람들은 거의 없고 실용주의만 넘쳐난다. 아이를 낳는 것조차 책임질 수 없어 아이가 없는 인생에 만족하자고? 나는 네 명의 아이들을 두었다. 딸 안나Anna가 열 살이었을 때 나는 딸의 손을 잡고 아우크스부르크 구시가를 산책했다. 오랜 역사를 자랑하는 집들을 올려다보며 안나가 갑자기 이렇게 물었다.

"아빠, 왜 옛날 집들은 전부 예쁜데, 새로 지은 집은 모두 하얀 시멘트 덩어리야?"

이후 이 질문을 잊을 수가 없었다. 실제로 나는 항상 이 질문을 염두에 두고 도시를 바라보기 시작했다. 물론 르네상스 시대에 지어진 시청 건물의 외관은 그곳에서 멀지 않은, 1970년대에 지어진 주택과 비교를 거부할 정도로 웅장하다. 옛날 수공업 장인들이 솜씨를 다해 지은 건물은 높다란 천장에 문양을 깎아 만든 서까래에도 불구하고 맞은편 은행 건물보다 훨씬 더 편안해 보인다. 어째서 그런지, 왜 옛날 건물이 실제로 더 친근하고 아름다워 보이는지 나는 답을 알지 못한다. 그럼에도 내 딸의 질문에는 뭔가 지혜로운 통찰이 들어 있다. 안나의 질문은 훨씬 더 중요한 질문으로 우리를 인도하기 때문이다. 대체 우리는 어떤 미래를 짓고 싶은가? 그리고 이 미래가 우리의 오늘보다 더 낫다는 것을 어떻게 알 수 있을까? 이런 질문들을 고민하지 않는다면 우리는 치명적 결과를 자초할 것이다.

이 책은 인류에게 좋은 미래가 있다는 확신, 인간은 기계가 절대 대체할 수 없는 특성을 가진 존재라는 확신에 고무되어 쓰였다. 이 인간 고유의 면모를 지키기 위해 우리는 투쟁해야 한다. 이 인간 고유의 특성은 경제성장이나 자연보호보다 훨씬 더 절박한 비전과 명확한 목표를 가질 때 비로소 발현한다. 인간이 이것을 잃거나 파괴당할 때 기후변화 못지않게 위험한 파국을 맞을 수 있다. 물론 기후변화는 부정할 수 없는 심각한 문제다. 기후변화를 부정하는 태도는 무지함 탓에 비롯될 따름이다. 이런 태도는 결국 치명적 파국을 부른다.

〈기후변화를 바라보는 유럽의 인식European Perceptions of Climate Change〉(2016)이라는 제목의 국제 설문 조사에서 독일 응답자의

16%가 기후변화 문제가 그처럼 심각한지 의심스럽다고 답했다고 한다. 기후변화를 이처럼 한가하게 받아들이다니 정말 걱정되는 상황이 아닐 수 없다. 그러나 분명한 사실은 물과 공기의 지속적인 관리만으로 인간 고유의 특성을 잃는 것은 막을 수 없다는 점이다. 탄소 중립을 이룩한 세계에서도 인간의 심장은 질식할 수 있다.

따뜻한 피가 도는 심장, 서로 울림을 주고받는 심장이 없이 우리는 살 수 없다. 우리는 그런 삶을 원하지 않는다. 우리는 자연의 생태를 넘어서는 인간의 생태, 새로운 삶을 일구어가려는 노력을 필요로 한다. 그것이 곧 '심장의 생태'다. 우리는 인간의 의미를 일깨워주는 신화와 그림에서도 이러한 심장의 생태를 만나볼 수 있다. 바람직한 인생을 살아갈 비결은 아주 간단한 것, 글자 그대로 우리의 현관 앞에서 시작하는 것이다.

에덴을 향한
그리움 _____

어머니 자연
/

최근 독일에서 가장 큰 인기를 누린 실용서는 산림감독관 페터 볼레벤Peter Wohlleben이 펴낸《나무의 숨겨진 삶Das geheime Leben der Bäume》이다.* 나무들이 서로 어떻게 협력하는지, 숲이 생물종을 얼마나 다양하게 번성시키는지 등을 자세히 묘사하면서 볼레벤은 나무의 이런 생명 활동을 바람직한 인생의 본보기로 삼았다. 아내와 나는 이 책의 내용을 소개하는 동영상을 보고 긴장이 이완되는 편안한 기분을 맛보았다.

《행복은 나무처럼 심을 수 있다Glück kann man pflanzen》는 책에서 독일의 정원 전문가 카트린 슈만Kathrin Schumann은 정원을 인생의

• 한국에서는《나무 수업: 따로 또 같이 살기를 배우다》(2016)라는 제목으로 번역되었다.
— 옮긴이

행복으로 이끌어줄 열쇠로 묘사한다.

"정원에서 식물을 심고 가꾸는 일을 해본 사람은 생명이라는 것이 우리 인간을 얼마나 너그럽게 품어주는지 잘 안다."

슈만은 이런 글로 생명을 가진 것은 그 어떤 것도 헛되거나 불필요하지 않으며, 저마다 고유한 의미를 가진다고 설명한다.[20] 정원을 주제로 다루는 잡지 《쾌적한 전원Landlust》과 《전원이라는 이상Landidee》은 독일에서 가장 높은 판매 부수를 자랑한다. 젊은 층을 주요 독자로 삼는 잡지 《킨포크Kinfolk》도 미적 감각으로 국제적인 인기를 누린다.

이런 출판물을 매력적으로 만드는 것은 무엇일까? 이들 잡지는 모두 생명의 풍부하고 조화로운 모습을 담은 뛰어난 사진들을 자랑한다. '어머니 자연'은 여전히 모든 것을 따뜻하게 품어준다. 다만 인간만이 이런 그림에 잘 맞지 않는다. 하지만 자연과 더불어 사는 인생은 얼마든지 조화로운 모습을 회복할 수 있다. 오늘날 도시인들이 전원의 목가적 풍경에 그만큼 목말라 한다는 점이야말로 우리를 갈수록 옥죄는 경쟁 사회로부터 막아줄 열쇠다. 전원을 향한 이런 갈망은 그저 판타지로만 머물지 않을 것이다.

새로운
전통

/

바르샤바에서 맞이한 그날은 날이 화창했다. 내가 연사로 나서기로 한 행사는 코로나 탓에 취소되었다. 자유로워진 시간을 호텔방에서 보내던 나는 우연히 손에 잡은 책 한 권에 푹 빠졌다. 돌연 나는 지금과는 다른 인생을 살고자 하는 갈망이 매우 구체적인 사례를 향해 성큼 나아가고 있다는 느낌을 받았다. 이제 갓 출간된 화보집은 지역의 전통을 되살려내는 많은 사람들의 혁신적 발상을 환상적일 정도로 잘 담아냈다.

예를 들어 말레나Malena와 비르질리오 마르티네즈Virgilio Martínez 오누이는 식재료로 사용할 구근을 직접 재배하고 캐낸다. 오누이는 페루의 다양한 생태계를 연구하고 해수면 아래부터 고산지대에 이르기까지 페루 전역을 누비며 독특한 식재료를 찾는다. 자연과 전통을 존중하며 그곳 자연에서 얻은 재료로 세상 어디에서도 볼 수 없는 새로운 메뉴를 선보이는 것이다. 이탈리아의 탄산수 제조업체 '산펠레그리노San Pellegrino'가 매년 만드는 세계 최고 레스토랑 목록에서 오누이가 운영하는 '센트럴Central'은 6위를 차지했다. 비결이 뭐냐고? 오누이의 말에 따르면, 공생을 중시하는 농업에 주목하도록 문화적 변화가 이뤄진 것이 그 비결이라고 한다.[21]

이 이야기를 읽으며 나는 정말 페루에 가보고 싶어졌다. 하지만 나는 바르샤바에 있지 않은가. 어쩔 수 없이 호기심으로 계속 책장을 넘기다가 예전에 아이슬란드 여행에서 본 듯한 장면을 찍은 사진을 발견했다. 아이슬란드의 어떤 젊은 기업가가 선조 시대의 전통적인 방식대로 소금을 채취하는 방법을 복원했다고 한다. 나는 책을 계속 읽으며 황량한 해안에 끝없이 펼쳐진 소금 채

에덴 컬처

취장을 보았다. 캐나다 동부의 섬 포고Fogo에서는 젊은 디자이너와 예술가들이 지역 경제를 살리기 위해 전통적인 조업을 하는 어부들과 협업한다. 그 결과물은 정말 대단하다! 지역 농산물을 활용한 음식, 지역 풍경에 맞춰진 디자인처럼 이 선구적인 젊은 이들의 혁신적 작업 방식은 과거 회귀적이지도 않고, 발전에 적대적이지도 않으며, 오히려 해묵은 전통을 새로운 기술과 산뜻하게 접합시킨다. 기술적으로 모든 것을 만들 수 있으며, 심지어 조작까지 서슴지 않는 시대에 젊은이들은 기존에 이미 있는 것을 존중할 줄 아는 법을 찾아냈다.

얼마 뒤 나는 독일로 돌아와 카르스텐 발데크Carsten Waldeck와 전화 통화를 했다. 발데크가 하는 이야기를 듣고 있노라면 나는 마치 꿈을 꾸는 것만 같다. 그와 홈베르크Homberg, 헤센 북부의 다른 젊은 사업가들이 농촌에서 지속가능한 미래를 꾸려가기 위해 어떻게 노력하는지 신이 나서 하는 이야기를 듣노라면, 그의 열정이 고스란히 나에게도 전염된다. 카르스텐 발데크는 자연과의 결합을 자신의 기독교 뿌리만큼 중시한다. 그는 '시프트SHIFT'라는 이름의 스타트업을 세우기도 했다. 완전히 모듈화되고 환경친화적 소재를 쓴 스마트폰인 '시프트폰'을 제작해 이미 기술과 혁신에 주어지는 국제적인 상도 받았다고 한다. 농촌에서 공정한 조건 아래 제작되는 이 스마트폰은 자연에 부담을 안기지 않는 것을 최우선 목표로 한다. 이런 것 역시 '새로운 전통'이다.[22]

카르스텐 발데크와 통화를 마치고 나는 샤워를 한 것처럼 신선한 기분을 만끽했다. 이제 나는 인생의 새로운 대안을 세 가지 요소로 정리했다. '새로운 전통'과 관련해 살펴본 위의 사례들은 이 세 가지 요소들을 공통으로 지닌다. 결속(전통과 인간과 자연과의 결속), 의미, 그리고 아름다움을 추구하는 자세가 그것이다.

결속과 의미와 아름다움을 추구하려는 갈망이 얼마나 큰지는 도처에서 고스란히 확인된다. 이 갈망이 무언가 심오한 것, 곧 우리의 인간다움을 만들어주는 그 지점을 항상 향하고 있다는 점은 놀라운 사실이 아니다.

근본을 찾아가는 여행 _____

우리는 어디서 왔는가
/

독자 여러분이 개인적으로 꿈꾸는 낙원은 어떤 모습인가? 내가 그리는 파라다이스는 하얀 모래가 깔린 백사장과 야자수, 그리고 끝없이 펼쳐진 푸른 바다를 담아낸, 휴양지에서 보내왔을 법한 그림엽서를 장식하는 장면이다. 사람들이 원하는 낙원이 어떤 것인지 조사한 국제적인 연구 결과는 내가 그리는 파라다이스가 대표적일 수 없음을 보여준다. 통계상으로 사람들이 가장 좋아하는 풍경은 키가 그리 크지 않은 몇 그루의 나무들이 듬성듬성 자리한 초원, 그리고 가까운 곳에 물이 있는 곳, 이를테면 강이나 호수가 있는 곳이며, 자유롭게 오갈 수 있는 길이 닦인 곳이다. 이런 미적 취향은 어디서 비롯되었을까? 이는 우리의 출신, 우리의 고향 사바나와 밀접한 관련을 가진다.[23] 유전자로 볼 때 모든 인류의 공통적 뿌리는 대략 20만 년 전 아프리카에서 살았던 작은 규모의 집단이다.[24] 사바나에서 인류의 조상은 사냥과 채집을 하면서 풀이 무성하고 나무가 자라며 물이 있는 초원을 최적의 생활공간으로 삼았다.

농경문화의 발달은 한참 뒤에야 이루어졌다. 농경문화의 핵심은 특정 식물을 재배하고 다른 것은 제거하는 일이다. 이런 특성은 왜 우리가 그처럼 정원과 공원을 사랑하는지, 그것도 아주 오랫동안 사랑해왔는지 충분히 설명하고도 남는다.

이집트 룩소르의 데이르 엘바하리Deir el-Bahari에 위치한 하트셉수트Hatshepsut의 사원은 기원전 1470년에 건설되었다. 죽은 여왕의 혼을 섬기는 이 사원을 우리 가족이 처음 찾았을 때의 기억은 지금도 선명하다. 덜컹거리는 버스를 타고 몇 시간이나 산악 지대를 지나야 했는데 멀미로 계속 고통을 호소하는 아이들 때문에 정말 힘든 여행이었다. 그러나 웅장한 사원은 그동안의 고생을 싹 잊게 만들었다. 사막과 맞닿은 입지의 그곳 사원은 원래 발삼나무와 분수 시설을 갖춘 널찍하고 화려한 정원으로 장식된 곳이었다. 사원은 그야말로 위대한 건축 작품이었다.

세계의 다른 지역에서도 우리는 고대의 위대한 작품들을 만나볼 수 있다. 예를 들어 바빌론의 공중정원은 이미 고대에서도 불가사의한 기적으로 일컬어졌다. 지금은 그 흔적이 남지 않았지만, 세계 각지에서 이곳을 찾은 수많은 여행자들의 기록이 그 실재를 웅변한다. 중국의 원림 역시 오랜 역사를 자랑한다. 일본 정원의 풍부한 전통은 중국의 원림을 따라 생겨났다.

엄청난 수고와 인내심, 그리고 세심한 관심이 요구되는 이런 정원을 만들도록 부추긴 결정적 동기는 무엇일까? 정원은 그저 우연하게 생겨나는 곳이 아니다. 정원은 인간이 가꾼다. 인류 역사가 사바나라는 근원의 기억을 농경문화라는 정착 생활의 뿌리 깊은 경험과 하나로 묶어 표현한 것이 정원 사랑이다.

인류의 근원을 들려주는 전 세계적으로 가장 잘 알려진 이야기는 구약성경 창세기 2장에 등장하는 아담과 하와의 이야기다. 신은 자신의 형상대로 인간을 빚어 에덴이라는 이름의 정원에서 살게 해주었다. 이 정원은 무성한 나무들로 우거졌으며, 먹음직한 과일이 넘쳐났다. 에덴에서 발원하는 물은 다양한 방향으로 흐르며 땅을 비옥하게 만들었다. 이 물이 흘러가는 지역은 황금과 보석과 향료가 풍부하게 나는 곳으로 불렸다. 인간은 신의 명령을 받아 정원을 가꾸고 지켰으며, 그곳에 사는 모든 동물에게 이름을 붙여주었다. 홀로 외로워할 아담을 위해 하나님은 그 짝이 될 인간도 빚어주었다. 아담의 옆구리에서 갈빗대 하나를 빼 만들어진 여인은 하와라는 이름을 얻었다. 두 사람은 둘로 나뉜 '한 몸'인 만큼 서로 밀접하게 맞물려 조화를 이루며 살았다. 실오라기 하나 걸치지 않았지만, 아담과 하와는 서로에게나 하나님 앞에서나 부끄러워하지 않았다. 신과의 관계 역시 화기애애했다. 신과 인간은 서로 거리낌 없는 대화를 나누었으며, 신은 인간에게 그 어떤 강제도 하지 않았다.

에덴동산에는 맛난 과일들이 넘쳐났으며, 늠름한 나무들이 무성했다. 신은 인간에게 딱 한 가지만 주의하라고 경고했다. 좋고 나쁨을 가려볼 줄 아는 능력을 일깨우는 선악과는 절대 따 먹어서는 안 된다는 것이었다.

에덴 이야기가 아름다운 점은, 신을 믿든 말든, 성경을 동화로 여기든 아니든 상관없이 인간의 본질이 무엇인지 말해준다는 것이다. 네덜란드의 진화생물학자 카렐 판 샤이크Carel van Schaik와 독일 역사학자 카이 미셸Kai Michel은 성경을 진화론의 관점에서 읽고 해석했다. 신앙과 거리가 먼 두 학자는 놀라운 결론에 이르렀다. 성경을 '신의 계시'로 읽지 않고, 진화생물학의 최신 지식에 비추어 보면서 '인류의 일기'라고 밝힌 것이다.[25] 이들의 해석은 논리 정연한 것임에도 오랫동안 별 주목을 끌지 못했다. 에덴동산이라는 신화는 단순한 신의 이야기가 아니라, 정착 생활을 하기 전에 인간이 이상향으로 꼽은 것이 정원임을 밝혀준다. 이미지와 이야기 속에 압축되어 표현된 것이 바로 '인간의 인간다움'이다.

"성경의 인류학 독법은 인간의 본성이 무엇을 갈망하는지 잘 드러내준다. 공동체, 함께 하는 체험, 평등, 상호 존중이 바로 인간이 갈망하는 근본이다. 인간은 이런 특성을 두루 담은 이야기, 지어냈을지라도 솜씨 좋게 이런 요소들을 버무린 이야기를 좋아한다. 이 모든 것은 잃어버린 천국을 조각이나마 우리에게 되돌려주기 때문이다."[26]

우리의 옛 정원은 나의 어린 시절을 떠올리게 해준다. 우리의 옛 정원 이야기는 우리로 하여금 삶의 본질이 무엇이라고 일깨워줄까? 그리고 인류의 근원 역사와 이것은 무슨 관계를 가질까?

인간적인 자연:
우리의 본질은 무엇인가

/

"두 발은 진창에 두고 머리는 별을 우러르는 참으로 기묘한 존재다."

독일의 표현주의 서정시인 엘제 라스커쉴러Else Lasker-Schüler, 1869~1945가 인간을 묘사한 구절이다. 인간을 낮에 행동하는 '꿈의 그림자'라고 표현한 사람은 고대 그리스의 시인 핀다로스Pindaros, 기원전 522~446다. 더 나아가 핀다로스는 인간이 신과 같아지기 원하는 기묘한 존재라고 덧붙였다.[27] 인간의 생물적 본성과 유인원의 생물적 본성 사이에 나타나는 차이점들을 규명하는 작업은 태초 이후 인간을 연구해온 철학의 중요한 주제다. 근대 철학적 인간학의 창시자인 독일 철학자 아르놀트 겔렌Arnold Gehlen, 1904~1976은 인간을 두고 '특수한 생물학적 문제'라고 했다.[28] 왜냐고? 돼지나 말은 태어나서 불과 몇 주 만에 몸무게가 곱절로 늘어나는 반면, 인간은 두 배로 몸무게를 불리기 위해 반년이 걸린다. 인간은 십대가 되어서야 비로소 성적으로 성숙하는 반면, 돼지는 6개월이면 충분하다. 하지만 이런 느린 성장 덕분에 인간은 사회성이라는 아주 중요한 특성을 키운다. 그 대표적인 사례가 언어능력이다. 물론 동물도 울음소리로 간단한 의사 표현을 익히기는 하지만, 상대방이 왜 저렇게 행동하는지 언어를 통해 파악하는 능력은 인간만의 고유한 것이다.[29] 이 능력이야말로 우리가 가지는 사회성의 근본이다.[30] 인간은 언어를 통해 서로 결속할 줄 아는 존재다. 동물은 이런 차원에 올라설 수 없다.

인간의 본질이 무엇인가 하는 물음은 인간이 어떻게 인간다운 특성을 가진 존재로 성장하는가 하는 문제와는 전혀 다른 성질의 것이다.[31] 인간이 어떻게 성장하고 발전하는가 하는 물음의 답으로 인간의 본질이 무엇인지 하는 물음은 풀리지 않는다.[32] 확실한 사실은 인간이 동물과는 근본적으로 다르다는 점이다.

인간이 무덤을 만들고 죽은 이를 제례를 갖춰 섬기는 것은 우연이 아니다. 장식으로 꾸민 무덤 가운데 가장 오래된 것은 기원전 10만 년에 만들어졌다고 한다.[33] 오로지 인간만이 죽음에 관심을 가지며, 오직 인간만이 종교를 가진다. 그리고 오로지 인간만이 동굴이나 몸에 그림을 그렸으며, 조개껍데기로 목걸이를 만들어 자신을 치장했다. 돌도끼는 인류의 가장 오래된 도구다. 돌도끼는 대략 100만 년 전에 처음으로 쓰이기 시작했다. 흥미로운 점은 발견된 돌도끼 유물이 대개 대칭형의 모습을 자랑한다는 것이다. 대칭형은 돌도끼의 기능과는 아무 상관이 없다. 스밀로돈 한 마리는 비대칭형의 돌도끼로도 얼마든지 사냥할 수 있기 때문이다. 미국의 예술철학자 데니스 듀튼Denis Dutton은 석기시대 사람들이 대칭형 돌도끼를 그냥 더 예뻐서 그렇게 만들었으리라고 진단한다.[34] 미적 취향이 이런 디자인의 원인이라는 진단은 이미 10만 년 전 아프리카에서 원시인들이 그림을 그리려 많은 양의 염료를 채취했다는 사실과도 잘 맞아떨어진다.[35]

우리의 유전자와 문화 발달은 인간이 동물과 다르다는 점을 결정적으로 확인해준다. 인간은 자연의 일부이지만, 나머지 자연과는 확연히 다르다. 다시 말해서 인간을 인간답게 만들어주는 것은 고도로 복잡한 사회성, 종교, 그리고 창의성이다. 인간다움의 핵심은 바로 이 세 가지 요소다. 이런 통찰은 정신의 역사에 비추어볼 때 모든 경우에 꼭 들어맞는다고 보기는 힘들다. 그만큼 인류의 정신 역사는 많은 우여곡절을 겪어왔다.

단순한
동물이 아니다

/

아리스토텔레스는 인간을 자연이라고 부르기에 거리낌이 없었다. 그는 우리의 몸, 곧 생명체의 몸통, 한마디로 구체적인 자연 Physis이 무엇인지 하는 물음을 중시했기 때문이다. 떡갈나무 열매에서 떡갈나무가 자라나는 것은 바로 떡갈나무의 자연이다. 아리스토텔레스는 인간의 '피시스'가 생각할 줄 아는 재능을 가진 몸통이라고 보았다. 다시 말해서 인간은 생각할 줄 아는 정신누스, Nous과 윤리적 책임감을 가진 존재다. 이 점이 인간이 동물과 다른 결정적 차이다.

오늘날 인간의 본질이라는 문제는 좀 더 복잡해졌다. 무엇이 어떻게 복잡해졌을까? 1971년 찰스 다윈이 자신의 획기적인 책 《인간의 유래The Descent of Man》에서 이미 식물과 동물에게서 관찰한 원리로 인간이 어떻게 생겨난 존재인지 설명한 사건은 말 그대로 인류학의 혁명을 촉발했다. 다윈의 설명대로 인간은 동물과 전혀 다른 존재가 아니라, 그저 점차적으로 진화한 것뿐일까? 그럼 다윈의 이런 주장은 어떤 결과를 불러왔을까? 다윈이 나치스의 인종 이론에 직접적 영향을 주었다는 주장은 논란의 대상이기는 하다.[36] 하지만 분명한 사실은 인간을 동물로 간주하는 관점은 파시즘의 이데올로기와 완벽하게 맞아떨어진다는 점이다. 게다가 이 이데올로기에는 이내 프리드리히 니체의 철학, 대중적으로 상당히 높은 인기를 누린 철학이 덧붙여졌다.

니체는 인간이 고도로 발전하기 위한 원동력을 제공하는 것이 '투쟁'이라는 다윈 진화론의 기본 전제를 받아들였다. 인간은 약육강식을 일삼는 동물이다. 인간에게 약자는 방해가 될 뿐이다.[37] 니체는 권력 의지야말로 인간을 움직이는 원동력이며, 도덕과 종교는 권력 의지에 제동을 걸 뿐이라고 보았다.[38] 나치스의 인종 이데올로기에 따르면 인간은 포식자이며, "열등한 가치를 가진 인종"을 멸종시키는 것은 발전을 위해 어쩔 수 없는 일이다.

20세기 초의 두 번째로 거창한 이데올로기도 다윈주의의 인간상에 물들었다. 1905년 5월 러시아의 어떤 청년이 몇 명의 동지들과 함께 런던을 찾았다. 이들은 세계의 정치 미래를 놓고 열띤 토론을 벌였다. 블라디미르 일리치 울리야노프Wladimir Iljitsch Uljanow는 나중에 자신이 혁명가로 활동하며 썼던 레닌Lenin이라는 이름으로 세상에 유명해진 인물이다. 레닌의 런던 여행 중에는 저 유명한 자연사박물관을 관람하는 것도 포함되었다. 이 박물관은 오늘날까지도 다윈이 비글호를 타고 탐사 여행을 하며 발견한 학술적 증거들을 전시하고 있다. 이미 오래전에 멸종한 공룡의 머리뼈는 젊은 공산주의자 레닌에게 딱 맞춤한 토론 주제를 제공했다. 공룡이라는 강력한 동물이 멸종당하고 새로운 동물이 나타나듯, 지배 계급의 낡은 질서를 무너뜨리고 새로운 사회질서가 출현해야만 한다는 생각이 정립된 것이다. 레닌은 박물관에서 가까운 곳에 위치한, 런던에서 두 번째로 중요하다고 여긴 장소를 찾았다.《공산주의 선언》의 저자 카를 마르크스Karl Marx가 묻힌 무덤이었다. 마르크스의 장례식에서 그의 동료 프리드리히 엥겔스Friedrich Engels는 추도사를 하며, 다윈이 물질과 관련해 진화 법칙을 알아낸 것처럼, 마르크스는 인간의 역사와 관련해 진화 법칙을 발견했다고 주장했다.[39] 물질이든 인간 사회든 순전히 자연 법칙의 지배를 받는다는 것이 이 말의 핵심 요지다. 그렇다면 인간다움 또는 인간성을 이야기할 여지는 없다.

차이와 유사점

인간을 오로지 자연이라는 물질이 진화한 것으로 바라보려는 시도는 환원주의에 빠질 수밖에 없다. 인간이 자연의 많은 생명체 가운데 하나라는 점은 고대 철학자들도 부정하지 않았다. 또 유대교 경전 '토라Tora'의 두 번째 창조 설화가 인간은 흙으로 만들어졌다고 강조하기는 한다. 인간은 흙으로 빚어졌기 때문에 여느 다른 물질과 다를 바가 없는 물체인 것은 분명하다. 아담은 본래 흙을 뜻하는 히브리어에서 비롯된 단어다. 라틴어 '호모homo'

역시 흙을 의미하는 '후무스humus'에서 유래했다. 그러나 인간의 인간다움은 자연의 생명체로만 설명되지 않는다. 인간다움을 자연의 생명체로만 환원하는 것은 논리의 비약이다. 환원주의는 오로지 물질과 에너지만 존재한다는 확신으로 인간 역시 동물에 지나지 않는다고 고집한다. 이런 관점은 복잡한 대상을 "미리 정해놓은 틀에만 맞춰 보는 것"일 따름이다. 사랑에 빠진다는 것은 당연히 호르몬 반응이기도 하다. 하지만 사랑에 빠지는 것이 오로지 호르몬 반응일 뿐이라고 말하는 사람은 사랑을 잘 이해하지 못할 따름이다. 〈베토벤 5번 교향곡 다단조〉(운명)는 그저 음향 현상이기는 하다. 그러나 '운명'이 그저 소음에 불과하다고 여기는 사람은 자신이 무슨 말을 하는지조차 모를 뿐이다.

인간이 동물과 상당한 유사성을 가진다는 점을 부정할 사람은 없다. 그러나 차이가 훨씬 더 중요하다. 영국의 에세이스트이자 '역설의 대가'인 길버트 키스 체스터턴Gilbert Keith Chesterton, 1874-1931은 자신감이 넘치다 못해 사뭇 오만하게 들릴 수도 있는 투로 이렇게 썼다.

"인간과 동물이 비슷하다는 것은 하나 마나 한 진부한 이야기다. 하지만 그처럼 비슷한 생명체가 놀라울 정도로 서로 다르다는 점은 충격적이며, 이런 차이가 어디서 비롯될까 하는 풀기 어려운 질문을 던져준다. 원숭이가 두 손을 가졌다는 점에 철학자는 별반 관심을 기울이지 않는다. 원숭이는 그 손으로 수레를 끈다든가 바이올린을 켜지는 못하기 때문이다. 대리석을 다듬거나, 양고기를 손질하지도 못한다. 오늘날 우리는 야만인도 집을 지었으며, 조악하나마 벽화도 그렸다는 이야기를 하곤 한다. 하지만 코끼리는 그 아름다운 상아로 로코코 풍의 거대한 사원을 짓지 못한다. 낙타는 그 털을 아주 좋은 붓으로 쓸 수 있음에도 형편없는 그림 하나 그리지 못한다. 오늘날 몽상가들은 개미와 벌이 우리 사회보다 뛰어난 사회를 가진다고 주장한다. 실제로 개미와 벌이 일정 조직을 가지기는 한다. 사회를 가진다는 것이 맞는 말이기는 하지만, 개미와 벌의 사회는 가치가 그리 높지 않다는 점을 상기시켜줄 뿐이다. 개미굴에 유명한 개미들의 초상화가 걸린 것을 본 사람이 있는가?"[40]

인간이 물질로 이루어진 동물이라는 점을 인정한다 하더라도 우리는 인간을 오로지 생물로만 환원해 설명하는 것은 거부해야 마땅하다. 인간은 동물이지만, 동물에 그치지 않는다. 생명은 그저 물질 현상인 것만이 아니다. 두뇌는 컴퓨터가 아니다. 인간의 자아의식은 물질주의로는 설명되지 않는 것이기 때문이다. 우리는 자신의 유전자를 널리 퍼뜨리려는 맹목적인 프로그램을 가진 생존 기계나 로봇이 아니다. 자신의 유전자를 퍼뜨리려는 목적만 가진 '이기적 유전자'라는 표현은 무신론자이자 진화생물학자인 리처드 도킨스Richard Dawkins가 쓴 것이다.[41] 그보다 우리는 미국 철학자 토머스 네이글Thomas Nagel의 말을 새겨야 하지 않을까.

"물질주의는 심지어 물리 세계조차 완벽하게 설명하지 못하는 이론이다. 물리 세계는 이 세계를 의식하는 놀라운 생명체를 그 거주민으로 가지기 때문이다."[42]

세 가지
비밀 _____

우리 인간이 물질이나 에너지 그 이상의 존재라면, 우리가 생물적인 존재로만 환원되지 않는다면, 과연 인간의 본질은 무엇일까? 얼마 전 유명을 달리한 영국 철학자 로저 스크러턴 경Sir Roger Scruton은 오로지 인간만이 농담에 웃는다는 점에 주목했다. 웃음은 울음과 마찬가지로 사회적인 측면을 나타낸다고 이 영국 철학자는 자신의 책《인간 본성에 대하여On Human Nature》에서 주장했다. 오로지 합리적 추론을 할 수 있는 존재만이 농담을 두고 웃을 수 있다.[43] 〈스타 트렉Star Trek〉에 등장하는 안드로이드 데이터Data가 다른 사람들이 왜 웃는지 전혀 이해하지 못하는 것이 우연일까? 웃기 위해서 우리는 농담이 어떤 의미를 가지는지 정확히 해석할 수 있어야만 한다. 웃음에서 우리는 인간 본질을 결정하는 세 가지 중요한 차원들, 세 가지 비밀을 풀어볼 열쇠를 찾아낼 수 있다. 그 세 가지는 '결속'과 '의미'와 '아름다움'이다. 이 세 가지 요소는 우리가 앞서 살펴본 것, 곧 '사회성'과 '종교'와 '창의성'과 맞아떨어진다.

인간 본질을 헤아려볼 깊은 통찰은 웃음이나 앞서 살펴본 문화사뿐만 아니라, 정원의 오랜 역사 안에 담긴 코드를 가려 읽을 때에도 주어진다. 에덴을 향한 우리의 갈망은 무의식적으로 아프리카의 사바나를 떠올리는 기억 그 이상의 것을 의미한다.

우리가 정원을 보며 열광하는 이유는 우리 인생이 갈수록 잃어가는 것을 정원이 상기시켜주기 때문이다. 그것은 곧 사계절의 리듬이다. 원한다고 해서 모든 것을 당장 이룰 수는 없다는 점, 모든 것은 그에 맞춤한 때를 가진다는 점을 정원은 우리에게 일깨워준다. 꽃이 피고 지며 녹음이 우거졌다가 울긋불긋한 낙엽의 가을을 차례로 겪으며 우리는 가꾸고 인내하며 기다릴 줄 아는 자세를 배운다.

정원에서는 별로 예쁘지 않은 동물과 식물도 저마다 의미를 가진다. 정원의 모든 생명체가 서로 맞물려 생태계를 이루기 때문이다. 우리는 정원을 가꾸며 원하는 대로 만들고 통제할 수 없다는 점을, 그럼에도 모든 것에 책임감을 가져야 한다는 점을 배운다.

정원은 그 목적으로만 환원되는 게 아니다. 다시 말해서 정원은 내가 거기에 무얼 만든다든가 가꾼다든가 하는 목적만으로 설명될 수 없는 무엇인가를 담아낸다. 물론 우리는 정원에 뭘 심고 키울 수는 있지만, 그럼에도 정원은 밭과는 전혀 다르다. 어떤 특정 제품을 만드는 공장과도 다르다. 정원은 우리에게 기쁨을 선사한다. 바로 그래서 정원은 사람들 사이에 이뤄지는 만남의 장소가 된다.

스위스 출신의 조경 건축가 디터 키나스트Dieter Kienast는 이런 말을 했다.

"정원은 우리 시대가 누리는 마지막 사치다. 정원은 오늘날 우리 사회에서 가장 귀중해진 것, 곧 시간과 애정과 공간을 요구하기 때문이다."[44]

결속과 의미와 아름다움의 추구는 인간의 정원이 생명력을 가질 수 있는 자양분이다. 우리는 이 세 가지를 쉽게 간과한다. 심지어 우리는 이 세 가지를 아주 빠른 속도로 낭비한다. 이후 이어지는 세 편의 장에서 나는 이런 간과와 허비를 막을 해결책을 제시하고자 한다. 먼저 세 가지 비밀이 인생에 가지는 의미를 구체적인 사례로 살피면서, 심리학과 철학의 관련 연구 성과에 어떤 것이 있는지 조명해볼 생각이다. 그런 다음 각각의 요소들이 어떤 관점에서 위협받는지, 어쩌다가 이 지경에 이르게 되었는지 보여줄 것이다. 이런 과정을 거쳐 결론 부분에서는 우리가 함께 힘을 모아 세워야 하는 미래가 어떤 것인지, 어떤 미래가 정말 추구할 만한 가치를 가지는지, 그 미래로 나아갈 구체적인 행보는 어떤 것인지 조명해보고자 한다.

오늘을 살아가는 우리는 어떤 것을 반대하는지는 비교적 명확히 안다. 우리는 환경 파괴를, 인종차별을, 테러를 반대한다. 하지만 우리는 무엇을 찬성하는가? 어떤 것을 바람직한 목표로 추구하는가? 어떤 "희망이라는 원리"(에른스트 블로흐Ernst Bloch)[45]가 오늘의 사회에 진정한 혁신으로 나아갈 동력을 줄까? 다시금 향기 그윽한 에덴을 이루기 위해 우리 인간의 연생은 무엇을 어떻게 시작해야 할까? 독자 여러분과 나는 이런 물음을 함께 생각했으면 좋겠다.

제1부

첫 번째 비밀:
결속

그의 미래 진단은 수백만 명의 독자들이 찾아 읽었다. 베스트셀러 《호모 데우스Homo Deus》와 《21세기를 위한 21가지 제언 21 Lessons for the 21st Century》에서 이스라엘 역사학자 유발 하라리Yuval Harari는 미래를 전혀 낙관적이지 않게 그려낸다. 하라리 역시 인공지능과 알고리즘이 우리의 인생을 상상하기 힘들 정도로 바꿔 놓으리라고 본다. 데이터의 선점과 활용이 미래의 권력을 결정할 요소가 되리라고 그는 진단한다. 데이터는 인간의 생각과 느낌을 예상할 수 있게 해준다. 온라인 쇼핑몰 '잘란도Zalando'가 실제로 여러분의 마음에 꼭 드는 구두를 추천 상품으로 제안하는 것은 놀라운 일이 아니다(여러분이 실제로 새 구두를 찾고 있다는 전제 아래). 잘란도는 여러분이 검색한 데이터를 기반으로 원하는 상품을 추천하는 알고리즘, 갈수록 더 뛰어난 성능을 자랑하는 알고리즘으로 여러분의 취향을 읽어내기 때문이다.

문제는 데이터의 축적 정도와 비례해 조작의 위험도 커진다는 점이다. 인공지능이 대부분의 분야에서 인간보다 훨씬 더 뛰어난 능력을 보여주게 될 이런 미래에 인간이 어떤 능력을 갖춰야 하느냐는 물음에 하라리가 준 답은 흥미롭다. 하라리는 정신 건강과 감정 지능이 그 어느 때보다도 요구될 거라고 보았다.[46] 정확히 이런 능력을 키워야 인간은 조작에 휘둘리지 않고 스스로 생각하고 느낄 수 있다. 상황을 감정적으로 다스리며, 자신의 느낌과 생각을 안정적으로 정리해 표현할 줄 아는 능력이야말로 미래의 결정적인 성공 요인이다. 또는 정확히 이 능력이 우리 인간을 컴퓨터에 굴하지 않고 우위에 서게 만들어준다고도 말할 수 있다. 인류의 미래에 관심을 가지는 사람은 이 주제를 피해갈 수 없다. 하지만 안정적인 내면이란 무엇이며, 내면의 안정성은 어디서 비롯될까?

에티와
크나큰 행복 _____

그녀와 알고 지내던 몇몇 사람들은 이미 체포당했다. 1941년 여름 나치스에 점령당한 암스테르담에서는 사람들이 열차의 화물칸에 짐짝처럼 실려 멀리 동쪽에 위치한 죽음의 수용소로 끌려간다는 흉흉한 소문이 돌았다. 에티 힐레숨 Etty Hillesum, 1914~1943 은 그 어떤 환상에도 기대지 않았다. 그녀는 단 하루면 자신이 어떤 고통을 당하며 죽어갈지 잘 알았다. 그럼에도 그녀는 8월 23일 저녁 완행열차에 앉아 창밖으로 여름의 풍경을 바라보며 모든 것, 인생과 사람들이 아름답다고 여겼다. 이 유대인 여대생은 스

• 네덜란드 태생의 유대인 여성이다. 1941년부터 아우슈비츠 수용소에서 사망한 1943년까지 죽음을 기다리는 속내를 담은 일기를 썼다. 극단적 야만의 한복판에서 신과 독대하며 써내려간 일기는 인간의 가장 순수한 내면을 표현한다는 평을 듣는다. — 옮긴이

물일곱 살이었다. 에티는 침실의 흐릿한 불빛 아래서 일기에 이렇게 썼다.

"나는 홀로 있지만, 마치 두 인격체가 한 몸을 이룬 것처럼 서로 쓰다듬고 안아주면서 기분 좋은 온기를 느낀다. 나 자신과의 내밀한 대화는 내 안에 따뜻한 온기를 지핀다."

앞서 가로수 길을 홀로 산책했을 때 느꼈던 감정을 그녀는 이렇게 써놓았다.

"나는 홀로 있어도 나 자신과 충분한 대화를 나누기에 얼마든지 잘 지낼 수 있다."[47]

마음의 평안, 에티가 이야기하는 내면의 행복이 언제나 그녀의 인생과 동행했던 건 아니다. 교육을 받은 중산층이자 다소 세속적인 유대인 가문에서 태어났으며 남다른 영민함을 가진 에티는 일찌감치 자신의 독립적인 길을 가기로 결심했다. 그녀는 그저 체념을 인생의 좌우명처럼 삼아 겉으로만 평화로운 모습을 꾸미는 가족의 생활방식에 염증을 느꼈다. 에티는 이런 생활이 무의미한 카오스라고 여겼다. 부모는 그런 딸의 독립을 전폭적으로 지지했으며, 딸의 행동에 간섭하는 일이 거의 없었다. 딸이 에로틱한 모험을 감행해도 부모는 모른 척 눈감았다. 사실상 부모는 딸을 방임했고, 인생의 든든한 기반이 되어주지 못했다. 에티는 사랑의 탐색에 집중했다. 차례로 뜨거운 연애 행각을 벌였으며, 그때마다 환멸을 맛보았다. 결국 그녀는 마음의 평안은 다른 사람에게서 찾을 수 없다는 결론을 내렸다.

반전의 계기가 되어준 사건은 정신분석학자 율리우스 슈퍼어

Julius Spier, 1887~1942와의 만남이다. 슈피어는 카를 구스타프 융 Carl Gustav Jung, 1875~1961의 제자로 심리학에 입문한 인물이다. 신체를 심리학과 강하게 접목시킨 슈피어에게 에티는 열광했다. 20년을 훌쩍 넘기는 나이 차이에도 두 사람은 연인 관계로 발전했다. 자신의 영혼과 대화를 나누며 심오한 의미를 찾기 위해 일체의 꾸밈이 없는 솔직함으로 에티는 모든 것을 합리적인 지성만으로는 풀 수 없음을 깨달았다. 그녀는 머리가 아니라 가슴으로 접근해야만 새로운, 포괄적인 의미를 가려볼 수 있음을 깨우쳤다.

이 깨달음은 그녀가 소중히 여겨온 진리의 발현이다. 인생은 살아갈 충분한 가치를 갖는다는 사실, 신은 존재하며 자신의 내면 깊은 곳에 있는 샘처럼 깊이 연결되어 있다는 사실은 그녀의 가슴을 기쁨으로 채웠다.

에티는 이 깨달음을 얻기 전에 자신의 인생이 자아와의 결속 없이 살아왔음을 깨달았다. 손에 잡히는 대로 책을 읽었으나, 내면은 메말라만 가는 느낌이었다. 그녀는 많은 사람들도 자신과 같은 경험을 하리라고 생각했다.

"인생을 낭비하는 최악의 잘못은 다른 누구도 아닌 바로 우리 자신이 저지른다. 내가 보는 인생은 아름답기만 하다. 나는 그 어떤 것, 다른 누구에게도 얽매이지 않는 자유를 느낀다. 내 가슴속의 하늘은 내 머리 위의 하늘만큼이나 광활하게 펼쳐져 있다. 나는 신을, 인간을 믿는다. 나는 일말의 부끄러움도 없이 이렇게 말할 수 있다. 물론 인생은 어렵다. 하지만 어렵다고 해서 인생이 나쁘지는 않다. 우리는 자기 자신을 진지하게 받아들이기 시작해야만 한다. 그럼 나머지는 저절로 이루어진다."[48]

에티가 1942년 6월에 쓴 글이다. 그런데 나머지는 저절로 이루어진다고? 에티는 자신의 가슴 안에서 무럭무럭 자라나는 결속의 감정, 다른 사람들과 함께 연결되어 있다는 감정을 이렇게 표현했다. 그녀는 다른 사람의 아픔을 자신의 것처럼 느끼며, 깊은 곳에서 우러나오는 공감을 맛보기 시작했다.

"나는 왕왕 녹청색의 전쟁터가 눈앞에 펼쳐지는 꿈을 꾸곤 한다. 굶주리는 자, 추행당하는 자, 죽어가는 자를 나는 목도했지만, 나 자신은 지금 창문 앞에 펼쳐진 한 조각의 하늘과 재스민과 더불어 있지 않은가."[49]

이 글은 단순한 감상이 아니다. 인생에 감사하며 다른 사람의 고통을 함께 아파하는 사람만이 이런 글을 쓸 수 있다. 수용소로 끌려오는 사람들이 갈수록 늘어나면서, 에티는 임시 수용소 베스터보르크Westerbork에서 환자들을 돌보는 일에 자원했다. 친구들은 에티에게 수용소에서 몰래 빠져나가자고 제안했지만, 그녀는 "동족과 운명을 함께하겠다."라는 말로 단호히 거절했다. 수용소에서 힘겹게 생활하면서도 그녀는 마음의 평안을 잃지 않았다. 수용소의 황량한 벌판에서 한밤중에 남자 동료와 이야기를 나누며 에티는 고향이 그립지는 않다고 말했다. 지금 있는 곳이 자신의 집이라면서. 그녀의 가슴은 행복으로 물들었다. 이 행복은 누구도 빼앗을 수 없는 것이었다.

"하늘 아래가 우리의 집이죠. 이 땅의 모든 곳이 우리의 집이에요. 인생의 모든 것을 스스로 감당할 각오만 한다면 말이죠."[50]

1943년 가을, 에티 힐레숨은 아우슈비츠로 끌려가 그곳에서 살해당했다. 화물칸에 실려 죽음을 향해 달려가는 사람들 틈에서 에티는 조금도 주눅 들지 않고 그 순수한 평온함을 빛냈다. 그녀는 베스터보르크에서 끌려간 안네 프랑크Anne Frank와 로마 가톨릭교회 수녀인 에디트 슈타인Edith Stein과 같은 운명을 감당해야만 했다. 에티의 일기는 오늘날까지 유례를 찾아보기 힘든 성숙한 내면을 보여주는 증거다. 고작 스물아홉 살에 잔혹한 운명에 희생되기는 했지만, 에티는 풍요롭고도 충만한 인생을 살았다. 그 비결이 무엇일까?

거룩한
심장
/

짙푸른 초원과 윙윙 노래를 하며 날아다니는 곤충, 독일 알프스 지역 알고이Allgäu의 꿈결 같은 하루다. 그렇지만 나는 알프스를 등반하려고 이곳을 찾지는 않았다. 나는 친구를 찾아가는 길이다. 친구는 오랜 세월 동안 쉬지 않고 일을 하느라 탈진한 나머지 우울증에 걸리고 말았다. 소를 풀어 키우는 목초지와 울창한 숲 중턱에 위치한 심신상관 의학 클리닉에서 친구는 요양 중이었다.

"문은 열려 있으며, 마음은 더욱 열렸다."

오버스트도르프Oberstdorf의 아둘라클리닉Adula-Kinik 입구 위에는 라틴어로 이런 문구가 적혔다. 나는 이 문구를 보며 참 적절한 표현을 골랐다고 생각했다. 병원의 안내 데스크 앞에는 꽃병이 놓여 있었다. 두 명의 여인이 팔짱을 끼고 대화에 몰입한 채 내 옆을 지나갔다. 이곳에서는 모든 것이 다른 데보다 두 배는 더 느리게 갔다. 나는 심신상관 질환을 치료하는 곳은 전혀 다른 모습일 거라고 상상했다. 물론 이곳에서는 평소 다른 곳에서는 볼 수 없는 장면도 심심찮게 볼 수 있었다. 어떤 남자는 동물 봉제인형을 안고 안락의자에 가만히 앉아 있었다. 서로를 꼭 끌어안은 두 여인도 있었다. 두 사람의 얼굴은 깊은 아픔으로 얼룩져 있었다. 젊은 여인은 훌쩍이고 있었고, 나이 많은 여인은 그녀의 팔을 어루만졌다.

"안녕하세요, 누구를 찾아오신 건가요?"

한 젊은 남자가 나에게 물었다. 나는 이 남자와 대화를 나누며 참으로 차분하고 옹골찬 남자라는 인상을 받았다. 이 병원의 모든 것이 온기를 발산했다. 사람들이 서로 응대하는 것을 보노라니, 주의 깊고 섬세하다는 것이 어떤 것인지 알 것 같았다. 물론 사람들이 이곳을 찾는 이유는 몹시 아프기 때문이다. 그러나 이들이 서로 나누는 교류는 이른바 바쁜 세상에서 건강한 사람들이 꾸려가는 그것보다 훨씬 더 건강해 보였다.

이 클리닉을 방문하는 동안 나는 깊은 감동을 받았다. 오늘날 우리 사회를 지배하는 차가움이 못마땅했던 나는 이 방문으로 뭔가 깊은 갈망이 일깨워지는 느낌을 받았다. 2018년 6월의 이 토요일에 내 안에서 깊은 변화가 일어났다. 이후 나는 이 주제를 그야말로 혼신의 힘을 다해 연구해왔다. 나는 이 주제를 '결속'이라고 부른다. 이 말로 내가 무엇을 생각하는지, 왜 결속이 우리 미래에 그토록 중요한지 설명하고자 독자 여러분을 데리고 심리학의 세계로 잠깐 소풍을 다녀오고자 한다.

인생을 살며 오로지 행복만 누리는 사람은 없다. 아픈 감정은 누구나 안다. 나 자신의 인생을 돌이켜 보면 몇몇 아픔이 지금도 선명하게 떠오른다. 여러분도 다르지 않으리라. 그렇지만 인생의 어려움에 대처하는 방식은 사람마다 다르다.

위기에도 내면의 안정을 잃지 않는 회복탄력성 연구는 그동안 심리학의 한 연구 분과로 자리 잡았다.[51] 정신 건강을 지키기 위해 우리는 무엇을 필요로 할까? 예를 들어 건강한 감정은 자신의 감정이 구체적으로 무엇을 뜻하는지 인지하고 이에 알맞은 표현을 찾아내는 능력으로 판별된다. 또한 타인의 감정을 가려 읽고 적절한 관계를 맺는 능력 역시 건강한 감정의 핵심이다.[52]

그렇다면 자신의 감정을 잘 다룰 줄 아는 능력은 어디서 비롯될까? 인간은 관계 맺음을 통해 비로소 인간이 되는 존재다. 인간은 관계를 맺어보면서 자신이 어떻게 처신해야 하는지 배운다. 어린 시절의 관계 경험이 나중에 어른으로 살아가는 심리에 얼마나 큰 영향을 주는지는 정신분석학이 처음으로 연구 대상으로 삼았다. 인간의 심리에 어린 시절이 중요한 영향력을 행사한다는 점은 지그문트 프로이트Sigmund Freud의 가장 혁명적인 발견이다. 문학은 일찌감치 어린 시절과 심리 사이의 관계를 짐작했다. 이를테면 독일 작가 카를 필립 모리츠Karl Philipp Moritz는 1775년에 발표한 소설《안톤 라이저Anton Reiser》에서 심리가 뒤틀리는 혼란에 빠진 젊은이를 묘사한다. 이 소설은 아마도 세계문학의 첫 번째 심리 소설이리라. 학교 다닐 때 소년 안톤 라이저는 친구의 식사 초대를 받지 못해 자신이 무시당한다는 느낌을 받았다. 친구들에게 따돌림 받는 상황에 안톤은 자신이 발을 디디고 선 바닥이 무너지는 아픔을 겪었다. 겉보기로 그냥 스쳐 지나갈 것 같던 상황은 주인공의 인생을 송두리째 뒤흔드는 심각한 드라마를 빚어냈다. 어릴 적 따돌림을 당한 경험이 주인공의 인생을 아우르는 상징으로 자리매김했기 때문이다. 작가는 이런 진단을 내놓았다.

"라이저가 자신의 운명에 진심으로 관심을 가지고 지켜봐주는 누군가를 가졌다면, 따돌림의 경험 탓에 그처럼 상심한 인생을 살지는 않았으리라."[53]

그러나 다른 사람과 이어진 끈이 툭 끊어져버린 경험 탓에 라이저는 상상의 세계로 도피해 결국 인생 자체가 좌초하고 만다.

우리는
관계를 필요로 한다

/

카르스텐은 편의점에서 담배 한 갑을 샀다.

"흡연은 수명을 단축시킵니다."

담뱃갑에는 검은 글씨가 커다랗게 쓰여 있었다. 반대편에는 반쯤 죽은 환자가 수술대에 누운 사진이 보였다. 흡연의 위험을 알리는 경고는 자못 비장하기까지 하다. 마찬가지로 치명적 위험을 부르는 관계의 빈곤도 경고해야 하지 않을까. 관계를 멀리하는 게 얼마나 고통스러운지는 코로나 위기가 불러온 사회적 거리두기가 여실히 보여주었다. 외로움이 심각하게 건강을 위협한다는 점은 과학 연구가 이미 오래전에 입증했다.

2010년 대인 관계와 사망률 사이의 연관성을 주제로 다룬 148편의 연구, 총 30만 명을 상대로 실시한 조사 결과의 메타 분석은 전 세계적으로 주목을 끌었다. 결과는 대단히 충격적이다. 대인 관계는 식생활이나 스포츠 또는 술과 비슷한 정도로 건강에 영향을 미쳤다.[54] 보다 더 구체적으로 표현해보자. 외로움은 하루에 15개비의 담배를 피우는 것만큼 위험하며, 비만보다 두 배로 높은 위험성을 보인다.[55] 인간관계는 무엇보다도 감정의 안정성과 직접적인 관련을 가진다. 또는 독일의 두뇌 연구가 게랄트 휘터Gerald Hüther가 최근에 펴낸 책의 제목 그대로다.

"사랑의 상실이 병을 만든다."[56]

심리학자 부부 클라우스 그로스만Klaus Grossmann과 카린 그로스만Karin Grossmann은 관계 문제 연구의 국제적인 최고 전문가다. 부부는 50년이 넘는 장기간의 연구로 인간이 관계 문제에서 어떤 변화를 보이는지 관찰해왔다. 족히 600쪽이 넘는 부부의 책은 이 주제를 다룬 교과서라 할 수 있다.

책에서 부부가 내린 결론은 이렇다.

"안정적 심리가 인생에 얼마나 중요한 영향을 미치는가는 안정적인 관계를 꾸릴 각오와 기회에 달린 문제다."[57]

인간이 꾸리는 관계와 결속은 건강한 감정의 근본적인 토대가 된다.[58]

에티 힐레숨의 일기를 읽고 오늘날까지도 많은 사람들이 감동을 받는다. 그녀가 보여준 깊이 있고 긍정적인 삶의 자세, 인간을 향한 사랑, 그리고 빛나는 낙관주의는 유대인으로 제3제국에서 힐레숨이 감당해야만 했던 상황과 극명한 대비를 보여주기 때문이다. 힐레숨의 긍정적인 태도는 '건강한 심리'를 넘어서는 차원의 것이다. 그녀가 찾아낸 승리하는 인생의 길은 인간과 자기 자신, 그리고 신과의 결속과 떼려야 뗄 수 없이 맞물린다. 일차적으로 그녀는 율리우스 슈피어와의 감정적 신뢰 관계를 기반으로 자신의 정신적 삶을 꾸려갈 자산을 얻었다. 그러나 자신의 자아와 결속할 수 있기 위해서는 신을 진정으로 우러르는 자세를 갖춰야 한다. 신과의 관계를 올바르게 정립하면서 그녀는 더불어 살아가는 사람들을 신뢰하며 관계를 꾸려갈 수 있었다. 이런 자세 덕분에 그녀는 극한의 고통 속에서도 이웃에게 연대감을 보일 수 있었다. 이 세 가지 차원은 서로 뗄 수 없이 밀접하게 맞물린다.

자아와 신과 타인, 이렇게 세 방향으로 든든한 결속을 이뤄내는 것은 에티 힐레숨뿐만 아니라, 의미가 충만한 인생을 살기 바라는 모든 이들이 지켜야 하는 핵심 비결이다. 그러나 우리는 대개 그 정반대의 인생을 산다.

두 가지 이야기

/

리디아 K_{Lydia K.}[59]와 마주 앉아 있노라면, 그녀가 발산하는 깊은 평온에 누구든 살짝 당황하게 마련이다. 옆에 놓인 협탁 위에서는 촛불이 은은한 빛을 내고 있고, 내 앞에는 생강차가 담긴 찻잔이 놓였다. 그녀의 치유 상담소를 처음 찾았을 때 나는 조금이라도 거짓말을 해서는 안 되는 곳이구나 하는 강한 인상을 받았다. 뜨거운 찻잔을 손으로 감싸고 있어 떨리는 모습을 보이지 않아 다행이라는 생각이 들었다. 이곳은 자신의 인생을 더는 감당하기 힘들어하는 젊은이들이 주로 찾는다. 리디아는 이번에 A의 이야기를 들려주었다.

A는 짙은 화장을 한 매력적인 외모의 아가씨였다. 그녀는 복지 전담 공무원이 동행하는 가운데 새로운 치료사인 리디아를 찾았다. 이미 여러 차례 알코올의존증으로 복지 당국의 관리를 받았으며, 소량이기는 하지만 마약을 하다가 적발되기도 했다고 한다. 그녀는 가벼운 잡담부터 늘어놓으며 아무 문제가 없다는 듯 활달하게 굴었다. 짐짓 자신이 독립적이며 자율적이라고 강조하는 태도로 미루어 그녀가 도움을 필요로 하는 사람으로 보이지는 않았다. 다채로운 예들을 들어가며 그녀는 자신의 인생 이야기를 들려줬다. 그녀는 비교적 부유한 집에서 태어난 외동딸이라고 했다. 그러나 부모와는 이미 오래전에 연락이 끊겼단다. 그녀는 자신이 인공수정으로 태어났다고 묻지도 않은 말을 했다. 하지만 진짜 아버지가 누구인지는 조금도 관심이 없단다. 남자들은 어차

피 허풍이나 일삼는 믿기 힘든 존재라면서. 어려서 선물은 차고 넘칠 정도로 받았고, 놀이공원에 놀러갔던 일도 생생하게 기억했다. 그럼에도 어머니가 자신을 살뜰하게 보살펴준 기억은 없다고도 했다.

사춘기에 접어들며 그녀는 상당히 어린 나이에도 남자들과 여러 차례 성관계를 가졌다고 했다. 죽음도 갈라놓지 못할 것만 같은 사랑에 빠졌다가, 죽을 것 같은 환멸을 맛보기도 했다고. 문제는 파티와 술에서 시작되었고, 그녀의 인생은 갈수록 통제 불능 상태에 빠졌다. 언제부터인가 그녀는 팔에 직접 주삿바늘을 꽂기 시작했다. A는 마치 남의 이야기를 하듯 자신의 과거를 털어놓았다. 수차례 치료 상담이 이어지고 나서야 비로소 그녀는 자신의 진짜 속내를 털어놓기 시작했다. 그녀는 지켜보는 사람의 가슴을 미어지게 할 정도로 서럽게 울었다.

"빌어먹을! 나는 늘 누군가가 나를 붙들어주기를 바랐어요. 하지만 지금 와서 이런 얘기를 한들 무슨 소용이겠어요."

그녀는 슬피 울며 이렇게 탄식했다.

나중에 그녀는 리디아 K의 단골 고객으로 주기적인 상담을 받으면서 차츰 사람들에게 속내를 드러내는 법을 배웠다. 내가 그곳에서 그녀를 만났을 때 나는 그녀의 커다란 두 눈에 담긴 깊은 아픔을 보며 가슴이 아려오는 느낌을 받았다.

L은 잘생긴 외모에 옷을 깔끔하게 입는 중년 남자였다. 그는 상담소의 오픈하우스 행사에 찾아왔다가 나중에 직접 상담을 신

청했다. 요즘 들어 집중하기가 무척 힘들다며 어떻게 해야 집중력을 회복할 수 있을지 조언을 구했다. 그는 되도록 빠른 해결책을 원했지만, 리디아가 이 문제를 풀 특허 처방은 없다고 하자 약간 당황한 모습을 보였다. 좀 더 시간이 흐른 뒤에야 비로소 L은 망설이는 태도로 조금씩 토막토막, 사실은 이 모든 것이 넉 달 전 아내가 갑자기 집을 나가버리면서 시작되었다고 털어놓았다. 그는 마치 마른하늘에서 날벼락을 맞은 기분이었다고 했다. 두 아이를 둔 가정은 단란했으며, 경제적으로 부족할 게 없었다고 L은 강조했다. 자신은 사업가로 크게 성공했으며, 주변 사람들에게 인기가 있었다. 다만 불면증과 집중력 장애가 급속히 심해졌다고 한다. 부족한 것은 전혀 없었는데, 다만 예외라면 감정적으로 친밀함을 나눌 그 누군가가 아쉬웠다고 한다.

리디아가 감정적으로 친밀함을 나눌 사람이 정확히 무얼 뜻하느냐고 묻자 L은 불안한 모습을 보이며 화제를 다른 것으로 돌리려 했다. 굳이 시사 문제를 거론하며 무슨 지적인 대화를 하자는 투였다. L은 마치 지금껏 해오던 대화를 그대로 이어간다면 자신이 그동안 쌓아올린 부와 명성이 송두리째 무너지는 게 아닐까 두려워하는 거 같았다. 다만 실제로 그의 인생이 무너지기 시작했다는 점을 그 자신만 몰랐다.

나는 어떤 반응을 보여야 좋을지 몰라 생강차만 홀짝거리며 리디아가 들려주는 L의 이야기가 어떻게 풀려나갈지 내심 긴장하고 들었다. 이혼 절차를 밟겠다며 다시 나타난 아내와의 만남은 그를 결정적으로 뒤흔들었다. L은 거부당한다는 좌절감에 지독한 외로움을 느꼈다. 동시에 그는 그동안 아내와 자녀에게 지금 자신이 갈망하는 애정과 관심을 베풀지 못했음을 뼈아프게 깨달았다. 이런 아픔은 그로 하여금 자신의 어린 시절을 돌아보게 만들었다. 부모는 자신을 귀공자처럼 애지중지하면서 공부를 잘해 꼭 성공한 사람이 되어야 한다고 귀에 못이 박이도록 이야기했다. 하지만 어려서 품었던 자신의 진짜 욕구는 전혀 배려되지 않은 채 공허함으로 남았다. 그는 자신의 아이들도 똑같은 원칙, 곧 인생에서는 오로지 실력과 성공만이 중요하다는 원칙으로 키웠음을 깨닫고 깊은 충격을 받았다.

"많은 사람들이 이런 아픔을 겪는다는 걸 믿을 수 있겠어요?"

리디아 K는 이야기를 마무리하며 나의 눈을 좀 불편할 정도로 오래 응시했다.

"겉은 모든 게 멀쩡해 보이지만, 그 화려한 겉모습 뒤에는 깊은 상실감과 외로움이 숨어 있죠."

다른 세상에서
찾아온 여행자

/

리디아 K와의 대화 이후 어느 정도 시간이 흐른 뒤에 아둘라 클리닉을 방문했을 때 나는 마치 다른 별에 온 게 아닐까 하는 느낌을 지울 수 없었다. 물론 긍정적인 의미에서다. 그때 든 의문은 정말 시간 여행이 가능하다면 어떨까 하는 것이었다. 이를테면 중세의 어떤 여성 농부나 고대 그리스의 어부, 석기시대의 사냥꾼이 21세기의 독일을 찾아온다면 어떤 표정을 지을까? 나는 담장과 울타리로 집들이 깔끔하게 분리된 우리 동네를 보여주었을 때 그들이 어떤 표정을 지을지 상상해본다. 저마다 철저히 분리된 자기만의 공간에서 나름 성공했다는 자부심을 뽐내며 살아가지만, 그 담장 안의 인생은 거의 다를 바가 없는, 그저 그런 모습일 뿐이다.

앞서 언급한 모든 시대, 곧 석기시대와 고대 그리스와 중세에는 대가족이 하나의 공간, 아니 심지어 움막 같은 비좁은 곳에서 부대끼며 살았다. 불을 피워놓고 옹기종기 둘러앉아 사람들은 온기를 나누었다. 아이들에게는 꽤 오래 젖을 먹였으며, 더 오랫동안 안고 다녀야만 했다. 모든 일은 집단으로 처리했으며, 남녀노소 모든 세대가 좁은 공간에서 함께 지냈다. 섹스든, 출산이든, 죽음이든 인생은 글자 그대로 다른 사람들에게 둘러싸여 이루어졌다. 그리고 주변의 눈에 보이지 않는 세계에서는 신들과 천사들과 죽은 조상이 늘 굽어보았다.

한마디로 오늘날 우리는 전혀 다른 우주에서 산다. 시간 여행자들은 우리의 우주를 어떻게 바라볼까? 아마도 그들은 지독히 개인적이며 외톨이로 살아가는 우리의 모습에 놀라 입을 다물지 못하리라. 독일의 '쉘 청소년 연구Shell-Jugendstudien'가 매년 발표하는 연구 결과는 청소년들이 가장 중시하는 가치 가운데 하나가 행복한 가정이라는 것을 확인해주기는 한다.[60] 그러나 현실과 희망 사이의 간극을 이보다 확실하게 보여주는 것도 없다. 오늘날의 밀레니엄 세대, 대략 1981년부터 1996년까지를 아우르는 이 세대만큼 가족과 함께 사는 일이 드문 세대는 없었다. 이들은 부모 세대에 비해 절반 정도만 결혼을 하며, 슬하에 자녀를 두는 경우도 확연히 줄었다.[61] 이들은 이혼 등으로 부부 가운데 어느 한쪽만 아이를 돌보더라도 문제가 된다고는 생각하지 않는다.[62] 동시에 젊은 부부들 가운데 66%는 자녀 교육이 특히 디지털 미디어 탓에 예전보다 훨씬 더 복잡하고 어려워졌다고 느낀다.[63] 미국의 어떤 연구는 스마트폰이 발명되고 난 뒤 불과 몇 년 만에 가족이 서로 얼굴을 맞대고 지내는 시간이 일주일에 26시간에서 18시간으로 확연히 줄었음을 확인했다. 26시간은 비교적 오랫동안 균일하게 유지되어 오던 시간이다.[64] 가족 바깥의 상황도 비슷하다. 일주일에 친구와 여러 차례 만나는 십대의 수는 2000년을 기준점으로 볼 때 2015년에 40%가 감소했다. 이런 경향은 앞으로 더 심해질 전망이다.[65]

오늘날 독일 대도시에는 커플보다 싱글이 더 많이 산다. 독일 역사상 이런 일은 처음이다. 포르노는 넘쳐나는데, 커플 사이의 진짜 에로틱한 섹스는 확 줄어들었다. 오죽했으면 '포스트섹스 시대'라는 말까지 등장했을까.[66] 젊은이들은 서로 접촉하는 게 눈에 띄게 줄어든 반면, 스마트폰은 하루에 대략 2,617번 만진다.[67] 일자리와 관련해 짚어볼 점은 직장 생활을 하는 사람들의 80%가 소속감, 곧 자신과 직장을 한 몸으로 동일시하는 감정이 없다고 답했다. 이는 미국의 노동시장 연구기관 '딜로이트 센터 포 더 엣지Deloitte Center for the Edge'가 밝혀낸 조사 결과다.[68] 직장인 가운데 10%는 이른바 '번아웃 증후군' 증상을 보였으며, 몇몇 직군에서 이 비중은 심지어 30%에 달했다.[69] 번아웃을 증폭시키는 원인 가운데 하나는 결속감의 상실, 베푼 만큼 되돌려 받지 못한다는 좌절감이다.[70] 그 결과는 극단으로 치닫는 외로움이다. 그리고 코로나로 상황은 더욱 나빠졌다.

시간 여행자들은 오늘의 우리를 보고 무슨 생각을 하며, 어떤 쪽을 선택할까? 인터넷, 비행기, 물건으로 가득 찬 마트를 보며 이들은 열광할까? 아니면 우리의 현재를 차갑고 외롭다며 그들의 과거로 기꺼이 돌아가고 싶어 할까? 전깃불조차 없지만, 그 대신 인간의 온기가 넘쳐나는 그곳으로 돌아가려 하지 않을까?

그럼 우리는 어떤가? 풍요롭지만 차가운 세상인가, 부족하지만 서로 보듬어주는 온기가 있는 세상인가? 둘 가운데 하나만 택해야 할까? 혹시 '두 세계를 섞은 가장 좋은 세상'을 만들 수는 없을까?

파탄에 이른
관계

자동차 차창 밖으로 짙푸른 알프스가 펼쳐진다. 알고이에서 돌아오는 길에 나는 왜 그곳 클리닉의 분위기는 내가 요즘 다른 곳에서 보는 사회 분위기와 다를까 하는 의문을 떨칠 수 없었다.

어쩌다가 우리는 오늘날 이처럼 관계를 소홀히 여기며 살게 되었을까? 책상으로 돌아온 나는 곧장 연구하기 시작했다. 이미 한 가지만큼은 분명하다. 관계 맺는 것을 꺼려하는 태도가 빚어진 원인은 오래전으로 거슬러 올라간다. 그동안 우리는 이 이야기를 너무 소홀하게 다뤄온 측면이 없지 않다.

18세기에 증기기관은 경제를 혁명으로 이끌었다. 증기기관이 등장하고 이내 낮과 밤을 가리지 않고 생산할 수 있는 공장이 속속 들어섰다. 높은 굴뚝이 뿜어내는 연기는 런던과 같은 대도시를 먹구름처럼 덮었다. 이 시커먼 연기가 그을음이 되어 옷에 내려앉은 탓에 당시 검은색 신사 정장이 표준으로 자리를 잡았다. 다른 색의 옷은 매연으로 검댕을 뒤집어쓸 수밖에 없었기 때문이다. 19세기 중반에는 여성과 아동까지 방직공장과 탄광에서 일을 해야만 했다. 산업 발달의 토대가 되어준 기술의 대변혁은 너무 비인간적인 생활환경을 빚어내고 말았다.

산업화 이후 사람들은 모든 것의 속도가 갈수록 빨라지는 사회에서 홀로서기를 감당해야만 했다. 그만큼 사회 분위기는 갈수록 차가워졌다. 디지털 혁명은 이런 발달 추세를 전혀 예상하지 못한 수준으로 더욱 강하게 밀어붙였다.

솔직하게 다음 물음에 답해보자. 당신은 정말 17세기로 돌아가 살고 싶은가? 우리가 살아가는 현대는 많은 편의성을 제공한다. 아무튼 겉으로는 인생을 보다 편안하며 안전하고 윤택하게 만들어주는 기술은 많다. 하지만 이 모든 편리함은 대가를 요구한다.[71]

프랑스의 정치철학자이자 역사학자 알렉시 드 토크빌Alexis de Tocqueville, 1805~1859은 1835년 장기간에 걸쳐 미국을 여행하고 그의 유명한 책《미국의 민주주의Democracy in America》(1835)를 발표했다. 이 책에서 그는 개인주의에 물든 실용 사회는 시간이 가면서 점차 파열음을 내며 균열을 일으킬 수밖에 없다고 경고했다. 개인 중심의 실용 사회를 성공적으로 만든 바로 그 힘이 개인의 자유를 지키고자 하는 의지를 약화시킬 수도 있다고 본 것이다. 구체적으로 토크빌은 개인이 저마다 자유롭게 자신의 행복을 추구하는 사회는 결국 관계를 중시할 줄 아는 감각을 잃어버리게 할 거라고 염려했다. 인터넷 시대에서 이 염려는 단순한 기우가 아니라 정확한 진단이었음이 분명하게 확인된다.

통계는 미디어와 인터넷이 조작을 일삼는다고 믿는 사람들이 갈수록 늘어난다는 것을 보여준다. 국가를 향한 불신, 타인의 말을 의심부터 하는 태도는 날로 늘어나는 추세다.[72] 사회의 싸늘한 분위기는 디지털 문화로 더욱 강해진다. 신체적 접촉만 줄어든 게 아니다. 가상공간에서 서로 눈을 마주 보는 일조차 힘들어졌다. '스카이프Skype', '줌Zoom', '페이스타임Facetime'에서 우리의 눈길은 서로 만나지 못하고 엇나갈 뿐이다.

베를린에서 활동하는 한국인 철학자 한병철은 이런 진단을 내놓았다.

"디지털 커뮤니케이션의 편리함과 효율성 탓에 우리는 실제 인물과의 직접적인 만남을 갈수록 회피한다. 아니, 현실 자체를 피한다."[73]

디지털 공간에서 알고리즘은 정확히 우리가 보기 원하는 것을 보여준다. 저마다 자신의 의견만이 옳다고 믿는 편향은 이렇게 굳혀진다. 아예 자신의 필터 바깥 현실은 무시되고 만다. 새로운 것, 잘 알지 못하는 낯선 것에 호기심을 가지고 접근하는 태도는 이로써 사라진다.[74]

동시에 정말 역설적이게도 "관계 맺음으로 결속을 누리고자 하는 갈망"은 갈수록 커진다. 이 표현은 2021년 1월 판《심리학 오늘Psychologie Heute》잡지가 표지 카피로 뽑은 것이다. 이 갈망은 코로나 봉쇄 탓에 체감할 수 있을 정도로 커졌다. 줌으로 이뤄지는 화상 만남은 이런 갈망을 채워주지 못한다.

매사추세츠 공과대학의 사회학 교수 셰리 터클Sherry Turkle은 우리의 사회 활동이 디지털 문화로 어떻게 변화했는지 연구했다. 그 연구 성과를 담은 책《다 함께 홀로Alone together》는 충격적인 이야기를 들려준다(국내 번역판《외로워지는 사람들》). 숫자로 정리된 자료는 우리가 여전히 서로 연결된 존재이기는 하지만 다른 사람을 이해하고 공감할 줄 아는 자세와 능력은 현격하게 줄어들었음을 보여준다.[75]

사회는 갈수록 더 차가워진다. 그리고 이런 변화를 우리는 모두 체감한다. 우리 인간은 관계를 맺어야 살아갈 수 있는 존재임에도, 갈수록 고립되는 무인도에 떠밀려 와버렸다.

개구리와
원숭이

/

앞서 나는 인간과 동물의 차이를 거론했다. 몇몇 결정적 차이에도 나는 동물 세계를 좀 더 잘 살펴볼 필요가 있다고 생각한다. 특히 개구리와 원숭이는 우리에게 많은 새겨볼 점을 제공한다. 개구리는 새끼를 낳으면서 새끼가 안타깝다거나 애틋하다는 감상 따위는 전혀 모른다. 암컷 청개구리 한 마리가 낳는 알은 대략 1,200개 정도다. 이 가운데 약 100마리 정도만 뭍으로 올라가며, 다시 이 가운데 두 마리만 살아남는다. 엄청난 희생이지만 개구리가 이를 두고 슬퍼하거나 아파하지는 않는다. 포유류 동물은 다르다. 새끼를 몇 마리 낳지 않는 대신, 더 오래 돌보고 보살핀다. 그래서 포유류 새끼는 살아남을 확률이 높다.[76] 가장 대표적인 사례를 보여주는 동물이 유인원이다. 원숭이 새끼는 상당히 무기력한 상태로 태어나, 출생 초기에 집중적인 지원을 받아야만 하지만 이런 지원을 받으며 새끼는 그 무리가 요구하는 수준의 능력을 터득한다.

배가 고프거나 위협을 느낄 때 지르는 비명을 듣고 달려와 안아주고 쓰다듬으며 먹을 것을 주는 개체를 원숭이 새끼는 특별한 존재로 여기며 관계를 다진다.[77] 이른바 '주 보호자primary caregiver'는 이제 더는 무리의 다른 개체로 대체될 수 없다. 새끼는 이 '주 보호자'와 떼어놓으면 엄청난 감정적 스트레스를 받는다. 어린 원숭이는 어루만짐과 감정적 친밀함을 먹을 것 못지않게 필요로 한다. 홀로 방치된 새끼는 아파하고 힘겨워하는 모습을 보인다.

나는 미국의 행동연구가 해리 할로Harry Harlow가 붉은털원숭이 새끼로 실행한 실험 동영상을 보며 내 몸이 아픈 것 같은 느낌을 받았다. 실험은 엄마와 떼어놓은 원숭이 새끼들을 우리 안에 넣어 관찰한다. 우리 안의 새끼들은 두 대리모, 철사를 엮어 만든 일종의 인형 엄마 사이를 오가며 선택할 수 있었다. 한쪽은 우유를 주었으며, 다른 쪽은 부드럽고 따뜻한 천과 솜으로 만들어져 포근한 느낌을 주기는 했지만 우유는 주지 않았다. 우리는 당연히 새끼가 우유를 주는 쪽을 선호할 거라고 여겼다. 그러나 새끼는 배가 고플 때에만 우유 주는 쪽을 택했을 뿐, 평소에는 늘 부드럽고 따뜻한 엄마를 찾아 몸을 비벼대며 만족스러워했다.[78]

새끼는 엄마와 떼어놓으면 불안해한다. 엄마가 오랫동안 모습을 보이지 않으면 새끼는 울기는 그치지만 핏속의 스트레스 호르몬 코티솔은 급격히 치솟는다. 이 문제를 해결해줄 수 있는 것은 오로지 엄마의 손길이다. 달래주는 것이 특히 중요하다. 먹을 것 외에도 새끼는 온기, 달콤한 맛의 젖, 엄마의 냄새, 어루만짐을 필요로 한다. 이렇게 돌봐줄 때 새끼는 지속적인 안정을 찾는다. 이런 결속 욕구는 유인원의 유전자에 식욕이나 성욕과 마찬가지로 이미 각인된 것이다. 그리고 이 모든 것은 특히 인간에게도 그대로 들어맞는다.

관계 연구의
선구자들

/

영국의 정신과 전문의 존 볼비John Bowlby, 1907~1990는 비행청소년들이 왜 그렇게 거친 행동을 보이는지 연구했다. 1차와 2차 세계대전 사이의 가혹할 정도로 힘든 환경과 비행청소년이 서로 어떤 연관을 가지는지 그는 궁금했다. 도둑질과 싸움은 일상이었다. 왜 볼비가 연구한 44명의 소년들은 범죄의 구렁텅이에 빠진 반면, 대조군으로 뽑은 다른 44명의 또래 소년들은 그렇지 않았을까? 볼비 자신은 단단한 체구의 남자였다. 겉으로만 보면 볼비가 일곱 살부터 부모와 떨어져 기숙학교의 엄격한 규율에 시달렸다고는 짐작되지 않을 것이다. 하지만 자신의 경험에 비추어 볼비는 절도를 저지른 44명의 소년들에게도 어떤 아픈 경험이 있는 게 아닐까 하는 의문을 품었다. 조사 결과 44명 중 17명의 비행청소년들은 아주 어렸을 때 어머니와 떨어져 성장한 반면, 대조군인 44명은 대부분 그렇지 않았음을 밝혀냈다. 이런 확인에 고무된 볼비는 유아기에 경험한 관계가 당사자의 인성에 어떤 영향을 미치는지 확인하기 위해 보다 더 철저히 연구하기 시작했다.

당시 심리학을 지배한 이론은 '행동주의Behaviorism'였다. 행동주의는 두뇌 발달이 일차적으로 조건화를 통한 학습의 결과라고 이해한다. 다시 말해서 특정 보상이 주어질 때에만 두뇌 발달이 일어난다는 행동주의는 감정 교류의 중요성을 소홀히 다루었다. 생후 첫해의 유아가 감정 욕구를 가진다는 점은 당시 주로 읽히던 육아 지침서에서도 거의 다루지 않았다. 이를테면 미국에서는 소아과 전문의 벤저민 스폭Benjamin Spock의 《아기와 아동 돌봄Baby and Child Care》이 지금껏 5천만 부가 넘게 팔리는 초대형 베스트셀러이고, 독일에서는 요한나 하러Johanna Haarer의 유명한 육아 지침서 《독일 어머니와 그 첫 아기Die deutsche Mutter und ihr erstes Kind》가 100만 권이 넘는 판매 부수를 기록했는데, 두 책 모두 행동주의를 바탕으로 한다. 이 두 권의 지침서는 아기의 감정을 살피는 일은 버릇없게 키우는 잘못된 육아법이라고 경고한다. 지나치게 안아주고 오냐오냐 키우면 자기밖에 모르는 독불장군을 만들 수 있다는 것이다. 그 대신 하러는 어머니의 역할은 강한 실천력과 단호함으로 아기를 병에 걸리지 않게 보호해주고 되도록 강하게 키워야 하는 것이라고 강조한다. 그래야 나중에 사회에 쓸모 있는 인물, 특히 남자의 경우는 군복무에 필요한 강인한 인물로 키워낼 수 있다는 것이 이런 논지의 핵심이다.(나치스 정권이 하러의 책을 높게 평가한 것은 놀라운 일이 아니다. 그럼에도 하러의 책은 1980년대까지 높은 인기를 유지했다.)[79]

하지만 행동주의와는 반대되는 흐름은 갈수록 강해졌다. 덴마크 출신으로 미국에서 활동한 정신분석학자 에릭 에릭슨Erik Erikson은 1957년 젖먹이를 최소한 한 사람 이상의 보호자가 정성과 사랑으로 돌보지 않는다면, 인간의 '근원적인 신뢰'는 생겨날 수 없다고 보았다. 정확히 이런 사실을 볼비는 경험적으로 확인했다. 볼비가 주장하는 핵심은 어떤 개인이 부모로부터 받은 보살핌의 경험과 나중에 성장해서 이 개인이 감정적 관계를 맺는

데 보여주는 능력 사이에 밀접한 인과관계가 성립한다는 것이다.

"인간의 정신은 생물적으로 타고나는 것이기는 하지만, 돌봄을 베푸는 특별한 인간, 더 강하고 지혜로운 인간과의 관계로 비로소 발현한다."[80]

볼비의 기본 전제는 오늘날 관계 연구의 세계적인 개별 사례들로 그 정당성을 속속 확인받고 있다.[81] 이 성과들을 자세히 살피면서 나는 이런 사실을 아는 사람이 극히 드물다는 사실에 놀라곤 한다. 마침 아들을 출산한 어떤 부부와 최근 대화를 나누었던 기억이 난다. 부부는 양쪽 다 직업적으로 성공했으며, 교양 수준이 매우 높았다. 부부는 앞으로의 계획을 신이 나서 이야기하며, 아들을 맡길 유치원을 하루라도 빨리 구하길 희망했다. 아들의 생후 첫 몇 달이 얼마나 중요한지 부부는 전혀 고려하지 않았다. 균형 잡힌 감정 능력은 마치 저절로 생겨난다고 여기는 듯했다. 하지만 이런 능력은 저절로 생겨나지 않는다.

유대감은
어떻게 생겨나는가

/

리나Lina는 생후 여섯 주 된 아기다.[82] 리나의 일상은 겉으로 보면 평온하기만 하다. 하지만 리나의 두뇌는 매초 대략 700개의 새로운 시냅스를 만든다. 인생을 살며 리나가 이때처럼 빠르게 많은 것을 배우는 일은 다시 없으리라. 세상에 태어날 때 리나는 대략 1천억 개의 두뇌 세포를 가진다. 다만 이 세포들은 아직 연결망을 제대로 형성하지 못한다. 두 살이 되면 세포들은 약 100조의 결합을 이룬다. 리나는 어른이 되어서도 이보다 더 많은 세포 결합을 가지지는 않는다.

인간의 두뇌는 우주에서 가장 복잡한 체계를 자랑한다. 자연의 생태계가 만들어지는 데에는 지금껏 진화 연구의 선구자들이 짐작했던 것 이상으로 협력이 중요한 역할을 한다. 두뇌의 신경세포 결합은 이런 협력의 대표적인 예다. 다시 말해서 생존경쟁보다 더욱 중요한 것은 서로 힘을 모으는 결합이다.[83] 인간 두뇌처럼 태어날 때부터 사회의 상호작용에 초점이 맞추어진 자연 체계는 따로 없다. 우리가 숨을 쉬어야 살 수 있듯, 두뇌는 상호작용을 필요로 한다.

리나가 세상에 태어나서 가장 먼저 찾은 곳은 엄마의 품이다. 엄마의 목소리와 심장 뛰는 소리는 리나가 이미 엄마 배 속에서부터 알던 것이다. 아기는 자신의 신호에 반응하는 섬세한 엄마, 배고파 울면 젖을 주고, 쓰다듬으며, 안고 토닥여주는 엄마 덕에 생후 첫해에 헤아릴 수 없이 많은 상호작용을 나누며 관계 맺음의 소중함을 몸소 터득한다. 리나는 정확히 이 발달 단계를 겪는 아기다. 리나의 두뇌에서는 사랑에 빠지는 것과 비슷한 현상이 일어난다. 리나의 두뇌는 모든 것을 엄마와의 관계에 맞춘다.

리나는 다른 어떤 무늬보다 엄마의 얼굴을 보는 것을 좋아한다. 소음이 심한 가운데서도 리나는 엄마의 목소리에 집중한다. 리나가 가장 좋아하는 냄새는 엄마의 살 내음이다. 이처럼 리나

의 모든 감각기관은 다른 사람과의 접촉을 위한 기본 장비나 마찬가지다.[84]

이 단계에서 엄마와의 관계는 그 어떤 관계보다도 소중하다. 아기뿐만 아니라 엄마의 몸 역시 공생이라는 생활방식에 맞춰지기 때문이다. 엄마는 임신하면서부터 호르몬으로 완벽하게 아기를 맞을 준비를 한다. 엄마가 가슴을 드러내고 아기에게 젖을 먹일 때 엄마는 물론이고 아기에게도 엔도르핀이 왕성하게 분비되며, 엄마와 아기는 지극한 행복을 맛본다. 엄마와 아기의 바이오리듬은 갈수록 더 정밀하게 서로 맞춰진다. 이렇게 해서 엄마는 리나가 세상을 탐색하다 안전하게 돌아와 쉴 항구가 된다.

더욱
안전한 결합

/

리나의 엄마 클라라Clara는 기쁜 마음으로 아기를 기다려왔다. 남편 카이Kai에게 첫 번째 초음파 사진으로 임신을 알렸을 때 그녀의 눈에서는 기쁨의 눈물이 흘렀다. 새로운 생명이 배 속에서 자라나고 있다니 이 얼마나 대단한 기적인가! 유대인 출신의 종교철학자 마르틴 부버Martin Buber는 임신을 다음과 같은 감동적인 말로 묘사했다.

"모태 속의 새 생명이라는 결합은 정말이지 신비로운 사건이다. 유대인의 신화를 담은 저 까마득한 옛날의 어떤 바위에 새겨진 문구, 자궁 안에서 인간은 모든 것을 알았지만, 탄생과 함께 이 앎을 잊어버렸다는 비문을 읽고 이게 무슨 뜻일까 아리송했던 것을 단박에 풀어주는 것이 임신이라는 사건이다."[85]

출산 이후 감정의 결속을 촉진해주는 호르몬 옥시토신과 우리 몸이 만들어내는 오피오이드Opioid●가 클라라의 혈관에서 기쁨을 빚어가며 흐른다. 카이 역시 이런 호르몬 칵테일을 맛보기는 하지만, 클라라와 비교할 수 있는 수준은 아니다. 통계적으로 보면 임신한 아내와의 관계가 좋을수록 그에 비례해 호르몬이 더 활발하게 분비된다고 한다.[86]

클라라는 리나를 시야에서 놓치지 않으며, 아기가 갈증을 느끼는지, 기저귀를 갈아주어야 하는지 또는 배가 아픈 것은 아닌지 살피며 즉각적으로 반응한다. 아기가 보내는 신호를 알아보고 올바로 해석하며 그에 적절하게 반응하는 이런 능력을 우리는 '섬세한 모성'이라 부른다.

리나에게 가장 중요한 것은 엄마의 반응이다. 아직 시간 감각이 없어 '아침'이 무얼 뜻하는지 리나는 모른다. 생후 18개월은 되어야 시간 감각이 생겨난다.[87] 리나에게는 엄마가 모든 것이다. 엄마의 품이 주는 온기와 편안함은 그 어떤 것도 대체해줄 수 없다. 엄마가 반응을 보이지 않으면, 리나는 자신의 세상을 이해하지 못한다. 스트레스 호르몬 코티솔이 그 작은 몸을 사정없이 뒤흔드는 탓에 리나는 울음을 터뜨린다. 몇 분 안에 엄마가 다시 나

●　진통 효과를 일으키는 마약성 호르몬이다. 그 대표적인 것이 모르핀이다. — 옮긴이

타나면 모든 것이 원상회복된다. 물론 리나는 그게 단 몇 분인지조차 알지 못함에도. 성인은 엄마가 나타나지 않을 때 아기 머릿속에서 무슨 일이 일어나는지 짐작조차 하지 못한다. 다른 사람이 달래줄 수는 있지만, 이 위로는 엄마의 것과는 다르다. 리나는 8개월은 되어야 엄마가 곁에 없더라도 다른 사람이 자신을 돌봐준다는 것을 인지하기 시작한다. 8개월이 되기 전까지 홀로 버려진 상태는 아기에게 암흑의 심연, 죽음의 구렁텅이와 마찬가지다.

볼비는 이런 경험이 아기에게 무서울 정도로 부정적인 영향을 준다고 보았다. 그 품을 간절히 바라는데도 곁에 있어주지 않는 엄마에게 아기는 슬픔과 분노를 느끼기 때문이다. 아기에게 애정이란 신체적 접촉이다. 피부를 서로 맞대는 접촉은 먹을 것 못지않게 중요하다. 하루에 세 번 이상 매번 15분씩 쓰다듬어주면 신생아는 이런 접촉을 받지 못하는 아이에 비해 50% 더 빠르게 성장한다.[88]

리나는 따뜻한 감성을 가진 섬세한 엄마 덕분에 내면에 긍정적인 자신감을 키운다.[89] 어려움에 처할 때 나는 도움을 받는다. 사람들은 나를 보며 예뻐 어쩔 줄 모른다. 그만큼 나는 사랑스럽다. 나는 내 감정을 표현해도 된다. 엄마와의 든든한 결속으로 키운 이런 자신감을 가진 아이는 이미 생후 7개월만 되어도 그렇지 않은 아이에 비해 장난감을 가지고 더 집중력 있고 끈기 있게 논다. 말을 배우기 시작하는 것도 이 단계다. 리나는 어른들의 말투를 흉내 내며 말하는 규칙을 이해한다. 이런 배움의 토대가 되는 것은 부모에게 가지는 신뢰다. 이 신뢰 덕분에 리나는 부모와 기꺼이 협력할 자세를 갖추고, 약간의 강제와 압력만으로도 흔쾌히 배우려는 자세를 보인다. 나중에 유치원에서도 리나는 친구를 쉽게 사귀고 함께 잘 어울려 놀며 사회성을 키운다. 이런 경험으로 리나의 자존감은 커진다.[90]

부모와 안전하고도 든든하게 결합해 있다는 느낌은 인생의 첫 두 해 동안 인성의 기초를 다져준다. 이렇게 닦인 기초는 어린 시절을 넘겨서도 탄탄함을 자랑한다. 감정적 건강함과 안정적 관계는 이런 기초 덕에 흔들림 없이 가꾸어진다. 리나의 인생에서 이때처럼 결정적인 각인을 하는 때는 다시는 없을 것이다. 클라라가 이 시기 동안 리나에게 베풀어준 것은 아이가 앞으로 살아갈 인생에서 누구도 줄 수 없는 귀중한 보물이다.

아빠의 역할

/

아기를 팔에 안고 함께 보낸 첫 시간은 내 인생에서 가장 아름다운 추억 가운데 하나다. 그 보들보들한 피부에서 나던 젖 냄새, 그 작은 생명체의 왕성한 버둥거림…. 그러나 아기가 울고 보챌 때 원하는 것을 내가 줄 수 없는 순간은 금방 찾아왔다.

첫 두 해 동안 아기는 정확히 주 보호자를 필요로 한다. 내 경우에는 물론 내가 주 보호자가 아니다. 아기의 두뇌는 아직 상황에 따라 변화하는 보호자에 '맞출 능력'을 가지지 않는다.

주 보호자는 대개 엄마다. 부유한 가정에서는 예전에 유모를 두었으며, 가난한 집에서는 누나나 할머니가 주 보호자의 역할을 대신했다. 아무튼 애정을 가지고 돌보아주는 보호자 없이 아기는 살아남을 수 없다. 엄마의 몸은 호르몬으로 아기와 완벽하게 맞춰져 있을 뿐만 아니라, 젖을 먹이며 단순한 먹을 것 그 이상을 베풀어주기 때문에 아빠인 나는 엄마의 역할을 완전히 대체해줄 수 없다. 그렇지만 두 살을 넘기면서 내가 아기를 위해 해야 할 일은 빠르게 늘어났다. 많은 연구 결과가 증명하듯 남자는 여자와는 다르게 아이를 교육하며, 아이는 아빠와 엄마를 필요로 한다. 굳이 연구가 아니더라도 우리는 이런 사실을 직관적으로 안다.

젊은 아빠가 자신의 아버지 역할을 긍정적으로 여긴다면 아기 곁을 지키며 좋은 아빠가 되려고 노력할 확률은 당연히 높아진다. 곁을 지켜주는 아빠는 아기의 탐색 욕구를 키운다. 어느 문화라 할 것 없이 아빠가 아기를 허공에 던졌다가 다시 받는 것은 우연의 일치가 아니다. 나도 역시 아기와 그렇게 놀았다.[91]

아기의 출산을 곁에서 지켜보고 싶어 하는 아빠는 통계적으로 섬세한 성격의 소유자다.[92] 아빠의 섬세함은 아이와 함께 놀이를 할 때 특히 잘 드러난다. 아빠는 아이에게 지나친 부담을 주지 않으며, 그렇다고 아무 요구도 없이 방치하지도 않는다. 오히려 아빠는 아이를 꾸준히 자극함으로써 지속적으로 성장하는 것을 지켜보며 기뻐한다. 그러나 권위적인 교육은 정반대의 효과를 낸다. 이 주제를 다룬 장기간의 연구는 비교적 최근에야 이루어졌다. 하지만 그 결과는 더할 수 없이 분명한 사실을 확인해준다. 아이와 함께 놀며 섬세함을 보여준 아빠는 아이가 나중에 초등학교를 다닐 때나 청소년기에 뛰어난 사회성을 자랑하며 친구들과 든든한 우정을 맺게 하는 등 장기적으로 매우 긍정적인 영향을 주었다.[93] 나중에 아이가 42세의 성인이 되어도 이런 효과는 여전한 것으로 확인되었다. 아빠가 함께하지 않거나 아빠가 섬세하지 않은 경우 아이는 그만큼 더 사회규범을 깨뜨리는 행동을 했다. 생후 18개월이 될 때까지 아버지의 사랑을 듬뿍 받은 아들은 문제가 생겨도 달아나거나 회피하는 대신 적극적으로 해결하려는 자세를 보였다.[94]

엄마와의 관계와 아빠와의 관계는 서로 성격이 다르다. 하지만 둘 다 대단히 장기적인 영향력을 끼친다. 물론 이 영향력 역시 성격은 각기 다르다. 또한 부모인 클라라와 카이가 서로 부드럽고 조화로운 관계를 꾸리는 것 역시 리나에게 결정적인 영향을 끼친다. 반면 부모의 이혼은 아이의 내면을 송두리째 뒤흔드는 심각한 악영향을 끼친다. 이혼한 부부의 자녀 가운데 43%가 이런 부정적인 영향에 시달린다.[95]

불안한
관계 _____

모든 아기가 리나처럼 행운을 누리는 것은 아니다. 넬레Nele 역시 사랑이 넘치는 엄마가 되고자 굳게 다짐했다. 하지만 꼬마 루카Luca는 매일 소리를 지르며 울기만 했다. 넬레는 그런 아들이 짜증 나서 견딜 수가 없었다. 그녀는 루카를 기저귀 갈아주는 테이블에 눕히고 가시 돋친 투로 꾸짖었다.

"이제 그만 좀 울어라, 이 녀석아. 넌 진짜 골칫덩이야!"

그러나 루카는 울음을 멈추지 않았다. 넬레는 아기를 꼭 붙들고 앙칼지게 외쳤다.

"그만 좀 울어! 금방 젖 먹었잖아! 계속 그렇게 울면, 버리고 갈 거야. 세상은 너를 중심으로 도는 게 아니야!"[96]

엄마는 아기에게 품는 자신의 애정이 좋은지 나쁜지 잘 평가할 수 없다. 대개는 자신이 이상적인 엄마라고 생각하는 경향을 보인다. 하지만 엄마의 애정이 좋은지 나쁜지 확실히 판가름할 수 있게 해주는 것은 아기와 말을 하는 태도다. 감정이입을 해가며 아기에게 할 말(비록 아기가 알아듣지 못한다 할지라도)을 섬세하게 고르는 엄마는 실제로 매우 섬세한 애정을 베푼다. 섬세한 소통 대신 짜증이나 차가운 말투는 엄마의 감정 건강에 문제가 있다는 방증이다.

부모와 아이 사이의 애정을 가늠할 수 있게 해주는 일종의 표준 테스트가 하나 있다. 이 테스트는 어느 문화권이든 비슷한 결과를 보여준다는 점에서 흥미롭다. 테스트는 이런 식으로 이뤄진다. 보호자가 아이를 어떤 공간에 버려두고 떠났다가 어느 정도 시간이 흐른 뒤 다시 돌아온다. 아이가 이 이별과 재회에 보이는 반응에 따라 우리는 평소 아이와의 관계가 어땠는지 알아볼 수 있다. 평소 안정적 관계인 경우는 불안한 관계와 확연한 차이를 보인다. 불안한 관계는 회피, 모순, 혼란이라는 세 가지 다른 종류의 반응을 보인다.

부모와 안정적 관계를 형성한 아이는 보호자가 자신을 버려두고 가버리면 울기는 하지만, 이내 안정을 되찾는다. 그리고 보호자가 다시 나타나면 반색을 하며 맞이한다. 불안정한 관계에 시달리던 아이는 전혀 다르게 행동한다. 애증이 교차하는 불안한 관계에 시달리던 아이는 두려운 탓에 무조건 엄마에게 매달려 운다. 엄마가 이대로 영원히 가버리는 게 아닐까 무서운 나머지 엄마가 곁에 있어도 안정을 되찾지 못한다. 반대로 불안하면서 회피하는 태도를 보이는 아이는 엄마가 사라져도 겉보기로는 아무렇지 않은 것만 같다. 엄마가 다시 나타나도 거의 관심을 보이지 않는다. 겉으로는 적응한 것처럼 보이지만, 아이의 이런 상황은 심각한 위기를 반영한다. 이 경우 아이의 심장 박동과 호르몬을 살펴보면 극심한 스트레스에 시달리는 것을 확인할 수 있다. 스트레스는 아이의 두뇌 발달에 치명적이다. 이런 아이는 홀로 잘 놀게 환경을 만들어주더라도 놀이에 집중하지 못한다. 그만큼 신경이 예민해졌기 때문이다. 신경과민을 스스로 다스릴 수 없기 때문에 아이가 겉으로는 무심한 것처럼 행동하는 것이다. 어눌한 손동작과 눈을 잘 맞추지 못하는 것이 그 대표적 증상이다.[97]

장기적으로 볼 때 이런 회피적 태도는 아이가 외부의 상황에 유연하게 대응할 능력을 키우지 못하게 막는다. 상황이 바뀌어도 아이의 주의력이 빨리 따라가지 못한다. 아이는 감정적으로 엄청난 부담에 시달리면서도 도움을 청하지 않으며, 자신의 아픔을 드러내는 일도 없다.

넬레가 두 살배기 루카를 데리고 참여한 한 연구에서 정확히 이런 양상을 확인해주었다. 넬레는 아기가 필요로 하는 모든 것을 해결해주었다며 이해할 수 없다는 반응을 보였다. 하지만 엄마의 역할이 정확히 무엇인지 이야기를 하자 넬레는 짜증을 내기 시작했다. 루카를 너무 버릇없는 아이로 키우는 게 아닐까 걱정했던 넬레는 루카가 생후 12개월이 되었을 때 입소 대기 중이던 유치원에 자리가 나오자 다행이라며 무척 좋아했다. 처음에는 루카가 울고불고 난리가 아니었지만 이내 잘 적응하는 거 같아 넬레는 안도의 한숨을 쉬었다. 그런데 놀랍게도 퇴근하고 아이를 데리러 가면 루카는 엄마에게 그다지 관심을 보이지 않았다.

최근의 연구 자료는 모든 아동의 족히 40%가 루카처럼 불안한 관계에 시달린다고 확인해준다.[98] 하지만 초기의 애착 관계 형성에서 상처를 받은 아기는 훨씬 더 많다. 이런 상처야말로 나중에 아기가 성인이 되어 관계 맺기를 어려워하는 결정적 원인이다.

무의식에
남아 있는 기억
/

자신의 마음 상태가 어떤지 우리가 항상 곧바로 깨닫는 것은 아니다. 어쨌거나 나는 그렇지 못하다. 예를 들어 신경이 날카로워졌을 때 나는 아니라고 생각하는데도 내 아이들은 곧바로 알아본다. 아이들이 옆에 오지 말았으면 하고 거부감을 보일 때도 나만 그걸 모를 따름이다.

어른도 아이와 마찬가지로 어릴 때 형성된 애착 관계에 영향을 받는다. 심지어 애착 관계의 유형은 그동안 매우 신뢰할 만하게 측정할 수 있게 되었다. 이런 측정에서 주로 확인되는 점은 자신이 어려서 겪은 관계 경험이 어떤 것인가 하는 사실이다.[99]

우선 좋은 소식부터 언급해보자. 어려서 형성된 관계 유형은 나중에 성인이 되어 바뀔 수 있다. 다음에는 나쁜 소식이다. 그럼에도 어린 시절의 관계 유형이 인생 전반에 미치는 영향은 엄청나다. 그리고 우리는 흔히 이런 영향을 의식하지 못한다.

예를 들어 리디아 K가 나에게 들려주었던 L의 경우를 살펴보자. L은 자신이 애착 관계에 문제가 있으리라는 생각은 전혀 하지 못했다. 오히려 정반대로 그는 파티마다 인기를 한 몸에 받는 중심인물이었다. 그러다 아내와 위기를 겪으면서 비로소 그가 가진 심층적인 문제가 수면 위로 떠올랐다. 다만 L은 자신의 어린 시절이 나빴다고는 전혀 이야기하지 않았다. 오히려 그 반대다. 그의 부모는 부족함 없는 사랑을 베풀며 지원을 아끼지 않았다고 했다. 사람들은 대개 고령에 이르기까지 어린 시절을 아주 세세히 기억하며, 어떤 추억들은 강한 감정을 불러일으킨다. 그러나 애착 관계를 형성하는 가장 중요한 단계는 더 어린 시절이라 그때를 직접 기억한다는 것은 매우 어렵다. 말을 배우기 이전 시기의 기억은 대개 무의식에 남기 때문이다. 그럼에도 유아 때 부모와의 관계가 어땠는지 더듬어보는 일은 아주 많은 것을 알려줄 수 있다.

예를 들어 열여덟 살의 A는 어려서 부모와 함께 놀이공원에 놀러갔던 추억을 상세히 떠올렸다. 그러나 정작 부모와의 감정적 관계가 어땠는지 물어보면 돌아오는 답은 상투적인 말뿐이었다. 그녀는 어려서 자신을 둘러싼 차가운 감정을 애써 무시하려고만 들었다. 오늘날 그런 것을 떠올려서 뭐 하겠느냐면서.

오랜 세월 청소년들을 상담해오면서 나는 A와 같은 경우를 숱하게 보았다. 겉으로는 어떤 전문가 못지않은 차분함과 절제된 태도를 보여주지만, 내면은 찬바람이 쌩쌩 불 정도로 차갑다. 어던지 모르게 쉽게 곁을 내주지 않는 사람이 바로 A다.

반면 성인인 L의 전략은 부모를 이상적인 부모로 떠받드는 것이다. 부모 이야기만 나왔다 하면 그는 목청껏 소리 높여 참 훌륭하신 분들이라고 추켜세웠다. 아주 많은 대화를 나누고서야 비로소 그는 어려서 자신이 애정 결핍으로 힘들어했다는 진짜 속내를 드러냈다. 그는 부모의 사랑을 받았다기보다는 그저 형식적인 지원만 받았을 따름이다.

어린 시절의 감정을 말하거나, 부모의 애정과 관심을 얼마나 그리워했는지 고백하기 꺼려하는 마음은 얼마든지 이해가 간다. 누군들 자신을 의존적이며 애정 결핍된 사람으로 보이고 싶을까? 나 역시 자율적이며 자신감에 넘치는 사람으로 보이고 싶은 마음이 간절하다. 옛날의 쓸쓸한 추억이 오늘날 우리에게 더는 해를 끼치지 않는다는 말은 참으로 멋지고 늠름하게 들리지 않는가. 하지만 자신의 옛 상처에 접근하지 못하게 가로막는 얼음의 벽은 다른 사람을 향한 친밀함도 막아버릴 뿐이다.[100]

관계를 안정적으로
꾸리는 사람 _____

왜 나는 아름다운 알고이의 의학 클리닉을 잠깐 방문하고 그처럼 감동을 받았을까? 나는 그곳에서 서로 관심을 보이며 진솔한 대화를 나누는 법을 배우는 젊은이들과 나이 지긋한 어른들을 목격했다. 이런 장면은 내가 다른 곳에서 보던 모습과는 많이 달랐다. 누구든 이 클리닉에서 시간을 보내는 사람이라면 깊은 유대감을 경험할 수밖에 없을 것이다.

관계를 안정적으로 꾸려갈 줄 아는 성인은 다음의 특징을 보여준다.

- 자화상과 외부의 평가가 일치한다.
- 자신의 감정을 섬세하게 포착할 줄 안다.

- 문제의 해결책을 찾는 데 유연성을 보인다.
- 애정과 관계를 소중히 여긴다.
- 필요할 때는 기꺼이 도움을 받는다.
- 배우자의 감정을 올바로 헤아리며 열린 마음으로 너그럽게 받아들인다.
- 가까이 다가올 수 있게 허락해주며, 표현을 부드럽고 섬세하게 한다.
- 기쁨으로 충만한 섹스를 즐길 줄 알며, 행위 이후 만족감을 나눈다.
- 운명의 장난에 굴하지 않고 맞설 줄 안다.

애착 관계와 관련하지 않은 감정 건강의 영역은 없다고 말할 수도 있다. 손을 가슴에 얹고 생각해보자. 앞서 나열한 항목은 우리가 어른으로 살아가며 종종 곱씹어보는 문제가 아닐까? 적어도 나는 그렇다!

불안하게 회피하는 태도를 보이거나, 상반된 감정이 혼재하는 애착 관계 유형을 가진 성인은 자신의 감정을 잘 인지하지 못할 뿐만 아니라, 표현도 서툴러 부부 관계에 위기를 자초하곤 한다. 위기를 맞았을 때 회복탄력성을 보여주지도 못하며, 전문가의 도움을 구하는 것도 힘겨워한다.[101]

유아기의 애착 관계 경험은 고령에 이르기까지 영향력을 미친다. 안정적 유형의 애착 관계 경험을 가진 조부모는 현재의 인생을 만족스럽게 받아들이며, 젊은이들과 어울리는 것을 좋아한다. 노인이 자신의 인생에 만족하는지 아닌지는 자신이 출생한 가족과 밀접하게 맞물린 사회 경험으로부터 그 답이 주어진다.[102] 나는 아주 고령에 이르기까지 자신의 어린 시절을 즐겨 이야기하던 외할머니가 무척 그립다. 외할머니는 손자, 증손자들과 함께 자주 놀아주며 매우 즐거워하셨다.

어릿광대와
심장 자원의 손실

/

애착 관계는 우리 인생의 모든 차원에서 영향력을 행사한다. 부모에게 애정을 듬뿍 받은 경우에는 긍정적 영향을, 그렇지 못한 경우에는 부정적 영향을 끼친다. 개인적으로든, 애인과의 쌍방이든, 가정을 꾸리든 아니든, 그리고 결국 사회에도 애착 관계는 긴 그림자를 드리운다. 나는 다시 리나를 떠올렸다. 지금 리나는 생후 12개월이다. 어떤 실험에서는 리나에게 인형 극장을 관람하게 했다. 어릿광대가 우쭐우쭐 춤을 추며 콧노래를 흥얼거리면서 물구나무를 서자 리나가 깔깔대며 웃는다. 리나는 어릿광대를 좋아한다. 갑자기 장면이 바뀐다. 귀여운 어릿광대가 덩치가 큰 선생님에게 호된 꾸지람을 듣고 무대에서 쫓겨난다. 어릿광대가 엉엉 울자 리나도 충격을 받아 눈물을 방울방울 흘린다. 리나는 부모에게 애정을 받지 못해 불안한 아이보다 훨씬 더 큰 공감 능력을 보여준다.

인간은 근본적으로 사회성을 가진 존재다. 안정적인 결속을 보장하는 환경에서 인간의 사회성은 절로 발현한다. 부모의 사랑으로 내면이 안정된 아이는 잘 알지 못하는 새로운 것을 열린 마음으로 받아들일 수 있다. 주변을 신뢰할 만한 것으로 받아들이기 때문에 아이는 다른 사람을 신뢰하며, 보다 의젓하고 확실하게 행동한다.

정원에서 모든 식물과 동물이 서로 연결되어 있듯, 인간의 에덴 정원을 이루는 본질 또한 결속이다. 이제 어떻게 모든 것이 서로 연결되는지 보여주겠다.

사회는 관계들로 이뤄진 거대한 네트워크라고 해도 무방하다. 이 네트워크를 근본적으로 신뢰하며 협력하려는 각오가 클수록 해당 사회는 보다 더 안정적이 된다. 인간이라면 누구나 인생을 살기 위해 일정 정도의 안정성을 필요로 한다. 많은 사람들이 밀접하게 맞물려 살아가는 공동생활에서 이 안정성이란 대다수의 사람들이 공동의 규칙을 지키며, 공통된 가치를 구속력을 가지는 것으로 존중할 때 성립한다. 오늘날의 국가들이 그 건립의 바탕에 국민을 결속해주는 역사적 사건을 가진 것은 우연한 사실이 아니다. 그 좋은 예가 미국의 독립선언 또는 스위스의 뤼틀리 서약Rütlischwur•이다. 국가라는 사회는 공통의 가치를 지키려는 의무감 위에 성립한다.

• 1291년 스위스 건국의 초석을 놓은 서약이다. — 옮긴이

그러나 사회 규칙을 준수하고자 하는 자세와 공통의 가치를 지키려는 의무감은 청소년들에게서 심한 편차를 드러낸다. 이런 차이는 청소년들이 어떤 애착 관계를 형성했느냐에 따라 생겨난다.[103]

나의 부모 세대는 전후 시대의 엄격한 교육을 받은 나머지 반권위주의적 교육에 열광했었다. 그 핵심 목표는 자아실현과 자유의지에 따른 발달이었다. 그러나 이런 유행은 오래가지 않아 시들해졌다. 인간은 사회적 존재이고 타인과의 관계 정립을 잘할 수 있어야만 자아실현을 이룰 수 있기 때문이다. 관계를 잘 가꿀 수 있어야만 우리는 인생의 모든 분야에서도 높은 확률로 성공을 거둘 수 있다. 심지어 이 확률은 실제 측정되기도 한다.

최근에 이뤄진 전혀 새로운 두 편의 연구는 유아기의 애착 관계가 장기적으로 사회에 미치는 영향을 처음으로 다루었다. 그 결과는 놀랍기만 하다. 엄마와의 결속이 불안정한 아기, 이를테면 엄마가 직장에 다니느라 충분히 돌보지 못한다거나, 이혼 탓에 엄마와 떨어져 지내는 아기가 청소년기에 이르기까지 국가는 그 양육 지원을 위해 대략 1만 2천 유로를 쓴다. 안정적인 결속을 누리는 아기의 경우는 7,400유로가 든다. 이 비용은 의료보험, 사회보장, 교육 지원, 급식 보조금, 보호관찰까지 아우른 금액이다. 아빠와 관련한 차이는 더욱 심각하다. 아빠와의 관계가 불안정한 아이는 대략 1만 5천 유로라는 비용이, 관계가 안정적인 아이는 1,450유로라는 거의 10분의 1 수준의 비용이 각각 든다.[104]

부모에게 섬세한 돌봄을 받은 아이는 국가의 지원을 덜 필요로 하며, 인생을 살면서 전반적으로 확연한 강점을 누린다. 부모의 애정 어린 돌봄은 장기적으로 아이의 신체 건강과 심지어 직업적 성공에 대단히 긍정적인 영향을 미친다.[105] 신체 건강과 직업적 성공은 사회 전체, 곧 국가에 아무리 강조해도 지나침이 없는 긍정적 효과를 준다.

관계를 장기적으로 안정감 있게 꾸려가는 능력 역시 마찬가지다. 오래전부터 젊은 직업훈련생들이 불분명한 이유로 교육 계약을 해지하는 사례는 꾸준히 늘어나고 있다.[106] 사생활에서도 이런 경향은 확인된다. 미국에서 1990년대 이후 이혼율은 두 배로 급증했고,[107] 결혼하는 쌍은 갈수록 줄어들고 있다.[108] 정말이지 심각한 위기가 아닐 수 없다.

이뿐인가? 장기적이며 조화로운 관계는 중병과 조기 사망을 예방해주는 것으로 실험 결과 확인되었다.[109] 그리고 관계가 장기적이며 조화로울 확률은 결혼하지 않은 쌍보다 결혼한 부부에게서 훨씬 더 크게 나타났다.[110] 어려서 안정적인 애착 관계를 누린 어른은 자신이 안정적인 관계를 가꾸며, 이런 결속을 충분히 즐기고 자녀에게도 물려준다.

인간이 서로 관계를 맺고 이를 조화롭게 가꾸는 일은 인생을 살아가는 데 꼭 필요한 핵심 자원이다. 개인이든 사회든 관계를 소중히 여기고 지켜갈 때 바람직한 인생의 토대가 마련된다. 그러나 작금의 경향은 우리가 에덴에서 얻은 이 심장의 핵심 자원을 잃어버리게 만들 따름이다. 독자 여러분은 이 책을 계속 읽으며 오늘날 관계를 저해하는 네 가지 적대적 요소를 살폈으면 한다. 그런 다음 관계를 회복할 몇 가지 실천 방법을 검토해보자. 나는 개인적으로 여름에 알고이를 찾았을 때 이 관계 회복의 길을 가기로 결심했다.

관계를 해치는 네 가지
적대적 요소 _____

자아 최적화의 숭배

/

마틸다Mathilda와 벤Ben은 이제 막 아비투어Abitur, 고등학교 졸업시험 시험을 통과했고, 그동안 품어온 소망을 풀기로 했다. 마틸다는 자신의 절친 한 명과 피렌체로 주말여행을 가기로 했다. 벤은 이미 오래전부터 경주용 자전거를 장만하기 위해 돈을 모았다. 그리고 이제 이탈리아 명품 브랜드 '비앙키Bianchi'의 터키옥색 모델을 주문하고 기쁜 마음으로 배송을 기다렸다.

며칠 뒤 마틸다는 친구와 함께 피렌체의 도심을 거닐었다. 벤은 죽마고우와 함께 자전거를 타고 알프스를 넘기로 했다. 날씨는 더할 나위 없이 좋았다. 알프스가 한눈에 들어왔다. 마틸다와 벤은 둘 다 소셜미디어에서 활발히 활동했고, 인스타그램에 사진을 올리는 걸 즐겼다. 마틸다의 인스타 계정에는 피렌체 대성당

에덴 컬처

의 위용이 올라왔다. 대성당 옆 골목의 작은 카페도 몽환적 분위기를 자랑했다. 미켈란젤로 광장에서 바라보는 저녁놀로 붉게 물든 도시의 지붕들도 참 인상적이었다. 벤은 자신의 새 자전거 사진을 올렸다. 곡선주로의 도로에서 오르막 구간이 끝나고 내리막 구간이 시작되는 높은 지점에서 찍은 사진에는 보덴 호수 Bodensee 의 전경이 한눈에 들어왔다. 저녁에 모닥불을 피워놓고 친구와 마주 앉아 한 손에 맥주잔을 든 벤의 얼굴은 환하게 빛났다.

그런데 마틸다든 벤이든 한 가지 공통점이 있었다. 뭐냐고? 이 모든 사진에 얼굴이 보였다. 골목의 몽환적 분위기를 자랑하는 작은 카페에서 마틸다와 친구는 라테 마키아토를 마시며 카메라를 보고 웃었다. 벤은 자전거 안전모를 쓰고 선글라스를 끼고서 새 자전거 위에 올라탄 채로 카메라를 보며 손으로 승리의 브이 자를 그렸다. 마틸다와 벤은 주변에서 쉽게 볼 수 있는 평균적인 소셜미디어 유저다. 평균적이라는 표현은 사진을 많이 찍되, 무엇보다도 자신의 얼굴이 드러나게 찍는다는 뜻이다. 순전히 기술적으로 볼 때 인간이 역사상 이처럼 자신의 얼굴을 다른 사람, 그리고 자기 자신에게 자주 보여준 적은 결코 없다. 물론 이런 변화는 디지털 사진과 인터넷 덕분에 가능해진 것이다. 어떤 예술 작품이나 사람의 왕래가 잦은 건물 앞에서 이른바 '셀카'를 찍는 사람들 때문에 발걸음을 멈추어야 하는 경우도 많다. 로마의 스페인 계단, 아이슬란드의 압도적인 장관을 자랑하는 굴포스 Gullfos 폭포, 베를린 동물원의 새끼 판다, 무톈위慕田峪의 만리장성 또는 루브르박물관의 〈모나리자〉 등 어느 곳을 찍었든 이 사진들의 공통점은 셀카라는 점이다. 인스타그램에서 특정 호텔이나 휴양지의 사진을 찾아보는 사람은 무엇보다도 이 사진을 찍은 주인의 얼굴을 마주 봐야만 한다.

이런 유행은 물론 가볍게 웃어넘길 수도 있지만 아무튼 기묘한 느낌을 준다. 특정 장소에서 찍은 셀카를 포스팅하는 사람은 '나 거기 가봤다.', '나는 거기 가서 몸소 겪어봤어.' 하고 뽐낸다. '봤어? 이 산에 내가 올랐다고.' '봐, 나는 이런 호텔에서 자.' '이 미인이 바로 내 여자 친구야.' 이런 유행이 진짜 멋진 점은 따로 있다. 모든 것을 더 낫게 보이도록 꾸밀 수 있다는 것이다. 평범한 저녁놀은 인스타그램 필터로 더 찬란하게 연출된다. 그동안 피부를 매끄럽게 하거나 속눈썹을 더 길게 보정할 수 있는 기술도 등장했다.

자신의 사진을 찍고 보여주는 기술과 나란히 자신을 부풀리는 기술도 엄청나게 발전했다. 화장과 미용은 (주로) 여성의 삶을 30년 전과 비교도 안 될 정도로 바꿔놓았다. 매니큐어, 발 관리, 제모 등은 불과 몇십 년 전만 해도 부유한 여인이나 모델만 누릴 수 있던 것이다. 남성 역시 몸 관리와 유행과 스타일링에 예전보다 훨씬 더 많은 돈과 시간을 투자한다. 자연의 솜씨가 만족스럽지 못한 경우는 성형수술이 돕는다. 성형수술은 최근 10년 동안 전 세계적으로 66% 정도 폭증했다.[111] 독일에서 매년 이뤄지는 성형수술은 대략 30만 번이다.[112]

그럼 오늘날 사람들은 자신의 몸에 그 어느 때보다도 만족스러워할까? 정확히 그 반대다. 대표적인 징후로 2020년 세계적으로 거식증에 시달리는 사람들이 20년 전과 비교해 두 배 이상 늘어났다.[113] 이른바 '몸매 조롱Bodyshaming'은 갈수록 심리학이 심각하게 다루어야 할 문제로 급부상했으며, 이로 말미암은 피해 사례는 계속 폭증하고 있다. 대다수 청소년이 스마트폰을 쓰게 된 지도 이제 약 10년이 넘었다. 스마트폰이 장기적으로 청소년에게 어떤 영향을 줄지는 알 수 없는 문제다. 물론 증명된 바로는, 어려서 불안정한 애착 관계에 시달린 사람은 소셜미디어를 통해 자아를 과장되게 꾸며 보일 위험에 쉽사리 사로잡힌다는 점이다.[114] 자전거, 새 자동차 또는 새 헤어스타일로 셀카를 찍는 사람은 타인의 주목을 끌며 '좋아요'를 수확하기는 한다. 하지만 이 '좋아요'가 거둘 수 있는 가장 이상적인 수확이다. 우리의 사회적 두뇌는 긍정적 평가에 대단히 강렬하게 반응해 소량의 도파민으로 보상을 해준다. 문제는 이 도파민으로 맛보는 짜릿한 감정은 오래 가지 않으며, 재충전을 요구한다는 점이다.[115]

하지만 이런 현상이 소셜미디어에만 국한한다는 생각은 착각이다. '자아 최적화'는 오늘날 인생의 모든 분야를 휩쓰는 대유행이다. 자아를 최적의 상태로 끌어올린다는 발상의 단초는 아마도 중세 후기의 '디보티오 모데르나Devotio Moderna'•가 제공하지 않았을까 싶다. 이에 따르면 개인은 자신의 신앙을 더욱 경건하게 가

• '새로운 신앙' 또는 '새로운 헌신'을 뜻하는 라틴어로, 14세기에 네덜란드에서 발생한 종교개혁운동의 표어다. 의례와 형식에 매달리던 기존 종교를 지양하고 개인의 경건한 신앙심을 키우는 데 방점을 찍은 운동이다. ─ 옮긴이

꾸며, 신앙에 충실한 정신생활을 꾸려가도록 힘써야 한다. 계몽주의 시대를 거치며 개인의 주체적 측면을 강조한 이런 발상은 지성과 도덕의 이상으로 발돋움했다. 계몽주의는 개인이 "누구 탓도 아닌 자기 잘못으로 빚어진 미성숙함"(이마누엘 칸트)*으로부터 벗어나야 한다고 강조한다. 체조의 아버지 프리드리히 루트비히 얀Friedrich Ludwig Jahn, 1778~1852은 개인이 스포츠로 단련해야 한다고 호소함으로써 대중 운동 열풍을 촉발시켰다. 육류 소비를 줄이고 여러 곡물을 골고루 섭취해 건강을 도모하는 대안 식생활과 생활 습관 운동은 20세기 초에 활짝 꽃피었다. 하지만 개인의 본격적인 자아 계발에 초점을 맞추게 한 사건은 1960년대의 학생운동이다. 학생운동은 여성과 남성이라는 성별 차이에 따른 진부한 역할론, 곧 여성은 가정주부로, 남성은 가장으로 각기 역할을 나누어 맡는다는 고정관념을 깨고 나오는 해방뿐만 아니라, 소시민적 근성의 탈피를 외치면서 자아실현을 최우선의 가치로 선포했다. 이런 추세를 본격적으로 이끈 것은 승승장구하는 자본주의 소비문화다. 인간은 누구나 자신의 행복을 스스로 책임지는 자세로 빚어내야 한다.[116] 그러나 개인의 책임을 강조하는 이 관점도 부정적인 측면을 지닌다.

● 칸트는 《베를린 월보Berlinische Monatsschrift》라는 이름의 계몽 잡지에 기고한 글에서 "계몽은 누구 탓도 아닌 자기 잘못으로 빚어진 미성숙함으로부터 빠져나오는 것"이라고 설명한다. ─ 옮긴이

부끄러움의 힘

에덴동산에서 인간과 신을 묶어주던 끈은 끊어졌다. 예전의 믿음은 이제 불안으로 바뀌었다. 아담과 하와는 본래 실오라기 하나 걸치지 않은 알몸인데도 서로 부끄러워하지 않았다. 그러나 금지된 과일을 먹은 뒤 두 사람은 부끄러움에 눈떴다.

"이에 그들의 눈이 밝아져 자기들이 벗은 줄을 알고 무화과나무 잎을 엮어 치마로 삼았더라."(창세기 3장 7절)•

신이 정원에 나타나 부르자 두 사람은 두려운 나머지 나무 사이에 숨었다.[117] 부끄러움과 숨는 것은 자아 최적화의 숨은 속내이기도 하다. 늘 완벽한 사람, 오로지 자랑할 측면만 가진 사람은 아무도 없기 때문이다. 자아 최적화의 희망이 큰 사회는 그만큼 그 구성원이 부끄러워 숨기고 싶은 측면을 많이 가진 사회다. 오로지 좋은 모습만 보이고 싶어 하는 태도는 심각한 후유증을 부른다.

"모든 인생은 만남으로 이루어진다."

마르틴 부버가 한 말이다.[118] 자아 최적화와 부끄러움은 만남을 가로막는다. 셀카는 오직 자기 자신의 얼굴만 볼 뿐, 누구도 만나지 않는다.[119] 셀카는 기껏해야 '좋아요'나 수확한다. 하지만 '좋아요'는 진정한 애정과 친밀감의 김빠진 대체재일 따름이다. 나르시시즘에 빠진 부모 밑에서 자란 아이는 따뜻한 감정의 온기 대신 '잘했어요'와 공부 잘하라는 다그침만 받는 아픔이 얼마나

• 성경 번역은 개역개정판을 참조하였다. — 옮긴이

깊은지 익히 안다. 안타깝지만 '잘했어요'와 보상으로 주는 선물
은 중독 증상을 야기할 수 있다. 입에 발린 칭찬과 보상은 평생 쫓
아다녀봐야 절대 만족을 주지 않는 중독만 불러일으킨다. 평생을
칭찬과 보상만 사냥하는 인생은 공허할 수밖에 없다.

미국의 심리학자이자 사회학자 브레네 브라운Brené Brown은 '부
끄러움'이라는 주제를 다룬 자신의 '테드Ted' 강연으로 전 세계적
인 명성을 얻었다. 이 여성 사회학자는 부끄러움을 자신이 사랑
받기에 부족하다거나 공동체의 소속감을 흐리는 일을 했다고 여
기는 아픈 감정 또는 경험이라고 정의한다. 죄책감("내가 실수를
저질렀구나.")과는 반대로 부끄러움의 치명적 독성은 "나 자신이
실수로구나." 하는 빠져나가기 힘든 고정관념에서 생겨난다. 사
람은 누구나 부끄러운 나머지 입에 올리지 않았으면 하는 일이나
경험을 가지게 마련이다. 브라운은 사람들이 부끄러워하는 일들
을 목록으로 정리했다. 외모, 몸, 돈, 일자리, 정신 건강과 마음 건
강, 중독성, 노화, 종교, 트라우마를 남긴 경험 등등. 더 나아가 인
간은 자신이 좋은 엄마 또는 좋은 아빠가 아니어서, 아직도 싱글
이거나 이혼해서, 사회적으로 소외당하는 계층에 속해서, 부끄러
워한다.[120]

사회적 소외가 신체의 아픔 못지않게 두뇌를 괴롭힌다는 사실
을 밝혀낸 연구도 있다.[121] 물론 오늘날 최소한 유럽에서 어떤 범
죄나 부도덕한 일을 저질렀다고 해서 당사자를 따돌리며 돌팔매
질을 하는 일은 벌어지지 않는다. 그러나 사회적 경멸과 모욕 주

기는 오늘과 같은 디지털 세상에서 언제나 클릭 한 번이면 자행된다. 한바탕 폭풍처럼 몰아치는 악성 댓글은 불과 몇 시간 만에 한 생명을 짓밟을 수 있다. 소셜미디어에 올린 사진은 순식간에 전 세계로 유포된다. 거기에 찍힌 사람의 의지가 이런 유포를 원치 않는다 할지라도 말이다.

부끄러움은 불신을 극대화하며 관계를 가로막는다. 유일한 해결책은 부끄럽더라도 자신의 진솔한 모습을 과감하게 보여주는 용기다. 어떤 일에 부끄러움을 느끼는지 일기를 써보는 것도 큰 도움을 준다.[122] 다음 행보는 자신이 무얼 부끄러워하는지 상대방을 믿고 과감하게 털어놓는 것이다. 아담과 하와는 벌거벗은 것이 두려운 나머지 몸을 가리고 숨었다. 그러나 정확히 이런 태도가 열린 관계를 막는다. 상대에게 자신이 받은 모든 상처를 툭 털어놓고 보여주어야 부담을 덜고 진정한 관계를 가꿀 수 있다. 고해성사라는 오랜 전통은 부끄러워 숨기고 싶은 상처를 고백으로 털어놓는다는 점에서 신과의 관계는 물론이고 자기 자신과의 관계, 곧 자아와의 관계를 정립해주는 중요한 의미를 가진다. 신부에게 자신이 무얼 부끄러워하고, 어떤 것 때문에 죄책감을 느끼는지 털어놓는 사람은 신의 용서를 구하는 열린 마음으로 자기 자신과도 화해를 이룬다. 이로써 세 번째 행보, 곧 끊임없이 자기 최적화를 하고자 하는 성과 중심의 압력과 의식적으로 작별하는 행보가 이루어진다. 완벽한 모습을 추구하는 완벽주의는 인생을 마비시키는 독약과 다르지 않다. 완벽주의가 우울증, 두려움, 중독, 거식증 등의 증상과 어떤 연관을 가지는지는 그동안 충분히

연구되어왔다.[123]

  '인간 증강Human enhancement'은 미래를 열어갈 핵심 키워드 가
운데 하나다. 인간의 두뇌에 몸의 기능을 끌어올리는 기술을 접
합한 '인간 증강'으로 자기 최적화는 더욱 뜨거워진다. 장차 나노
컴퓨터와 두뇌의 특정 부위를 정확히 자극하는 기술과 분자의 유
전자 조작은 인간을 더욱 빠르고, 더욱 효율적이며, 보다 더 건강
하고, 보다 더 완벽하게 만들어주리라. 그러나 인간의 심장은 진
실한 애정을 갈구한다. 바로 그래서 부끄러움과 완벽주의를 어떻
게 다루고 극복해야 하는가는 미래를 좌우할 핵심 주제다. 다른
사람은 물론이고 자기 자신과도 깊고 섬세한 애정을 가꾸어내는
사람은 갈수록 더 소중하게 쓰이는 보물을 갖게 될 것이다.

속도에
취한 시대
/

  11월의 쌀쌀하고 축축한 저녁에 뜨거운 거품 목욕을 30초 만
에 빠져나올 사람은 아무도 없다. 2004년산 바롤로Barolo 와인을
따서 단숨에 들이키는 사람은 아무래도 알코올의존증이거나 와
인을 잘 알지 못하는 게 분명하다. 세상의 많은 일은 그에 합당한
시간을 필요로 한다. 시공간적 존재인 우리 인간은 동시에 어디
에나 있을 수 없으며, 항상 어떤 특별한 장소에만 머무른다. 그리
고 우리는 동시에 모든 것을 가질 수 없으며, 오로지 지금 이 순간

을 산다. 40분이 걸리는 베토벤 교향곡을 4분 만에 들을 수 있는 사람은 아무도 없다. 특히 많은 시간을 필요로 하는 것은 우리의 관계다. "여보, 오늘 저녁 낭만적인 시간 좀 가져볼까? 레스토랑에 자리를 예약해놓았어. 우리는 저녁 8시에서 8시 15분까지 식사를 마쳐야 한다는군. 알았지?" 이런 낭만적 시간은 분명 추천할 만한 게 아니다.

시간을 다루는 우리의 태도는 지난 200년 동안 근본부터 바뀌었다. 그리고 최근 20년 동안 이 변화의 속도는 인류 역사에서 유례를 찾아볼 수 없을 정도로 빠르다.

누천년 동안 인간은 태양의 자연적인 리듬에 맞춰 살았다. 겨울 동안 인간은 할 일이 없어 어렵사리 지냈고, 여름에는 사냥을 하고 물고기를 잡으며 열매를 수확했다. 잠을 자는 시간과 깨어 있는 시간은 하루의 어두운 때와 밝은 때에 맞춰졌다. 이런 생활 리듬은 1879년 전깃불의 발명으로 바뀌기 시작했다. 산업화와 더불어 시작된 것들이 이제 현실을 송두리째 바꿔놓았다. 기계는 낮과 밤을 가리지 않고 일했다. 이는 무엇보다도 산업화 과정을 가속화했다. 인간은 더 짧아진 시간으로 더욱 많은 것을 생산했다. 자동차, 세탁기, 식기세척기와 같은 기계 발명은 시간을 절약해주는 효과를 냈다. 동시에 기술혁신은 일상을 새롭게 혁신했다. 어제 최신이었던 기계는 오늘이면 이미 고물이다. 이런 빠른 변화 속도는 무엇보다도 학문에 큰 영향을 미친다.[124] 컴퓨터가 발명된 이래 특히 과학 지식의 반감기는 급격히 짧아졌고 데이터 처리 속도는 상상이 따라잡기 힘들 정도로 빨라졌다.[125]

빠른 이동 탓에 공간은 의미를 잃었다. 디지털 시대에 접어들어 인터넷 '줌 화상회의'의 참석자가 세계 어디에 있든 그 공간적 위치는 전혀 중요하지 않게 되었다. 공간과의 결속은 느슨해지고 말았다. 이는 곧 몸과의 결속이 줄어들며, 몸으로 현재하는 타인과도 멀어짐을 뜻한다. 만남이 줄어드는 것이다!

이로써 물건도 의미를 잃는다. 끊임없이 새로운 것이 만들어지고, 새것을 사는 게 옛것을 고쳐 쓰는 것보다 싼 탓에 일상의 물건은 언제라도 갈아치울 수 있다. 집도, 직장 동료도, 배우자도 바꿔 치우는 풍조는 이렇게 생겨난다. 깊이 있는 관계를 꾸려갈 기회는 갈수록 줄어든다.[126]

소외의 힘

새로운 기술은 시간을 절약해주기 때문에 이론상으로 보면 오늘날 사람들은 150년 전보다 훨씬 더 많은 시간을 누려야 한다. 하지만 이런 절약 효과는 현실의 일부분에만 나타난다. 시간을 더 많이 쓸 수 있기 위해서는 사람의 노동력이 더 많이 필요하다. 불철주야 생산해내는 공장은 낮과 밤을 가리지 않고 일하는 사람을 필요로 한다. 인생이라는 시간은 잠재적으로 무제한 활용할 노동시간이 된다.

영화 〈모던 타임스〉(1936)로 찰리 채플린Charlie Chaplin은 기술의 산업화 사회를 풍자한 기념비적인 작품을 선보였다. 분위기는 코미디처럼 꾸몄지만 이 작품은 산업사회라는 비극을 묘사한다. 이 영화에서 채플린은 엄격한 감독 아래 컨베이어벨트에서 뼈가 부서져라 일하는 노동자를 연기한다. 공장은 휴식 시간마저도 아까워 기계로 노동자에게 먹고 마실 것을 제공한다. 끊임없는 일에 지친 채플린은 결국 기계로 빨려 들어가 거대한 톱니바퀴 사이에 끼어 돌아간다. 자신이 톱니바퀴의 일부가 된 것만 같은 기분은 직장인이라면 익히 아는 감정이 아닐까?

〈모던 타임스〉에서는 인간이 기계를 더는 지배하지 않으며, 오히려 기계가 인간을 지배한다. 예고편은 화면을 가득 메운 시계의 시침이 돌아가는 장면을 보여준다. 매초 똑딱이는 시계가 모든 것을 결정하고 명령한다. 익명의 권력, 정체를 알 수 없는 권력이 개인들을 노예로 만든다.

인간을 노동 과정에 종속시키는 과정을 카를 마르크스는 '소외Entfremdung'라는 쓸쓸한 여운을 남기는 개념으로 담아냈다. 산업화는 인간이 소중히 여기는 것을 빼앗는다. 이처럼 인간이 자신이 아닌 다른 것의 힘에 휘둘리는 상태가 바로 본질을 잃고 다른 것, 곧 '타자他者'가 되고 마는 소외다. 노동자는 농촌을 떠나 일자리를 찾아 도시로 온다. 이들 노동자는 자신의 가족과 떨어지며, 자신이 생산하는 상품과도 아무런 관계를 맺지 못한다. 떨어져서(entfernen) 자신이 만든 것에 손도 못 대는 상태, 이것이 소외다. 오로지 생산의 논리만이 모든 것을 주무른다.

"기존의 모든 질서는 증발해버리고, 모든 신성함은 그 후광을 박탈당한다."

생산에 휘둘리는 사회를 예언한 이 표현은 《공산주의 선언》에
나오는 문장이다.[127]

그러나 미국이 주도한 자본주의에서 상황은 뒤바뀌었다. 개인
은 자신의 인생을 편하게 만들어줄 소비재를 구매하고자 일한다.
물건을 사려고 물건을 만드는 생산노동을 개인은 기꺼이 감당한
다. 부르주아라는 익명의 힘이 아니라, 나 자신이 더 높아진 실적
을 올리려 안간힘을 쓴다. 시간의 압박을 받는다는 느낌의 뿌리
는 달라졌다. 마르크스는 노동자를 자본의 강압에 시달리는 희생
자로 보았다. 그러나 생산과정에 참여하는 모든 이들은 기술혁신
의 흐름을 따라가고 싶어 한다. 뒤처지는 게 아닐까 하는 두려움,
더는 업데이트하지 못하는 게 아닌가 하는 두려움은 돈을 가지고
싶다는 욕구 못지않게 강한 원동력, 시간 압박을 기꺼이 감당하
게 만드는 원동력이다. 모두 무섭게 빠른 속도로 앞만 보고 뛰는
데 누가 뒤처지고 싶을까?

우리의 시간 감각 혁명, 심각한 후폭풍을 몰아온 혁명은 2007
년 아이폰의 등장이 불러일으켰다. 모든 미국인의 81%가 오늘날
스마트폰을 쓰며, 18세에서 29세 사이의 그 비중은 96%다.[128] 메
일, 메신저 서비스, 그리고 비디오 채팅과 같은 기술로 스마트폰
은 사회관계를 강화하는 데 도움을 준다. 동시에 대다수 사용자
는 뉴스를 확인하는 데 텔레비전이나 컴퓨터보다는 스마트폰을
더 선호한다. 세상에서 일어나는 일, 이를테면 어디서 테러가 벌
어졌는지, 얼마나 많은 사람들이 코로나에 걸렸는지 하는 뉴스는
그저 스마트폰 화면 한 번 들여다보는 정도로 아주 가까이 있다.

학술 논문은 저녁에 메일로 도착한다. 밤에 잠을 이룰 수 없는 사람은 일본 주식시장의 주가를 살핀다. 모닝커피를 마시며 새로운 홈페이지를 구상하는 사람도 있다. 이처럼 디지털은 우리가 더 많은 시간을 누리지 못하게 막는다. 디지털은 가속화라는 끊임없는 순환을 일으킨다. 데이터는 갈수록 더 빠르게 처리되는데, 우리는 그처럼 빠르게 반응할 수 없다. 급한 메일은 당장 답장을 주어야만 한다.

물론 우리는 디지털 기술 덕분에 아주 많은 시간을 절약하기는 한다. 그러나 자유로워진 시간은 한가롭게 여유를 즐기며 사색하는 데 쓰이는 게 아니라, 더 많은 일을 해야 해서 늘 부족할 따름이다. 이처럼 기술의 가속화와 인생 속도의 가속화는 서로 맞물려 작용한다.

아무것도 하지 않는 사람은 주변의 의심을 산다. "여, 오랜만이네. 어떻게 지내?" "잘 지내. 그런데 너무 일이 많네." "스트레스가 심하겠군." 그러나 이 반응에는 부러움이 묻어난다. "할 일이 많아." 또는 "양손 가득 할 일을 쥐고 있어." 하는 말은 매우 긍정적인 울림을 준다. 바삐 일하는 사람은 중요한 사람이다. 개인적 안녕을 묻는 물음에 다음과 같은 답은 어떤 울림을 줄까? "마침 할 일이 별로 없어." "시간? 시간은 충분해." 실직자? 혹시 은퇴했어? 우울해?

우리가 시간을 다루는 방식에서 가장 두드러지는 변화는 우리 자신을 다루는 방식의 변화다. 산업화 초기의 노동자는 비인간적 노동조건의 희생자였다. 그러나 이제 갈수록 더 높은 실적을 추구하며, 동시에 이런 압력에 힘겨워하는 쪽은 바로 우리 자신이다. 오늘날의 나는 가해자인 동시에 피해자다.

탈진을 뜻하는 번아웃이 대중 현상으로 자리 잡은 원인은 무엇일까? 한병철은 모든 시대가 저마다 '유행 질병'을 가진다고 보았다. 프로이트의 시대에는 히스테리가, 중세에는 페스트가 그 예다. 실적 중심의 오늘날에는 번아웃이 그것이다.[129] 일본에는 심지어 "죽을 정도로 일하는 것"을 말하는 개념으로 '카로시 Karôshi, 過勞死'라는 단어가 따로 있다.[130] 하지만 서구에서도 스트레스와 심혈관계 질병 사이의 연관은 흘려볼 수 없이 분명하다. 오늘날 서구에서 심혈관계 질병은 가장 흔한 사망 원인이다.[131]

착취는 끊임없는 자기 착취, 곧 자기 자신에게 행사하는 폭력이 되었다. 그럼에도 이 폭력을 두고 자유와 계발이라는 미명으로 포장하는 탓에 그 속내는 정확히 가려보기 어렵다.[132] 이로써 다른 사람, 장소, 사물과의 관계가 약해진다. 더욱 심각한 것은 자아와의 관계가 무너진다는 점이다. 오늘날 사람들은 자아라는 말에 아무 감흥을 느끼지 못한다. 그야말로 완벽한 소외다.

결속의 시대

결속과 연대도 그에 맞춤한 시간을 필요로 한다. 낭만적인 저녁 식사의 마법은 시계를 보지 않을 때 발휘된다. 좋은 책, 아름다운 콘서트, 탁월한 악기 연주는 우리가 시간을 잊고 흠뻑 빠져들 때 그 매력을 발산한다.[133] 하지만 우리의 주의력은 고작 8초밖에

지속하지 못한다. 인간의 집중력은 금붕어의 집중력보다도 떨어진다고 한다.[134]

독일의 천체물리학자 하랄트 레슈Harald Lesch는 최근 느림을 배우는 교과목을 신설하자고 제안했다. 이를테면 몸을 천천히 쓰는 운동을 배움으로써 적절한 순간에 집중해 힘을 모아 쓰는 법을 가르치자는 것이 제안의 핵심이다.[135] 가속화가 몰아오는 파괴적인 결과를 고려한다면, 조급함이 우리의 심장에 끼치는 해악, 건강한 생활환경을 무너뜨리는 피해를 사람들이 거의 의식하지 못한다는 점은 놀랍기만 하다.

"조급함은 우리가 소중히 여기는 모든 것을 죽인다. 정신을 정결히 가꾸는 자세, 건강, 조화로운 부부 생활, 가족, 성과만 중시하지 않고 과정도 살피는 직업 활동, 창의성, 너그러움 등을 무너뜨리는 조급함은 우리 사회를 거침없이 헤집고 다니는 맹수, 사회를 병들게 하는 맹수다."

미국의 목사이자 영성가인 존 마크 코머John Mark Comer가 쓴 문장이다.[136]

우리는 가속화라는 이름으로 결속을 무너뜨리는 시대를 겪는다. 그리고 이 가속화의 시대에서 우리의 안녕은 심각한 위협을 받는다.[137]

안식일을 지키라는 율법은 유대교가 가장 중시하는 것이다. 심지어 하느님 역시 인간을 창조하여 에덴동산에서 지내게 한 뒤 휴식했다. 안식일에 허용되는 활동은 단 세 가지, 곧 '휴식'과 '사교'와 '예배'다. 또는 자기 자신과 주변의 이웃과 하느님과의 결속만 돌보고 가꾸는 날이 안식일이라고도 말할 수 있다. 이스라엘 민족이 안식일만 충심으로 지켰다면 메시아는 이미 재림했으리라고 탈무드는 기록하고 있다.[138] 인간이 자연적으로 타고난 본성은 오로지 이 세 가지 결속을 통해서만 충족을 누린다. 기계처럼 일할 게 아니라, 의례와 절차를 갖춰 평안히 쉬면서 서로의 관계를 다지는 것이야말로 인간다운 삶을 회복할 핵심 열쇠이리라. 이로써 우리는 자아를 재발견할 뿐만 아니라, 심지어 신과의 관계도 재정립할 수 있지 않을까. 미래를 인간답게 꾸릴 열쇠는 바로 이것이다.

엇나가는
어린 시절

어렸을 때 학교 수업을 끝내고 귀가하면 집에서 어머니가 두 형제와 나를 맞아주었다. 당시 여자 친구 이리스Iris와 나는 집으로 돌아오는 길에 마음껏 웃고 떠들고 싶었지만 기다리는 엄마 생각에 그럴 수가 없었다. 이리스와는 정말 하고 싶은 이야기가 많았는데…. 길모퉁이를 돌아설 때마다 신기한 놀잇거리는 어쩜 그리도 많았을까. 그렇지만 이리스의 엄마도 집에서 식탁을 차려놓고 기다렸으며, 오후 1시를 넘겨 귀가하면 그리 좋아하지 않았다. 내 친구들의 어머니는 대개 오전에 직업 활동을 했지만, 그래도 대다수는 집에 머물렀다. 나의 할머니도, 할머니의 어머니도 마찬가지였다. 1980년대 말의 독일은 대개 그랬다. 우리는 네 살이면 유치원에 들어갔다. 단지 니나Nina만 세 살이었다. 니나는 우리 반에서 유일한 예외였다.

2020년 독일의 경우 새롭게 연방 주로 편입된 구동독 지역에서는 전체 아동의 53%가, 서독 지역에서는 31%가 유아 돌봄 시설에 맡겨졌다. 이런 비율은 2007년과 비교해 두 배로 늘어난 것인데, 계속 증가하는 추세를 보인다. 평균 위탁 시간은 주당 37.6시간이다.[139] 인류 역사에서 이처럼 많은 부모가 자녀를 위탁 교육하는 일이 있었을까. 대부분의 문화와 시대에서 생물적인 엄마, 곧 친엄마는 아기를 생후 2년까지 늘 곁에 두고 돌보았다. 물론 아직 분유가 따로 없고, 엄마가 젖을 먹여야 했던 것이 그 직접적인 원인이다.[140]

다른 동물과 반대로 인간은 비교적 품이 많이 들어가는 양육에 충분한 시간을 할애해야만 그 특장점을 충분히 키울 수 있다. 이는 곧 가족 관계가 안정적이며, 가족 내의 역할 분담이 잘 이뤄져야 함을 뜻한다. 안정적인 가정에서 몇 년에 걸친 돌봄을 받아야만 인간은 그 높은 인지능력과 사회성을 발전시킨다. 바로 그래서 우리가 아는 거의 모든 문화는 적절한 풍습과 규칙으로 돌봄과 결속이 단순한 생물적 차원을 넘어서서 더욱 안정적으로 이뤄질 수 있게 지원한다. 후손을 낳는 데 그치지 않고 충분한 돌봄으로 사회성을 키울 수 있는 환경을 마련하려는 노력은 어느 문화에나 있는 공통점이다.[141] 부모의 보호 공간 안에서 안전하게 성장하는 아이라는 그림이 우리에게 강한 호소력을 가지는 이유가 달리 있는 게 아니다. 아기 예수를 품에 안은 성모마리아 또는 인도의 여신 파르바티Parvati가 남편 시바와 함께 아기를 돌보는 그림이 종교 역사상 그처럼 깊은 족적을 남긴 것은 바로 이 근본적인 인간 구조 덕이다.

옛날에도 친엄마가 아기를 돌보지 않는 경우는 왕왕 있었다. 그런 경우 엄마의 역할은 할머니나 손위 형제자매 또는 유모가 맡았다. 유모는 한 가족이나 다름없었으며, 보통 한 명, 많아야 두 명의 아이를 책임졌다. 이 모든 것은 산업화와 함께 변하기 시작했다. 돌연 노동은 더는 밭이나 집에서 가까운 작업장이 아니라, 도시에서 해야만 했고, 공장 노동은 여성과 아이도 할 수 있게 되었다. 이런 변화로 가족의 결속은 느슨하게 풀리기 시작했다. 탐폰의 발명과 위생 설비의 개선으로 여성의 직업 활동은 예전보다 더 수월해졌다. 공산주의자들은 자본에 휘둘리는 프롤레타리아를 해방시키는 것과 더불어 여성의 경제적 자립이야말로 가부장제로부터의 해방이라고 주장했다. 공산주의 국가들은 아이들을 되도록 빨리 가족과 떼어내 돌봄 시설에 위탁하는 것을 이상적인 정책으로 여겼다. 여성을 손색없는 노동력으로 활용하고, 아동을 아주 어려서부터 집단생활에 맞춰 키우는 것이야말로 공산주의가 꿈꾼 이상적인 사회다.[142]

"상실에 익숙해지는 마음은 없다" _____

서구 사회에서 '자아 최적화'와 '가속화'라는 현대 소비문화의 유행은 가족까지 휩쓸고 말았다. 최적화가 목표인 탓에 몇 년의 육아휴직은 경력 단절로 받아들여진다. 또 너무 늦게 유치원에 들어가는 아이는 중요한 발달 단계를 놓친다고 여긴다. 아내와 나는 아이들이 아직 어려서 대부분의 시간을 집에서 보내던 시절을 아주 만족스럽게 지냈다. 하지만 우리 가족의 모델은 대다수 가정의 그것과 다르다.

유아 돌봄 시설의 구축은 독일 의회에 진출한 모든 정당이 내세우는 중요한 정책이다. 독일이 이 정책의 추진을 위해 수립한 4차 투자 계획의 첫 번째는 2008년에 시작되었다. 그때부터 지금까지 연방 정부는 3세 이하 아동을 돌보는 시설을 구축하는 데 총 32억 8천만 유로를 지출했으며, 향후 3년 동안 60억 유로를 더 투자할 예정이다. 2013년 8월 1일부터는 생후 12개월이 된 유아도 돌봄 자리를 요구할 권리를 가진다.[143] 아동의 애착 관계 연구가 갈수록 더 분명하게 밝혀내듯, 생애 첫해의 애정 어린 돌봄이 이처럼 중요함에도 정치와 경제는 이 시기를 단축시키려 안간힘을 쓴다.

육아 장려를 위한 법안을 놓고 독일 연방의회에서 벌어진 토론(2008)에서 '독일정신분석학회'는 아이를 위탁해 돌보는 교육이 가져올 부정적인 결과를 경고하는 건의문을 발표했다.

"정신분석을 연구하면서 우리는 유아의 성장 조건이 빚어내는 심층적이고도 장기적인 결과를 똑똑히 목도한다. 생애 첫 3년은 인간의 정신 건강을 위한 기초가 다져지는 시기다."[144]

규칙적으로 아이를 하루 종일 부모에게서 떼어놓는 돌봄은 아동에게 심각한 심적 부담을 안기기 때문에 매우 위험하다고 한다. "상실에 익숙해지는 마음은 없다."

물론 학회가 유아 돌봄을 남김없이 부정적으로 거부하지는 않았지만, 취학 능력과 마찬가지로 '유치원 등원 능력'도 아이 개인을 고려하며 판단되어야만 트라우마 형성을 막을 수 있다고 강조한다. 연구는 이런 결론을 내렸다.

"아이가 어릴수록, 언어 이해와 시간 이해의 능력이 떨어질수록, 부모가 함께해주는 적응 시간이 짧을수록, 돌봄 시설에 머무르는 시간이 길어질수록, 유치원에 같은 반 아동들이 많을수록, 돌봐주는 어른이 자주 바뀔수록, 그만큼 더 정신 건강이 나빠질 위험이 크다."

다른 시각

독일정신분석학회의 건의문에 담긴 우려는 흐름을 뒤집는 효과를 발휘하지 못했다. 오히려 반대로 혼란만 더 커졌다. 관련 논의는 격해진 감정으로 물들었다. 위탁 돌봄을 비판하는 사람들은 퇴행적인 가족관을 가졌다거나, 위탁 교육을 싸잡아 헐뜯는다는 비난을 들었다. 가정에서 아기를 돌보는 일은 시간과 품이 많이 들어 단적으로 감당하기 힘든 상황은 분명 존재한다. 어쨌거나 확실한 점은 아이를 집에서 돌보든 위탁 시설에 맡기든 그 차이가 중요한 게 아니라, 아이는 섬세하게 돌볼 수 있는 보호자를 필요로 한다는 사실이다. 그래야 아이는 안정적인 애착 관계를 형성할 능력을 키운다. 물론 보호자의 섬세한 공감 능력이 모든 가정에서 베풀어지는 것은 아니며, 교사나 교육자라는 전문 직업인이라고 해서 그것을 갖추었다고 보기도 힘들다. 결정적으로 중요한 점은 돌봄이 이뤄지는 유아 비율이다. 세쌍둥이나 네쌍둥이를 키우는 가정은 드물다. 그렇지만 유치원에서 교사 한 명이 다섯 명의 아이들을 돌보는 일은 드문 일이 아니다.[145] 실제 교사 한 명은 그보다 더 많은 아이들을 보살핀다.[146]

유치원이든 어린이집이든 시설에서 돌봄을 받는 아이들은 집에서 부모의 보살핌을 받는 아이들과는 비교도 안 될 정도로 높은 스트레스에 시달린다고 많은 연구들이 확인해준다. 스트레스 호르몬 코티솔의 분비는 특히 시설에서 많은 시간을 보내는 36개월 이하의 영아들에게서 활발한 것으로 나타났다.[147]

아이들은 타고난 기질에 따라 스트레스를 다르게 경험하기는 한다. 그러나 고려해야만 하는 가장 중요한 요소는 아동의 연령과 돌봄이 이뤄지는 범위다. 아이에게 가장 큰 스트레스를 주는 것은 1차 보호자, 대개는 엄마와 떨어지는 일이다. 생후 12개월에서 18개월 사이에 아이는 두려움을 감지하는 인지능력을 키운다. 이 시기는 주변을 알아보고 자신이 처한 사회적 환경을 민감하게 느끼는 때다. 이 연령대는 돌봄 시설에 위탁할 이상적인 시점이 아니다. 그럼에도 이 시기에 위탁하는 일은 빈번하다(국가의 양육 보조금 지급이 끝나는 시기이기 때문이다.).

일주일에 얼마나 오래 위탁하는 게 좋은지에 대해 전문가들은 중간 정도(일주일에 4~19시간)가 아이에게 좋다고 답한다. 주당 20시간이 넘으면 아이는 회피하는 애착 관계 유형을 보여줄 뿐만 아니라, 부모와 떨어지는 것을 대단히 힘들게 받아들인다고 한다.[148] 이른바 퀄리티 타임, 즉 부모와 함께 아무리 친밀한 시간을 보낸다 하더라도 아이가 보육으로 겪은 부정적 경험을 상쇄해 줄 수는 없다.[149]

언제부터, 그리고 얼마나 오랫동안 아이를 외부에 위탁해야 하는지는 부모가 상황을 종합적으로 고려해 온전한 책임감을 가지고 결정해야 할 문제다.[150] 다만 분명한 점은 아이를 가정에서 돌보는 것이 퇴행적이거나 소홀한 교육은 전혀 아니라는 사실이다. 오히려 가정 내의 돌봄이 아이에게 안정성을 심어준다. 보육 시설에서는 교사가 언제라도 바뀔 수 있다. 심지어 어느 날 갑자기 교사가 일을 그만두는 경우도 심심찮게 빚어진다. 미국의 어떤 연구는 보호자가 이처럼 자주 바뀌는 것이 아이의 공격성을 키우는 원인과 직접적 관련을 가진다고 밝혔다.[151] 아이는 되도록 빨리 배움을 시작해야 사회성을 키울 수 있다는 일반적 통념과는 반대로, 보육 시설에서 방치되어 제대로 된 애착 관계를 맺지 못하는 아이는 겉으로는 잘 지내는 것처럼 보이더라도 "반사회적이고 비협조적이며, 사회에 별 의무감을 가지지 않는 심적 장애를 가진 인간"이 될 위험을 품고 있다고 애착 관계 연구가들은 입을 모아 말한다.[152] 아이들은 다른 아이들과의 교류에도 큰 영향을 받는다. 특히 집에서 가족과의 교류가 활발했던 아이는 친구도 잘 사귀고 서로 배려할 줄 안다. 이를테면 형제자매가 많은 아이는 그렇지 못한 아이보다 상대의 마음을 올바로 읽어낼

줄 아는 능력이 뛰어나다는 점이 연구로 입증되었다.[153]

안정적인 감정, 흥분을 가라앉힐 수 있는 능력, 그리고 사회성은 네트워크로 연결되고 컴퓨터가 일의 대부분을 처리하는 세계에서 그만큼 더 중시되는 특성이다. 장차 인간적 결속이라는 자원을 어떻게 확보하고 관리할까 하는 물음은 사회성을 키우는 유아기의 교육을 중시할 때 비로소 그 답을 얻을 수 있다. 인생의 첫 3년만큼 중요한 시기는 따로 없다. 이때 인간의 근본 바탕이 다져지기 때문이다. 인류가 앞으로 어떤 복잡한 문제에 직면하든, 그 해결에 시급히 필요한 자원은 서로 결속을 나눌 줄 아는 인간, 내면이 든든한 인간이다. 이런 인간을 키워내는 데 있어 유아기의 올바른 교육만큼 중요한 요소는 따로 없다. 바로 그래서 애정을 베풀 줄 아는 유아기 교육이야말로 미래에 우리가 다뤄야 할 가장 중요한 주제 가운데 하나다.

감성의
상실
/

미니버스는 사람들로 그야말로 만원이다. 혼잡한 시장에서 상인은 지나가는 행인의 어깨를 잡고 물건을 사달라고 간청한다. 두 남자가 손사래를 치며 지나간다. 여인들은 아기를 알록달록한 포대기로 싸서 어깨에 멨다. 아프리카에 가본 사람이라면 익히 아는 광경이다. 다시 독일로 돌아온 우리는 냉혹한 감정의 사막에 온 게 아닐까 고개를 갸웃한다.

2021년 서구의 부유한 국가에서 보듯 서로 접촉이 없는 삭막한 풍경은 역사상 유례를 찾아보기 힘들다. 코로나가 아니었더라도 상황은 별반 다르지 않았으리라. 20세기 중반 이전만 하더라도 유럽에서 아이에게 방을 따로 준다거나, 그렇게 부자가 아님에도 널찍한 거실을 누리는 일은 사치로 여겨졌다. 그러나 이후 아이의 방과 널찍한 거실은 당연한 것이 되어서 가족끼리도 접촉이 꾸준히 줄어들었다.

옛날, 그리고 다른 문화와 비교해 오늘날의 유럽은 서로 접촉이 없는 적막한 사회다.[154] 신체적 친밀감은 어린아이뿐만 아니라 모든 연령대의 사람들에게도 중요하다. 부드러운 접촉은 면역력을 키워주며, 스트레스를 해소해주고, 심지어 상처가 빨리 낫도록 돕는다. 촉감이 인간에게 어떤 의미를 가지는지 연구한 교수 마르틴 그룬발트Martin Grunwald는 2008년 라이프치히대학교의 두뇌 연구 전문기관 '파울 플레흐지히 연구소Paul Flechsig Institut'에 촉각 실험실을 세웠다. 그는 따뜻함, 부드러움, 무거움 또는 거칢 등 촉각의 감각 자료는 우리의 구매 결정뿐만 아니라 사회적 행동에도 영향을 미친다고 설명한다. 가령 거의 감지할 수 없는 가벼운 터치일지라도 도와주겠다는 마음가짐을 두 배로 끌어올릴 수 있다고 한다. 그룬발트 교수 역시 오늘날 우리가 접촉 없는 시대를 살아간다고 진단한다.[155]

몸이 없는 정신

접촉을 꺼리는 원인은 복잡하다. 몸을 평가절하하는 태도는 유럽의 정신 역사에서 오랜 전통을 자랑한다.[156] 몸은 영혼의 무덤이며, 인간 사이의 에로틱한 사랑은 진실을 갈망하는 지적인 사랑의 그림자일 뿐이라는 생각은 이미 플라톤이 거의 정설처럼 굳혀놓았다. 플라톤의 이런 관점은 철학사에 결정적인 영향을 주었다. 근접하게나마 이런 영향력을 발휘할 수 있는 다른 철학자는 찾아보기 힘들 정도다. 정신세계와 몸의 세계를 갈라 보는 이런 이원론(유대교는 이런 이원론과 거리가 멀지만, 고대 그리스에는 이원론이 상당히 퍼져 있었다.)은 기독교 신학과 신앙에도 일찌감치 커다란 영향을 미쳤다. 금식과 금욕으로 신과 가까워지려는 구도의 전통과 맞물려 심지어 몸은 죄악에 물든 것이라는 관점까지 등장했다. 몸은 욕구에 휘둘리는 고깃덩어리라는 관점이다. 이런 관점은 몸을 긍정하는 성경과 명백히 충돌함에도 교회의 교리와 신앙생활에 누백 년에 걸쳐 깊은 흔적을 남겼다. 죄를 짓는 게 아닐까 하는 두려움, 특히 성욕 탓에 빚어지는 죄를 보는 두려움은 근대에 이르기까지 몸을 보는 관점을 물들였다.

계몽주의 역시 몸을 어찌 이해해야 좋을지 몰라 힘겨워했다. 계몽주의의 인간관은 이성을 만물의 척도로 보았다. '나'라는 사람의 존재 유무를 인간은 자신이 생각한다는 사실에서 찾았다. 생각하는 정신이 이보다 더한 영광을 누릴 수 있을까! 르네 데카르트René Descartes의 저 유명한 "코기토 에르고 숨Cogito ergo sum"은 생각을 중심으로 세계를 보는 정신적 태도의 확실한 표어로 자리

잡았다.

이런 관점에서 우리가 주목해야 할 점은 몸과 정신의 완전한 분리다. "나는 생각한다. 고로 나는 존재한다."라는 발언을 하기 오래전부터 이 발언의 주인공은 오랜 세월 동안 숨을 쉬고, 잠을 자며, 먹고 느껴왔다. 그것도 다른 사람들과 함께! 몸과 깔끔하게 분리된 '나'는 일종의 환상이다. 그러나 이런 환상의 새로운 변종은 오늘날 다시금 수많은 사람들의 뇌리를 사로잡고 좀체 떠날줄 모른다. 인간의 두뇌는 컴퓨터와 같다는 생각은 요즘 꽤 널리퍼진 것이다. 우리가 세상에 대해 아는 것은 뇌신경이라는 컴퓨터에 저장된 데이터와 같다는 주장이다. 그러나 이런 주장 역시완전한 환상에 불과하다. 예를 들어 일론 머스크는 현재 우리가받아들이는 '현실'이 아무래도 인공지능이 우리에게 보여주는 시뮬레이션일 가능성이 높다고 믿는다. 그러면서 1990년대 인기를끌었던 3부작 영화 〈매트릭스Matrix〉를 보라고 한다.

그러나 이 모든 주장이 간과하는 사실은 몸과 분리된 두뇌는있을 수 없다는 점이다. 우리의 생각은 컴퓨터의 연산 작업처럼이뤄지는 게 아니다. 우리의 생각은 우리 몸이 세계를 경험하는방식을 고스란히 반영하기 때문이다. 우리는 몸이 세계를 경험하면서 직접 끌어온 비유로 말하고 생각한다.[157] '젠더 연구'라는 매우 폭넓은 분야에서도 몸은 인간 경험과 정체성을 좌우하는 핵심으로 그동안 뜨거운 주목을 받고 있다.[158]

생각은 몸의 느낌과 떼어낼 수 없다. 어떤 인간도 이성적이지만은 않다. 그리고 감정은 몸과 매우 깊은 연관을 가진다. 그렇다.

우리의 모든 중요한 감정은 몸으로 고스란히 연결된다. 에로틱한 사랑, 자녀 사랑, 부모 사랑, 고향이라는 포근한 느낌, 아픔과 죽음을 보는 두려움, 또는 아름다움을 향한 사랑 등 이 모든 것은 몸이 없이는 이해하기 힘들다.

분열

몸매 조롱, 외모 가꾸기 열풍, 충격적일 정도로 높은 심신질환 발병률은 얼마나 많은 사람들이 자신의 몸에 불만을 가지며, 함부로 다루는지를 보여주는 조짐이다. 특히 염려스러운 현상은 스스로 몸을 해치는 자해 행위와 다름없는 행동이 청년층에서 갈수록 늘어난다는 점이다. 한 설문 조사에 따르면, 청소년의 35%가 자신의 몸에 만족하지 못해 어떤 식으로든 손을 대 다친 경험이 있다고 한다.[159]

자해 행동의 원인과 이로써 빚어지는 폐해에 어떤 게 있는지 그 진단은 매우 다양하다. 그러나 이런 행동이 빚어지게끔 조장하는 가장 큰 원인은 사회의 기대와 그 이상형에 맞췄으면 하는 압박감이다.[160] 사회의 기대를 무시하지 못하는 태도와 "자신의 외모에 자족할 줄 모르는 자세"는 몸과 자아 사이에 그만큼 깊은 분열이 일어났음을 알려준다.

유추할 수 있는 하나의 원인은 유아기에 어머니 품을 충분히 누리지 못한 것이다. 아기는 엄마와 살을 맞대기를 갈망하지만, 이런 욕구가 채워지지 않아 깊은 혼란을 겪는다. 충분한 돌봄을 받지 못한 아기는 울음과 칭얼댐으로 불만을 표현한다. 그러나 울음과 칭얼댐에도 긍정적인 변화가 나타나지 않으면, 혼란은 더욱 극심해진다. 이제 불만은 자신의 욕구를 상대로 분출한다. 언젠가부터 욕구를 일으키는 몸은 자신의 것이 아닌 원망의 대상으로 전락한다. 욕구가 채워지지 않는 아픔으로부터 풀려나고자 몸은 '나쁜 것'이 되고 만다. 그러나 이런 식의 '몸과 마음의 균열'도 몸과 그 욕구를 사라지게 만들지는 못한다.[161] 근원적인 갈망은 채워지지 않고 남아 있는 탓에 자기 자신을 겨눈 공격성이 반복 강박으로 계속 연출된다. 몸과 마음의 균열, 그리고 몸을 물건 취급하는 태도는 깊은 애정 결핍이 빚어내는 증상이다.

우리는 감성을 필요로 한다 _____

섹스 욕구보다 훨씬 더 오래되고 더욱 근본적인 것은 친밀함의 욕구다. 인간은 섹스가 없이도 감정적으로 건강한 삶을 살 수 있지만, 몸의 친밀함이 없이 감정적으로 건강한 삶을 영위할 수는 없다. 성적 의도가 없이 나누는 섬세한 접촉을 나는 감성이라 부르고자 한다. 감성과 섹스의 혼동은 종종 비극적 결과를 낳는다. 사람들은 대개 부드러운 터치를 에로틱한 색채로만 바라본다. 바로 그래서 유럽에서는 이성애 성향의 많은 남자가 다른 남자와 신체적으로 가까워지는 것을 동성애로 오해받지 않을까 노골적으로 두려워하거나, 무의식적으로 회피한다. 한편, 성인 남자 사이에 악수를 하거나, 볼에 입맞추는 인사는 많은 문화권에서 섹스와 관련한 함의는 전혀 없는, 지극히 정상적인 것으로 받아들여진다. 감성적 친밀함을 나누고 가꾸는 법을 배우지 못한 사람은 대개 친밀함에 대한 욕구를 섹스 관계로 풀려고 한다. 하지만 성행위 자체는 이런 친밀함의 욕구를 만족시키지 못한다. 섹스 혁명이 일어난 이래 관계 의무가 없는 에로틱한 모험은 더는 사회적 비난을 받지 않는다. 그러나 섹스는 오로지 감성이 바탕을 이룰 때에만 진정한 충만함을 선물한다. 그리고 이런 섹스를 위해서는 시간과 신뢰와 안정감이 필요하다.

성행위가 쉽고 빠르게 이뤄지는 오늘날 섹스는 포르노로 전락할 위험에 시달린다. 다른 사람은 오로지 나 자신의 성욕을 풀기 위한 도구일 뿐이다. 이로써 타인만 인격체가 아닌 성욕 충족의 도구로 전락하는 게 아니다. 나 자신도 내 몸과 분열을 일으킨다. 몸은 나의 단순한 소유물이 아니기 때문이다. 나의 두뇌는, 곧 나 자신의 자아는 몸이기도 하다. 그러나 잘 알지도 못하고, 신뢰도 없는 타인과의 성급한 섹스로 나의 몸과 생각은 따로 놀 수밖에 없다. '나와 너의 관계'가 진정으로 성립하지 않은 상태에서 몸과 몸이 만나는 섹스는 정확히 몸을 물건 취급하는 태도에서 빚어진다. 자신의 몸을 물건 취급하는 태도야말로 자해 행동의 바탕이다. 단지 성욕만 풀고자 하는 섹스는 중독적인 반복 강박을 야기하지만, 친밀함의 근원적 욕구는 채워지지 않은 채 남는다.

이렇게 볼 때 나는 충분히 다음과 같은 결론을 내릴 수 있다고 생각한다. 서로 주고받는 마음의 깊이, 감정의 결속, 섬세한 감성을 허락하고 배우며 함께 즐기려는 자세야말로 충만한 섹스를 할 최적의 조건이다. 세상의 어떤 섹스 장난감도, 어떤 새로운 체위도, 아무리 자극적인 포르노일지라도, 깊은 감정적 결속만큼 연인의 애정 생활에 생동감을 불어넣어줄 수 없다.

디지털 시대야말로 몸을 그 원래 위치로 회복해주는 르네상스를 필요로 하지 않을까. 르네상스란 감성적 친밀함을 풍요한 생명력의 원천으로 재발견하는 것을 의미한다. 섹스를 해야만 하겠다는 야심이 없이 인간이 서로 자신의 마음을 열어 보이며, 몸으로 친밀함을 나누는 법을 새롭게 익히는 것이 몸의 르네상스다. 이는 곧 섹스가 단순한 충동의 차원을 벗어나 인간이 나누는 결속의 심오한 표현, 생명이 이 땅 위에 계속 이어질 수 있게 해주는 고귀한 의례로 새롭게 평가받아야 함을 의미한다. 결혼을 뜻하는 라틴어 '마트리모니움matrimonium'의 원뜻이 '부모 노릇'('마터mater'는 어머니를 뜻한다.)인 것도 바로 이런 숨은 뜻이 있어서가 아닐까. 우리는 자신의 몸과 좋은 관계를 꾸려가는 게 얼마나 중요한지 절실히 깨달아야만 한다. 몸을 보며 만족할 때 영혼은 인생의 다른 영역들에서도 꽃을 활짝 피운다.[162]

몸을 적대적으로 바라본 오랜 전통은 몸을 일종의 악마처럼 다루었다. 프로이트와 섹스 혁명은 성욕이라는 이 악마를 비로소 그 감옥에서 해방시켰다. 하지만 이른바 '프리섹스 문화'는 인간이 섹스로만 사는 존재가 아님을 간과했다. 우리는 감성의 혁명을 필요로 한다. 몸과의 결속, 그리고 타인과의 섬세하고도 신중한 접촉은 인공지능이 절대 베풀 수 없는 것이다. 몸을 통해 서로의 진솔한 마음을 주고받는 교류, 이는 곧 아담과 하와가 벌거벗었음에도 부끄러운 줄 몰랐던 에덴동산이 우리에게 선물한 심장 자원이다. 심장 자원을 회복하는 일은 다행히도 아직 너무 늦지 않았다. 심장으로 돌아갈 길은 열려 있다. 그리고 우리는 옷을 입고서도 심장을 회복할 수 있으리라.

결속을 회복하는
다섯 가지 길 _____

깊은 결속을 이루며 인생을 살아갈 인간의 능력은 생후 첫 몇 년 만에 그 기초가 다져진다. 그러나 이런 기초가 닦이지 않았다고 해서 낙담할 필요는 없다. 인간 두뇌는 생애의 말년에 이르기까지 꾸준한 학습 능력을 자랑하기 때문이다. 이 학습으로 애착 관계 유형은 얼마든지 바뀔 수 있으며, 더 많은 결속을 누릴 수 있게 도와줄 실질적인 방법도 많다. 이 가운데 다섯 가지를 살펴보기로 하자.

가장 쉽게 바로잡을 수 있는 것은 어린 시절의 부정적인 애착 관계 경험이다. 학대를 당해서 불안한 애착 관계를 가진 유아가 입양되어 새로운 부모를 만난 지 반년 만에 안정을 되찾은 사례가 50%가 넘는다.[163] 이와 관련해 미국 심리학자 해럴드 스킬스

Harold Skeels, 1901~1970가 자신의 연구 경험에 비추어 들려주는 이야기는 감동적이다. 그는 태어나서 얼마 되지 않아 고아가 되어 아동복지시설에 위탁된 유아들을 두 그룹으로 나누었다. 한쪽 그룹은 발달 장애가 있지만 감정 능력은 정상인 십대 소녀들이 돌보게 했다. 소녀들은 앞다투어 자신이 좋아하는 아기를 골랐고 '자신의 베이비'를 정성껏 돌보았다. 이 그룹의 유아들은 애정을 듬뿍 베풀어주는 소녀들 덕분에 사랑스럽고 매력적인 모습으로 성장했다. 그저 형식적인 돌봄만 받은 다른 그룹에 비해 훨씬 더 좋은 발달 상태를 보여주었으며, 나중에 입양아를 찾는 부부들의 선택을 받았다. 다른 그룹의 유아들은 모두 선택받지 못했다. 25년 뒤 두 그룹의 차이는 엄청났다. 입양된 아이들은 모두 한 명의 당당한 성인으로 성장해 어엿한 직업을 얻었다. 다른 그룹의 아이들은 대개 국가의 지원에 의존해야만 하는 형편이었다.[164]

어른이 되어 자신이 어려서 어떤 애착 관계를 형성했는지 살펴보는 일은 매우 중요하다. 연인이든 부부든 관계에서 자꾸 문제가 불거지며, 심신 관련 질환에 시달리는 사람은 어린 시절 경험하고 배운 애착 관계가 원인인 경우가 많기 때문이다. 이런 경우는 심리 치료를 받는 것이 도움을 준다. 어린 시절에 겪은 트라우마는 사람들이 흔히 생각하는 것 이상으로 널리 퍼져 있다. 이런 트라우마를 극복하는 일은 전문가의 도움을 받지 않고는 거의 불가능하다. 그런데 상담이나 치료 역시 일종의 관계 형성이다. 깊이 숨겨둔 속내를 지혜롭고 신뢰할 만한 전문가에게 털어놓으면서 자신을 사로잡고 있는 애착 관계 유형을 바꿀 힘을 얻는 것이다. 자신이 어린 시절에 왜 그런 부정적인 감정을 겪었는지 이해하지 못하며, 그에 대해 이야기를 나눌 상대가 아무도 없다면, 이 부정적 감정은 자신의 영혼 안에 갈수록 균열을 일으키다가 결국은 분열을 빚어낸다. 신뢰할 만한 상대에게 이런 감정을 털어놓는 일은 그 자체만으로 치유 효과를 낸다.

전문가와의 치료 상담에서도 이런 효과는 일어날 수 있지만, 반드시 전문가여야만 하는 것은 아니다. 치료가 가장 성공적일 수 있는 조건은, 치료의 관계가 신뢰와 안정을 줄 수 있어야만 한다는 점이다. 다시 말해서 상담을 받아주는 사람이 섬세함과 진정성을 가지고 대안을 제시해줄 수 있는 능력을 가지는 것이 매우 중요하다.[165] 인간을 치유해주는 것은 기술도 지식도 아니며, 바로 만남, 곧 믿음이 바탕이 된 결속의 관계다.[166]

첫 번째 길:
자신의 과거와 화해하라

/

인간은 누구나 상처 하나쯤 가지고 있다. 평범한 일상을 살아가며 이런 상처는 아무 문제가 되지 않지만, 어떤 특정한 상황에서는 돌연 전혀 예상치 못한 힘으로 폭발한다. 왜 나는 평소 사장의 거만한 태도를 그저 그러려니 넘기다가, 비꼬는 말투 하나에 그처럼 흥분했을까? 친구가 갑자기 약속을 취소하면 왜 나는 화로 들끓을까?

그런 상황은 나타났다 하면 언제나 같은 상처를 건드리기 때문에 우리는 이 상처를 주의 깊게 들여다보아야만 한다. 《당신 안의 어린아이가 고향을 찾아야만 해》는 독일 정신과 전문의 슈테파니 슈탈Stefanie Stahl이 쓴 책의 제목이다. 2015년에 출간된 이 책은 4년 연속 '올해의 베스트셀러' 실용서 분야에서 1위를 차지했다. 이 책은 감정과 창의성을 북돋울 뿐 아니라 상처를 치유할 수 있도록 돕는다. 책은 발달심리학이 확인한 지식, 곧 인간 심리의 심층에 담긴 어린 시절의 경험이 우리에게 어떻게 영향력을 행사하는지를 충실히 전달해준다.

우리의 두뇌는 단계적으로, 곧 켜켜이 층이 쌓이듯 성장한다. 이를테면 한 그루의 고목이 그 모든 세월의 흔적을 담은 나이테를 가지는 것과 같다. 우리는 어린 시절의 기억을 가지기만 하는 게 아니라, 그 어린 시절의 나와 여전히 같은 인간이다. 다만 나이를 먹었을 따름이다.

그러나 우리는 어린 시절의 경험을 대개 직접 기억하지 못한다. 특히 아팠던 경험, 누구에게도 이야기하고 싶지 않았던 경험은 무의식 속으로 내몰린다. 하지만 무의식 속에서 상처와 괴로움은 계속 발효하다가 몇십 년이 지난 뒤 불쑥 의식의 표면으로 떠오른다. 겉으로는 모든 것이 원활하게 보였지만 어느 날 매끈하기만 했던 표면에 갑자기 금이 가는 모양새가 나타난다. 어떤 사람은 잠을 이루지 못하고 뒤척이며, 또 어떤 사람은 급격히 밀려오는 우울증에 시달린다. 정신이 애써 눈감으려는 문제를 수면 위로 드러내는 쪽이 몸인 경우는 드물지 않다. 배탈이 난다거나 두통, 요통 또는 늘 피곤한 기분 따위의 증상은 의학으로는 그 원인이 설명되지 않는다.

앨리스 밀러의 이야기

폴란드 태생의 유대인 여성 알리시아 엥라드Alicija Englard, 결혼하고 앨리스 밀러Alice Miller, 1923~2010라는 이름으로 국제적 명성을 얻은 이 심리학자가 들려주는 이야기는 대단히 인상적이다.[•] 처음 그녀가 쓴 푸른색 표지의 작은 책을 손에 잡았을 때 나는 완전히 새로운 세계가 열리는 느낌을 받았다. 책을 읽고 이런 느낌을 받은 적은 처음이라 깜짝 놀랐다.

앨리스 밀러는 정신분석학자가 되기 위한 교육과정을 섭렵했지만, 나중에 지그문트 프로이트의 이론에 단호히 등을 돌렸다. 나아가 어린 시절의 트라우마를 단순한 상상으로 치부하고, 어려서 당한 학대나 추행이라는 사실을 부정하려 한다고 프로이트를 비난했다. 그녀는 아동이 겪는 감정의 아픔을 진지하게 받아들였다. 그녀의 꾸밈없는 솔직한 관점은 책의 첫 페이지부터 나를 사로잡았다.

인간은 누구나 어린 시절의 아픈 기억을 가지게 마련이다. 하지만 '좋은 가정' 출신의 사람은 이런 아픈 기억의 감정을 풀어내

[•] 스위스 바젤대학교에서 심리학과 철학을 공부하고 취리히에서 정신과 전문의가 되었다. 부모와 아동 사이의 관계를 중점적으로 연구했다. 본문에서 말하는 책《재능 있는 아이의 드라마Das Drama des begabten Kindes》는 아동교육의 고전이다. 국내에는 《천재가 될 수밖에 없었던 아이들의 드라마》로 번역되었다. ─ 옮긴이

기가 힘들다. 이런 어려움은 앨리스 밀러 자신이 겪기도 했다. 그녀 역시 어려서 재능을 인정받아 부모의 전폭적인 지원을 받았다. 그러나 50세의 나이로 그림을 그리기 시작하면서 밀러는 자신의 어린 시절이 아름답지만은 않았음을 깨달았다. 이제 그녀는 "좋은 어린 시절이라는 환상"이 자신이 겪은 아픔을 직시하지 못하도록 막는 일종의 보호 기제라는 사실을 알게 됐다. 정작 자신이 원하는 관심과 사랑을 받은 게 아니라, 공부하라는 다그침만 들었던 그녀는 부모 말대로 열심히 공부에 매달리며, 공부 못하는 아이들은 무시하고 경멸했다.

"오로지 실력만으로 평가하고 이에 미치지 못하는 아이를 경멸하는 태도("쟤는 나만큼 못 해.")를 고집하는 한, 실력이 없으면 사랑받을 수 없는 비극을 우리는 감당할 수밖에 없다."[167]

이 문장은 나에게 깊은 충격을 주었다. 오로지 실력과 성과만 중시하는 우리 사회의 실상을 이 문장이 고스란히 드러내고 있기 때문이다.

이 깨달음은 밀러의 내면에 있는 아픔을 일깨웠다. 진정한 자아와 만날 수 있는 유일한 길은 이런 부정적인 감정과의 대면뿐이다. 좋은 감정만 우리에게 생동감을 불어넣어주는 것은 아니다. 긍정적이든 부정적이든 모든 감정은 우리의 생명력을 북돋운다. 밀러는 자신의 경험을 이렇게 묘사했다.

"예전에 나는 나의 내면에서 두려운 공허함이나 어처구니없는 환상만 찾아냈으나, 부정적인 감정을 주목하면서부터는 전혀 예상하지 못했던 풍요로움이 내 앞에 활짝 펼쳐졌다. 자신의 어린 시절을 반추하는 것은 고향으로 돌아가는 귀향이 아니다. 아늑한 고향은 단 한 번도 존재하지 않았다. 나 자신과의 만남은 고향을 만들어가는 과정이다."[168]

밀러의 책을 탐독했던 그해 여름 나는 다시 그림을 그리기 시작했다. 그림은 예전부터 내가 좋아했지만, 그동안 소홀히 해온 취미였다. 나는 밀러의 이야기가 심장 깊숙한 곳을 건드린다는 느낌을 받았다. 그림 그리기는 나에게도 깊이 숨겨진 감정과 만나는 데 큰 도움을 준다. 그리고 내면의 감정은 언제나 그에 알맞은 배경과 이야기를 가지고 있게 마련이다.

자신의 배경과 이야기에 다시 접속하지 못하는 사람은 다른 사람과 깊은 감정을 나누는 만남을 꾸려갈 능력을 선보이지 못한다. 이 문장이 담은 진실은 비극적이게도 2010년 밀러가 사망했을 때 비로소 전모를 드러냈다.

밀러가 사망한 지 얼마 지나지 않아 그녀의 아들 마르틴 밀러 Martin Miller는 책을 한 권 출간했다. 책에서 마르틴은 어려서 버림받은 것처럼 외로웠던 감정을 절절히 토로한다. 그의 어머니는 자식에게 안정적인 애정을 베풀어줄 수 없었다. 그녀 자신이 어려서 그런 안정적인 애정을 누려보지 못했기 때문이다. 마르틴 밀러는 어른이 되어서야 비로소 자신의 어머니가 나치스 독일에 점령당한 폴란드에서 유대인으로 갖은 고초를 겪고 간신히 살아남은 것을 알았다. 외가 쪽 사람들 대다수가 수용소에서 죽었다는 사실도. 그리고 이 모든 것을 어머니는 자신이 정신분석을 전공했음에도 전혀 입 밖에 꺼내지 않았다고 한다. 아동의 권리와 감정 욕구를 지켜주기 위해 평생 지칠 줄 모르고 싸워온 앨리스 밀러였지만, 그녀 자신은 친아들과의 관계를 올바로 세울 수 없었다. 자신이 어려서 겪은 아픔을 숨겨두고 제대로 대면하지 않은 탓에 그녀는 아들을 감정적으로 보듬을 수 없었던 것이다.

어머니가 과거에 겪은 아픔을 알게 되면서 마르틴 밀러는 자신을 괴롭히는 아픔의 정체가 무엇인지 이해할 수 있었다. 그는 이런 운명에 시달리는 사람이 자신만이 아님을 깨달았다. 1917년에서 1945년 사이에 태어난 '전쟁 세대'는 두 명 가운데 한 명꼴로 트라우마를 앓았으며, 세 명 가운데 한 명은 이 트라우마의 심리적 후유증으로 고통받았다. 이 트라우마는 이들이 낳은 첫 번째 세대와 그다음 세대에도 엄청난 영향을 미쳤다.

"아이들은 차마 물어볼 수 없는 물음을 속에 품고 전전긍긍했다. 먹기 싫은데 왜 하나도 남기지 말고 다 먹으라는 거야? 어째서 하나도 버리면 안 된다는 거지? 왜 부모는 아이들을 안아주지 않을까? …… 무엇 때문에 감정을 강하게 표현하면 안 된다고 다그칠까?"**169**

침묵을 깨다 _____

자신의 감정 세계를 정확히 들여다볼 수 있으려면 어린 시절과의 대면이 선행되어야만 한다. 가족이나 주변 사람들과 맺는 관계에서 생겨나는 갈등은 아이의 영혼을 헤집으며 짙은 흔적을 남긴다. 건강한 감정은 그런 갈등을 인지하고, 그 배후에 숨은 상처를 감지할 때 회복된다. 그 당시 나는 왜 그렇게 혼란스러웠을까?[170] 이러한 질문이 우선되어야 한다.

나는 어떤 모임에 참석했다가 하랄트Harald라는 이름의 중년 남자를 알게 되었다. 참석자 대다수는 서로 모르는 사이였다. 그러나 노련한 사회자 덕에 모임 분위기는 산뜻하고 즐거웠다. 참석자들은 돌아가며 자기소개를 하였고 요즘 어떻게 지내는지 근황을 이야기했다. 어떤 참석자는 지극히 개인적인 이야기까지 거침없이 털어놓았고, 대개는 그저 의례적인 이야기로만 자기 차례를 소화했다.

마침내 하랄트 차례가 되었는데, 그는 무슨 말을 해야 좋을지 몰라 난처한 표정만 지었다. 간신히 입을 연 그는 요즘 잘 지내지 못하며, 특히 밤에 잠을 이루지 못한다고 했다. 마치 혼잣말을 하듯 중얼거리던 그는 갈수록 얼굴이 붉어지더니 갑자기 열변을 토하기 시작했다. 여덟 살 때, 어린 그는 다락방에서 목을 맨 아버지를 발견했다. 이미 숨은 끊어져 있었다. 소년 하랄트는 울 수조차 없었다. 충격을 받아 엉엉 우는 어머니를 위로해야만 했기 때문이다. 그는 사람들 앞에서 이런 이야기는 평생 처음 하는 것이라고도 했다. 그동안 이 기억을 완전히 잊고 지냈다고 했다. 다른 남자가 하랄트의 어깨를 잡고 위로하려 하자, 그는 격심하게 몸을 떨며 울음을 터뜨렸다. 그리고 오랫동안 어깨를 들썩이며 울었다. 이것은 분명 그저 첫걸음이다. 하지만 이제 하랄트는 새로운 삶을 살게 될 게 분명하다.

결속으로 치유를

인간의 내면은 결속으로 치유받는다. "내가 마음을 모아"(시편 86장 11절)라고 시편 저자는 기도를 올린다.* 이는 곧 인간의 내면이 갈라지며 분열을 일으킨다는 증언이기도 하다. 갈라진 마음의 조각들이 하나로 모여 결합을 이룰 때 한사코 무의식 속으로 밀어넣고자 했던 강박의 압력은 약해진다. 심장의 화해를 이루는 길은 자신에게 주어진 현실을 있는 그대로 받아들이는 수용에 있다. 자신에게 주어진 현실이 무엇인지 밝혀내기 위해서는 부모와의 관계가 어땠는지 살펴보는 일이 불가피하다. 물론 겉보기로 완벽한 가족의 배면을 들여다본다는 것은 용기를 필요로 하는 일이다. 하지만 가족과 건강하지 못하게 얽힌 매듭을 풀고 세상에서 자신의 두 발로 서려는 자세는 매우 중요하다. 어린 시절의 아픈 기억을 떨치고 인생을 스스로 책임지려는 자세와 각오를 독일의 예수회 신부이자 철학자인 미하엘 보르트Michael Bordt는 "부모를 실망시키는 기술"이라고 말한다.[171] 이런 자세와 각오는 특히 젊은 세대에게 중요한 의미를 가진다. 독일 사회학자이자 문명 비판가인 안드레아스 레크비츠Andreas Reckwitz는 오늘날의 사회는 갈수록 독신자들이 늘어나는 추세라고 진단한다. 그런데 흥미롭게도 동시에 부모와 함께 사는 젊은 세대는 계속 증가한다고

● 시편 86장 11절 번역은 판본마다 다르다. 개역개정판 번역은 "…일심으로 주의 이름을 경외하게 하소서."이며, 새번역판은 "…내가 마음을 모아 주님의 이름을 경외하겠습니다."이다. 공동번역판은 "…마음 한데 모두어 당신 이름을 경외하리이다."라고 옮겨놓았다. 독일어의 표현 "Einige mein Herz"와 가장 가까운 번역은 새번역판의 것이다. ─ 옮긴이

미국의 어떤 연구는 밝혀냈다. 이처럼 젊은이들은 지난 100년 그 어느 때보다 더 오래 부모의 그늘에서 산다.[172] 부모에게서 떨어져 나와 독립하면 오히려 부모의 상황을 이해할 눈이 떠질 수 있다. 이런 이해를 바탕으로 할 때에만 부모의 잘잘못을 정확히 가려보고 용서하며 화해할 길이 열린다. 용서는 부모에게 받은 부당한 학대나 상처를 눈감아주고 없던 일로 돌리라는 의미가 아니다. 용서는 잘못된 것은 잘못으로 분명하게 적시하지만, 이를 두고 더는 원망이나 한을 품지 않겠다는 의식적인 결심이다. 원한은 자신의 영혼만 병들게 하는 독이다. 진정한 용서는 자신이 품은 아픔을 극복할 최선책일 뿐만 아니라, 가해자와 피해자라는 도식에서 탈피할 수 있게 도와주면서 치유의 효과를 불러일으킨다. 용서가 몸과 마음에 치유 효과를 발휘한다는 사실은 과학으로도 입증되었다.[173] 심지어 기독교에서는 용서를 신과의 관계를 재발견할 수 있는 열쇠라고 말한다. 어쨌거나 자신이든 타인이든 더 풍부한 결속을 이루고자 갈망하는 사람은 자신이 어떤 상처를 가졌는지 살피고 그 배경과 원인을 진지하게 고민해보는 일을 비켜가서는 안 된다.

두 번째 길:
자신에게 감정이입을 하라

"그저 다른 사람들의 심기만 신경 썼지 정작 너 자신에게는 관

에덴 컬처

심이나 가졌어? 아니, 자신을 소홀히 다루는 사람이 누구에게 잘할 수 있지? 잊지 마. 먼저 자신에게 잘해줘야 해."

프랑스 출신 수도사로 시토회를 설립한 베르나르 드 클레르보Bernard de Clairvaux, 1090~1153가 자신의 옛 제자에게 쓴 편지 가운데 나오는 글이다. 이 제자는 시토회 출신으로 처음 교황의 자리에 오른 에우제니오 3세Eugenius III다. 매일같이 숱한 정쟁을 치르느라 눈코 뜰 새 없이 바빴던 교황이 스승의 충고를 충실히 지켰는지는 알 길이 없다. 다만 분명한 사실은 자기 자신을 충실히 돌보는 일은 유럽의 정신 역사에서 큰 관심을 끌지 못한 문제라는 점이다. 경건한 신앙을 강조한 기독교 역사는 몸을 홀대해온 것과 마찬가지로 몸의 욕구 탓에 빚어질 죄를 막으려고만 안간힘을 썼다. 자신을 아끼고 사랑하는 게 아니라, 자신을 버리는 희생이 기독교가 추구한 덕목이다. 이런 관점은 계몽주의 시대에 이르러서도 바뀌지 않았다. 위대한 독일 철학자 칸트는 어떤 행위를 도덕적으로 만드는 것은 그 행위로 무엇인가 자신에게 이득이 되는 것을 얻거나 누리는 게 아니라, 바로 그 행위를 반드시 해야만 한다는 의무감이라고 보았다. 이런 논리는 심지어 스스로 인생에 마침표를 찍는 일에도 적용된다. '그래도 자살은 안 되지. 계속 살아야만 해.' 하는 결심은 자신을 소중하게 여기는 감정이나 애틋한 사랑이 아니라, 오로지 의무감으로 내려질 때에만 도덕적 무게를 가진다.[174]

나르시시스트의 시대?

자아를 중심으로 생각하기보다 이타적인 도덕을 강조하는 이런 관점은 이후 시대의 변화에 쓸려 매우 약해졌다. 자아실현은 20세기를 지나는 동안 사람들이 앞다투어 이루고자 노력하는 목표가 되었다.[175] 자신감의 강화와 자아 긍정은 20세기 후반부를 휩쓴 대유행이었다. 오로지 자기 자신을 사랑할 줄 아는 사람만이 타인도 사랑할 수 있다고 무수히 쏟아져 나온 자기계발서는 한목소리로 충고를 일삼았다. 동시에 최근 들어 이런 자존감 열풍을 겨눈 비판의 목소리도 힘을 얻는다. 미국의 여성 사회학자 진 트웬지Jean Twenge는 이른바 '제네레이션 미Generation Me', 곧 '자기 중심 세대'의 분위기에서 성장한 청년들이 '나르시시즘 전염병'에 사로잡혀 불행해진다고 진단한다.[176]

애착 관계 연구는 실제로 우리가 유아기에 체득한 애착 관계 유형이 자아를 다루는 우리의 태도에 상당한 영향을 미치는 것을 확인해준다. 아이에게 지나친 기대를 건 나머지 너는 반드시 무엇이 되어야만 한다고 몰아세우는 일이 진짜 애정일 수 없듯, 자신의 자아에 과도할 정도로 집착하는 아집도 진정한 자아실현이라고 할 수 없다. 진정한 자아 탐색은 의무를 도외시하고, 다른 사람의 욕구를 무시하는 나르시시스트가 아니라, 사람들과 참된 관계를 맺기 위한 전제 조건일 따름이다. 결정적으로 중요한 것은 타인이든 자신이든 감정을 섬세하게 읽어낼 줄 아는 감각이다. 물론 다른 사람이 기대하고 원하는 모든 것을 다 해주어야 한다는 말은 아니다. 자신의 감정도 마찬가지다.

"자신의 가슴속 깊숙한 곳에 자리 잡은 욕구와 갈망을 주의 깊게 읽어낸다고 해서 이런 욕구와 갈망을 인생에서 반드시 이루고야 말겠다는 태도는 섬세한 감각과는 거리가 멀다."

미하엘 보르트는 이렇게 말하면서 섬세한 감각이란 오히려 자신의 욕구에만 치중하지 않는 인생, 타인을 배려하는 인생을 살게 해준다고 덧붙인다.[177] 섬세한 감각이란 그저 단순하게 주어진 것을 받아들이고, 정형화한 감정을 그대로 따라 느끼는 것 이상의 차원이다.

"자기 자신과의 우정을 가꾸라."

독일 철학자 빌헬름 슈미트Wilhelm Schmid는 섬세한 감각을 자신과의 우정이라는 말로 표현하며, 집착하지 않고 놓아주는 너그러움이야말로 예술의 경지에 오른 인생이라고 표현한다.[178] 인생 예술! 숨 가쁘게 경쟁하며 자기 최적화와 기술에 기댄 실력 향상보다 훨씬 더 좋고 여유로운 울림을 주는 말이지 않은가!

자기 자신과의 우정

심리학이 마음을 읽는 데 실질적인 도움을 주는 방법은 다양할지라도, 언제나 그 근본 물음은 같다. 자기 자신을 어떻게 다루어야 할까? 바로 이것이 근본 물음이다.[179] 자신의 모든 것을 긍정적으로 평가한다거나, 끊임없이 최적화하는 것은 사실 말이 되지 않는 이야기다. 자신의 모든 것을 무가치하다고 깎아내린다는 것도 말이 되지 않기는 마찬가지다. 오히려 일체의 평가를 포기하고 자신을 있는 그대로 바라볼 줄 알 때, 있는 그대로 받아들을 때 진정한 자아와의 만남이 시작된다. 모든 긴장과 모순을 무릅쓰고 있는 그대로 받아들이는 자세는 스트레스를 풀어주며, 강박을 무력하게 만든다. 섬세한 감각의 조명 아래 고개를 드는 질문은 내가 무얼 믿기 원하는가에 따라 현실은 달리 보이는 게 아닐까 하는 것이다.

감정은 그 자체만 놓고 보면 참도 거짓도 아니다. 감정은 그냥 있는 그대로 존재한다. 그러나 생각은 참일 수도 거짓일 수도 있으며, 감정을 본래와 다르게 비틀어 원하는 쪽으로 강화한다. 이를테면 어떤 남자가 내면의 공허함과 외로움을 느끼면서, 이 감정의 원인을 '혹시 아내가 바람을 피우는 게 아닐까?' 하는 쪽으로 해석할 수 있다. 이런 해석은 전혀 참이 아님에도 외롭다는 감정을 비틀어 질투심에 불을 지른다. 이 경우 자신의 감정을 잘 다룰 줄 아는 남자라면, 공허함과 외로움이라는 감정을 애써 물리치려 하지 않으며, 이 감정이 빚어진 원인을 자신이 아닌 다른 사람에게서 찾으려 하지 않을 것이다. 이 남자는 자신의 아내가 이 감정의 원인 제공자가 아니며, 보다 더 깊은 뿌리가 자신 안에 있음을 새긴다. 이제 남자는 이 감정을 잘 다룰 수 있기 위해 자신이 무엇을 필요로 하는지 묻고, 그 답을 찾기 위해 씨름한다.

내면의 자아에 공감하는 감성만으로도 우리는 베르나르 드 클레르보가 자신에게 잘해주라고 한 요구를 만족시킬 수 있다. 내면의 목소리에 귀를 기울이면 우리는 '아, 지금 내가 많이 피곤하구나. 벌써 며칠 밤 연이어 잠을 자지 못했으니까. 몸이 운동을 필요로 하는 거야.' 하고 깨닫는다. 모든 것이 너무 지나치다고 내면이 보내는 경고의 목소리는 이처럼 귀를 열어주어야 들린다. 실력, 건강, 시간, 그리고 다른 사람들과 접촉하려는 의지는 그 누구도 무제한으로 누리지 못한다. 자신의 한계가 무엇인지 올바르게 알아보고, 다른 사람의 한계도 정확히 읽어내는 자세는 조화로운 인생을 살아가는 데 꼭 필요한 행보다. 바로 이런 조화로움을 이뤄내는 것이야말로 건강한 결속의 가장 중요한 본질이다.

에덴동산이라는 낙원도 한계를 가진다. 에덴에도 규칙이 있기 때문이다. 신은 에덴에서 아담과 하와에게 정원의 모든 기적은 마음껏 누리되, 단 하나 선악과의 나무는 손대지 말라는 규칙을 정했다. 예외를 만든 것이다. 어찌 보면 전지전능한 신이 뭘 그런 금지를 내리나 하고 의아한 생각이 들지만, 관계 논리에 비추어 이 규칙은 중요한 의미를 가진다. 신은 사랑의 관계를 무너뜨릴 수 있는 위험 요소를 차단하고자 했다. 사랑의 관계는 넘어서는 안 되는 한계, 지켜야만 하는 선을 가진다. 이 경계는 사랑을 보호해주는 역할을 한다. 인간이 이 경계를 무시하고 선을 넘을 때, 한계를 존중하지 않을 때, 결속은 깨진다. 사랑 대신 선을 넘는 폭력이 자행된다. 인류 역사를 돌이켜보면 선을 넘으려는 폭력 탓에 늘 싸움이 빚어졌다. 상대방과 나를 가르는 경계가 무엇인지 인지하고, 이 경계를 존중해주는 일은 생명을 지키는 첩경이다. 경계 존중은 모든 관계의 근간이다.[180]
자기 자신과의 우정은 자신에게 너그럽게 베풀 줄 아는 자세를 뜻하기도 한다. 오늘은 푹 자도 좋아! 오늘날 사람들이 수면 부족에 시달리는 것은 증명된 사실이니까.[181] 건강하게 먹고 좋은 와인 한 잔 마시자. 혼자서 차분하게 시간을 보내는 것도 좋잖아. 홀로 있는 조용한 시간은 건강한 생활 리듬을 회복해준다. 그저 바삐 사는 생활에서 빠져나오지 못하는 사람은 자기 자신이 진정 무얼 원하는지 가려볼 감각을 잃는다. 그냥 즐거워서, 좋아서, 재미있어서 할 수 있는 것을 하자. 예술, 문화, 음악, 게임 등 뭐든 상관없다.[182] 독자 여러분은 그저 기쁘고 즐거워서 어떤 일을 해본 적이 얼마나 되는가?

"자신을 소홀히 다루는 사람이 누구에게 잘할 수 있지?"

이 말은 약 1천 년 전보다도 가속화와 융단폭격을 하듯 쏟아지는 외적 자극의 시대인 오늘날 더 강한 울림을 준다.

세 번째 길:
초시간적인 결속

/

내가 찾은 찻집은 청두成都에서 찾아볼 수 있는 가장 편안한 장소다. 인구 1,600만 명의 대도시 한복판에서 울창한 고목들이 드리운 그늘 아래 앉아 대나무들이 둘러싼 연못 위로 떠오른 연분홍빛 수련을 보며 차를 마시노라면, 세상의 시름이 다 잊히는 것만 같다. 중국 남서부의 습하고 무더운 여름에도 도시 주변의 가파른 산비탈에서 재배한 녹차의 뜨거운 한 모금보다 더 좋은 것은 없다. 나뭇가지마다 붉은색 제등이 걸렸으며, 중국 전통의 곡선미를 뽐내는 기와지붕, 그리고 솜씨 좋은 붓글씨 등 오랜 역사를 자랑하는 무후사武侯祠의 풍경은 마치 시간을 벗어난 것처럼 보인다. 전통음악, 정통 쓰촨四川 요리, 입에서 불기둥을 뿜어내는 곡예사, 악귀 가면을 쓴 연기자들, 판매대마다 깔린 손으로 직접 짠 천들, 나무를 깎아 만든 수저와 목각 인형을 사달라고 외치는 행상들…. 이 구역은 관광객이 즐겨 찾는 명소다.

분위기는 어째 우리네 성탄절 장터를 떠올리게 만든다. 다만 성탄절이 아니라 한여름이라는 차이만 있을 뿐. 하지만 이곳에 외국인은 거의 없다. 버스를 타고 줄지어 찾아와 좁은 골목을 누비는 관광객들은 대개 중국인이다. 이들은 전통문화에 열광한다. 그러나 안타깝게도 이곳에 오래된 것은 거의 없다. 많은 것이 옛것 위에 덧대어 만들어졌을 따름이다.

뿌리가 뽑히다

몇 열의 주택가를 건너간 청두의 모습은 완전히 딴판이다. 어디를 보든 철근과 시멘트만 눈에 들어온다. 하늘을 찌를 것만 같은 고층빌딩, 40층 높이의 회색 아파트, 도시고속도로, 공장 등에서 2,000년이 넘는 역사를 자랑하는 도시임에도 50년 이상 묵은 것은 찾아보기 힘들다.

도시의 중심을 이루는 것은 저 헤아릴 수 없이 많은 나무 기둥과 장식이 들어간 박공으로 이뤄진 신비롭고 고색창연한 궁궐이 아니라, 어딘지 모르게 황량해 보이는 티엔푸天府광장이다. 쇼핑센터, 소비에트 풍의 정당 건물, 어마어마한 크기의 마오쩌둥 조각상이 보인다.

아마도 오늘날 청두에 사는 시민 가운데 이곳 광장에 옛날 명나라1368~1644 시절 세운 화려한 궁궐이 서 있었다는 사실을 아는 사람은 몇 되지 않으리라. 이 궁궐은 베이징의 자금성 절반 정도 규모의 것으로 한때 청두 전체 면적의 5분의 1을 차지할 정도로 컸다. 그러나 문화혁명의 거센 물결이 휩쓸며 모든 옛것을 쓸어가버렸다. 불과 몇 년 지나지 않아 마오쩌둥의 홍위병은 중국 문화유산의 대부분을 파괴해버렸다. 중국 전역에서 귀중한 옛 책들, 사원, 국보급 그림, 휘호, 보물이 잿더미로 변했다.[183]

중국에서는 오늘날에도 공개적으로 문화혁명을 거론하기가 쉽지 않다. 어쨌거나 문화혁명은 중국을 송두리째 바꿔놓았다. 풍습, 예술, 종교는 마오에게 눈엣가시였다. 그러나 전통을 청소하고자 했던 마오의 노력은 결국 수포로 돌아갔다. 청두에는 오늘날 면적으로 세계 최대의 건물(쇼핑센터)이 위용을 자랑하고 있다. 그 대신 역사의 중심은 사라지고 말았다. 그래서 더더욱 청두 시민들이 무후사가 위치한, 그 역사적 향수를 자극하는 구역을 즐겨 찾는 게 아닐까. 어쨌든 이곳에서 우리는 옛 문화와의 결속을 체감할 수 있다. 차분히 앉아 녹차를 마시는 동안 대나무 숲 너머로 중국인 관광객들이 연신 쏟아내는 탄성을 들으면서 나는 이 결속이 이뤄졌으면 하는 갈망을 느꼈다.

전통과의 단절 _____

이 책의 서두에서 나는 우리 인간이 과거와의 결속을 필요로 한다는 것을 말하고 그 사례로 '새로운 전통'이라는 최신 흐름을 소개한 바 있다. 그러나 우리가 살아가는 오늘날은 오히려 전통과의 단절이 당연시되는 시대다. 다만 중국 문화혁명처럼 폭력적인 단절은 드물다는 게 위로라면 위로일까. 비록 공산주의가 발을 딛는 곳마다 기존의 것을 짓밟는 잔인한 일이 벌어지기는 했지만.

그러나 전통과의 단절이라는 현상은 정치 이데올로기와는 무관하다. 우리가 살아가는 현대는 혁신과 개인주의를 강조한다. 혁신과 개인주의는 기술과 과학의 발달을 장려한다. 하지만 우리의 인생은 기술과 과학 발달 그 이상의 것을 필요로 한다. 타인, 자기 자신, 그리고 신과의 결속과 더불어 인간은 역사와 전통과의 결속도 이루어야만 한다.

이런 맥락에서 프랑수아자비에 벨라미François-Xavier Bellamy는 '계승의 위기'를 이야기한다. 이 젊은 프랑스 철학자는 여러 차례 상을 받았을 뿐만 아니라, 2019년부터 유럽의회 의원으로 활동하는 정치가이기도 하다. 그는 전통의 소중함을 젊은 세대에게 가르치지 못하는 교육제도의 실패를 비판한다. 개인의 자아실현에 지나치게 초점을 맞추다 보니, 유산을 물려주는 일에 소홀하다는 것이 그의 지적이다. 발달과 발전과 혁신만 핵심 가치로 내세워짐으로써 사회는 문화의 기초, 말하자면 앞으로 계속 나아갈수 있게 뒷받침을 해줄 수 있는 베이스캠프를 잃었다. 그 결과는 지성의 빈곤, 정신의 상실이다. 사회는 그 구성원들을 하나로 묶어줄 바탕을 잃어버렸다. 젊은 세대가 고향처럼 느낄 수 있는 그 어떤 것을 전해주지 못하게 된 것이다. 자신이 어떤 전통을 배경으로 가졌는지 알지 못하는 사람은 다른 문화도 존중해줄 수 없다. 벨라미는 이렇게 말한다.[184]

"나는 문화들 간의 투쟁이 아니라 '비非문화'의 투쟁이 벌어질까 두렵다."

물려받음과 물려주기 _____

기술이 끊임없는 혁신으로 생명력을 얻는다면, 문화의 생명력은 보존에서 나온다. '읽다'라는 뜻의 독일어 동사 '레젠lesen'이 '모으다'라는 뜻도 가지는 이유가 달리 있는 게 아니다. 어떤 기계든 연식이 쌓일수록 그 가치는 빠르게 떨어진다. 기계의 장부 가치는 감가상각으로 매년 줄어든다. 하지만 인간으로 살아가며 품는 근본 물음은 전혀 다르다.[185] 인생을 어떻게 살아야만 하는지, 선함과 아름다움은 무엇인지 하는 모든 물음은 이 세상에 태어나 살아가는 사람이라면 누구나 새롭게 대면해야만 하는 것이다. 이런 물음들의 답을 찾기 위해 노력하는 사람은 자신보다 앞서 같은 고민을 했던 선인들의 오랜 전통과 만난다. 인간 사회는 오늘날 함께 살아가는 사람들의 공동체로만 이뤄지는 게 아니다. 우리보다 앞서 살았으며, 오늘을 위한 초석을 놓은 선인들도 우리의 사회 안에서 함께 호흡한다. 아직 태어나지 않은 생명, 우리가 오늘 하는 행동으로 생겨날 결과물과 함께 살아가야 할 후손 역시 마찬가지다.[186] 선대와 당대와 후대가 함께 맞물린다는 이런 확인은 감사함과 겸손함과 책임감을 품게 만든다. 선대가 다져놓은 바탕 덕분에 오늘을 살 수 있음을 아는 사람은 후손에게 더욱 나은 바탕을 물려주려 노력한다. 우리가 아이들로부터 지구라는 행성을 빌려 쓰고 있다는 생태 운동의 주장이 무슨 뜻인지는 너무도 분명하다. 인간을 제외한 자연에만 국한해 생태를 보는 시각은 그러므로 잘못된 것이라고 나는 생각한다. 예술, 문학, 종교, 언어, 윤리, 전통 역시 지켜야 할 소중한 생태 공간이다. 이 모든 것은 소중히 지켜 물려주어야만 한다. 지키고 보존하려는 노력이 없으면, 이 모든 것은 말라비틀어져 고사할 것이다.

영국의 아동 정신의학자 마이클 러터 경Sir Michael Rutter과 범죄학자 데이비드 스미스David Smith의 주도 아래 16개국의 학자들이 참여한 대규모 연구에서 1950년부터 1973년 사이 청소년 발달 상태를 분석했다. 이 시기 동안 청소년의 질병과 사망률은 눈에 띄게 줄어든 반면, 정신과 관련한 특이 증상은 계속 늘어났다. 연구자들은 그 원인을 다양하게 제시했다. 우선 연구 대상인 청소년 세대는 '수직적 계승'의 영향을 거의 받지 않은 인류 역사상 최초의 세대였다.[187] 생명력을 자랑하는 전통은 당시 전쟁의 후유증으로 극심한 혼란을 겪었다. 이런 혼란이 청소년의 정신세계에 부정적 영향을 미친 게 틀림없다고 연구자들은 생각했다. 문화는 이를 전수받은 사람만이 계속해서 앞으로 물려줄 능력을 가진다. 문화혁명의 투사들은 오래된 조각상을 허물기는 했지만, 자녀와 손자 세대에게 문화의 안식처를 물려줄 수는 없었다. 후대는 본래의 중국 전통으로 되돌아가거나, 그 조악한 복사에 만족할 수밖에 없었다. 서구에서는 1960년대 말에 히피 문화가 대유행을 일으켰다. 그러나 히피 문화는 그 맥을 이어갈 자녀와 손자 세대를 가지지 못했다. 히피 문화는 그 자체로 볼 때 일차적으로 맥락의 단절이기 때문이다.[188] 고유한 문화와 전통과의 결속은 그것을 지키고 그 생명력을 보듬어줄 때에만 후대에 전달될 수 있다.

정원을 지키는 책임감

결속을 느끼는 사람은 자신과 맺어진 것에 책임감도 느끼게 마련이다. 고유한 생활공간을 아끼고 지키려는 사랑을 로저 스크러턴 경은 '오이코필리아Oikophilia', 곧 '집을 사랑하는 마음'이라고 부른다. 오이코필리아는 '생태Ökologie●' 그 이상의 것이다. 자신의 생활환경을 사랑하는 자세는 이 생활환경을 보호하고자 하는 의지의 토대이기도 하다. 이 사랑의 실체는 지리적 고향과 문화적 모태를 아끼는 건강한 감정이다. 정확히 이 감정이 지역의 작은 단체, 이른바 '풀뿌리 운동 단체'를 복잡한 관료주의 체계를 가진 대형 환경 단체보다 더 강하게 만든다. 입법부가 현장의 경제와 생태 현실로부터 멀리 떨어지면 떨어질수록 의회의 결정은 그저 임기응변식 처방에 지나지 않을 공산이 크다. 진정한 자연보

● 그리스어로 '집'을 뜻하는 '오이코스oikos'에 '논리' 또는 '설'을 뜻하는 '로고스logos'의 합성어. 곧 '집 이야기'가 그 원뜻이다.

호 운동은 추상적인 거대 담론이나 일삼는 자칭 전문가들이 아니라, 현장에서 실질적인 책임을 감당하려 힘쓰는 일꾼이 일궈낸다.[189] 물론 책임감을 가지는 전문가도 아주 없지는 않으리라. 아무튼 고향과 전통문화의 사랑은 얼핏 들으면 시대의 흐름에 뒤처진 게 아닐까 하는 느낌을 불러일으킨다. 하지만 이런 겉보기는 기만이다. 부모에게 안정적인 애정을 받고 자란 아이가 다른 사람에게 마음의 문을 걸어 잠그지 않고 열어놓는 것처럼, 전통문화와의 결속은 개방적인 다문화 사회를 꾸려갈 전제 조건이다.[190]

네 번째 길:
자연과의 결속

왜 에덴은 공장이 아니라 정원일까? 나무나 수풀 속보다는 도시가 한결 더 편안하지 않은가? 그러나 도시에서 살게 된 이래 인간은 자연을 향한 그리움을 떨칠 수 없다. 톨스토이의 기념비적인 소설《전쟁과 평화》와《안나 카레니나》에서 삶의 품격과 의욕이 되찾아지는 곳은 자연과 가까운 농촌이다. 고된 일상에 지치고 삶의 의욕을 잃어버린 도시민은 며칠 목가적인 풍경의 전원에서 쉬기만 해도 기적처럼 활기를 되찾는다. 이처럼 자연을 낭만적으로 보는 시각은 인류가 그동안 써온 문학만큼이나 오래된 것이다. 실제로 '목가Idyll'라는 단어는 기원전 3세기에 전원생활의 아름다움을 찬양한 고대 그리스 시인 테오크리토스가 쓴 전원시의 제목이기도 하다. 자연으로 돌아가는 것은 자신의 자아로 돌아가는 것이다. 자연을 회복하는 것이야말로 인간이 품는 가장 근원적인 소망이다. 자연에서 보내는 시간이 긴장을 풀어주며, 여러 모로 건강에 도움을 준다는 사실은 오늘날 누구나 아는 이야기다. 예를 들어 규칙적으로 동물이나 자연과 접촉하며 성장한 아이는 더 건강하고 탄력적이며 창의적이라는 점이 강력한 방증이다.[191]

자연을 보듬고 다듬으며 지켜주는 보호는 자연을 다스리는 게 아니다. 자연은 인간이 결코 완전히 통제할 수 없다. 자연은 인간이 창조한 것이 아니다. 인간은 자연을 주어진 그대로 발견할 뿐이다. 날씨가 어떨지, 언제 해가 떠오를지, 제비가 언제 어떻게 날아올지… 우리 인간이 결정할 수 있는 건 아무것도 없다. 자연의 알 수 없는 속내, 인간이 마음대로 지배할 수 없음, 그 어떤 것으로도 대체할 수 없는 근원적 성격을 낭만주의는 계몽주의의 대척점에 서서 강조했다. 그저 모든 것을 측정의 대상으로 삼고 원하는 대로 주무른다면 풍요한 생명력이 사라진다는 점을 인류는 오래전부터 예감해왔다. 모든 것을 합리적으로만 풀려는 계몽이라는 기획에 숨은 위험을 프랑크푸르트학파의 아도르노Adorno와 호르크하이머Horkheimer는 명확하게 읽어냈다.

"인간은 자신의 권력을 행사하는 대상으로부터, 그 권력이 커질수록, 멀어지는 소외를 겪는다. 계몽은 독재자가 국민을 다루듯 사물을 취급한다. 독재자가 아는 국민은 자신의 권력으로 조작한 국민일 뿐이다."[192]

　갈수록 발전하는 기술의 통제로 소외가 커질 때, 오히려 인간은 통제할 수 없는 자연과 친밀감을 키우고 결속을 이뤄야만 한다. 자연이 인간의 정서를 어루만지는 치유력은 이렇게 봐야만 설명된다. 치유의 전제 조건은 자연을 다시금 새롭게 장악하고 지배하려는 태도를 버려야 한다는 점이다.

존재해도 좋다는 허락

　"이 정도 높이의 산 정상은 얼마든지 오를 수 있어."
　"이런 길이의 구간은 충분히 달릴 수 있어."
　등산이나 달리기와 같은 실외 운동에서 자연은 인간이 힘을 쓰는 무대배경이 될 따름이다. 냉정하게 학문적 관심으로 자연을 관찰할 때도 마찬가지다. 숲을 산책하며 식물학이나 동물학의 지식을 모으려 할 때 자연은 분석의 대상이 될 따름이다.[193] 그러나 진정한 결속은 내가 나 자신을 피조물의 한 부분으로 바라볼 때, 끊임없이 무엇인가 이루거나, 지배하거나, 헤집어 알아내려 하지 않고 피조물의 일부로 바라볼 때에만 이루어진다.
　아무튼 나는 자연을 이런 관점으로 바라본다. 오래전부터 숲속을 걷는 산책은 나의 규칙적 일상 가운데 하나다. 홀로 즐기는 침묵의 시간을 나는 더는 놓칠 수가 없다. 평소 생각을 즐기며 그 결과물을 실천에 옮기기 좋아하는 나는 자연 속에서 보내는 시간을 그저 단순하게 존재해도 된다는 허락으로 체험한다. 나무와 수풀이 그냥 거기 존재하는 것처럼 나 역시 존재의 한 부분이다. 나 자신을 내가 창조한 게 아니듯, 내 인생 역시 내가 구성하거나 통제할 수 있는 게 아니다. 내 인생은 그저 간단하게 나에게 주어진 것이다. 이런 사실을 되새길 때마다 나는 감사함을 느낀다. 자연 안에서 걷는 일은 언제나 내 몸의 발견이다. 컴퓨터 앞에 앉거나, 도심을 걷거나, 전화 통화를 할 때 우리는 의견을 주고받으며 다른 사람과 다툰다. 자연에는 이런 다툼으로 골치 아플 일이 없다. 숲에는 송진 냄새가 난다. 피부를 감싸는 바람이 서늘하다. 숲의 바닥은 발걸음을 옮길 때마다 나를 부드럽게 받쳐준다. 그리고 소리도 좋다. 딱따구리가 나무를 쪼는 소리는 시끄럽지 않고 오히려 평안하다. 이처럼 자연과의 교류는 몸을 통해 이루어지기 때문에, 몸과의 결속을 강화해준다.

지속가능한 결속을 꿈꾸다

자연과의 건강한 결속은 유토피아 분위기의 생태 낭만주의와는 다른 것이다. 생태 운동은 대개 자본주의와 세계화를 날카롭게 비판한다. 무제한적인 성장과 개인주의의 소비문화가 엄청난 환경 파괴를 불러왔다며, 경제 체계 전체를 무너뜨려야만 한다는 주장이다. 이런 '체계 비판'이 어떤 단초로 시작되었는지 충분히 이해는 하지만, 정치의 의사 결정 과정을 중앙집권화하고 경제성장을 제한해야만 자연의 지속가능한 관리를 이룰 수 있다는 희망은 역사를 망각한 탓에 나온 순진한 발상이다. 산업화와 자유 시장경제만큼 삶의 수준을 끌어올리는 발달을 선물한 경제모델은 따로 없다.

반면, 집단 경제와 중앙집권 정치는 러시아1921, 우크라이나 1932~1933, 중국1959~1961이나, 오늘날의 북한 또는 베네수엘라에서 보는 것과 같은 극심한 빈곤과 기근을 빚어내고 말았다. 공산주의 국가들은 생태 문제에서도 참혹한 파국을 겪었다. 체르노빌은 오늘날까지도 관료주의의 폐단과 은폐를 고발하는 기념비적 사건이다. 하지만 체르노빌 외에도 비슷한 참상의 현장은 많기만 하다.[194]

이제 성장은 물 건너갔다는 이른바 '포스트 성장주의 경제'를 주장하는 사람들은 지역의 생산과 투명성을 강조한다.[195] 그러나 '산업화 이전'의 농업 경제 구조로 돌아가자는 꿈은 그저 "옛날이 좋았어."라는 말만 되풀이하는 많은 낭만주의자들의 결정적 패착이다. 전 세계적으로 복지 수준을 끌어올린 저 경제원칙을 평가절하하기 위해 과거를 미화하는 태도는 곤란하다.

자연과 지역과 전통과의 결속을 키우고 강화하는 일은 지속가능한 생명과 생각을 장려해주는 자유로운 사회적 시장경제와 더욱 잘 맞는다. 성경의 에덴 이야기는 바로 이런 맥락에서 이해해야만 하는 게 아닐까. 성경에서 이르길, 인간은 땅을 갈아 생육하고 번성하게 하라고 하지 않던가.(창세기 1장 28절) 인류가 경제적으로나 문화적으로 발달을 이룬다는 사실이 문제인 것은 아니다. 구약성경은 경제든 문화든 모든 발달을 긍정적으로 평가한다. 그렇지만 구약성경에서 더욱 두드러지는 점은 자연을 바라보는 특별한 시선이다. 다른 종교들과는 반대로 구약성경은 자연과의 결속을 끊임없이 강조하며, 자연을 심지어 계약 상대자로 바라본다.(창세기 9장 8~13절)[196]

"고대 이스라엘의 기록을 자연과학자의 안목으로 관찰해보면, 우리는 상상조차 하지 못한 지속가능함이 실현될 수 있는 사회의 그림이 그려진다."

독일의 생물학자인 알로이스 휘터만Aloys Hüttermann이 쓴 글이다.[197]

이스라엘의 경전은 인간이 겪는 극심한 재난이 잘못된 경제체계 탓이 아니라, 신과의 관계가 틀어지는 통에 시작된다는 이야기를 들려준다. 인간이 갈수록 더 많은 것을 원하는 탐욕을 키우는 통에 창조주는 인간에게 걸었던 신뢰를 거두어버린다. 이 탐욕은 다른 사람과의 관계도 희생시킨다. 탐욕은 결국 자연을 파괴하는 결과를 빚어내기 때문이다. 경제나 정치의 체계가 어떤 것이든 상관없이 인간은 탐욕으로 끊임없이 문제를 일으키며, 죄악으로 타락에 빠지고 마는 늘 같은 이야기를 반복할 따름이다. 이 문제는 그저 간단하게 짚고 넘어갈 수 있는 것이 아니다. 이 책의 마지막 장에서 이 문제를 더욱 심층적으로 짚어보겠다.

그럼에도 자연과의 만남은 우리로 하여금 자신이 신의 피조물이라는 점, 자연 전체를 이루는 한 부분이라는 점을 더욱 분명하게 깨닫게 해준다. 특히 이런 결속의 의식은 물질에 머물지 않고 정신의 차원을 열어준다.

다섯 번째 길:
결속의 정신

／

다시 청두의 어느 더운 여름날이다. 이번에 나는 찻집이 아니라 목재로 벽을 만들고 그 위에 다채로운 색채로 그림을 그린 어떤 티베트 레스토랑을 찾았다. 테이블 위에는 버터와 밀가루를 섞어 반죽해 구운, 케이크 모양의 키슈Quiche가 놓여 있다. 케이크와는 맛이 전혀 다른 그것은 야크 고기를 다져 만든 파이다. 히말라야산맥은 청두의 서쪽 변두리에서부터 시작한다. 티베트의 높은 산악지대에서 야크 고기는 주민의 중요한 영양 공급원이다.

나는 통역사와 함께 미안Mian과 리Li를 만났다(두 사람의 이름은 가명임). 이 두 사람은 세상에서 가장 위험한 직업을 가졌다. 바로 기독교 선교사다. 중국에서는 정부에 등록하고 공식 허가를 받은 교회는 자유를 누리는 반면, 가정 예배는 불법으로 취급되어 커다란 탄압을 받는다. 물론 상황은 많은 기독교도들이 노동수용소로 끌려가 순교당하던 1970년대와 1980년대처럼 나쁘지는 않다. 그러나 어느 정도 화해의 국면이 이어지는가 싶더니 몇 년 전부터 국가의 통제가 갈수록 심해졌다. 개인들이 만나서 기도 모임을 가지는 일도 대단히 위험했다. 이웃이 경찰에 신고하면, 당사자는 집을 빼앗길 뿐만 아니라, 몇 년의 실형을 살아야만 한다. 그럼에도 지하 교회는 우후죽순처럼 도처에서 생겨났다.

미안과 리는 청두가 아니라 이곳에서 멀리 떨어진 농촌에서 활동한다. 농촌에서의 활동은 특히 더 위험하다. 기독교인이 끌려가는 커다란 수용소가 있다는 소문이 자자했으며, 디지털 기술을 이용한 감시와 통제는 갈수록 늘어났다. 하지만 두 사람은 조금도 위축되지 않았고, 많은 사람들이 기독교인이 되고 싶어 한다고 이야기했다. 기독교를 믿고 싶어 하는 사람들은 티베트보다 중국에 더 많다고도 했다. 오랫동안 유교를 신봉해온 중국임에도 정신적 지주가 되어줄 전통은 거의 남지 않았기 때문에 사람들이 기독교에 매달린다는 것이다. 공산주의가 모든 종교의 뿌리를 뽑아버린 이래, 중국은 오로지 소비와 대중의 주의를 다른 곳으로 돌리려는 방송만 기세등등할 따름이다. 그래서 대다수 중국인들은 오늘날 경제적으로 비교적 잘 지냄에도 채워지지 않는 정신적 갈증으로 힘겨워한다. 유럽과의 대비는 이보다 더 두드러질 수 없을 정도로 선명하다. 수백만 명의 인구를 자랑하는 중국 대도시에서 교회 탑은 단 하나도 찾아보기 어려우며, 드러내놓고 자신이 기독교인임을 인정하는 경우도 거의 없다. 하지만 숨어서 예배를 보는 사람들은 급속도로 늘어나고 있다. 반대로 유럽에서는 웅장한 규모의 교회나 성당이 텅텅 비었으며, 종교 색채를 띠지 않은 영성 시장만이 활황을 구가한다.

모든 방향으로 이어지는 관계 _____

활기찬 정신생활이 건강과 개인적 안녕에 미치는 긍정적인 영향은 그동안 충분히 연구되었다. 흥미로운 점은 어떤 종교에 속하는가 하는 문제는 중요하지 않다는 사실이다. 종교보다는 독서

나 봉사와 같은 활동을 열심히 할 때 우리는 확실히 더 높은 행복감을 느끼는 것으로 2019년에 이뤄진 대규모 국제 연구가 밝혀냈다.[198] 그동안 심리학은 '영혼 건강spiritual health'은 물론이고, 지능지수IQ와 감성지수EQ에 빗대 '영성지능spiritual intelligence'이라는 개념도 찾아내 쓰고 있다.[199]

　　그러나 흥미로운 사실은 모든 형태의 영성 활동이 인간을 건강하게 만드는 것은 아니라는 점이다. 오히려 긍정적인 감정이 종교의 영향력, 곧 삶에 활기를 불어넣어주는 종교 활동과 맞물릴 때 인간을 건강하게 만드는 효과가 가장 분명했다. 이를테면 사랑, 감사함, 경외심, 평온함이 느껴지는 정도에 따라 종교적 영성은 인생에 중요하고 긍정적인 영향을 준다.[200] 그러나 이런 감정은 우리 인간이 다른 사람과 더불어 살아가면서 맛보는 감정이다. 사랑, 감사함, 경외심, 평온함은 다시 말해서 관계 감정이다. 동양의 종교나 유대교 또는 기독교를 굳이 끌어들이지 않아도 신과 자기 자신과 이웃과의 관계라는 밀접한 결속은 우리 인생에 더할 나위 없이 중요하다. 이런 관계들로부터 떨어져 나온, 오로지 자기 자신만을 중심으로 이뤄지는 영성 활동이란 생각조차 할 수 없는 것이다.

　　이웃을 네 몸같이 사랑하라. 신을 사랑하라는 것이 최고의 율법이기는 하지만, 진정 신을 사랑하는지 여부는 이웃 사랑에서 확인할 수 있다고 신약성경은 요한 1서에서 확인해준다(요한 1서 4장 20절). 결속이란 이처럼 세 가지가 묶여야만 존재한다고 우리는 말할 수 있다. 바로 이 점이 기독교가 불교나 힌두교와 결정적으로 다른 차이점이다. 기독교의 특징은 신을 삼위일체의 사랑으로 바라본다. 곧 신은 모든 사랑을 하나로 품어내는 최상위 개념이다. 다른 사람을 사랑하는 마음은 신을 향해 나아가는 초월을 가로막는 장애가 아니며, 오히려 신을 향한 사랑을 증명하는 현장이다. 신과의 관계는 다시 인간의 사랑에 무의식적으로 물들어 있는 이기적인 동기들을 깨끗이 정화해준다.

당신이 신이다 _____

관계와 결속과 영성은 서로 떼어낼 수 없이 맞물린다. 든든한 관계가 정신에 주는 긍정적인 영향은 쉽게 확인할 수 있다. 이를테면 안정적인 애정 관계는 자신의 믿음을 포기하지 않고 지키도록 힘을 북돋워준다.[201] 규칙적인 명상이 두뇌의 회백질을 키워주는 것을 확인한 연구 결과도 있다. 안정적인 애착 관계를 누린 아동의 경우에도 회백질이 커지는 것을 뇌과학은 증명해냈다.[202]

관계를 맺는 것이야말로 인간의 본질이다. 그리고 인간은 다방면에 걸쳐 든든한 결속을 필요로 한다. 에덴동산 이야기는 정확히 이 관계와 결속의 중요성을 강조한다. 뱀의 꼬드김에 넘어가 신이 베풀어준 호의를 의심하면서부터 인간과 신의 관계는 깨졌다. 그 결과 아담과 하와의 관계 역시 혼란을 겪는다. 아담과 하와는 돌연 서로 잘못을 떠넘기기에 바쁘다.

"하나님께서 저와 함께 살라고 짝지어 주신 여자, 그 여자가 그 나무의 열매를 저에게 주기에, 제가 그것을 먹었습니다."(창세기 3

장 12절)

　신 앞에 불려간 아담이 한 변명이다. 이후 인간이 겪는 모든 비극적 갈등의 핵심은 이것이다. 내가 아니야. 다른 사람이 잘못했어! 이로써 인간은 부끄러움을 깨달았으며 비겁하게 숨는 태도도 보이기 시작했다. 인간이 자기 자신을 보는 시선, 자신의 몸과 맺는 관계도 이렇게 해서 뒤틀리고 말았다.

　기도를 할 때는 무엇인가 의미심장한 일이 일어난다. 단순한 명상과는 비교도 할 수 없을 정도로 인간은 기도하며 초월자와의 결속을 회복한다. 다시 말해서 자신을 회복한다. 알코올의존증을 치료하는 모임 '익명의 알코올중독자들Alcoholics Anonymous', 그리고 많은 비슷한 단체의 12단계 프로그램이 그처럼 성공적인 것은 전혀 우연이 아니다. 이런 치료 프로그램의 첫걸음은 언제나 '신적인 존재'(신을 어떻게 이해하든 간에)를 향해 마음의 문을 여는 것이다. 결정적 영향력은 종교적 신앙이 아니라, 우리의 내면이 감행하는 행동이 발휘한다. 기도를 하며 인간은 저 위와 결속하기 위해 마음의 문을 연다. 다시금 하르트무트 로자를 인용하자면, 기도의 핵심은 자신의 속내를 털어놓고 그 응답을 찾는, 심층적인 공명을 이뤄내는 것이다.[203] 인간이 겪는 무수한 내면의 고통을 빚어내는 원인이 소외라는 점을 고려할 때 이런 심층적인 공명을 되찾는 일은 대단히 중요하다. 독일의 정신과 전문의이자 회복탄력성 연구가 게오르크 피퍼Georg Pieper는 실존적 위기에 처한 사람들의 행동을 연구했다. 예를 들어 등산을 하다가 실종되어 며칠 동안 사투를 벌이는 산악인의 행동을 그는 연구 대상으로 삼았다. 극한의 위기 상황에서 인간의 내면을 안정적으로 지켜주는 것은 바로 기도와 종교 의례임을 알아내고 그는 이렇게 결론짓는다.

"신을 믿지 않으며, 기도를 할 수 없다고 생각하는 모든 사람에 게도 나는 심리학자로서 기도하기를 추천한다."[204]

에티의 비밀

10월 11일 저녁 에티 힐레숨은 일기장의 거의 마지막 부분에 "몸이 아는 가장 은밀한 행위"라는 표현을 썼다. 그녀는 이 몸짓 을 자신이 부모에게 물려받은 가장 귀중한 유산이라고 했다. 그 처럼 많은 남자들에게 에로틱한 사랑을 베풀었던 에티였지만, 최 고의 심오한 결속은 침대가 아니라, 욕실 바닥에 깔아둔 코코넛 매트 위에서 이루어졌다. 그녀는 어느 날 욕실의 매트 위에 무릎 을 꿇고 두 손을 모았다. 유대인에게 무릎 꿇는 자세는 좀체 보 기 힘든 것이었음에도 그녀는 실오라기 하나 걸치지 않은 알몸으 로 기도에 열중했다. 그녀는 이 일기가 얼마 지나지 않아 끝나게 되리라는 것(그리고 그녀의 인생도)을 전혀 알지 못했다. 그럼에도 에티는 그날 저녁 자신이 쓴 일기에 어떤 제목을 붙이면 좋을지 생각했다.

"'무릎을 꿇을 줄 몰랐던 여인', 아니, '기도를 배우려는 여인'이 더 좋겠구나. 이 기도는 내가 어떤 남자와 보냈던 은밀한 결속은 견줄 수도 없는, 나의 가장 깊은 내면과의 결속이다."[205]

에티는 하늘 아래 모든 곳이 우리의 집이고, 머리를 누이고 쉴 수 있는 고향이라는 깨달음을 저 여름날 밤 수용소의 별들이 빛나는 하늘 아래서 남자 친구에게 토로했다. 그런데 당시 이야기는 거기서 끝난 게 아니었다.

"나는 친구에게 내 가슴속 가장 깊은 비밀을 털어놓아도 좋을까 고민하느라 이틀 저녁을 더 필요로 했다. 그리고 마침내 나는 그에게 선물을 줄 요량으로 이야기를 해주기로 결심했다. 그래서 나는 수용소의 그 황량한 벌판에서 무릎을 꿇고 그에게 신을 내가 어떻게 생각하는지 이야기해주었다."[206]

신과의 이런 관계가 에티로 하여금 다른 사람에게 자신의 속내를 털어놓는 결속의 길을 열어준다. 그러나 신과의 이 관계는 '저 바깥 어딘가'가 아니라, 바로 에티의 내면 가장 깊은 곳에서 이루어진다.

"내 안에는 아주 깊은 우물이 있다. 그리고 이 우물 안에 신이 존재한다. 대개 나는 내 안의 신과 만날 수 있다. 그러나 우물은 많은 경우 자갈, 심지어는 묵직한 바위로 채워져 그 아래 신을 묻어버린다. 우물 안에 갇힌 신은 다시 꺼내주어야만 한다."[207]

결속의 원천은 찾아내기 어렵지 않다. 에티의 표현대로 돌로 채워져 있기도 하지만, 우리의 아주 가까운 주변에서 결속의 샘물은 넘쳐흐른다. 결속은 우리의 심장이 선물하는 자원이다. 에덴으로 돌아가는 길은 결속과 더불어 열린다.

제2부

두 번째 비밀:
의미

우리의 아담한 정원으로 되돌아가보자. 내 집의 정원은 내가 어린 시절에 보며 느꼈던 엄청 큰 정원은 아니지만, 그래도 도시 변두리의 한갓진 곳에 위치해 아늑한 분위기를 자랑한다. 낙원을 말하는 옛 전설이든 오늘날 제작된 자연 다큐멘터리든, 우리 인간은 자연과 접하며 강한 끌림을 받는다. 자연을 보며 우리 자신이 어떤 존재인지 깨닫기 때문이다. 씨앗을 뿌리고 수확을 하며 사계절의 변화를 몸소 겪게 해주는 정원은 인생을 표현할 적절한 비유를 가득 담고 있다. 취미로 정원을 가꾸는 사람이라 할지라도 모든 생태계 안에는 저마다 고유한 내적인 질서가 있음을 빠르게 터득한다. 자연은 결속의 중요성 외에도 이런 질서의 소중함을 일깨워준다.

작은 집에 입주한 뒤 우리 가족의 학습 과정은 상당히 빠르게 시작되었지만, 결코 순탄하지는 않았다. 아내는 정원을 돌보는 일에 나보다 훨씬 더 재능을 보였다. 나는 정원을 돌본 성과를 그 때그때 철학적으로 음미하는 기쁨만 맛볼 따름이었다. 또는 아주 간단한 수작업 정도만 맡거나. 수작업을 하며 혹시 많은 걸 망치는 게 아닐까 나는 조마조마했다.

우리가 가장 먼저 터득한 배움은 소소한 원인이 큰 결과를 빚는다는 점이다. 우리의 친구 아르노Arno는 정원을 설계하는 데 도움을 주었으며, 원예 전문점에 우리를 데려가주었다. 그곳에서 고른 나무와 관목은 모두 어린 묘목이었다. 아르노는 어떤 나무를 어디에 심어야 최적인지 일러주었다. 나무는 대개 햇빛을 필요로 했으며, 어떤 것은 바람을 막아주는 게 더 중요했다. 아무튼 우리 눈에는 모든 것이 너무 초라하고 허약해 보이기만 했다. 그로부터 2년이 흘렀음에도 정원은 텅 빈 것처럼 보였다. 물론 나무가 자라기는 했지만, 나무들 사이에 뻥 뚫린 구멍 같은 공간 사이로 도로와 이웃집 주차장이 훤히 보였다. 그래서 우리는 관목을 더 구입했다. 그것을 심자 정원은 한결 더 나아 보였다. 그러나 아르노가 정원을 설계한 안목은 2년이 더 지나고서야 그 진면목을 드러냈다. 두 번의 따뜻한 여름을 보내며 모든 나무들은 늠름하게 자랐다. 나무 사이의 간격은 점차 촘촘해졌다. 다시 2년이 지난 뒤 우리는 적지 않은 관목을 뽑아야만 했다. 관목이 울창하게 자라 서로 자리를 다투었기 때문이다. 정원을 가꾸고자 하는 사람은 식물의 특성을 고려하는 원칙을 지켜야만 한다.

또 하나의 가르침을 베푼 것은 우리의 작은 무화과나무다. 이 나무는 첫해에 많은 열매를 맺었는데, 이후에는 열매를 거의 구경할 수 없었다. 언젠가는 너무 많은 열매가 달렸는데, 밤새 모두 얼어버렸다. 아내는 원인이 무엇인지 알아내려 진땀을 흘렸다. 알아보니 무화과나무는 고유한 성장 원리를 따른다. 우리가 원하는 대로 나무를 키울 수 있는 게 아니라, 잘 자랄 수 있으려면 무화과나무가 무엇을 필요로 하는지 알아내고 이에 맞추어주는 자세가 꼭 필요하다. 나무를 심은 토양에 적절한 비료와 물을 주어야 하며, 해충이나 심한 추위를 막아주는 섬세한 돌봄은 필수다. 정원은 그에 고유한 법칙을 가진다. 이 법칙을 존중해주지 않는 사람은 정원을 파괴할 뿐이다.

죽은 이를 위한 방 _____

이번에는 우리 정원에서 아주 멀리 떨어진 곳, 좀 퀴퀴한 냄새가 나는 곳을 이야기해보자. 우리는 협곡을 따라 가파른 길을 힘겹게 올라갔다. 우리를 둘러싼 것은 족히 300만 개나 된다는 커다랗고 네모난 돌들이었다. 힘든 오름길의 목표는 좁다란 사각형 모양의 통로를 지나야 도달할 수 있는 신비의 장소다. 기자 피라미드 내부, 파라오의 시신을 모신 석실은 그 높이만 약 10미터이며, 서로 완벽하게 맞물리는 거대한 화강암으로 이루어졌다. 이곳에서 파라오는 북쪽 하늘을 통해 저 불멸의 별들에 올라 피안으로 들어섰다고 한다. 피라미드는 영화와 책도 자주 다루는 것이다. 하지만 나는 이 상상조차 하기 힘들 정도로 많은 돌들로 둘러싸인 어두운 석실에서야 비로소 고대 이집트 사람들이 죽음을 얼마나 중시했는지 절감했다.

기원전 2620년에서 2580년 사이에 지어진 쿠푸 피라미드는 세계에서 가장 큰 무덤이다. 피라미드 건설은 어느 것 하나 우연에 맡기지 않았다. 피라미드는 하늘의 네 방향에 정확히 맞추었으며, 바닥의 네 변 길이는 1,000분의 1 밀리미터보다 적은 오차를 보여줄 뿐이다. 별자리와 특정 절기의 태양 위치에 정확히 맞춰진 입지, 엄숙한 제례를 거쳐 시신을 미라로 만드는 작업, 그리고 성대한 장례식으로 미루어볼 때 이집트 종교는 죽음 이후의 삶을 더할 수 없이 꼼꼼하게 배려한다. 이집트와 관련해 어떤 박물관을 찾든 무슨 유적지를 방문하든, 죽음 이후의 삶을 돌보고자 하는 이런 동기는 늘 확인된다. 생명과 죽음을 관장하는 이집트의 신 오시리스Osiris는 죽은 사람의 영혼을 저울질해 저승에서 영혼의 주인이 번성할지 아니면 몰락할지 결정했다.

죽은 이를 의례에 따라 묻어주는 장례를 인류는 약 10만 년 전부터 지켜오고 있다. 무덤을 마련해주는 풍습은 정말이지 놀라운 일이다. 석기시대의 동굴에서는 하이에나의 뼈와 인간의 유골이 발견되었다. 인간 유골은 비교적 손상 없이 멀쩡한 반면, 동물의 뼈는 바스러져 이리저리 너저분하게 흩어져 있었다. 이런 차이는 매장 여부가 만들어낸다.[208] '생물학'은 이런 차이가 빚어지는 이유를 설명하지 못한다. 석기시대 인간은 동물과 확연히 다른 내면의 자극을 느낀 게 틀림없다.

보석을 만들기 시작하고 물건에 장식을 새겨 넣으며, 몸에 그림을 그리면서부터 인간은 죽음 이후의 삶을 생각하기 시작했다. 또는 좀 더 신중하게 표현하자면, 석기시대 인간은 죽은 이를 묻어주는 것을 의무로 느끼기 시작했으며, 물건과는 다르게 시신을 다루었다.[209]

우리가 의미라 부르는 것

인간으로 하여금 더 커다란 전체를 생각하게 해주는 것, 인생 전반에 무슨 뜻이 숨었는지 헤아리게 해주는 것, 이것을 우리는 '의미Sinn 탐색'이라 부른다. 옛 표준 독일어 단어 '진난Sinnan'은 '어딘가로 향하다', '어디로 나아가다', '여행하다'라는 원뜻을 가진다(이런 원뜻은 '시계 방향'이라는 말에 그대로 남아 있다).• 'Sinnan'은 인도유럽어족의 어근 '잰트sent-'와 맞물려 '방향을 정하다', '흔적을 따르다'라는 뜻을 가지기도 한다.[210] 이런 맥락은 라틴어에서도 고스란히 찾아볼 수 있다. '느끼다'라는 뜻의 단어 '센티레sentire'는 '자각하다', '생각하다', '~으로 간주하다'라는 뜻도 포함한다.[211] 아리스토텔레스는 인간을 두고 "생각할 줄 아는 동물zoon logon echon"이라고 정의했다. 이 말은 고대 그리스어 그대로 '로고스logos를 가진 동물'이라는 뜻이다. 로고스는 한편으로는 어떤 일의 의미를, 다른 한편으로는 의미를 헤아리고 말로 표현하는

• '의미'를 뜻하는 독일어 'Sinn'은 '시계 방향Uhrzeigersinn'이라는 단어에 고스란히 들어가 있다. — 옮긴이

능력을 뜻한다.

의미 탐색의 역사 _____

인간의 고유한 특징 가운데 하나는 의미를 찾고자 하는 물음으로 마음의 평안을 누리기 힘들어한다는 점이다. 고전적인 그리스 비극에서는 인간의 삶을 받아들일 수밖에 없는 숙명으로 그린다. 신들이 원하는 대로 휘둘릴 수밖에 없는 인간은 선한 일을 할 수 없으며, 진리를 알 수도 없다.

그러나 어떤 운명의 장난에도 자신을 지켜낼 줄 아는 것이야말로 인간의 위대함이다. 근대에 들어 의미 탐색은 특히 강한 힘으로 인간을 엄습했다. 계몽의 시대에 인간의 지성이 해방을 맛보면서 오히려 형이상학적 버팀목을 잃어버릴 위험에 처했기 때문이다. 더는 신에게 기댈 수 없다는 자각은 인간에게 견디기 힘든 악몽으로 다가왔다.

독일의 소설가이자 목사 아들인 장 파울Jean Paul, 1763~1825은 자신의 작품《지벤케스Siebenkäs》에서 칠흑 같은 어둠 속에서 죽은 그리스도가 우주를 굽어보며 신은 없다고 선포하는 장면을 묘사한다. 이 선포 이후 우주는 산산조각이 나서 모든 것이 카오스로 추락한다.[212] 그러나 신적인 존재를 우러르는 믿음의 부재가 인간에게 불행을 가져다주는 게 아닌가 하는 염려는 20세기에 들어 흔적도 없이 사라졌다. 종교와 사변철학, 곧 형이상학이라는 이론철학을 극복함으로써 인간은 자신의 운명을 스스로 개척하겠다고 다짐했다. 세상은 숱한 비극으로 점철되며, 무의미하다. 그러나 이런 세상을 그럭저럭 견디며 나름 보람차게 살아가려는 마음가짐은 인간이 유일하게 선택할 수 있는 삶의 자세다. 아르투어 쇼펜하우어Arthur Schopenhauer는 인생을 보는 이런 관점을 사뭇 비장하게 표현한다.

제2차 세계대전을 치르는 동안, 독일에 점령당한 프랑스에서 알베르 카뮈Albert Camus는 인간의 처지를 시시포스에 빗대며 그래도 행복하다 생각하자고 다짐한다. 신들에게 저주를 받아 무거운 바위를 산꼭대기로 힘겹게 밀어올린 다음 다시 굴러떨어지는 바위를 넋을 잃고 바라보는 시시포스는 객관적으로 아무런 의미가 없는 운명을 그래도 의젓하고 품위 있게 감당한다.

그리고 늦춰 잡아도 홀로코스트와 두 번의 세계대전이라는 끔찍한 참상을 경험한 이후 의미의 부재, 공허함, 형이상학의 실향민으로 살아야만 하는 인간의 처지는 예술과 문화와 철학이 즐겨 다루는 주제가 되었다. 장폴 사르트르Jean-Paul Sartre의 실존주의는 인간의 자유 아래서 아무것도 없는 암흑의 심연이 더욱 깊어질 뿐이라고 보았다.

"인간은 절망이다."213

의미의 위기

그는 음울한 눈빛으로 먼 곳을 바라보았다.

"도대체 왜 내가 이런 일을 해야 하지? 이게 다 뭐야?"

테이블 위에 놓인 커피는 이미 식은 지 오래인데 그는 마시는 걸 까맣게 잊었다. 서른여덟 살의 슈테판Stefan은 직업적으로 그의 아버지가 평생 이룩한 것보다 훨씬 더 많은 것을 이뤄냈다. 그는 텔레콤 기업 임원이었다. 디지털 변혁의 시대에 새롭게 추진해야 할 프로젝트는 산적해 있었다. 그는 다시금 진동하는 휴대폰을 재빨리 살폈다.

최근 들어 부쩍 슈테판은 뭔가 맞지 않는다는 느낌에 사로잡히곤 한다. 함부르크에서 회사가 주최한 성대한 파티가 끝나고 차를 몰고 집으로 돌아오며 그는 돌연 자신이 무슨 비련의 영화 주인공이 된 것처럼 가슴이 허전했다. 모든 것이 비현실적으로만 여겨졌다. 그러다 또 언제 그랬냐는 듯 그런 우울한 기분은 사라졌다. 직장에서 그는 실력을 인정받는 임원이었고, 1년에 휴가도 몇 차례나 갈 정도로 여유를 누렸다. 여자 친구와의 관계도 나무랄 데가 없었다. 하지만 뭔가 허전했다. 모든 것이 겉돌기만 했다. 일도, 여가 시간도, 휴가도, 직장 동료도. 얼마 전만 해도 모든 것이 환상적이었는데, 지금은 공허하기만 했다. 화려한 이력과 높은 연봉만 생각하고 뛰었던 게 엊그제 같은데, 슈테판은 이제 공허함을 견딜 수가 없었다. 그는 요즘 유행인 짙은 회색의 값비싼 정장을 입었는데, 어째 옷 속에 갇힌 것만 같았다. 이제 조금만 있으면 마흔이다. 언제 이렇게 늙었지? 기분이 좋을 때는 아무 문제가 없다. 기분이 좋을 때는 모든 것이 즐겁다. 하지만 불현듯 공허함이 몰려올 때면 그는 맥이 풀렸다. 혹시 정신 건강에 무슨 문제가 생긴 걸까? 그럼 나는 어떻게 되지?

의미의 위기는 단지 철학사가 다루는 현상이 아니라 바로 내 문제로구나 하는 개인적 차원에서 그 현실적인 폭발력을 자랑한다. 흔히 운명과도 같은 사고 또는 이별로 촉발되는 의미의 위기는 모든 것이 무의미하다는 '갉아먹히는' 느낌으로 위중한 정신 질환을 낳을 수 있다.[214] 바로 그래서 의미가 정확히 무엇인지 하는 물음과 우리는 대면해야만 한다. 왜 의미가, 정원이 좋은 토양을 필요로 하듯, 인간이 절실히 갈망하는 '심장 자원'일까? 그리고 우리는 이 토양이 독물로 철저히 망가지는 데 어느 정도 거들었을까?

의미의
여섯 가지 특성 _____

의미는 삶의 동기다
/

"인생을 왜 살아야 하는지 답을 가진 사람은 인생의 어떤 상황에서도 헤쳐 나갈 길을 가질까?"[215]

프리드리히 니체의 이 문장을 오스트리아 출신의 유대인 심리학자 빅토르 프랑클 Viktor Frankl •은 가장 혹독한 방식으로 맞닥뜨려야만 했다. 그의 부모, 형제, 그리고 아내까지 모두 수용소에서 학살되었다. 그 자신은 1944년 아우슈비츠로 끌려가 이루 말할 수 없는 고초를 겪었다. 자신의 책《그럼에도 삶에 '예'라고 답할 때》에서 프랑클은 이 경험을 고스란히 증언한다. 이 증언으로 프랑

• 오스트리아 태생의 심리학자다. 강제수용소에서 기적처럼 살아남은 경험을 토대로 이른바 '로고테라피'를 창시했다. 본래 독일어 이름을 영어식으로 읽어 빅터 프랭클로 국내에 소개되었으나, 독일어 발음은 빅토르 프랑클이다. — 옮긴이

클은 세계적으로 이름을 알렸다. 나치스의 테러와 끊임없는 죽음의 위협 속에서 그는 수용소 포로들이 저마다 다른 내면의 갈등을 겪는 것을 목격했다. 저마다 다르게 엄혹한 운명에 맞서는 모습은 프랑클에게 많은 생각거리를 안겨주었다. 대다수의 포로는 절망한 나머지 될 대로 되라는 식의 태도를 보였다. 이런 태도를 프랑클은 '포기하는 피로감give-up-itis'이라고 했다. 이런 가엾은 수감자들은 더는 싸우려 하지 않았다. 가혹한 운명의 시련을 더는 이겨낼 수 없다고 여겼기 때문이다. 이들은 대개 쓰라린 속을 담배로 달래려 들었다. 누군가 구석에 털썩 주저앉아 담배를 피우면, 주변의 수감자들은 그가 48시간 안에 죽게 되리라는 걸 알았다.[216] 수용소에서 당하는 고통이 아니라 인생의 의미를 잃고 말았다는 체념이 당사자를 죽음으로 내몬 결정적 원인이라고 프랑클은 진단한다.

프랑클 역시 자신이 처한 상황을 절망적으로 보아야 할 충분한 근거를 가졌다. 하지만 그는 체념에 빠지는 대신 수용소에서 보내는 시간을 동료 수감자들의 심리를 지켜보며 연구하는 데 썼다. 수용소에서 살아남아 나간다면, 이 연구로 얻은 깨달음을 세상에 전해주겠다는 각오를 다졌다. 이런 관점의 변화야말로 프랑클의 인생을 긍정적으로 이끈 결정적 요인이다.

의미를 갈망하며 탐색하는 것이야말로 인간이 인생을 살아가는 최우선의 동기라고 프랑클은 설명한다. 의미를 찾는 데 성공하는 사람은 인생도 성공적으로 살아낸다. 의미를 찾지 못하는 사람은 얼마나 많은 아픔을 겪든 상관없이 불행해한다. 프랑클에 앞서 몇 년 전 카를 구스타프 융은 지그문트 프로이트와 알프레트 아들러Alfred Adler의 충동 이론, 곧 인간의 심리를 물질적 원인으로만 설명하는 충동 이론을 비판했다. 그러나 인간의 마음은 물질이 아니라 정신적인 것, 곧 의미에 이끌린다. 마음의 병인 노이로제는 의미를 찾지 못하는 것이 그 결정적 원인이다. 당사자는 "사랑이 아닌 그저 섹스만 원하는 작태에, 믿어주었더니 돌아온 배신에, 세상과 인생이 환멸만을 안겨 아무런 희망을 가질 수 없음에, 인생을 살며 아무런 의미를 찾을 수 없다는 좌절감에" 힘들어한다.[217]

융과 프랑클이 중요한 터전을 다져준 덕분에 '의미 연구'는 발전을 거듭했다. 분명한 사실은 의미를 갈구하는 것이야말로 인간의 근본이라는 점이다. 세계 최대의 통계 연구 가운데 하나인 '갤럽 월드 폴Gallup World Poll'은 166개 국가의 170만 명을 상대로 인생의 만족감을 느끼기 위해 무엇을 필요로 하는지 물었다. 그 결과는 이렇다.

"어느 지역이든 모든 연령대에 걸쳐 인생의 의미를 찾았다고 믿는 사람이 그렇지 못한 경우에 비해 훨씬 더 큰 행복감을 누렸다."[218]

의미 추구의 중요성은 대기업들도 주목한다. 대기업들은 어떤 의미를 추구하는지 그 가치 지향성을 선명하게 보여주기 위해 많은 비용을 투자한다.

"자신의 업무에서 충분한 의미를 읽어내지 못하는 직원은 피

로(56.5%), 요통과 관절통(54.1%) 또는 매사에 흥미를 잃는 탈진
(43.8%)에 시달린다."[219]

또 단순히 수익에만 매달리지 않고 직원에게 더 나은 동기부
여를 제공하는 기업은 장기적으로 훨씬 더 큰 경제적 성공을 거
둔다고 《하버드 비즈니스 리뷰 Harvard Business Review》는 기사에서
밝히고 있다.[220]

살아가는 데 의미를 부여할 줄 아는 사람은 그렇지 못한 사람
보다 더 잘살 뿐만 아니라, 끔찍하기 짝이 없는 아픔도 훨씬 더 잘
이겨낸다. 이를테면 예일대학교의 연구팀은 베트남에서 전쟁 포
로로 잡혔다가 살아 돌아온 미군들을 연구했다. 이들 대다수는
베트남에서 참혹한 시련을 겪었다. 그런데 놀랍게도 이들이 포로
로 사로잡혀 있던 시간을 중요한 학습 경험으로 받아들인다는 점
을 연구팀은 확인했다.[221]

의미가 없는 인생은 비인간적이다. 미국 심리학자이자 '욕구
단계설'로 유명한 에이브러햄 매슬로Abraham Maslow의 다음 발언도
음미해볼 충분한 가치를 가진다.

"초월자가 없으면 인간은 폭력적이며 허무적이고 일체의 희망
을 버리며 무감각해진다. 우리는 경외심이라는 소중한 감정을 느
끼기 위해 우리 자신보다 더 큰 존재를 필요로 한다."[222]

의미는
최고의 가치다

/

그가 잠에서 깨어났을 때 처음으로 들은 소리는 망치로 철도의 선로를 두드리는 날카로운 꾕음이었다. 새벽 5시였다. 해가 뜨려면 아직 네 시간이 남은 시점이었다. 집합하라는 구령에 귀가 떨어질 것만 같은 혹한의 시베리아 벌판으로 나섰다. 기관총을 겨눈 경비병들이 삼엄하게 감시하는 가운데 겨울의 벌판을 가로지르는 고난의 행렬이 이어졌다. 저녁에 슈호프Schuchow가 포로들로 빽곡한 막사로 돌아오기까지 고된 노동은 끝날 줄 모르고 계속되었다. 힘겨운 이 하루는 그가 수용소에서 3,653번째 맞는 날이었다. 그래도 이날 밤 슈호프는 흡족한 마음으로, 거의 행복감을 느끼며 잠자리에 들었다. 풀려날 날이 임박해서 그런 게 아니라, 오늘도 인간으로서의 품위, 그나마 남은 존엄성을 지켜냈다고 자부했기 때문이다.

알렉산드르 솔제니친Aleksandr Solzhenitsyn은 이 소설《이반 데니소비치의 하루》로 단박에 세계적 명성을 얻었다. 그는 1970년 노벨문학상을 받고 자신의 고향 러시아에서조차 환영을 받았다. 그는 자신이 어떤 글을 쓰는지 알고 쓰는 작가다. 제2차 세계대전이 끝나갈 무렵 군인이었던 솔제니친은 친구에게 보낸 편지에서 정권을 비판하는 표현을 썼다가 강제수용소로 끌려가 8년을 시달려야만 했다. 스탈린이 사망한 뒤에야 그는 사면을 받았다. 그는 1974년 세 권으로 된 기념비적인 작품 《수용소 군도》를 발표하면서 자신이 다시금 체포될 수 있음을 알았다. 이 소설은 러시아 전역에 흩어져 있는 노동수용소의 실태를 일체의 꾸밈없이 고발한 작품이다. 스탈린 시대에 이 노동수용소들에 약 1,800만 명이 구금되었다. 대략 300만 명은 고된 노동과 인간이 도저히 지낼 수 없는 열악한 환경과 학대로 목숨을 잃었다.

솔제니친의 작품은 테러의 기록에 그치지 않고, 동시에 인간의 심장 안에서 벌어지는 드라마를 고스란히 담아냈다. 형무소나 추방을 오히려 인격 성숙의 기회로 잡는 것은 러시아의 위대한 두 문학자 도스토옙스키와 톨스토이가 몇 차례나 거듭해서 다룬 주제다.[223] 교도소에 갇혀 지내는 사람은 더 나은 인간으로 거듭날 기회를 잡는 반면, 수용소는 어째서 인간을 짓밟아 무너뜨리는 결과를 낳을까 하는 것이 솔제니친이 제기하는 문제의식이다. 어째서 그럴까? 작가 솔제니친은 마치 다큐멘터리 영화를 찍듯 수용소에서 벌어지는 일을 가감 없이 기록하면서 몇 번이고 다음의 말을 곱씹는다.

"오로지 결과만 중시하는 태도가 화근이다."

이 문장이 문제의 핵심이다.

"천천히 머릿속이 환해졌다. 농담이 아니라 결과에만 매달리는 태도가 정신을 갉아먹는 전염병이다."[224]

바로 이런 태도 탓에 수용소 수감자들은 서로 염탐하고 밀고하며 배신을 서슴지 않았다. 오로지 자신이 살아남는 결과만 중요해서다. 자신의 안녕이 최우선이며 다른 모든 것은 하찮게 여기는 태도는 수용소 수감자의 심장을 감염시켜 파괴하고 마는 무서운 전염병, 인생 자체를 거짓으로 만드는 전염병이다.

그러나 솔제니친은 시베리아의 수용소에서 인생을 새롭게 바꾸는 발상의 전환을 이끌어냈다. 그는 자신의 인간성을 포기하지 않기로 결심했다. "오로지 결과만 중요하다."라는 이기적인 처세의 원리를 철저히 거부해야만 인간성은 살아난다. 솔제니친은 어떤 대가를 치르고서라도 살아남으려는 게 아니라, 올곧게 인생을 살자는 결심을 내린 것에 틀림없다.[225]

어떤 일이든 그 목표는 원하는 결과를 이끌어내는 것이기는 하다. 그러나 의미는 목표 그 이상의 중요성을 가진다. 어떤 도로의 목표는 자동차를 운행하거나 그 위를 걷는 것이다. 그러나 도로의 의미는 이 길이 우리를 어디로 이끄는가 하는 것이다. 잘 포장되고 안내판을 충분히 갖추었다 할지라도 그 어디로도 이르지 못하는 길은 무의미하다. 도로는 우리가 도착하고자 하는 목적지 덕분에 의미를 얻는다. 의미는 정확히 말해서 어떤 확실한 가치를 지향할 때 비로소 그 진가를 드러낸다. 가치는 단순한 목표 또는 단순한 결과와는 비교도 안 될 정도로 큰 것이다. 빅토르 프랑클의 제자 알프리트 랭글레Alfried Längle는 이런 사정을 다음과 같이 정리했다.

"무의미한 것은 우리에게 무가치하며, 무가치한 것은 무의미하다. 의미로 충만한 것은 언제나 어떤 귀중한 내용을 가진다. 우리에게 감동을 주는 것, 마음에 새기고 싶은 것, 그 가치를 느낄 때 결속을 이뤄주는 것이 그런 귀중한 내용이다."[226]

의미는 목적과는 약간 다르다. 의미는 합목적적 행동 그 이상의 것을 뜻한다. 의미는 편안함과는 거리가 멀다. '의미 지향적 인생'은 얼핏 볼 때에만 쉽고 편안할 따름이다. 의미 있는 인생을 살겠다는 각오는 소중한 가치를 살리기 위해 쉽고 편안한 길을 버리는 자세다. 달리 말해서 늘 편안한 쪽만 택하는 자세는 무의미한 인생을 살아가는 확실한 길이다. 가치를 실현하는 데 성공하는 인생은 가치를 최우선 순위에 놓으려는 각오로만 이룩할 수 있다. 의미로 충만한 인생을 살아가려는 모험은 가치를 실현할 몇 안 되는 가능성을 강력하게 긍정하며, 많은 편안한 방법을 부정하는 자세를 뜻한다.

의미 탐색과 가치 발견

의미 탐색은 이런 맥락에서 가치를 발견하는 일이다. 절대적으로 긍정해야만 하는 가치, 이것만큼은 꼭 지켜야 하는 가치가 무엇인지 밝히 드러나야만 그 실현을 위한 모험이 감행될 수 있다. 이런 이치는 일상의 모든 영역을 두루 포괄한다. 영국 출신으로 국제적인 베스트셀러 저자이자 유명한 강사 사이먼 시넥Simon Sinek은 '스타트 위드 와이Start With Why'를 인생의 등대로 삼자고 제안한다. 그는 어떤 기업이 '무엇'을 하느냐보다 훨씬 더 중요한 물음은 '왜'라고 강조한다. 자신이 하는 일에 강력한 의미로 동기부여를 하는 경영진은 그 직원에게도 장기적으로 긍정적인 동기를 심어줄 수 있다는 것이 시넥이 펼치는 논지의 핵심이다. 그는 '무엇'의 배후에서 설득력을 자랑하는 '왜'가 연봉 인상보다 더 강력한 동기를 부여해준다고 설명한다. 이런 동기부여는 결국 심오한 의미를 담아 실질적 가치를 자랑하는 상품으로 고객들을 사로잡는다. '새로운 전통New Traditional'의 선구자들을 보면 시넥은 박수를 보내리라. 자신의 인생과 일에서 의미를 찾고자 하는 사람은 피할 수 없이 다음과 같은 중요한 질문과 맞닥뜨린다.

"나는 어떤 최고의 가치를 위해 열정을 불태우며 갖은 어려움을 감내하면서 살아야 할까?"

이 질문은 시넥의 주장 또는 '새로운 전통'과 잘 맞지 않는 것처럼 들릴 수 있다. 그러나 조금만 더 생각해보면 그 배경에는 이미 아리스토텔레스가《니코마코스 윤리학》에서 상술한 이야기가 공통적으로 깔려 있다. 아들 니코마코스에게 들려주기 위해 쓴 이 책에서 아리스토텔레스는 고결한 덕성을 갖춘 인생은 어떤 모습이어야 하는지 설명한다. 대담함, 사려 깊음, 정의감은 아리스토텔레스가 윤리적 행동의 근본 토대로 꼽는 것이다. 이 세 가지 덕목은 하나의 공통점을 가진다. 그것은 곧 용기다. 대담함과 사려 깊음과 정의감은 모두 "용기가 빚어내는 덕목"이다. 하지만 용기를 발휘할 수 있으려면 지향하는 가치가 분명해야만 한다. 예를 들어 진실이 아닌 이야기를 하는 일, 약간 속임수를 쓰는 일은 대개 쉽다. 반면 진실을 지키기 위해서는 용기가 필요하다. 부패한 사회에서 정의롭게 행동하는 것은 위험할 수 있다. 위험을 무릅쓰고 올바른 행동을 하기 위해서는 용기가 필요하다. 인간은 의미만을 추구하는 존재가 아니다. 인간은 지극히 다양한 욕구를 가진다. 바로 그래서 자신이 원하는 일을 하기 위해 무엇보다도 자신이 진정 원하는 것을 정확히 알아야만 한다. 그리고 우리 인간은 늘 다른 사람들과 더불어 살기 때문에, 다른 사람은 무얼 원하는지 아는 것도 중요하다. 인간의 자유는 그저 간단하게 자신이 원하는 것을 실행에 옮기는 게 아니다. 개인의 자유는 타인을 상대로 지켜야 하는 의무를 다할 때 비로소 성립한다. 의무는 인간이 경험하는 첫 번째 결속부터, 다시 말해서 가족에서부터 시작된다.[227] 더 나아가 인간은 집단, 사회, 국가로 확장하는 의무를 지켜야 하며, 결국 "생각할 줄 아는 동물"이라는 이성적 인간종 전체를 배려해야 하는 책임도 가진다.

의미는 만드는 것이 아니라 찾아야 하는 것이다

/

사람들은 기대로 가득 찬 눈빛을 반짝였다. 때는 무르익었다. 그렇지만 이 수요일 오전에 정확히 어떤 일이 일어날지 아는 사람은 아무도 없었다. 단 한 가지만큼은 분명했다. 1963년 8월 28일은 미국 역사를 결정적으로 바꿔놓을 날이 되리라.

사방에서 사람들이 몰려들었다. 이미 아침부터 미국 전역에서 특별열차와 버스를 탄 참가자들이 속속 도착했다. 규모를 가늠하기 힘들 정도의 많은 군중이 워싱턴의 링컨기념관에서 포토맥강에 이르는 길을 뒤덮었다. 홈페이지도 해시태그도 소셜미디어도 없던 시절이었지만 이날 행진이 열린다는 소식은 들불처럼 번졌다. 마틴 루서 킹Martin Luther King Jr.이 링컨기념관의 계단 위에 서서 단 네 마디의 말로 그 유명한 연설을 시작하자, 더는 멈출 수 없는 혁명의 격랑이 그 물꼬를 터뜨렸다.

"아이 해브 어 드림!I have a dream!"

연설은 질풍처럼 빠르게 전 세계로 퍼져나갔고, 미국에서 사람들이 '평화혁명'이라고 부른 운동을 불러일으켰다. 비폭력 저항운동의 상징으로 애틀랜타 출신의 이 침례교 목사는 오늘날까지도 많은 사람들에게 영감을 불어넣고 있다. 왜 그럴까? 틀림없이 그 감동적 연설 덕분이다. 그러나 인종차별을 경고하는 감동적인 연설은 그 이전에도 이미 있었다. 무엇이 마틴 루서 킹과 그의 '드림'을 그처럼 강렬하게 만들어주었을까?

심리학자이자 철학자인 에리히 프롬Erich Fromm은 사회적 지위가 아니라 해당 인물의 인성이 빚어주는 광채를 '존재의 권위Seinsautorität'라 불렀다. 존재에 기초를 두는 권위를 사람들(특히 어린아이들)은 한눈에 척 보면 알아본다. 직관적으로 감지되는 이런 권위는 돈을 주고 살 수 있는 것도, 배울 수 있는 것도 아니다. 실제로 이 권위는 소유와는 정반대의 개념이다. 가지고 누리는 것이 아니라 존재 차원의 것이다.[228] 마틴 루서 킹의 권위는 의미를 찾아내고, 심지어 이 의미를 위해 자신의 목숨을 걸 정도로 헌신했다는 사실이 빚어냈다. 그는 평생 스물아홉 번이나 체포당했다. 1968년 4월 3일 그는 또 한 번의 유명한 연설로 대중의 마음을 사로잡았다. 자신은 모세처럼 저 멀리 약속의 땅을 바라보고 있기에 그 어떤 것도 그 누구도 두려워하지 않으며, 그저 욕구나 채우며 장수하는 인생을 살지 못하는 게 아닐까 근심하지 않는다고 했다. 다음 날 그는 멤피스의 '로레인 모텔Lorraine Motel' 발코니에서 괴한의 흉탄에 쓰러졌다.

에티 힐레숨은 자기 자신과의 솔직함, 일체의 꾸밈도 허용하지 않는 솔직함에서 의미를 찾았다. 눈앞에서 끊임없이 펼쳐지는 살육을 목도하면서도 그녀는 자신의 인생을 의미 있게 꾸려가려 용기를 발휘했다.

"죽음이 두려워 떠는 사람은 결코 인생을 온전히 살아낼 수 없다. 죽음과 벗하며 인생을 살 때 우리는 인생을 확장하며 더욱 풍요롭게 만든다."[229]

힐레숨과 마틴 루서 킹처럼 죽음을 두려워하지 않고 의미를 실현하는 길은 물론 만만찮은 희생을 요구한다. 그리고 기꺼이 죽음을 각오할 사람이 별로 없는 것도 사실이다. 바로 그래서 사람들은 자발적으로 의미 문제와 대면하기를 꺼려한다. 사람들은 그저 어떻게 해야 물질적으로 풍족하게 살 수 있을까 하는 데에만 매달린다. 그러나 인간을 괴롭히는 문제의 대부분은 돈으로 풀리지 않는다. 의미에 목말라 하는 갈증, "의미를 추구하며 살다 보면 언젠가 충족될 거라는 믿음은 인간의 심장에서 쉽게 지울 수 없을 것"이다.[230] 방송이나 게임, 주의를 흩트리는 온갖 소비에도 의미를 향한 갈망은 사라지지 않는다. 우리는 이 갈망을 동시에 사명으로 여겨야 한다. 인간은 누구나 의미를 찾고, 의미를 발견해야 하는 사명을 가진다. 그리고 이 사명을 이루고자 하는 열의가 높을수록 우리는 사회가 강제하는 역할로부터 자유로워진다.[231] 의미 추구에 충실한 사람은 존재의 권위를 얻는다. 그리고 자연스레 우러나는 이런 권위는 강한 설득력을 자랑하며, 심지어 혁명의 기폭제가 되기도 한다.

의미는 진정성 있는
언어로 표현된다
/

시각적 효과를 살려보자면 그 순간은 돌연 번쩍하고 번개가 치며 온 누리가 환해진 때와 같으리라. 해가 뜨고 지기를 수백만 년 거듭한 끝에 드디어 생명체가 출현했다. 우주는 마치 이 순간만을 기다려온 것처럼 숨을 죽였다. 도저히 헤아릴 수 없을 정도로 많은 성단들, 별들, 행성들의 한복판에서 돌연 나타난 이 생명체는 이전에는 결코 볼 수 없었던 것이다. 갑자기 저절로 나타난 것만 같은 이 생명체는 놀랍게도 촘촘한 신경조직으로 무장하고 세상을 신기하다는 눈빛으로 바라보며 감탄의 첫마디를 쏟아냈다. 아프리카에서 직립보행을 하는 영장류의 두뇌는 세계를 마치 사진을 찍듯 고스란히 담아냈다. 인간의 내면이 세계와 관계하기 시작한 기적의 순간이다. 인간 두뇌 안에서 빚어지는 논리는 세계의 물리와 딱 맞아떨어졌다. 우주의 지극히 작은 한 부분인 인간이 우주를 성찰하기 시작했다. 그리고 인간은 법칙을, 세상의 의미 있는 운행을, 진리를 발견했다. 다시금 시각적 효과를 빌려 말하자면, 이 순간은 칠흑처럼 어둡던 우주를 떠오르는 태양이 붉게 물들이며 인간의 아침을 열어준 기적의 시간이다.

언어를 쓸 줄 아는 능력 _____

"네가 하는 말은 아무 의미가 없어." 또는 이런 말도 우리는 흔히 한다. "이 이야기의 의미는 말이야…." 우리가 일상에서 흔히 쓰는 말만 하더라도 의미와 언어가 서로 밀접하게 맞물려 있음을 보여준다. 의미를 물을 줄 아는 우리의 능력은 언어능력과 떼려야 뗄 수 없이 맞물린다. 언어는 알 수 없는 신비로운 비밀을 가진다. 언어가 언제 시작되었는지도 아직 풀리지 않은 수수께끼다. 도입부에 그린 시각적 묘사는 이런 신비로움에 접근해보려는 시도일 따름이다.

우리의 선조가 언제부터 말을 하기 시작했는지는 불분명하다. 더욱 의문스러운 점은 정확히 어떤 계기로 말하기 시작했을까 하는 것이다. 연구자들은 여전히 어둠 속을 더듬는다. 그럴싸하게 들리는 설명은 인간의 언어가 그 어떤 원시적인 소리, 이를테면 동물의 울음소리로부터 비롯되었다는 것이다. 그러나 분명한 사실은 인간의 언어는 동물 소리와는 근본적으로 다르다는 점이다. 인간이 하는 말은, 동물이 꿀꿀거리거나 짹짹거리는 것과 확연히 다르다. 개는 암컷이 나타나면 반가워 짖는다. 그러나 개는 암컷이 나타났던 것을 기억해두었다가 다른 개에게 이런 사실을 이야기해주려 짖지는 않는다. 개는 짖는 소리로 농담을 늘어놓을 수 없다. 개는 짖으며 반어적 표현을 할 수 없다. 또는 다른 개가 이러더라 하며 인용하지도 못한다. 농담이든 반어든 인용이든 개는 문장의 의미를 이해할 수 있어야만 구사할 수 있다. 인간은 직접적인 맥락이 없이도 언어를 자유롭게 구사하며 객관적인 진리에 접근할 수 있다. 바로 이런 경우에 비로소 인간의 언어는 '의미'를 가진다. 언어는 이를 이루는 모든 부분들이 서로 맞물리는 대단히 복잡한 체계라는 점을 감안할 때, 언어능력이 오랜 시기에 걸쳐 점차적으로 생성되었다고만 볼 수 없다. 언어능력은 다소 정도의 차이는 있겠지만 자연발생적으로 형성된 측면도 있다고 보아야 한다.[232]

인간 정신이라고 부르는 것은 인간이 진리를 인식할 줄 아는 능력을 가리킨다. 이 능력은 곧 언어를 쓸 줄 아는 능력이다.

"정신은 언어 덕분에 세계에 등장했다. 다시 말해서 정신은 언어의 산물이다."

캐나다의 철학자 찰스 테일러Charles Taylor가 내린 진단이다.[233]

언어 덕분에 인간은 동물보다 훨씬 더 큰 사회를 조직해낼 수 있다. 동시에 언어는 개인의 자율성을 키워준다. 개인이 '나'라고 말하며, 자신의 생각을 강조할 수 있는 것 역시 언어 덕분이다. 문화가 생겨나고 전수될 수 있는 바탕도 언어다. 언어는 인간과 동물의 차이를 결정적으로 확인해주는 것이다.[234] 언어는 인간에게 동물이 따라올 수 없는 중요한 우위를 제공하기 때문이다. 창세기는 인간을 "신을 그대로 본뜬 형상"이라고 묘사한다. 하지만 어떤 관점에서 인간이 신을 닮았을까? 창세기가 증언하는 신은 단한 번의 활동과 오로지 하나의 특성만 가진다. 신은 무에서 유를 창조했으며, 그 창조의 수단은 언어다. 아담은 신에게 땅을 다스리라는 명을 받았다. 그리고 아담에게 주어진 첫 번째 임무는 바로 동물들에게 이름을 붙여주라는 것이었다.

"그 사람이 살아 있는 동물 하나하나를 이르는 것이 그대로 동물들의 이름이 되었다."(창세기 2장 19절)

곧 구약성경이 생각하는 언어는 기적과도 같은 강력한 힘을 자랑한다. 언어는 어떤 일을 일으키며, 새로운 어떤 것을 창조한다. 그리고 정확히 언어의 이 강력한 힘이 인간을 신과 닮은 존재로 만드는 결정적 원인이다.

거짓의 탄생

모든 힘은 나쁜 쪽으로 쓰일 수 있다. 마찬가지로 언어는 진리의 힘을 자랑하면서도 나쁜 의도에 휘둘릴 수 있다. 돌고래는 울음소리로 서로 소통하기는 하지만, 참이나 거짓을 말할 수는 없다. 이렇게 볼 때 인류의 역사는 유감스럽게도 거짓과 비방과 중상과 은폐와 왜곡의 역사이기도 하다. 이 모든 것은 언어의 힘을 잘못된 쪽으로 쓰는 탓에 빚어진다. 에덴동산의 이야기도 언어의 힘이 가지는 양면성을 이야기한다.

인간을 유일한 존재로 만드는 언어라는 이 위대한 강점은 동시에 약점이기도 하다. 뱀은 인간에게 말했다. 뱀은 진리를 비틀어버리면 간단하다고 유혹했다.

"하나님이 정말로 너희에게 동산 안에 있는 모든 나무의 열매를 먹지 말라고 말씀하셨느냐?"(창세기 3장 1절)

유혹은 서툰 거짓말로 시작되지 않았다. 유혹은 그저 진실을 살짝 비틀었을 뿐이다. 진실은 이렇다. 신은 인간에게 무수히 많은 나무의 열매를 먹어도 좋다고 허락해주었을 따름이다. 열매는 풍성했으며 맛도 좋았다. 다만 신은 한 가지만 제한을 두었다. 선악과의 열매만큼은 손대지 않아야 한다는 것이다. 이 금지를 어기면 인간은 죽는다. 대중적인 인기를 누리는 심리학의 해석, 곧 인간이 자율성을 획득하기 위해 꼭 필요한 수순 가운데 하나로 이런 시험을 치러야 했다는 해석은 내가 보기에는 적절하지 않다. 인간이 제 발로 서자고 신에게 불순종했다는 해석은 아무래도 무리가 있어 보인다.[235] 그러나 신은 인간이 선함과 악함을 구별할 줄 아는 것을 막으려 하지 않았다. 다만 목숨을 잃을 치명적 위험 탓에 절대 하지 말아야 할 일이 있음을 인간에게 일깨워주려 했을 따름이다. 정확히 말하자면 선과 악을 깨우치게 해주는 인식을 제멋대로 자신에게 유리한 쪽으로 써서는 안 된다.[236] 신은 인간을 보잘것없는 작은 존재로 만들고자 하지 않았다. 오히려 인간을 자신의 모습 그대로 빚어냈다. 신은 그저 멋대로 금지의 명령을 내린 게 아니라, 다만 이렇게 말했을 뿐이다.

"그러나 선과 악을 알게 하는 나무의 열매만은 먹어서는 안 된다. 그것을 먹는 날에는 너는 반드시 죽는다."(창세기 2장 17절)

선과 악을 자의적으로 정의하려 시도하는 즉시 인간은 죽음의 위험에 처한다. 진실을 비틀어 왜곡하는 바로 그 순간, 인간은 죽음의 구렁텅이에 빠진다는 말이다. 거짓처럼 의미를 철저히 짓밟아 파괴하는 것은 없기 때문이다.

진실이 없는 의미는 없다 _____

우리가 일상에서 쓰는 '의미'라는 단어는 철학적으로도 손색이 없다. 스포츠는 유의미한 활동이다. 노래 클럽에서 하는 자원봉사, 취미 삼아 하는 공예는 얼마든지 의미를 다져줄 수 있다. 그러나 실존적 위기의 한복판에서 '의미'는 더할 수 없이 심각하게 다가온다. 대체 지금 이 모든 것이 무슨 의미를 가질까? 예를 들어 사랑하는 사람을 잃었을 때 예전에 든든한 버팀목이 되어주었던 모든 것, 누구나 인생을 살며 당연하다 여겼던 정상적 일상은 속절없이 무너지고 만다. 이런 위기에서 세상은 공허하고 무의미하게만 보인다.

인간은 누구나 늦든 빠르든 언젠가는 아픔, 죄책감, 그리고 죽음과 맞닥뜨릴 수밖에 없다. 빅토르 프랑클은 이 세 가지를 '의미'에 대한 모든 피상적인 답을 박살내는 '비극의 3요소 Tragisches Trias'라 부른다. 거부할 수 없이 모든 의미를 문제 삼는 의문이 폭풍처럼 우리를 강타한다. 이래도 인생을 살 가치가 있을까? 생각할 수 있는 최악의 사건이 일어났음에도 세상의 선함을 믿어야 할 이유가 있을까? 실존 위기는 감정뿐만 아니라, 절박한 진리 문제 앞에 우리를 발가벗겨 세운다.

'로고테라피 Logotherapie'는 빅토르 프랑클이 개발한 심리 치료

법이다. 그는 인간이 겪는 대부분의 위기에는 풀지 못한 의미 문제가 숨어 있다고 본다. 위기 극복을 위한 첫걸음은 '사실'을 직시하는 것이다. '익명의 알코올중독자들' 역시 사실을 직시해야 할 필요성을 잘 안다. 현재의 상황을 정확하고 솔직하게 바라보는 시선이야말로 변화를 이루어낼 중요한 첫 번째 행보다.[237] 아담이 에덴에서 배워야만 했던 교훈은 오늘날에도 딱 들어맞는다. 상황을 직시하고 이에 적절한 이름을 붙여줄 때 인생은 천천히 다시 질서를 회복한다.

"진리가 너희를 자유롭게 할 것이다."(요한복음 8장 32절)

진리를 보지 않으려 하는 사람은 심오한 의미에 절대 도달할 수 없다. 의미에 이르는 길은, 앞서 과거를 다루는 자세를 이야기한 장에서 살펴보았듯, 가족사와 관련해 숨겨진 부분, 그동안 애써 무시하며 보지 않으려 했던 부분 안에서 그 출발점을 찾아야 한다.

의미 탐색은 또한 어떤 이야기가 내 인생과 맞는 진실인지를 묻는 자세이기도 하다. 인류는 존재하기 시작한 이래 이야기를 즐겨왔다. 세상에서 벌어지는 다양한 사건들을 정리해서 일목요연하게 핵심을 전달하기에는 이야기만 한 방법이 따로 없기 때문이다. 우리는 이야기를 들으며 그 배경이 되는 게 어떤 사건인지, 무슨 의미가 그 안에 담겼는지 직관적으로 안다고 믿는다.

이야기를 통해 의미를 부여하는 능력은 종교에 끌리는 우리의 타고난 성향을 설명할 실마리를 제공해준다.[238] 이야기는 단순히 무슨 일이 일어났는지 전달하는 데 그치지 않고, 그 배후에 숨은 의미를 음미하게 해준다. '어떤 글이 담은 뜻'은 물론이고 '인생을 사는 목적'을 두고도 똑같은 단어인 '의미'를 쓰는 이유가 달리 있는 게 아니다. 아무 내용이 없는 글은 말해주는 바가 없으므로 무의미하다. 세계도 마찬가지다. 의미가 없는 세상일은 아무런 자극을 주지 못해 짜증과 싫증만 유발한다. 더욱 눈여겨볼 점은 사람이 가장 즐기는 이야기는 바로 사람의 이야기라는 사실이다. 사람 살아가는 이야기는 '무슨 일이 벌어졌는가'보다 '어째서 왜 그런 일이 벌어졌는가'에 더 집중하게 마련이다. 자서전을 예로 들자면, 단순히 일정표를 복사해놓은 것을 두고 사람들은 자서전이라 하지 않는다. 자신이 처한 상황, 그리고 자신이 느끼는 심정에 적절한 이름을 붙여줄 때 사람들은 의미를 발견한다.[239] 바로 그래서 거짓말이 인간에게 파괴적인 영향력을 행사하는 것인지도 모른다. 의미는 진실이라는 토양에서 자란다. 거짓은 인간의 정원을 망가뜨리는 다이옥신이다.

의미가 행복보다
더 중요하다

／

나뭇가지들 사이로 비치는 햇살이 기분 좋게 따뜻한 여름날이다. 하얀 리본으로 정성껏 꾸며진 화분의 꽃들이 아름다운 자태를 뽐낸다. 알록달록 화려한 색깔의 드레스를 입은 신부 들러리들은 연신 눈물을 훔친다. 드디어 오늘의 신부가 눈부신 순백의

드레스를 입고 아버지의 손에 이끌려 등장했다. 언제나 여름일 것 같은 장소에서 열린 야외 결혼식. 잔잔한 음악, 신중하게 고른 축사, 축복의 기도가 이어지는 동안 하객들은 환하게 웃는다. 이 결혼식의 주인공은 이안Ian과 라리사Larissa다. 옅은 회색 정장을 입은 신랑 이안은 정말이지 기품이 늠름하다. 그가 웃으며 하객들에게 손을 흔들자 박수가 쏟아지고, 곳곳에서 카메라 셔터 소리가 울린다. 하지만 그는 일어설 수가 없다. 말도 거의 하지 못한다. 그는 끔찍한 교통사고를 당해 위중한 장애를 입었기 때문이다.

라리사 머피Larissa Murphy는 영상을 통해 자신의 이야기를 들려준다. 이안과의 약혼을 얼마 앞두고 라리사는 충격적인 소식을 들었다. 피츠버그로 가는 길에서 이안이 교통사고를 당했다는 것이다. 복잡한 응급수술로 목숨은 건졌지만, 뇌가 심각한 손상을 입었다. 라리사는 충격에 하늘이 무너지는 것만 같았다. 이제 어떻게 해야만 할까? 이안은 말을 할 수 없고, 심지어 먹지도 못하고 스스로 몸을 움직일 수도 없는 고통의 나날을 보내야만 했다. 그는 24시간 내내 보살핌을 받아야만 했다. 라리사는 어려운 상황이었지만 이안의 가족과 합류해 그를 돌보는 데 온 힘을 다했다. 하지만 두 사람의 관계는 미래를 가질까? 그녀는 영상에서 선택할 수 있는 해결책은 한 가지뿐이었다며 생각에 잠긴 표정을 지었다. 이안과 그녀는 사고 이전에 서로 사랑했으며, 결혼할 계획이었다. 하지만 이제 이들의 세계는 완전히 달라졌다. 그렇지만 지금 그에게 등을 돌리는 것은 생각할 수 없는 일이라고 라리사는 다짐했다. 그녀는 이안이 다시 소통을 할 수 있고 결혼하겠다는 의지를 보인다면, 결혼식을 올리기로 결심했다. 그리고 마침내 두 사람은 결혼식을 올리기로 했다. 젊고 아름다운 라리사가 이안 옆에 앉은 것을 하객들은 숨을 죽이며 바라보았다. 이안은 입을 반쯤 벌리고, 사지가 뒤틀린 채, 무슨 말인지 알아들을 수 없는 소리를 냈으며, 고작 몇 마디 말로 간신히 의사 표시만 할 뿐이었다. 아니, 두 사람의 인생은 결코 예전과 같을 수 없으리라. 하지만 이 어려운 상황에서 두 사람이 앞으로 인생을 함께하기로 약속하는 장면은 사람들에게 깊은 감동을 안겼다. 라리사는 지나온 과정을 회고하며 쉽다고 전혀 말할 수 없는 길을 택한 것을 더할 수 없이 환한 표정으로 이야기했다. 신랑과 신부의 빛나는 얼굴은 거룩한 느낌마저 주었다.

이것은 단지 행복 그 이상의 느낌이다. 이것은 훨씬 더 심오한 것, 바로 의미로 충만한 결혼이다.

라리사와 이안의 이야기는 다음의 사실을 감동적으로 확인해 준다. 우리는 인생을 살며 맞닥뜨리는 대부분의 사건을 우리 자신이 원하는 대로 고르는 게 전혀 아니다. 인간이 쓰는 드라마는 그럼에도 운명을 이겨내는 모습을 보여준다. 인생을 자신이 원하는 대로 완벽하게 통제한다는 것은 환상이다. 의미로 충만한 인생이 자신이 원하는 것을 실현하는 것이라고 한다면, 거의 대다수의 사람은 참으로 가련한 인생을 살 따름이다. 그럼 대체 의미로 충만한 인생은 어떤 것일까?

인생에서 무엇이 중요한지 하는 물음, 행복인지 개인적인 권력인지 또는 전혀 다른 어떤 것인지 하는 물음은 유럽의 가장 오래된 철학 주제였다. 소크라테스는 고대 그리스에서 민주주의를 꽃피운 아테네에서 살았으며, 철학사에서 대단히 중요한 위치를 차지한 인물이다. 고대 철학사는 소크라테스를 기준으로 '소크라테스 이전 철학'과 '소크라테스 이후 철학'으로 나뉜다. 소크라테스는 아테네의 장터에서 그때그때 다른 상대방과 토론을 즐겼다. 그의 제자 플라톤은 이 대화들을 고대 그리스어로 기록해 후대가 읽어볼 수 있게 해주었다. 대화편에서 거듭 다루어지는 주제는 성공한 인생은 어떤 것인가 하는 물음이다.

대화 상대방 가운데 한 명인 칼리클레스Callicles는 인간의 본성은 자신의 충동을 아무 거리낌 없이 실현하는 것이라는 견해를 밝힌다.[240] 소크라테스는 반론을 펼치며 이상적인 인생은 덕성을 중시하는 삶, 선함을 지향하는 삶임을 강조한다. 선하게 살려는 자세는 자신의 욕구보다 훨씬 더 중요하다는 것이다. 소크라테스의 철학은 현실의 혹독한 시험대 위에 오른다. 기원전 399년 신을 부정하며 청소년들을 타락시켰다는 죄목으로 소크라테스는 재판에 회부되어 사형을 선고받는다. 그렇지만 그는 사형을 피해 도망가자는 친구들의 권유를 거부한다. 플라톤의 대화편《파이돈Phaidon》은 소크라테스의 마지막 시간을 매우 인상 깊게 묘사한다. 친구들은 몇 번이고 도피하자고 설득하지만, 소크라테스는 법을 존중하는 것이 개인적인 생존보다 훨씬 더 고결하다며 뜻을 굽히지 않는다. 그러고는 두려워하지 않고 평온하게 독배를 마신다. 그에 앞서 소크라테스는 여인들이 시신을 씻기는 수고를 덜어주어야 한다며 목욕재계까지 했다. 이렇게 그는 침착한 가운데 죽음을 맞이한다. 파이돈은 자신이 알았던 모든 인간 가운데 소크라테스야말로 가장 정의롭고 최고로 선한 사람이라는 말로 이야기를 끝맺는다.

오늘날 세상을 물들인 생각은 칼리클레스의 철학이다. 우리는 개인적 만족과 꿈의 실현이 당연시되는 세상에서 산다. 오늘날 50세 미만의 사람들은 68세대가 일으킨 학생운동의 그늘 아래 성장한 부모를 가진다. 68 학생운동 이후 사회의 분위기는 개인을 중시하며, 저마다 원하는 대로 자유롭게 살아갈 길을 찾는 것을 당연하게 여겼다. 기성의 권력을 비판하며 더 나은 공동체를 위해 싸웠던 68세대와 다르게 이들은 엄마 젖을 먹고 자라면서부터 개인주의를 자연스레 몸에 익혔다.[241] 밀레니엄 세대, 그리고 그보다 더 젊은 이른바 'Z세대'는 자신이 특별한 존재이며, 실력과 무관하게 인정과 평가를 받을 권리를 가진다는 생각이 강하다. 이런 태도는 근본적으로 옳으며 긍정적이다. 다만 의미로 충만한 인생은 개인 그 이상의 것을 요구한다. 개인의 차원을 넘어가는 목표를 추구할 때 의미는 충족되기 때문이다.

"우리가 이해하는 자아실현은 그러나 자아 외에도 중요한 것이 많다는 점을 전제해야만 한다."[242]

그리고 정확히 이런 관점이 의미를 만든다고 매슬로는 강조한다.

빅토르 프랑클은 강제수용소에서 당하는 고통 속에서 인생의 의미를 발견했다. 고통의 포로가 된 사람은 누구나 가슴을 헤집는 질문들로 시달린다. 왜 하필 나야? 이 모든 것의 의미는 무엇일까? 프랑클은 이런 질문들을 뒤집어 물을 수도 있다는 점을 깨닫기 시작하면서 인생을 전혀 다르게 바라볼 수 있게 됐다. 인생에 질문을 던질 게 아니라, 인생이 자신에게 무엇을 묻는지 생각해보는 것은 어떨까? 강제수용소의 끔찍한 상황을 두고 불평을 일삼는 대신, 이런 상황을 인생이 자신에게 던지는 물음, 너는 이런 상황을 어떻게 받아들이겠냐는 물음으로 이해하고, 그 답을 찾으려 노력하는 편이 훨씬 더 의미 있지 않을까? 프랑클이 찾아낸 답은 아우슈비츠에서 겪은 일을 분석해 후대에 남겨줄 교훈을 얻어내는 것이었다. 프랑클은 자신이 몸소 겪은 일을 증언하는 것이야말로 자신의 소명임을 깨달았다. 이것이 그가 경험한 실존적 반전이다.

프랑클은 자아실현이라는 생각이 자기중심적인 순진한 발상이라는 점을 적절한 비유를 들어가며 보여준다. 우리의 두 눈은 보라고 만들어진 것이다. 다시 말해서 '무엇'인가 볼 때 두 눈은 의미를 충족한다. 눈의 의미는 자기 자신을 보는 것이 아니다. 눈이 건강하다는 것은 어떻게 알아볼까? 거리 건너편의 나무를 또렷하고 분명하게 보는 눈은 건강하다. 눈의 각막은 투명하다. 그런데 각막에 이상이 생긴 사람은 시야가 뿌옇게 흐려진다. 바깥의 무엇을 보라고 있는 눈이 자신의 일부분인 각막을 보게 되는 셈이다. 이처럼 건강한 눈은 자기 자신이 아니라, 바깥의 다른 것을 본다. 이런 비유를 인생에 적용하자면, 인생의 의미는 자아실현이나 자신의 '행복'을 추구하는 것이 아니다. 오히려 의미 충만한 인생을 사는 사람은 자아실현이나 행복 따위를 깨끗이 잊어버린다. 바꿔 말해서 의미 충만한 인생은 드높은 어떤 것을 위해 봉사하는 인생이다. 기꺼이 자신을 희생하겠다는 각오로 감사한 마음을 가지고 무엇인가 고결하고 위대한 것에 헌신하는 자세만이 의미 충만한 인생을 살게 해준다. 자신을 잊는 몰아지경에서 고결하고 숭고한 목표를 위해 매진하라는 것이야말로 종교적 인생의 핵심 메시지라고 영국 철학자 로저 스크러턴 경은 보았다.[243]

　개인의 발달을 최고의 가치로 여기는 세속의 시대에 맞춰 이 메시지를 옮겨보자면 이렇다. 진정으로 가치 있는 일을 이루도록 책임감을 보이자. 기꺼이 희생하겠다는 각오를 키우자. 불평과 불만을 멈추고 인생이 너에게 던지는 물음을 경청하자. 편안한 일만 택하지 않고 의미와 진정성을 가진 일에 꾸준히 매진한다면, 너는 어떤 인간이 될까? 어느 날 아침에 잠에서 깨어나 보니 의미로 충만한 삶을 살고 있는 자신을 발견하는 감격은 바로 너의 몫이다. 다만 한 가지만 사라진다. 도대체 내 인생의 의미는 무엇일까, 끊임없이 우리 자신을 괴롭히던 그 물음만.
　분명히 강조해두지만 빅토르 프랑클이 겪은 인간적 고초와 강제수용소에서 자행된 범죄는 더할 수 없이 충격적이다. 다시 분명히 말하지만 아픔 없이는 의미도 없다는 식의 거친 열정을 나는 이야기하는 게 아니다. 물론 아픔을 감당하려는 자세는 필요하며, 의미 문제는 극한의 실존적 상황에서 그 무게를 온전히 드러내기는 한다. 그러나 의미는 앞서 우리가 차분하게 살펴본 결속에서 이미 찾아진다. 언어가 바로 이 결속의 바탕이다. 루트비히 비트겐슈타인은 인간의 언어는 절대 개인의 것이 아니며, 다른 사람과의 관계 속에서만 성립한다는 통찰을 선보였다. 다시 말해서 언어는 곧 결속이다. 언어는 사람들을 서로 이어주고 묶어준다. 바로 이것이 의미다. 언어를 통해 우리는, 나중에 더 자세히 살펴보겠지만, 아름다움이라는 심오한 의미에 도달할 수 있다. 꾸준히 의미를 탐색하고 길어 올리는 창조의 노력으로 우리는 이 아름다움을 맛볼 수 있다.

의미는 생각하는 게 아니라 행하는 것이다
/

앞서 살펴본 다섯 가지 특성에 충실할 때 여섯 번째 특성은 저절로 발현한다. 의미는 '실천'이라는 행동을 통해 구현된다. 생각만으로 의미는 이루어지지 않는다.

불변의 정답을 찾기 위해 의미를 묻는 게 아니다. 의미는 일종의 이정표와 같다. 무의미하다는 느낌은 뭔가 맞지 않는다는 것, 무슨 변화가 일어나야만 한다는 점을 일깨운다. 그러므로 해답은 머리로만 풀 수 있는 게 아니다. 하루 종일 의미를 고민한다고 해서 변화가 일어나지는 않는다. 무엇인가 가치 있는 일을 할 때 인생은 의미로 충만해진다. 그래서 프랑클의 로고테라피는 네 단계 접근법을 제안한다.

의미 탐색 과정의 첫 단계는 현실을 있는 그대로 받아들이는 것이다. 지금 내 인생의 현주소가 어디인지를 보는 것이다. 두 번째 단계는 무엇을 바꿀 수 있는지 가늠해보는 일이다. 나는 어떤 선택지를 가졌는지를 살피는 것이다.

'익명의 알코올중독자들'이 즐겨 쓰는 '12단계 프로그램'과 마찬가지로 가장 먼저 우리는 거짓으로 꾸미는 일을 포기하고 현실을 있는 그대로 받아들여야만 한다. 현실을 인정할 때 비로소 꽉 막혔던 정체가 풀린다. 그러나 이런 현실 인정은 결코 간단치 않으며, 저절로 이루어지지도 않는다. 상황이 워낙 까다로워서 상황 전체를 조망하고 적절한 대책을 찾기 위해서는 전문적 도움이 필요하다.

의미 탐색 과정의 다음 단계는 가장 소중한 가치가 무엇인지 선택하는 일이다. 무엇이 정작 가장 중요한가? 직장 생활에서 맞는 의미의 위기에서 이 물음은 다음과 같이 바꿔 물을 수 있다. 연봉은 나에게 얼마나 중요한가? 혹시 연봉보다는 내가 가치 있다고 여기는 일에 기여할 수 있는 방법이 더 중요한 게 아닐까?

마지막 네 번째 단계는 실천이다. 진정한 변화는 행동을 바꾸는 것으로 시작된다. 미국의 프란체스코 수도회 수사 리처드 로어Richard Rohr는 이런 사정을 다음처럼 아름답게 정리했다.

"우리는 생각으로 새로운 인생을 꾸며내는 게 아니라, 새로운 유형의 생각으로 다시 태어나야 한다."[244]

행동을 통해 비로소 우리는 인생 문제의 답을 찾는다. 그러나 실천하는 행동이 인생의 답을 찾는다는 말은 또한 생각보다 행동이 앞서야 한다는 점을 의미하기도 한다.

"인간은 생각할 줄 아는 동물이다."

아리스토텔레스의 이 말은 인간이 의미를 선취하는 생명체라는 뜻으로도 해석될 수 있다. 다시 말해서 의미가 정말 있는지 의심하기 전에, 세상은 선하다는 말을 의심하기 전에, 의미와 선이 있음을 믿고 실천하려는 행동은 겉보기로는 사소한 것이라 할지라도 정말 중요하다. 그 어떤 대가나 보상을 바라지 않고 의미와 선함을 실천에 옮기는 태도야말로 진정 인간다운 삶이다.[245] 이런 인생은 진솔한 자세로 진리와 선함을 탐구하면서, 인생이 요구하는 바로 그대로를 실천한다. 정확히 이런 자세가 사막에 작을지라도 에덴을 만든다. 꽃이 피고 과일이 무르익는 이 정원은 자신뿐만 아니라 다른 사람들에게도 축복을 베푼다.

세 가지
화급한 문제들 _____

1999년 4월의 어느 화요일 오전에 에릭 해리스Eric Harris는 자신이 다니는 고등학교 교정에 들어섰다. 그가 입은 티셔츠 가슴팍에는 '내추럴 셀렉션Natural Selection', 곧 '자연의 선택'이라는 문구가 새겨져 있었다. 미국 콜로라도 덴버의 이 화요일은 날이 화창했다. 시간은 오전 11시 19분. 그의 백팩에는 개머리판을 잘라낸 엽총과 자동소총, 그리고 직접 만든 프로판가스 폭탄이 들어 있었다. 이후 45분 동안 에릭은 친구 한 명과 함께 188발의 총알을 난사했으며, 14세에서 18세 사이의 학생 열두 명과 교사 한 명을 정조준해서 살해하고, 24명에게 중상을 입혔다. 12시가 조금 지나 경찰 특공대가 현장을 에워쌌을 때 두 범인은 총기로 스스로 목숨을 끊었다. 이들이 만든 피바다는 엄청난 충격을 일으켜

미국 역사에 '콜럼바인 고등학교 학살Columbine High School Massacre'
이라는 오명을 기록하게 만들었다. 이 사건 이전에 학교에서 이
런 형태의 폭력은 전혀 없었다. 범행을 벌이기 몇 달 전 에릭은 일
기장에 이렇게 썼다.

"인류는 그들을 위해 싸워줄 필요가 없다. 오로지 죽여야만 한
다. 지구를 동물에게 돌려주자. 동물은 지구에 인간보다 훨씬 더
큰 기여를 한다. 의미 따위는 존재하지 않는다."[246]

의미가 전혀 존재하지 않는다는 느낌은 그런 극단적인 사례에
만 국한하는 게 아니다. 오늘날 문화의 많은 분야가 이런 느낌으
로 물들어 있다.

사건은 대개 그 소식을 듣고 오랜 세월이 흐른 뒤에야 '아, 그
래서 그랬구나.' 하고 그 진짜 속내를 드러내게 마련이다. 나는 어
떤 젊은 록밴드의 노래를 처음 듣고 '거참, 분위기가 묘하구나.'
하고 느꼈다가, 나중에 그 가수의 비극적인 죽음을 신문에서 읽
고서야 그 느낌의 정체를 깨달은 경험이 있다. 그 노래의 제목은
〈네버마인드Nevermind〉(까짓거 아무렴 어때)였는데, 1990년대에 가
장 큰 성공을 거둔 록음악 가운데 하나다. 커트 코베인Kurt Cobain
과 그의 친구들은 '무無'를 뜻하는 불교의 전통적 용어인 '니르바
나Nirvana'를 밴드 이름으로 골랐다. 독특한 기타 사운드와 〈스멜
스 라이크 틴 스피릿Smells Like Teen Spirit〉이라는 히트곡으로 '니르
바나'는 음악 역사에 새로운 기록을 썼다. 심지어 팝의 황제 마이
클 잭슨Michael Jackson조차 히트곡 순위에서 이 밴드에 밀릴 정도였
다. 3천만 장이 팔린 음반은 독일 시사 주간지 《슈테른》에 따르면

음악사에서 가장 중요한 앨범 가운데 하나라고 한다.[247] 이 밴드가 음악과 청년 문화에 끼친 영향은 엄청나다.

코베인은 해진 스웨터를 입고 치렁치렁한 금발에 강렬한 눈빛을 가진, 그 세대의 아이콘이었다. 1994년 4월의 어느 아침 조간신문에서 나는 그가 죽은 채 발견되었다는 기사를 읽었다. 내 친구들과 나는 깊은 충격을 받았으며, 또래의 아가씨들은 팔뚝에 '커트'를 뜻하는 대문자 'K'를 새겼다. 내 동생은 코베인의 죽음을 기리며 그런 뜻이 담긴 이름의 밴드를 결성했다. 당시 스물일곱 살의 코베인은 엽총으로 자신의 머리를 쏘았다. 그는 아내와 아이 한 명을 남겨놓았다. 몇 년 뒤 그의 일기장이 몇 백만 달러에 팔려 대중에 공개되었을 때, 사람들은 창의적이며 카리스마가 넘쳐 보였던 코베인이 어떤 비밀로 그처럼 괴로워했는지 답을 알 수 있기 바랐다. 혜성처럼 등장해 대단한 성공을 거두었지만, 코베인의 일기는 지루함을 견딜 수 없어 마구 낙서한 공책처럼 보였으며, 뭐가 뭔지 뜻을 알 수 없는 알쏭달쏭한 문구들로 가득했다. 남은 것은 오로지 아무런 의미도, 삶의 목표도 발견하지 못하고 갈수록 헤로인 중독에 빠져든 청년의 갈가리 찢긴 내면뿐이었다.

"오, 좋아, 아무렴 어때, 신경 쓰지 마.Oh well, whatever, never mind."

"전염병에 걸린 것처럼 멍청해, 우리는 지금 여기 있잖아, 우리를 즐겁게 해줘.I feel stupid and contagious, here we are now, entertain us."

이런 가사는 십대 시절 파티를 벌이며 그 거친 리듬에 춤을 추었던 우리 세대의 찬가라고만 볼 수 없다. 이 가사들은 무의미의 심연에 사로잡힌 영혼의 살려달라는 절절한 구조 요청이었다.

쳇바퀴 속에서 _____

무의미함은 생명을 앗아간다.[248] 그러나 의미의 성찰은 오늘날 쉽지 않다. 일단 긍정적인 사실은 우리가 자유를 만끽하며 사는 첫 번째 세대라는 점이다. 원하는 대로 인생을 살아갈 자유는 오늘날 역사상 그 어느 때와 견주어도 훨씬 더 크고 강력하다. 심지어 자유는 오늘날 인류가 누리는 가장 중요한 특권이라는 주장도 우리는 심심찮게 접한다.

그러나 더 커진 자유는 그에 따른 엄청난 부담을, 무어라 딱히 규정하기 힘든 부담을 이끌고 온다. 소비에트의 '굴라크GULAG', 곧 강제수용소에서 수감자의 자살은 자유를 누리며 사는 사람들의 자살에 비해 훨씬 더 적었을 거라고 솔제니친은 장담한다.[249] 상당히 도발적인 주장이지만 나는 충분히 그럴 수 있다고 생각한다. 물론 자발적으로 갇혀 살기 원하는 사람은 없다. 그럼에도 자유를 누리며 사는 사람이 더 많이 자살하는 이유는 우리의 자유가 그에 걸맞은 대가를 요구하기 때문이다. 종교든 정치든 외부로부터 주어지는 규제를 벗어나 자유로워질수록 인간은 그만큼 더 스스로 방향을 잡아나가기 힘들어한다. 방향을 잡게 해줄 의미를 찾는 일이 어렵기 때문이다.

오늘날 의미 문제는 그 어느 때보다도 절박하게 답을 찾아야 하지만, 우리가 살아가는 문화는 답을 찾는 일을 방해한다. 무엇보다도 결정적인 방해 요인은 사생활은 물론이고 사회 전체에서 엄청난 비중을 차지하는 소비다. 경제에서의 생산이 옛날에는 생필품을 해결하는 데 초점을 맞춘 반면, 오늘날 경제에서의 생산은 욕구를 자극하고 조장한다. 자본주의는 소비 주체를 키워내며, 심지어 만들어낸다고 이미 1904년에 막스 베버Max Weber는 분석한 바 있다.[250]

"우리는 미국을 필요의 문화에서 욕구의 문화로 탈바꿈시켜야만 한다. (……) 사람들을 훈련시켜 옛 물건을 다 쓰기도 전에 새것을 원하도록 만들어야만 한다. 우리는 이에 맞는 새로운 유형의 정신 자세를 훈련시켜야 한다. 인간의 욕구는 필수 수요를 능가해야만 한다."

마치 무슨 음모론에서나 볼 법한 이 괴이한 주장은 실제로 폴 마주르Paul Mazur라는 사람이 쓴 글이다. 그는 국제 금융회사 리먼브라더스Lehman Brothers에서 오랜 세월 동안 일한 금융 전문가다.[251] 이 은행은 2008년 파산하면서 2천억 달러가 넘는 규모의 부채를 남겨놓았을 뿐만 아니라, 세계 최대 규모의 금융 위기 가운데 하나를 촉발시켰다. 이 위기는 인간의 욕구를 조작해서라도 소비를 끌어올려야 한다는 발상이 품은 심각성을 고스란히 확인해준 사건이다. 하지만 소비문화는 갈수록 더 강력한 위세를 떨친다. 사람들은 '새 아이폰'을 사지 못해 안달이다. 단지 '새 아이폰'이 출시되었다는 이유 하나만으로. 어차피 조만간 옛 아이폰은 더는 쓸 수 없게 되어버린다. 기술적인 하자가 있어서가 아니라 소프트웨어가 계속 개발되는 바람에 옛 단말기는 오래가지 않아 작동하지 않기 때문이다. 경제는 필요해서 하는 소비가 아닌, 소비를 위한 소비에 근본적으로 의존한다. 하르트무트 로자는 이런 사회현상을 '역동적 안정화'라 부른다. 경제는 성장을 해야만 안정성을 유지할 수 있다는 논리가 '역동적 안정화'다. 성장이 이뤄지지 않고 정체할 때 경제 체계 자체가 위협을 받는다.[252] 자본주의 사회를 떠받드는 근간은 소비다. 그리고 소비는 우리 인간이 자신을 바라보는 관점에 엄청난 영향을 미쳤다. 프랑스 사회학자 장 보드리야르Jean Baudrillard는 소비 행위가 서구 사회에서 핵심적인 의미 부여의 기제가 되었다고 논증한다. 나는 소비한다. 고로 나는 존재한다. 기독교를 몰아낸 것은 무신론이 아니라, 쇼핑이다.[253]

새것을 향한 숭배

소비를 끌어올리는 데 모든 것을 쏟아붓는 사회는 의미를 등한시하게 마련이다. 의미는 더 많이 가지는 것을 경계하기 때문이다. 특히 기술에 의존해 소비를 키우는 사회는 과거를 지워버리는 통에 의미 문제를 더욱 까다롭게 만든다. '역동적 안정화'에 맞추려는 경제는 끊임없이 신제품을 만들어내며 조금이라도 오래된 것은 밀어낸다. 우리는 새로운 것과 젊음을 거의 광신에 가까울 정도로 숭배하는 사회에서 살고 있다. 이런 숭배는 예전 문화가 알지 못했던 것이다.

공자의 유교사상이나 아프리카의 원주민, 또는 고대 그리스는 모두 노인을 지혜의 대명사로, 청년을 미숙한 인격의 대명사로 여겼다. 오늘날 이런 구도는 완전히 거꾸로 됐다. 노인은 방구석 퇴물이다. 노인은 이미 오래전에 신세대로 대체되었기 때문이다. 그것도 거의 모든 직업 분야에서. 예를 들어 프로그래밍 언어의 발달은 너무나 빠른 나머지 20대의 기민한 순발력을 가져야 따라갈 수 있다. IT 분야에서 오랫동안 경험을 쌓은 50대라 할지라도 새 프로그래밍 언어는 따라가기가 벅차다. 실리콘밸리의 사무실에 앉아 내일의 비전을 다듬는 사람은 거의 20대와 30대다. 미래의 복잡하기 짝이 없는 문제를 풀기 위해 소집된 국제위원회에 그레타 툰베리라는 이름의 십대 소녀가 초대된 것은 우연이 전혀 아니다. 오늘날 우리 사회는 젊은 사람들에게 의존하는 경향을 갈수록 키운다.

기술의 가속화와 젊은 문화는 분명 신선한 혁신을 선물하기는 하지만, 이런 경향은 결정적 약점을 가진다. 새것과 젊음을 중시하는 문화는 인생 전체를 바라보는 시야가 대단히 좁다. 그러나 의미는 복잡한 전체, 거대한 전체를 가늠할 줄 아는 안목을 요구한다.

젊음의 관점은 인생에서 만들어갈 수 있는 것을 강조한다. 꿈을 꾸어라. 너의 이상을 좇아라. 너의 계획을 실현하라. 자신감을 가지는 것은 젊음의 강점이자 특권이며, 자신감이 결여된 젊은이를 보는 것은 서글픈 일이다.

그러나 인생의 진리는 이외에도 다양한 측면을 가진다. 위기와 한계는 어렸을 때와 청년 시절에도 경험하기는 한다. 이런 경험은 우리가 스스로 통제할 수 없는 어떤 것이 있다는 사실을 일깨워준다. 당연하게만 여겼던 일상이 무너지는 사고, 갑작스런 질병의 고통, 그리고 죽음은 바로 의미 문제를 상기시키고 성찰하게 만드는 중대 사안이다. 그리고 나이를 먹어갈수록 우리는 자신이나 주변 사람의 계획이 수포로 돌아가 좌절하는 경험을 하며, 그럴 때마다 몸과 마음의 아픔을 겪는다. 또 나이를 먹어가며 친구와 친척의 죽음을 경험하는 횟수도 늘어난다. 물론 20세기를 지나며 죽음은 거실에서 병원으로 옮겨졌으며, 시신을 보존하는 풍습도 거의 찾아볼 수 없게 되었다. 그래도 나이가 들면서 병원을 찾는 횟수는 늘어만 가며, 찾아가야만 하는 장례식도 많아진다.

노인이 겪은 운명의 시련과 아픔, 그리고 죽음의 두려움은 정확히 말해서 기술 발달과는 정반대의 것이다. 아픔과 두려움은 인간을 늘 다시금 그 비극적 토대, 우리가 기원전 4세기의 그리스 비극을 통해 알고 있는 토대로 되돌려놓는다. 인간을 사로잡는 비극은 거의 변한 게 없다. 그러나 젊음과 기술에 초점을 맞추는 우리의 문화는 이런 비극을 가리고 숨겨놓을 뿐이다.

우리는 다행히도 개인적으로 커다란 자유를 누릴 수 있는 시대에 산다. 근대 이후 이뤄진 발달 가운데 우리가 결코 과소평가할 수 없는 것은 많다! 그러나 더 많은 자유를 누린다고 해서 자동으로 내면의 진정한 자유를 누리는 것은 아니다. 소비와 정보 홍수로 부족할 게 없는 오늘날 우리는 의미로 충만한 인생을 살기가 더욱 어렵다. 의미 문제를 생각하기조차 버거워하는 사람도 많다. 세상에는 그만큼 많은 볼거리와 놀거리가 넘쳐나니까. 의미 탐색은 오늘날 그만큼 절박함에도 우리는 이 탐색에 나서는 걸 어려워한다.

지금부터 우리는 여섯 가지 물음을 놓고 함께 생각해보자. 이 물음들은 겉보기로는 서로 전혀 상관이 없는 분야들로부터 끌어온 것 같지만, 의미라는 주제와는 모두 밀접하게 맞물린다. 그리고 이 물음들의 답을 찾는 일이 우리가 정원의 꽃을 활짝 피울지, 아니면 황폐하게 만들지를 결정할 것이다.

어쨌거나 우리는 의미 없이는 인생을 살 수 없다. 의미로 우리는 컴퓨터로는 도달할 수 없는 진정한 인생, 웅숭깊은 인생을 살아낼 수 있다.

여섯 가지 물음은 다음과 같다.

- 어떻게 해야 생각하는 법을 다시 배울 수 있는가?
- 진리는 존재하는가, 아니면 그저 꾸며낸 것인가?
- 좋은 느낌을 주는 것은 모두 좋은가?
- 의사 표현의 자유는 한계를 가지는가?
- 우리는 인격체인가, 물건인가?
- 우리는 누구 또는 무엇을 숭배하는가?

이 물음들을 세 가지 중요한 현안을 가지고 살펴보도록 하자.

첫 번째 문제:
기분 전환의 문화

/

여러분이 이 책을 10쪽 읽는 동안, 독일에서는 한 권의 새로운 책이 나온다고 통계는 확인해준다. 독일에서는 평균적으로 매일 256권이 출간된다. 전 세계적으로 매년 200만 권이 넘는 신간이 나오는 셈이다.[254] 독일에서 일주일에 출간되는 책들만 모두 읽으려고 해도 우리는 평생이 걸린다. 그런데 이건 책에만 국한된 이야기다. 오늘날 정보 전달의 대부분은 디지털로 이루어진다. 유튜브에 첫 번째 동영상이 업로드된 때는 2005년이다. 유튜브 공동 설립자 가운데 한 사람인 자베드 카림Jawed Karim은 그 동영상에서 샌디에이고 동물원의 코끼리들 앞에 서 있다. 이후 이 사이트에는 수십억 개의 동영상이 올라와 클릭을 기다린다. 1분마다 500시간 분량의 동영상 자료가 올라온다. 24시간 동안 업로드되는 동영상들을 모두 관람하려면 82년이 걸린다. 인류 역사에서 지식의 분량이 두 배로 늘어나는 데에는 몇백 년이라는 세월이 걸렸다. 오늘날에는 몇 달이면 충분하다. 워낙 엄청난 양이라 일일이 측정하기도 어렵다. 의학 분야에서 새로운 논문을 모두 읽고 싶은 사람은 매일 5천 편 이상의 논문을 소화해야만 한다. 그리고 26초마다 새로운 논문이 추가된다. 하루 종일 논문을 읽고 지친 눈을 달래려 잠을 자고 난 사람은 간밤에 발표된 2천 편의 새로운 논문에 기쁨의 탄성을 지른다.[255] 또 쉬는 동안에도 대다수의 사람들은 미디어를 활용한다. 연구 속도로 따지자면 엄청난 일이 분명하지만, 우리 인생에 이런 넘쳐나는 정보는 심각한 문제가 아닐 수 없다. 구글의 서버 저장 용량은 무한히 늘어나며, 업로드 속도는 갈수록 빨라지기만 하는데, 우리의 주의력은 제한되어 있다. 결국 우리는 같은 시간 동안 갈수록 더 많아지는 데이터를 소화해야만 한다.

깊은 생각

전 세계적으로 큰 반향을 이끌어낸 책《생각하기, 빠르고 느리게Thinking, fast and slow》에서 이스라엘의 인지심리학자 대니얼 카너먼Daniel Kahneman•은 인간이 내리는 의사 결정이 두뇌의 두 가지 작동 방식에 따라 이루어지는 것을 보여주었다. 그 하나는 직관에 의존하는 빠른 생각이며, 다른 하나는 반성에 초점을 맞춘 느린 생각이다. 빠른 생각은 "네가 두 눈으로 보는 것이 전부야." 하는 직감에 매달린다. 이 경우 두뇌는 두 눈으로 본 것만 존재한다고 믿는다. 정보가 턱없이 부족함에도 두뇌는 자신이 지어낸 이야기가 신뢰할 만하다고 주장한다. 돌이킬 수 없는 오판은 이렇게 해서 벌어진다. 심지어 국가 기관조차 이런 오류에 사로잡히곤 한다. 카너먼은 그 아찔한 사례로 스코틀랜드의 의사당 신축 공사를 꼽았다. 의회는 이 공사를 위해 4천만 파운드의 예산을 의결했

• 이스라엘 출신 심리학자이자 경제학자로 2002년 노벨경제학상을 받은 인물이다. 《Thinking, fast and slow》는 국내에 《생각에 관한 생각》이라는 제목으로 번역되었다. ― 옮긴이

지만, 나중에 완공해보니 실제로 투입된 세금은 4억 3100만 파운드였다.[256] 독일의 경우 이런 기괴한 설계 오류는 베를린의 새로운 공항 건설과 슈투트가르트의 중앙역 개축 공사에서 빚어졌다.

이런 오판이 일어나는 정확한 원인이 무엇일까? 끊임없는 정보 과잉의 시대에서 두뇌는 빠른 판단을 내려야 한다는 압박에 정보를 겉핥기식으로 서둘러 처리한다. 우리 두뇌는 최소한의 노력으로 최대한의 성과를 이끌어내려 한다는 점에서 대단히 경제적이다. 두뇌를 이루는 여러 부위는 적극적으로 해당 부위를 활용해줄 때 성장하며 그렇지 않은 부위는 위축된다. 휴대폰이 등장한 이후 우리가 전화번호를 잘 외우지 못하는 이유는 그만큼 해당 부위를 쓰지 않았기 때문이다. 방향을 잡아나가는 공간 감각 역시 내비게이션의 등장 이래 확연히 떨어졌다. 이는 실험으로도 증명된 사실이다.[257] 많은 정보를 빨리 받아들이기 위해 두뇌는 특정 형태의 처리 방식에만 길들여진다. 빠른 처리 속도에 목을 매다 보니 자신이 선호하는 정보에만 편중되어 심각한 편향성을 피할 수 없다. 이렇게 생겨나는 시각을 한병철은 '사냥꾼 시각'이라고 부른다. 손쉽고 빠르게 얻을 수 있는 정보만 사냥하느라 사안을 깊이 성찰하고 그 전후 사정을 가려보는 지적 대결은 뒷전으로 내몰린다.

"이건 내가 배워야만 하는 거예요, 아니면 구글에서 검색하면 되나요?"

얼마 전 열여섯 살짜리 내 아들이 한 질문이다. 인터넷에서 찾아볼 수 있는 것은 오로지 정보일 뿐이다. 그러나 정보와 데이터는 진리와 거리가 멀며, 어쨌거나 아직은 진리가 아니다.

"정보는 집적되고 누적되는 반면, 진리는 배타적이고 선택적이다."[258]

요즘 젊은이들이 이 문제를 다루는 태도를 나는 두 십대 아들에게서 익히 보아 잘 안다. 학교에서 발표를 준비하며 두 녀석은 구글에서 검색한 정보들을 짜깁기한다.

활용할 수 있는 엄청난 양의 정보가 문제일 수 있다는 경고는 이미 오래전부터 그치지 않았다. 미국의 미디어 학자이자 저술가인 닐 포스트먼Neil Postman은 1992년에 이렇게 썼다.

"과다한 정보의 폐해를 막아줄 우리의 방어기제는 무너졌다. 정보에 대항할 우리의 면역 체계는 더는 작동하지 않는다. 우리는 일종의 문화 에이즈를 앓고 있다."[259]

포스트먼이 말하는 면역 체계 붕괴를 자가면역질환, 곧 외부의 공격이 아닌 내부의 고장으로 이해하는 독자는 홍수처럼 밀려드는 정보가 아니라, 우리 자신의 분석 능력이 사라진다는 뜻으로 받아들이는 것이다. 문제의 심각성은 데이터를 수집하는 것 자체가 이미 '생각함'이라고 착각하는 사람이 늘어난다는 점이 보여준다. 분명히 말할 수 있는 사실은 더 많은 정보를 모은다고 해서 자동으로 더 좋은 결정이 내려지는 것은 아니라는 점이다. 그럼에도 사람들은 정보의 검색에만 열을 올린다.

1993년 미국에서 창간된 매거진 《와이어드Wired》는 인터넷 문화를 선도하는 사상가와 기술에 열광하는 사람들이 가장 중요하게 여기는 매체다. 《와이어드》의 편집장인 크리스 앤더슨Chris

Anderson은 2008년에 발표한 논문 〈이론의 종말The End of Theory〉에서 규모를 가늠조차 할 수 없는 엄청난 양의 데이터 탓에 이론은 필요 없어지고 말았다고 진단한다.

"누가 왜 무슨 일을 하는지 관심을 가질 사람은 아무도 없지 않을까? 중요한 것은 사람들이 무엇인가 한다는 점이며, 우리는 그들의 행동을 측정하고, 예전에는 결코 볼 수 없던 정확성으로 추적할 수 있다는 점이다. 데이터만 충분히 수집한다면 그 데이터 자체가 사실을 웅변하기 때문이다."[260]

정말 그럴까?

의미를 두 눈으로 보자

독일 원자물리학자이자 자연철학자인 하랄트 레슈는 가장 최근에 펴낸 책에서 양자컴퓨터를 만들겠다고 한껏 들뜬 연구자와 나눴던 대화에 착잡한 느낌을 지울 수 없었다고 털어놓았다. 무시무시하게 빠른 속도와 절대 해킹할 수 없는 양자컴퓨터를 최초로 소유하는 사람은 단박에 인터넷 전체를 지배할 무기를 손에 넣는 것과 다르지 않다고 레슈는 염려한다. 오용될 잠재력이 엄청나게 큰 양자컴퓨터를 만들겠다면서 그로 말미암아 빚어질 위험은 어떻게 책임지겠느냐는 레슈의 질문에 연구자는 그게 자신하고 무슨 상관이냐고 되묻더란다. 자신은 그저 기술자이며, 기술 문제를 넘어가는 것은 어차피 자신이 어쩔 수 없다면서.[261]

이 사례는 속도 중심 문화가 가진 그늘을 여실히 보여준다. 개별 분야의 연구가 워낙 빠르게 이뤄져 연구자들이 이에 보조를 맞추느라 여념이 없는 탓에 이들은 다른 문제들, 보다 더 폭넓게 생각해야만 하는 문제들에 신경 쓸 여력을 가지지 못한다. 관심 자체가 사라지는 일도 이상할 게 전혀 없다. 전문가의 근시안은 이렇게 해서 생겨난다. 그러나 코로나 팬데믹과 같은 세계적인 위기는 인생의 모든 면을 책임질 수 있는 개별 분야는 존재할 수 없음을 우리에게 분명히 확인해준다. 세계는 갈수록 복잡해지는데, "복잡성을 도외시하는 태도"는 갈수록 더 심각해지는 문제를 낳는다.[262]

이 모든 것이 의미와 무슨 관련을 가질까? 의미는 정보와 같은 것이 아니다. 역사의 의미는 그 역사의 어느 한 단면만이 아니라, 역사의 시작과 끝을 함께 살필 때 비로소 전모를 드러낸다. 어떤 그림의 의미는 그 그림에 바짝 다가서서 살핀다고 해서 알아볼 수 있는 게 아니다. 전체를 가늠할 수 있는 적당한 간격을 두고 감상해야만 그림은 그 의미를 펼쳐 보인다. 화폭에 찍힌 색깔의 점은 하나의 '데이터'이기는 하다. 그러나 이 점들이 모여 이루는 전체가 비로소 그림의 의미를 형성한다.

활용할 수 있는 정보와 데이터가 갈수록 늘어나고, 이로써 그 복잡성 역시 커지는 탓에 그 엄청난 양에서 정말 중요한 것을 여타 부수적인 것과 갈라보는 능력이야말로 미래를 열어갈 핵심 자질이다. 앤더슨의 추정과는 반대로 미래는 계산 속도와 정보량이 아니라, 그 전체 맥락을 읽어내며 진정으로 중요한 결정을 내릴 줄 아는 개인 또는 집단이 열어 나간다. 그러나 이런 능력은 무엇보다도 어떤 가치관을 가지느냐에 결정적으로 좌우된다. 가치관은 다시금 의미를 가려볼 줄 아는 능력을 필요로 한다. 그리고 우리는 의미에 따른 가치를 판별하며 방향을 잡아나간다.

미래는 가장 빠르게 계산할 줄 아는 사람이 아니라, 의미를 깨닫고 전파할 줄 아는 사람의 몫이다.

디지털 홍수 _____

이런 맥락에서 디지털화는 축복이기만 한 게 아니라 저주이기도 하다. 물론 디지털화는 누구나 입을 모아 찬양하며, 정치는 많은 돈을 투자해 키우려는 사업이지만, 그 배면에 숨은 위험은 만만치 않다. 활용할 수 있는 정보량의 증가는 근본적으로 이 정보들을 조작할 위험을 키운다.

디지털 기술은 교육 체계가 열악한 나라에서는 큰 장점으로 작용하기는 한다. 또 이 책 역시 컴퓨터로 원고를 썼으며, 필요한 자료를 인터넷에서 찾은 결과물이기도 하다. 다만 문제를 해결해주는 모든 기술은 또 다른 문제를 낳는다.

디지털이 혁명인 것은 분명하다. 이 혁명의 파급력이 어디까지 갈지 우리는 아직도 그 전모를 가늠하지 못한다. 하지만 분명한 사실은 디지털이 우리의 느낌과 생각은 물론이고 은밀한 사생활 영역까지 파고들어 주무른다는 점에서 그 영향력은 산업화보다 훨씬 더 크다는 점이다. 긍정적 측면은 분명히 존재한다. 디지털의 기술혁신은 의학 발전뿐만 아니라, 인류의 생존에 꼭 필요한 다른 분야의 발전에도 기여하고 있기 때문이다.

이처럼 디지털은 사회 흐름으로 확실히 자리를 잡았기 때문에 되돌릴 수 없다. 디지털을 버리고 아날로그로 회귀하는 일은, 증기기관이 발견되지 않았던 세계로 돌아가는 것과 마찬가지로 불가능하다. 하지만 디지털을 두고 자연의 순리라고 한다거나, 장밋빛 미래의 비전이라고 하는 것은 너무 위험한 발상이다. 통계는 이 위험을 분명하게 확인해준다.

미국 여성 사회학자 진 트웬지는 오래전부터 청소년 문화를 연구해왔다. 2012년 그녀는 눈에 확 띄는 통계상의 변화를 관찰하고 깜짝 놀랐다. 마치 깎아지른 암벽처럼 확 치솟은 막대그래프는 확연한 변화를 말 그대로 웅변했다. 사회학은 이런 변화를 예전에 전혀 관찰한 바 없다. 2012년에 무슨 일이 일어났던 걸까? 이 시점은 바로 모든 청소년의 50% 이상이 스마트폰을 소유하게 된 때다.[263]

기분 전환의 중독

젊은이들은 하루에 평균적으로 150번 자신의 스마트폰을 들여다본다. 이는 곧 150번 기분 전환을 필요로 한다는 뜻이다. 두뇌는 이런 기분 전환을 즐긴다. 특히 소량의 도파민이 분비될 때 두뇌는 벅찬 감격을 맛본다. 예를 들어 아주 재미있는 동영상을 보았다거나, 흥미로운 기사 제목을 발견했다거나, 인스타그램에 자신이 올린 사진에 벌써 43명이 하트를 눌렀을 때 두뇌는 짜릿한 전율을 느낀다.

도파민은 인간 두뇌의 '보상 체계'를 작동시키는 호르몬이다. 이 호르몬은 목표를 이루었을 때 분비된다. 석기시대의 사냥꾼이 하루 종일 사냥감을 찾다가 마침내 매머드를 발견했을 때, 어려운 수학 문제로 골치를 앓던 여학생이 마침내 문제를 풀었을 때, 두 사람의 핏속을 떠도는 도파민은 만족감과 함께 강력한 동기부여를 선물한다. 도파민은 또한 스마트폰이 새로운 메시지가 도착했다며 진동할 때에도 분비된다. 컬러 사진을 보면 도파민은 더 활발히 분비된다. 나아가 시선을 사로잡는 동영상을 보면 도파민은 컬러사진을 볼 때보다 더 활발하게 분비된다.

몸의 친밀함과 결속으로 분비되는 호르몬 옥시토신의 효과는 오래가는 반면, 도파민의 효과는 섬광처럼 반짝했다가 사라진다. 두뇌는 이미 다음 자극을 갈망한다. 석기시대의 사냥꾼이나 수학 문제를 푸는 여학생은 목표를 이루기 위해 안간힘을 써야 하는 반면, 디지털 문화에서 다음 도파민 분비는 클릭 한 번, 또는 스마트폰 화면 한 번 터치하는 것으로 이루어진다. 문제는 도파민의 효과가 빠르게 사라지며, 같은 종류의 자극에 이내 익숙해져 더 센 자극을 찾는다는 점이다.

더욱이 자극과 호르몬 분비라는 되풀이되는 도식은 두뇌 안에 일종의 고정된 틀을 만든다. 다시 말해서 두뇌는 중독에 빠진다. 스마트폰 중독은 물질과 관련이 없는 중독 질병(예를 들어 게임 중독)에 해당한다.

"두뇌 안에 형성된 틀과 이 틀이 생겨나는 과정은 물질 관련

중독의 그것과 상당히 유사하다. (……) 마찬가지로 '스마트폰 중독' 역시 우울증과 두려움, 그리고 자신감 상실을 유발한다."

디지털 혁명의 어두운 그늘을 일깨우는 데 앞장선 독일의 신경과학자 만프레트 슈피처Manfred Spitzer는 이렇게 설명한다.[264]

디지털 문화를 싸잡아 비난하는 것은 아니다. 중요한 것은 적절한 정도를 지키는 일이다. 한 잔의 보르도와인은 기적과도 같은 효과를 발휘한다. 기분 전환을 해줄 뿐만 아니라, 실제 심혈관계 건강에 도움을 준다고 관련 연구는 확인한다. 그러나 매일 두 병의 레드와인을 마시는 것은 자살행위다. 산뜻하게 기분 전환을 하길 바라는 심정이야 정말 인간적이다. 하지만 너무 잦은 기분 전환은 해롭다. 디지털 문화는 끊임없이 새로운 것을 찾을 수 있게 해주기는 하지만, 그만큼 집중력을 떨어뜨리며 기억력에 나쁜 영향을 미친다.

이는 특히 아동에게서 분명히 확인되는 사실이다. 어떤 실험은 갓 취학한 아동들을 두 그룹으로 나누어, 한쪽에는 플레이스테이션을 주고, 다른 쪽에는 주지 않았다. 그로부터 불과 넉 달이 채 안 된 시점에서 게임기를 가진 그룹의 학교생활과 학업 성취도는 다른 그룹보다 확연히 나빴다.[265]

디지털 매체가 멀티태스킹 능력을 키워준다는 주장은 흔히 듣는 것이다. 그러나 이런 주장은 그랬으면 좋겠다는 희망의 산물일 따름이다. 정신 능력을 다룬 모든 테스트에서 한 번에 여러 과제를 해결해야 하는 멀티태스킹 선수는 단 한 가지 일에만 집중하는 사람에 비해 한참 처지는 성과를 보였다. 멀티태스킹 선수는 느렸고, 산만했으며, 좋은 해결책을 제시하는 일이 매우 드물었다.[266] 기분 전환에 익숙한 사람은 심사숙고가 즐겁지 않고 힘들다. 심사숙고는 지루함을 견디는 인내심을 요구하며, 그 어떤 새로운 것의 자극을 주지 않기 때문이다. 55명의 대학생들을 상대로 한 실험은 이렇게 확인했다.

"실험 참가자들은 생각하는 것보다는 차라리 불편하더라도 행동하는 쪽을 택했다. 15분 동안 아무것도 하지 않고 지루함을 견딜지, 아니면 가볍기는 하지만 불편한 전기 자극을 받을지 선택하라고 하자 참가자들은 전기 자극을 골랐다. '놀랍게도 참가자들은 15분 동안 홀로 있으면서 생각하는 쪽보다는 전기 자극을 받는 쪽을 선호했다. 심지어 실험에 앞서 15분 동안 홀로 생각하면 돈을 주겠다고 해도 반응은 마찬가지였다.'"

연구팀의 결론은 이렇다.

"생각에 훈련되지 않은 정신은 홀로 있는 걸 싫어한다."[267]

의미가 들어설 공간

정확히 이 '홀로 있음'이 중요하다. 나 자신은 홀로 있는 시간을 정말 좋아한다. 모든 종교가 고독을 특별한 영적 체험을 누릴 기회로 추천하는 이유가 달리 있는 게 아니다.[268] 외부로부터 주어지는 자극이 없어야 우리의 내면이 차분하게 정리될 수 있기 때문이다.

"홀로 아무 말이 없이 보내는 시간에 서로 말을 섞는 때보다 훨씬 더 많은 깨달음이 일어난다."[269]

에티 힐레숨이 쓴 글이다.

지루한 시간도 얼마든지 창의적일 수 있다. 지루한 시간을 다루는 법을 익히지 못한 아이는 학습에서 뒤처지게 마련이다. 오늘날은 고요함이 갈수록 사라지는 시대이기도 하다.[270] 그러나 생각은 고요함과 집중을 필요로 한다.

지루함을 이겨내며 차분한 가운데 집중하는 능력을 키워주는 활동 가운데 하나가 독서다. 그러나 독서 역시 인터넷 시대를 맞이해 변화했다. 디지털 소통을 하느라 많이 읽고 쓰기는 하지만, 갈수록 사람들은 영상에 사로잡힌다. 그러나 의미를 가려 읽을 줄 아는 능력은 영상보다는 언어와 글을 이해할 때 비로소 키워진다.[271] 디지털로 읽은 글은 마치 바람처럼 사라진다. 종이책으로 읽은 글이 훨씬 더 오래가며 긴 여운을 남긴다. 어렵고 복잡한 글을 이해할 줄 아는 능력이야말로 인류의 문화를 떠받드는 기둥이다.[272] 글을 읽고 이해하는 능력이 뛰어난 사람이 사회의 다른 분야에서도 걸출한 솜씨를 보이는 것은 우연한 일이 아니다.[273] 텍스트를 이해한다는 것은 뛰어난 집중력을 필요로 하기 때문이다.

기분 전환을 위해 즐기는 오락과 게임 문화는 의미와는 적대적이다. 의미라는 심장의 자원을 지키고자 하는 사람은 디지털 정글에서 길을 잃고 헤매지 않을 전략을 개발해야만 한다. 이런 전략이야말로 미래를 열어갈 핵심 능력이다.

두 번째 문제:
의미를 잃은 인간
/

앞서 우리는 왜 의미를 지향하는 인생을 살기가 쉽지 않은지 원인을 살폈다. 지금부터는 좀 더 깊이 들어가보기로 하자. 먼저 짚고 넘어가고 싶은 점은 오늘날 우리가 의미를 찾기 어려운 이유는 무엇보다도 우리는 몇백 년 전과는 다르게 세계를 바라보며, 인간에 대한 이해도 달라졌기 때문이다. 이 문제를 다루기 위해서는 철학사를 약간 살펴보는 일이 불가피하다.

가짜 뉴스와 평평한 지구 _____

의미는 앞서 살펴보았듯 진리와 밀접하게 맞물린다. 의미로 충만한 인생은 곧 진리에 맞춰 사는 삶이다. '진리'는 물론 매우 거창한 말이다. 진리라는 것이 도대체 존재하기는 할까? 존재한다면 어떻게 우리는 진리를 찾을 수 있을까? 인류가 고민해온 최대 난제 가운데 하나다. 에덴동산의 이야기는 인류의 불행이 바로 이 물음으로 시작되었음을 들려준다. 뱀이 진리를 비틀어 왜곡한 탓에 거짓이 세상에 등장했다. 누군가 상대방에게 거짓말을 하는 것은 그 관계가 무너지는 출발점이다. 창세기는 우리 인간과 신 사이의 결속, 인간과 인간의 결속, 그리고 자연과의 결속에서 바로 이런 일이 일어났음을 이야기한다.

가짜 뉴스의 시대에 진리를 말한다는 것은 결코 쉽지 않은 문제다. 마침 바에서 주문한 술 한 잔을 받아들고 돌아서던 남자는 그곳에 앉아 있는 젊은 여인을 보았다. 어째 약간 히피처럼 보이는 외모였으나, 이곳에서 그런 분위기는 흔히 보는 것이다. 남아메리카 어딘가의 해변에 위치한 이 바는 일탈을 즐기는 배낭여행객이 모험 삼아 찾는 곳이다.

"오늘 밤 분위기가 참 몽환적이네요."

남자는 여인에게 말을 걸었다. 야자수 잎 사이로 달빛이 비치며 찰랑이는 파도 소리가 더없이 낭만적이다.

"저 달에 사람이 정말 갔을까요, 믿기 어렵지 않나요?"

이런 식으로 작업을 걸다니 이 남자는 연애를 모르는 숙맥인 게 틀림없다. 그런데 한술 더 뜬다.

"달에는 사람이 가본 적이 전혀 없어요."

어이가 없어진 여자가 대꾸한다.

"하지만 사진이 있잖아요⋯."

"에이, 할리우드는 모든 걸 조작해요. 몰랐어요?"

나에게 이 이야기를 들려준 친구 엘리아스Elias는 기가 차다는 표정을 지었다.

"달에 사람이 간 적이 없다는 음모론을 믿는 사람이 아직도 있나 봐. 참나, 저들은 아직도 지구가 평평하다고 고집할 거야."

엘리아스는 껄껄 웃었다. 그러자 옆에서 듣던 어떤 여자가 두 눈을 동그랗게 떴다.

"무슨 말씀이세요, 지구는 평평하잖아요!"

"예? 그럼 비행기를 타고 우리가 지구를 비행하는 건 어떻게 설명하죠?"

"아니죠. 비행은 텅 빈 공간의 안쪽 표면을 따라가니까 지구가 둥근 것처럼 보이는 거죠. 그건 착시 현상이라고요."

아무튼 이렇게 시작된 말싸움은 끝날 줄을 모른다. 여인은 남극과 북극을 군인들이 지키면서 다가오지 못하게 막고 있다고도 덧붙였다. 그녀는 모든 동그란 지구의는 거짓이며, 지리학 교과서는 사람들을 현혹하려는 선전과 선동에 지나지 않는다고 핏대를 세웠다. 지구가 평평하다는 진리를 설명할 방법은 차고 넘친다며.

너무 기묘한 예이기는 하지만, 지구가 평평하다는 '지구평면설Flat Earth theory'은 여전히 전 세계적으로 많은 추종자를 자랑하며, 심지어 이들은 국제 대회까지 개최한다. 인터넷에서 검색해보면 관련 정보는 얼마든지 나온다. 이런 설을 믿는 사람이 이웃이거나 직장 동료일 경우도 배제할 수 없다. 디지털 알고리즘 버블의 시대에 인터넷은 끊임없이 기묘한 세계관을 만들어낸다. 문제는 이런 세계관을 반박할 수 없다는 점이다. 왜? 아예 반박할 기회를 주지 않으니까. 이런 식으로 정치에서도 극단적인 대립이 빚어진다는 점은 2020년 미국 대통령 선거는 물론이고 코로나 위기도 여실히 보여준다. 바로 그래서 시급히 풀어야만 하는 문제는 이렇다. 자유를 전면에 내세우고 서로 다른 의견이 충돌하는 이 다원적인 사회, 사람들이 저마다 완전히 다른 것을 진리라고 여기는 사회에서 소통이라는 것이 가능할까?

관용으로 그럴싸하게 포장한 음험한 주장은 이를테면 '진리' 자체를 포기하자는 선동이다.

"그건 네 진리지, 나의 진리는 아니야."

우리가 일상에서 흔히 듣는 말이다. 그럼 무수히 많은 진리가 있지, 단 하나의 진리는 없다는 말인가? 사람들이 진리를 어떻게 받아들이느냐 하는 문제는 인간이 스스로를 어떤 존재로 그리는지에 따라 달라진다. 그리고 이 자화상은 시대에 따라 달라져 왔다. 어떤 자화상이든 그 영향력은 엄청났다.

학살자를 위한 철학 _____

그 충격적인 범행을 벌이기 몇 달 전 에릭 해리스는 자신의 일기에 이렇게 썼다.

"인간이라는 종의 일원으로 나는 생각할 수 있는 두뇌를 장착했다는 사실에 커다란 기쁨을 느낀다. 인간은 자신이 무엇을 원하든 실행에 옮길 수 있다. 이걸 하지 못하게 막는 자연법칙은 없다. 결정은 어디까지나 인간의 몫이다."

그는 계속해서 도덕 따위는 중요하지 않다고 썼다. 사람들은 저마다 다른 것을 도덕이라고 부르기 때문이란다.

"우리 인간은 모두 천연자원의 낭비일 뿐이다. 인간은 죽임을 당해 마땅하다고 생각한다. 그리고 인간은 선택의 자유를 가지며 (……) 나는 인간이기 때문에 (……) 자연이 나에게 허락해준 그대로 많은 사람들을 죽이는 선택을 할 수 있다."[274]

해리스의 이 글은 충격적이며, 곱씹어볼 필요가 있다. 인생을 살며 느껴온 그의 무의미함은 그가 그린 인간의 자화상에 일관되게 담겨 있다. 인간은 생각할 줄 아는 존재이며, 이 생각과 이로부터 비롯되는 결정은 그 어떤 법칙에도 구속받지 않는다. 선과 악이라는 건 존재하지 않으며, 인간은 물질 그 이상도 이하도 아니다. 이것이 해리스의 '논리'가 그린 자화상이다.

다행스럽게도 해리스처럼 극단적인 행동을 하는 사람은 극소수이기는 하다. 하지만 그가 그린 인간의 자화상 바탕에 깔린 생각은 오늘날 놀랍게도 널리 퍼져 있다. 인간은 그저 동물이며, 두뇌는 진리를 인식할 수 없으며, 오로지 입력과 출력에 따른 계산만 하는 일종의 컴퓨터이고, 도덕은 특정 사회의 인습에 지나지 않는다는 것이 그런 생각이다. 오늘날 많은 평범한 사람들이 이런 생각을 지극히 당연하게 여긴다. 물론 이런 생각이 곧바로 폭력으로 이어지지는 않는다. 다행히도.

다만 문제는 진리를 알 수 없는 것이라며 포기할 때 인생의 의미를 말하기는 무척 어렵다는 점이다. 의미는 만들어지는 것이 아니다. 찾아야 하는 것이다. 우리는 오늘날 객관적 사실을 의심하며, 그 배후에 어떤 의도를 가진 세력이 있다고 믿는다. 누군가 자신이 진리를 전세 냈다고 주장한다면, 우리는 '미친 거 아냐?' 하는 눈빛으로 그를 노려보리라. 그러나 그 반대의 경우도 못지않게 심각하다. 진리란 존재하지 않는다고 강변하며 저마다 자신이 만들어낸 거품 속에서 세상을 바라본다면, 의미 있는 대화는 더는 이뤄질 수 없다. 아무리 늦춰 잡아도 실존적 위기를 맞았을 때 자신의 믿음이 정말 진리인지 묻지 않을 수 없게 된다. 죽음과 가까워진 순간에 인간이 정말 동물인지, 선과 악이 실제로 아무 의미가 없는지, 죄와 용서라는 게 정말 존재하는지 하는 물음은 더없이 절실해진다. 이 모든 물음은 결국 진리는 무엇인가 하는 물음으로 귀결된다.

의미는 인간이 자신이 하는 일이 올바르다고 느낄 때 그 모습을 드러낸다. 의미는 우리의 자아를 눈뜨게 해줄 뿐만 아니라, 나로 하여금 그에 맞춰 살아야 한다는 가치를 일깨워주는 깨달음이다. 다시 말해서 우리 인간은 그런 가치를 찾아낼 수 있어야만 한다.

오로지 의미로 채워진 인생만이 인간적인 삶이다. 그래야 정원에서 모든 것이 자기 자리를 찾아 조화를 이룬다. 의미가 나무라면, 진리는 뿌리다. 그러나 오늘날 이 뿌리의 상태는 열악하기만 하다. 어쩌다 이 지경에 이르렀는지, 앞으로 이런 열악한 상황이 어떤 후유증을 낳을지 살펴보기 위해 다음 장에서 유럽의 정신 역사를 잠시 둘러보기로 하자.

현대인을 빚은 작은 역사

근대가 바라본 인간의 자화상을 두고 쓰인 글은 많다. 이런 관점이 오늘날 우리의 인간 이해에 어떤 영향을 주었으며, 몇백 년 전에는 어땠는지 성찰한 저자들은 늘 두 가지 핵심을 강조한다. 오늘날의 인간 이해에 갈수록 커지는 영향력을 발휘하는 두 가지 핵심은 다음과 같다.

1. 인간은 역사의 산물이다. 인간은 역사를 거치며 진화해왔다.
2. 인간의 정체성은 감정을 꾸밈없이 진정성 있게 살려낼 때
   비로소 찾아진다.

이 두 가지 생각은 오늘날 너무도 당연하게 여겨지는 나머지,
사람들은 인식조차 하지 못한다. 마치 물속을 헤엄치는 물고기가
물을 당연하게 여기듯이. 그러나 고대 그리스와 중세 기독교 또
는 전통적인 힌두교에서 이런 생각들은 당연한 게 아니었다. 당
연하기는커녕 신을 모독하는 불경한 사상이었다. 아리스토텔레
스는 인간이 신들의 창조물이며, 신들이 원하는 질서를 구현하는
특정 목표를 추구해야 하고, 주어진 도덕법칙을 준수해야 한다는
것을 분명한 사실로 여겼다. 신을 어떻게 이해하는지, 정확한 자
연법칙은 무엇인지 중국의 유교 사상과 고대 바빌로니아의 종교,
북유럽의 전설 〈무녀의 예언Völuspá〉과 호메로스의 《일리아드》와
구약성경은 저마다 다른 답을 내놓기는 하지만, 신이 빚어준 세
상에서 법칙을 지켜야 한다는 큰 맥락에서는 거의 같은 이야기를
들려준다. 인간은 초월적 존재인 신이 정한 질서를 지켜야만 한
다! 법칙은 신이 정해준 것이며, 이 법칙에 따라 살 때에만 의미
로 충만한 인생이 이루어진다. 신이 빚어준 거대한 질서에 맞춰
살아야 한다는 이 기본 사상은 계몽주의의 출현과 더불어 유럽의
정신 역사에서 흔들리기 시작했다.

중세 중반기에 접어들며 '유명론'이라는 사상이 등장하면서 신에게 매달리던 형이상학에 사람들은 천천히 등을 돌리기 시작했다. 신과 같은 보편자는 실재가 없는 그저 이름일 뿐이라는 '유명론Nominalism'은 라틴어 '노멘Nomen', 곧 '이름'에서 파생된 단어다. 보편자가 실재한다는 사상은 토마스 아퀴나스Thomas Aquinas, 1225~1274의 노력으로 정점을 찍었다. 고대 그리스에 뿌리를 두었던 서구 기독교가 토마스 아퀴나스 덕분에 철학적 토대를 얻었기 때문이다. 이탈리아의 도미니크수도회 수사 토마스 아퀴나스는 철학과 신학과 사회이론을 집대성하는 기념비적인 위업을 이루었다.[275] 그는 고대 형이상학에서 서로 대척점을 이루는 플라톤과 아리스토텔레스의 생각을 종합해, 인간은 진리와 선함을 이성으로 파악할 수 있다고 주장했고, 신은 특정 법칙에 따르는 세계를 창조했으며, 인간에게는 신의 번뜩이는 지혜를 닮은 이성을 부여했다고 정리했다.

이 이성의 힘으로 인간은 신의 존재를 증명할 수 있을 뿐만 아니라, 세상을 이루는 원리를 철학과 도덕으로 파악할 수 있다. 당시 대학교들(첫 대학교는 11세기 말쯤 볼로냐에서 생겨났으며, 이내 파리와 옥스퍼드에도 생겨났다.)이 갓 생겨나고 지적 분위기가 달아오른 가운데 보편자는 실재한다는 주장과 보편자는 이름뿐인 개념에 지나지 않는다는 주장이 서로 첨예하게 맞붙으며 이른바 '보편논쟁'이 불붙었다. '보편자'란 사물들이 공통으로 가지는 특성을 이른다. 예를 들어 입술과 장미와 일몰은 모두 '붉다'는 공통된 특성을 가진다. 이 '붉음'이 보편자다. 이제 문제는 이 '붉음'이 사물과 무관하게 따로 존재하는지, '붉음'이 실제로 존재하는 것인지 하는 것이다. 오히려 '붉음'은 사물들을 묘사할 때 쓰는 개념, 곧 실체가 없는 이름일 뿐이지 않을까? 유명론자들은 '붉음'을 객관적인 실체로 인정하기를 거부하고, 그저 우리가 색깔이라는 범주로 대상을 설명하기 위해 붙인 이름nomina일 뿐이라고 주장했다.

상아탑에서 시시콜콜 말꼬리나 잡는 입씨름처럼 들리는 '보편논쟁'은 사실 대단히 중요한 함의를 가진다. 유명론의 잠재력은 엄청나게 컸으며, 이후 몇 세기를 거치며 그 폭발력을 유감없이 발휘했다.[276] 유명론이 일으킨 근원적인 반전은 세상의 패러다임을 바꾼 것이다. 이제 생각의 중심에는 이성의 힘과 신의 도움이 있어야만 깨달을 수 있는 '존재'가 아니라, 인간의 이성은 과연 어디까지 알 수 있고, 무엇은 알 수 없는지 이성의 한계를 묻는 물음이 들어섰다. 서서히 모습을 드러내기 시작한 자연과학의 시대에 사람들은 경험으로 접근할 수 있는 것만이 확실한 지식이라는 생각에 사로잡혔다. 다시 말해서 연구 활동이라는 경험만이 확실한 지식을 낳고, 연구 활동은 다시금 어떤 특별한 목적을 추구한다. 신이 창조해준 세계를 주어진 그대로 받아들이는 게 아니라, 인간이 행동을 통해 스스로 만들어가는 세상을 목적으로 삼는 것이 패러다임의 변화다.

두 명의 사상가는 목적을 중시하는 이런 관점을 인간에게도 적용시켰다.

니콜로 마키아벨리Niccolò Machiavelli, 1469~1527는 국가의 근간을 이루는 것이 더는 어떤 초월적 질서(플라톤이 주장한 이데아)가 아니라고 보았다. 마키아벨리가 본 국가의 목적은 오로지 권력의 유지다. 영국 계몽주의를 선도한 아주 중요한 사상가 가운데 한 명인 데이비드 흄David Hume, 1711~1776은 인간이 가지는 도덕적 감정의 토대가 초월적 힘이 빚어준 '도덕법칙'이 아니라, 세상이 도덕적이었으면 좋겠다는 인간의 열정이라고 보았다. 우리는 두 사상가 모두에게서 관점의 중심이 신에서 인간으로 이동했음을 주목해야만 한다.

"무엇이 선이고, 어떤 게 악인지는 오로지 인간의 개인적 취향이 정할 따름이다."[277]

세상의 존재를 아무리 들여다봐야 미리 주어진 도덕법칙, 마땅히 이렇게 살아야만 한다는 당위성은 나오지 않는다. 이 말은 흄의 사상이 가진 폭발력을 가장 압축적으로 보여주는 것이리라.

변화하고 성장하는 인간 _____

'계몽운동'은 자연의 도움을 받아 인간을 해방시키고자 하는 목표를 추구했다. 해방은 언제나 정치적 차원을 그 본질로 가진다. 절대주의 왕권이 백성에게 채운 족쇄를 벗어던지고자 하는 것이 해방이다. 중세의 교회는 귀족이라는 기득권과 밀접하게 맞물렸다. 그리고 교회의 교리는 권력자의 지배를 공고히 다지는 데 협력했다. 프랑스 혁명(1789) 이전의 거의 모든 유럽 지배자들은 자신의 권력이 '신의 은총'으로 주어졌다고 강변했다. 정치권력은 언제나 '신의 법칙'을 방패 삼아 정당화했다. 전제군주와 교회의 고위 성직자는 격렬한 비판의 과녁이 되었다. 기득권 수호에 혈안이 된 '사회질서'는 '형이상학의 상부구조'만큼이나 의심과 비판의 대상이었다.

게오르크 빌헬름 프리드리히 헤겔Georg Wilhelm Friedrich Hegel, 1770-1831은 이마누엘 칸트와 더불어 가장 중요하다는 평가를 받는 독일 철학자로, 프랑스 혁명이라는 대변혁과 나중에 빚어진 나폴레옹 전쟁을 몸소 체험했다. 헤겔 철학은 인간의 역사적 차원을 중시한다. 고대 철학과 중세 사상에서 신이 선물해준 것이며 부동의 확고한 성격을 가진다고 본 '존재'는 헤겔 철학에서 '변화하고 성장하는 것', 곧 '생성Werden'으로 파악된다. 인간 역시 부동의 존재가 아니며, "현재진행형의 작업work in progress"이다. 이 사상은 19세기에 인류 역사의 결정적 반전을 이룬 변곡점이다.

어떤 젊은 독일 지성인은 헤겔 사상에 열광해, 세계를 이론적으로만 파악하는 데 머무르지 않고, 더 나아가 세계를 변화시키겠다는 열망을 품었다. 이 젊은이의 이름은 카를 마르크스Karl Marx, 1818-1883다. 그는 헤겔 철학에서 형이상학의 냄새를 풍기는 요소를 일체 솎아내고, 헤겔 철학을 철두철미한 유물론의 관점으로 읽었다. 인간의 자기실현이 '세계정신'이라는 헤겔의 주장은 말이 되지 않는 형이상학이며, 인간은 경제 관계의 산물일 뿐이라는 것이다. 마르크스에 따르면 인간은 고정되어 변화하지 않는 존재가 아니며, 근본적으로 계급투쟁의 역사를 써나가는 존재다.[278] 태어날 때는 왕이나 귀족 또는 천민일 수 있지만, 인생을 살아가며 인간은 이런 타고난 질서를 상대로 치열하게 투쟁한다.

권좌에서 밀려난 인간 _____

인간이 역사를 통해 기존 질서를 허물며 변화해왔다는 생각은 19세기에 대단히 흥미롭게도 당시 대두하기 시작한 진화론과 맞물렸다. 그런데 찰스 다윈Charles Darwin, 1809~1882이 진화를 통해 새로운 종이 출현한다고 주장한 최초의 인물은 아니다. 다윈에 앞서 장바티스트 드 라마르크Jean-Baptiste de Lamarck, 1744~1829가 이미 세밀하게 다듬은 진화론을 선보였으며, 고대의 많은 철학자들도 진화론과 비견할 만한 주장을 남겨놓았다. 그 대표적인 예는 소크라테스 이전 철학자 엠페도클레스Empedocles, 기원전 495~435다. 그는 모든 물질이 불, 공기, 물, 흙이라는 네 가지 원소들로 이루어졌으며, 끊임없이 변화하며 새로운 종류의 물질을 만들어낸다고 보았다.

다윈 이론이 가진 혁명적인 요소는 아리스토텔레스 철학의 가장 중요한 개념 가운데 하나인 '텔로스telos', 곧 '목적'이라는 개념과 결별을 선언한 점이다. 아리스토텔레스 역시 생물이 발달한다는 점을 익히 알았지만, 이 발달을 합목적적인 것으로 보았다.[279] 반면, 다윈은 생명체의 발달이 창조주가 정해놓은 '텔로스'를 따르는 것이 아니며, 어떤 원리가 목적을 향해 나아가도록 지배하는 것(헤겔의 합목적적인 변화처럼)이 아니라, 순전히 생명 본연의 본능일 뿐이라고 보았다. 인간과 동물을 같은 반열에 놓는 다윈의 관점은, 그동안 신을 닮은 존재로 인간을 이해했던 생각을 뿌리째 뒤흔드는 폭발력을 자랑했다. 독일 동물학자이자 다윈의 제자인 에른스트 헤켈Ernst Haeckel, 1834~1919은 이 폭발력을 두고 다음과 같이 썼다.

"진화론은 우리에게 '최고의 난제'를 풀 열쇠를 쥐여주었다. '자연 안에서 차지하는 인간의 위상이 무엇이냐'는 정말 어려운 물음과 '인간은 어떻게 생겨난 생명체인가' 하는 물음을 풀 열쇠는 진화론이 제공한다."[280]

스스로를 신을 닮은 존재라고 여기며 자유의지 또는 영생을 믿는 "허영심에 사로잡힌 인간의 터무니없는 망상"이 진화론으로 무너지게 되었다는 것이 헤켈의 진단이다.[281] 이미 1819년 아르투어 쇼펜하우어Arthur Schopenhauer, 1788~1860는 자신의 세계관을 다음과 같이 정리했다.

"무한한 공간에서 무수히 많은 반짝이는 구체들, 공처럼 생긴 구체들, 그리고 각 구체의 주위를 도는 훨씬 더 작은 반짝이는 구체들이 있다. 안쪽은 뜨겁고, 겉은 차갑게 굳은 껍질이 덮인 구체 가운데 하나의 껍질에는 곰팡이가 덮인 것처럼 생명체가 번식하며 사는데, 이 생명체는 스스로 깨달음을 가질 수 있다고 자랑한다더라. 이것이 경험이 말해주는 진리, 현실, 세계다."[282]

사람들은 쇼펜하우어의 이 말이 무슨 뜻인지 몰라 알쏭달쏭하게만 여기다가 다윈의 진화론 이후 그 뜻을 새기며 놀라움을 금치 못했다.

세계관과 인간관의 이런 대반전이 어떤 결과를 불러올지 그 심각성을 프리드리히 니체Friedrich Nietzsche, 1844~1900만큼 정확하게 포착한 사람은 따로 없다. 이미 계몽주의가 시민 일반에게 폭넓게 받아들여진 사회에서 니체는 왜 생각을 끝까지 밀어붙이지 않느냐며 신랄한 비판을 일삼았다. 인류는 고대의 형이상학을 무의미한 이야기로 치부해버림으로써 형이상학이 가장 높이 떠받드는 이념, 곧 신까지 거부해버렸다.《즐거운 학문》제3권에서 니체는 '미치광이 남자'의 입을 빌려 큰 소리로 외치며 신이 어디로 가버렸는지 묻는다. 밝은 대낮에 손에 등불을 들고 나타난 광인은 사람들을 향해 신이 어디로 갔느냐고 고래고래 소리를 지른다. 사람들이 그를 보고 깔깔대며 웃자, 광인은 마치 꿰뚫을 것만 같은 눈빛으로 사람들을 쏘아본다.

"신은 어디로 갔는가? 내가 너희에게 말해주지! 우리가 신을 죽였다. 너희와 내가! 우리 모두는 신을 죽인 범인이다! (……) 우리는 어디로 가려는가? 모든 태양으로부터 되도록 멀리? 우리는 계속해서 추락하고 있는 게 아닐까? 뒤로, 옆으로, 앞으로, 모든 방향으로? 위가, 아래가 있는가? 아무것도 없는 무한한 공간에서 우리는 헤매는 게 아닐까? 텅 빈 공간이 우리에게 호통 치지 않는가? 훨씬 더 추워지지 않았는가?"283

모든 가치의 재평가 _____

니체는 그의 동시대인들에게 지나치게 극단적이라는 인상을 주었다. 대다수의 사람들은 해묵은 형이상학의 질서가 깨어진 것이 무엇을 뜻하는지 니체처럼 명확히 가려볼 수 없었다. 하지만 역사는 니체가 옳았음을 보여준다. 니체가 쓴 책들에는 과격한 표현이 부족하지 않다. '모든 가치의 전도顛倒', '선악의 저편Jenseits von Gut und Böse' 또는 '초인Übermensch'과 같은 표제어는 특히 나치스 이데올로기에 오용되는 바람에 오늘날까지도 악명이 높다. 그러나 니체의 가장 과격한 발언은 거의 알려지지 않았으며, 또한 그의 다른 표현보다 덜 날카롭게 들린다. 니체의 책《우상의 황혼Götzen-Dämmerung》(1889)에는 "어떻게 진실의 세계가 우화로 전락하고 말았나"라는 제목의 장이 나온다. 이 글에서 니체는 인간이 그 가장 오래된 착각으로부터 빠져나온 단계들을 묘사한다. 여섯 번째이자 마지막 단계는 인류가 이룩한 정점으로 묘사된다.

"진리의 세계를 우리는 제거해버렸다(……)."[284]

그러면 진리의 자리를 대신 차지한 것은 무엇일까? 바로 권력의지다. 그래서 니체가 가장 날카롭게 비판하는 것은 도덕이다. 왕과 귀족으로 대변되는 기득권층은 권력을 지키기 위해 도덕이라는 방패를 꾸며냈다. 그들이 이웃을 사랑하라는 기독교의 가르침 뒤에 숨은 것을 니체는 약자가 강자에게 품은 증오를 희석시키려는 의도라고 보았다. 칸트가 말하는 도덕의 정언명법 배후에는 칸트가 개인적으로 선호한 생각, 곧 보상받으려 하지 말고 그 자체로 선한 행동을 하라는 생각이 숨어 있다고 니체는 꼬집었다. 기독교도 칸트도 선하고 올바른 것이 최선인 양 꾸며 인간의 본질인 권력의지를 억눌렀다는 것이 니체 주장의 핵심이다.《도덕의 계보학Genealogie der Moral》(1887) 서문에 나오는 다음 문장은 곰씹어 읽어야 한다.

"우리는 도덕 가치를 비판해야만 한다. 이 가치의 가치를 본격적으로 의문시해야만 한다. 이 비판을 위해서는 도덕 가치가 생겨난 조건과 정황을 알아야만 한다."

지금까지 인간은 가치를 주어진 것으로 받아들였다. 선함은 악함보다 훨씬 더 높은 가치라고 여겼다.

"정말 그런가? 오히려 악함이 선함보다 훨씬 더 가치가 높은 게 아닐까?"[285]

근대의 인간관이 형성되는 데 결정적 영향을 발휘한 몇 안 되는 인물로는 니체 외에도 지그문트 프로이트가 꼽힌다. 프로이트 역시 '삶의 의미' 또는 인간이 추구하는 더 고결한 목표가 있다는 생각과는 분명한 거리를 두었다. 동물이 필생의 목표를 추구한다는 것은 말이 되지 않는 이야기라면서. 프로이트가 보기에 인간은 행복을 추구한다. 프로이트가 보는 이 행복은 곧 섹스다. 섹스는 "압도적인 쾌감을 맛보게 해주는 가장 강력한 경험"이며 "행복을 추구하는 인간에게 일종의 본보기와 같은 것이다."[286] 프로이트는 인간의 핵심적 특징은 이성이 아니며, 도덕은 더더욱 아니며, 의식도 아니라고 보았다. 인간의 자아는 무의식의 힘, 곧 본능에게 조종당할 뿐이다.

쇼펜하우어, 마르크스, 다윈, 니체, 프로이트는 서로 다른 이론을 선보인 지극히 다른 사상가다. 그렇지만 이들은 인간을 바라보는 관점에서만큼은 의견이 일치했다. 인간은 우주에서 차지하던 우월한 위상, 스스로 신을 닮은 존재라고 자화자찬하던 위상을 잃었다.

지금까지 유럽의 정신사를 잠깐 둘러본 우리는 충격적인 확인을 하지 않을 수 없다. 인간을 미숙한 상태에서 해방시키고자 했던 목적, 기득권 세력이 심어준 말도 안 되는 허상에 사로잡히지 않도록 일깨워주려 진력했던 계몽의 목적은 인간에게 내재하는 의미를 잃게 만드는 대가를 치렀다.

흔들리는 기반

20세기에 들어서며 앞서 살펴본 과학 중심의 합리성을 중시하는 이론들은 저마다 강한 영향력을 발휘하며 계속 발전했다. '확고한 위상'을 자랑하는 게 아니라, 사회적 조건이 빚어낸 산물로 인간을 바라보는 관점은 제2차 세계대전 이후 그야말로 승승장구를 거두었다. 이런 개선 행진에는 두 가지 이론적 흐름들이 서로 겹치면서 중요하게 작용했다. 우선 해묵은 질서를 무너뜨려야만 한다는 생각, 그리고 이제 하나의 원리로 모든 것을 설명하는 이론을 더는 믿기 힘들다는 불신은 두 번의 세계대전이 빚어낸 충격적 참상을 지켜보며 갈수록 힘을 얻었다. 인간이 600만 명의 사람들을 마치 기계로 물건들을 부수듯 짓밟아 죽이는 현장을 목격하고서도 "참됨과 선함과 아름다움"이 지배한다는 형이상학의 질서를 어떻게 믿을 수 있을까?

제2차 세계대전이 한창일 때까지만 해도 서구의 선도적인 지성인들이 상당한 호감을 품었던 공산주의는 스탈린의 사망 (1953) 이후 갈수록 그 신망을 잃을 수밖에 없었다. 스탈린이 저지른 잔혹한 만행의 실상이 속속 알려졌으며, 1968년에는 러시아의 탱크가 '프라하의 봄'이라는 학생운동을 밀어버렸기 때문이다. 프랑스 실존주의 작가 알베르 카뮈의 눈에 이제 철학은 인간에게 아무런 답을 주지 못하며, 유일하게 다룰 수 있는 문제는 자살뿐이었다.[287] 장폴 사르트르가 보는 인간의 자아는 이제 그야말로 아무것도 없는 철저한 '무無' 앞에 섰을 뿐이다. 인간다움이라는 '본질', 그런 것은 없다. 인간은 오로지 자신의 자유로만 모든 걸 해결해야 하는 저주를 받은 존재일 따름이다.

오늘날 사르트르보다 더 유명세를 떨치는 인물은 그의 인생 동반자였던 시몬 드 보부아르Simone de Beauvoir, 1908~1986다. 보부아르는 실존 사상을 여성 문제에 적용해 현대 페미니즘을 이끈 선구자다. 그녀의 핵심 주장은 여성은 생물적으로 타고나는 게 아니라, 사회가 빚어내는 산물이라는 것이다. 페미니즘의 등장과 더불어 두 번째 이론 흐름, 곧 구조주의가 따라붙었다. 구조주의는 언어 연구가 만들어낸 사상이다. 페르디낭 드 소쉬르Ferdinand de Saussure, 1857~1913는 개별 음절을 하나하나 따로 떼어낼 게 아니라, 하나의 전체 체계를 이루는 부분으로 이해해야 한다고 강조했다. 이 비교적 간단한 생각은 20세기를 거치는 동안 학문의 여러 분야에서 믿기 어려울 정도의 풍성한 결실을 거두었다. 사회학자 클로드 레비스트로스Claude Lévi-Strauss, 1908~2009는 구조주의 범주를 민족학에 응용했다. 이후 정신분석, 문학비평, 그리고 예술의 모든 다른 분야가 속속 그 뒤를 이었다. 이 모든 분야는 이제 개별 요소가 그 전체 체계와의 관계로만 의미를 얻는 구조로 해석된다.

이런 흐름으로 인간관은 어떻게 달라졌을까? 어떤 개별 사안도 체계와 무관하게 볼 수 없다는 점은 인간에게도 그대로 적용된다. 프랑스 철학자 질 들뢰즈Gilles Deleuze, 1925~1995는《구조주의는 무엇으로 알아볼 수 있나?》라는 제목의 책에서 이렇게 썼다.

"개별 요소들보다는 이 요소들이 채워져 이뤄지는 장소가 더 중요하다. 아버지, 어머니 등등은 구조 안의 장소들이다."[288]

이 문장은 곰곰이 곱씹어봐야만 한다. 말인즉, 개인 자체는 더는 중요하지 않으며, 개인이 구조 속에서 받아들이는 장소, 전체 구조 속에 마땅히 있어야만 하는 위치를 가려보는 안목이 중요하다.[289]

구조주의 사상은 그동안 거의 모든 학문 분야로 스며들었다. 특히 이 사상은 미셸 푸코Michel Foucault, 1926~1984 덕분에 포스트 구조주의로 발전하며 더욱 영향력을 키웠다. 푸코는 카를 마르크스의 계급투쟁 이론을 받아들여 모든 사회구조에 적용했다.[290] 언어든 학문이든 철학이든 모든 것은 권력투쟁이 그 주된 동력이라고 푸코는 주장한다. 세상을 바라보는 중립적인 시선이라는 것은 없다.

권력투쟁으로 세상의 모든 것을 설명하는 이론의 발달은 매우 의미심장하고 동시에 치명적이다. 세계를 바라보는 우리의 시선이 사회구조의 영향을 받는다는 점은 의문의 여지가 없는 사실이기는 하다. 어떤 나라에서 태어났는지, 남성인지 여성인지, 어떤 사회계층에 속하는지 하는 모든 물음은 우리의 생각에 깊은 영향을 미친다. 그러나 푸코 이후의 포스트모던 이론은 이런 사실 확인을 넘어서는 주장을 펼친다. 이 주장대로라면 세계관이란 해당 사회가 쓴 문화적 안경에 지나지 않는다. 이런 주장은 더없이 심각한 문제를 낳는다. 왜 그런지 그 이유는 나중에 자세히 살펴보기로 하자.

어쨌거나 지금 확실하게 말할 수 있는 점은 포스트 구조주의는 공산주의와 니체를 뒤섞어 만든 주장처럼 들린다는 사실이다. 진실이 아니라 사회계층의 권력이 참과 거짓을, 도덕적인 선과 악을 결정한다.

구성주의 _____

20세기에 대두된 또 다른 중요한 철학 흐름은 구성주의다. 자칭 구성주의라 하는 이 사상은 인간의 지식이 어떻게 해서 생겨나는가 하는 물음을 출발점으로 삼는다. 구성주의는 우리가 진실을 인식하는 게 아니라, 특정 관점으로 사물을 빚어낸다는, 곧 구성한다는 기본 전제를 가진다. 나는 문학 이론과 철학을 공부하면서 구성주의에 열광했다. 당시 구성주의를 다루는 세미나들은 정말 흥미진진했기 때문이다.

구성주의에서 구조주의는 회의론적인 인식 이론과 분과 학문들과 결합한다.[291] 구성주의는 우리 인간이 진실을 알 수 없으며, 오로지 세상에서 방향을 잡아나가는 데 도움을 주는 새로운 모델을 구성할 뿐이라고 주장한다. 마치 '매트릭스'에 사로잡힌 나머지 환상 속에서 살아가며, 이 환상이 진리라고 여기는 모양새가 인간이 살아가는 진면목이라는 주장이다. 구성주의 이론은 우리의 지성이 도구에 지나지 않는다고 진단한다. '참과 거짓'을 갈라 보는 대신, '쓸모의 유무'만을 따지는 것이 인간의 지성이다.[292]

당시의 인문학과 문화계에 이런 모든 생각은 엄청난 영향력을 발휘했다. 이를테면 남성과 여성이라는 성별 문제를 다루는 젠더 연구는 성차별을 빚어내는 문화적 배경을 무엇이 올바름인지 하는 관점보다는 어떻게 해야 이 문제를 유용하게 풀 수 있는지에만 초점을 맞추었다. 성에 따른 역할 분담은 특정 사회구조가 구성한 산물로 평가되었다. 그러나 문제에 접근하는 관점은 오로지 '누구에게 무엇이 유용한가?' 하는 물음에만 매달렸다. 비교적 최근의 '비판적 인종 이론critical race theory'과 '포스트 식민주의 연구post-colonial studies' 역시 구성주의를 '인종과 출신 지역'이라는 분야에 적용한 것이다. 우리는 세계를 오로지 '서구' 또는 '백인'이라는 안경으로만 바라보고 있는 게 아닐까? 결국 이 문제에서도 이론의 관심은 권력 구조, 곧 특정 계층의 특정 주장만이 득세하게 만드는 구조의 발견에 맞춰질 따름이다.

구성주의의 발상 자체는 긍정적이다. 계몽과 해방이라는 동기가 분명하게 드러나기 때문이다. 권력의 압제에 시달려온 하층민 역시 대화 상대로 초대되어야 마땅하다. 이런 인간 해방의 관점은 특정 권력 구조가 신의 뜻으로 하늘에서 뚝 떨어진 게 아니라, 지배와 피지배의 역사가 만들어낸 산물임을 보여주어야만 한다.[293] 이것은 인류 역사상 매우 중요한 행보다. 그러나 극단적인 포스트모더니즘 사상가들은 아예 한 걸음 더 나아가 모든 권력은 허상일 뿐이며, 그저 사회구조의 산물일 뿐이라는 지나친 주장까지 서슴지 않았다. 이런 주장은 인간이 품은 해방이라는 간절한 갈망까지 허상으로 만들고 만다.

그러나 모든 것이 사회집단들의 권력투쟁에 지나지 않으며, 각 이해 집단의 관점 외에 실체라는 것은 전혀 없다고 한다면, 대체 해방된 인간은 어디를 지향해야 하는가?

어떤 구조로부터 풀려나는 해방은 그저 새로운 권력 구조로 넘어가는 단순한 변화일 뿐일까? 그렇다면 어떤 체계가 다른 것보다 더 낫다고 말할 권리는 누가, 또는 무엇이 보장할까? 소녀와 여인에게 할례를 하는 아프리카의 풍습을 서구의 학자는 무슨 권리로 비판할 수 있을까? 그리고 누군가 2 더하기 2가 5라고 주장할 때 그게 틀렸다고 무슨 권리로 우리는 반박할 수 있을까? 아마도 '2+2=4' 역시 어떤 특정 문화 구조가 낳은 허구가 아닐까?

에릭 해리스라면 이렇게 말하리라. 내가 무슨 생각을 하고 어떤 결정을 내리든 법이 무슨 상관이야? 뭐가 유용한지 누가 정하는데?

의미 있는 대화는 깨끗이 사라지고 오로지 저마다 다른 확신으로 무장한 서로 다른 집단들이 싸움판을 벌이는 사회는 생각만으로도 숨 막힌다. 한쪽은 '평평한 지구'를, 다른 쪽은 '큐어난

QAnon을 믿는다. 저마다 자신의 거품 속에서 빠져나올 줄 모른다. 번역은 불가능하다. 굳이 서로의 입장을 번역해 알아보려다가 우리는 길을 잃고 헤매기 십상이다.

어째 미친 세상 같지 않은가? 확실히 미쳤다. 하지만 바로 이런 세상을 만들어나가고 있는 사람은 다른 누구도 아닌 우리들 자신이다. 아니, 우리는 이미 이 세상의 포로로 살고 있는 게 아닐까?

반려견 공원에서 얻은 교훈 _____

이런 물음들의 답을 얻으려면 반려견 공원을 한번 둘러볼 필요가 있다. 보다 더 정확히 말하자면 미국 오리건주 포틀랜드에 위치한 반려견 공원이 그 현장이다. 이곳에서 헬렌 윌슨Helen Wilson이라는 이름의 연구자(가명)는 공원에서 개들의 짝짓기 행동을 관찰하고, 개들에게도 '강간 문화'가 있을까 하는 의문을 품었다. 다시 말해서 개들도 인간 사회와 마찬가지로 강간을 조장하고 묵인하는 행동을 보일까? 윌슨은 이 관찰이 아무런 답을 주지 못한다고 썼다. 관찰을 해봐도 개들이 실제 어떻게 느끼는지 인간인 자신은 알 수 없다나. 이어서 윌슨은 개 주인이 목줄을 쓰는 것이 수컷 개가 다른 수컷에게 달려드는 것을 막으려는 동성애 혐오에서 비롯된 행동이 아닌지를 살폈다. 윌슨은 목줄을 쓰

• 미국에서 유행하는 극우 음모론을 일컫는 말이다. ― 옮긴이

는 것이 동성애 혐오와 맞물리는 것으로 보기는 힘들다는 결론을 내렸다. 인간의 경우 남성에게 목줄을 씌우는 것이 정치적으로 용인될 수 없는 일이라 검증이 어렵다나.

다른 여성 연구자 마리아 곤잘레스Maria Gonzalez는 천문학자 가운데 남성이 많아 남성 위주의 진부한 시각이 대세를 이룬다며, 여성적 시각을 담은 천문학을 요구했다. 리처드 볼드윈Richard Baldwin 교수는 다시금 요즘 사람들이 이상적이라고 여기는 신체 유형을 바탕으로 '보디빌딩'을 연구했다면서, 이른바 '패트 보디빌딩Fat Bodybuilding'의 필요성을 역설했다. 패트 보디빌딩, 곧 의도적으로 몸을 뚱뚱하게 키우는 것 역시 군살 하나 없이 날씬한 몸매를 가꾸는 것 못지않은 스포츠로 인정해주어야 한다는 것이 볼드윈 교수의 주장이다. 이렇게 해야만 날렵한 몸매의 운동선수를 선호하는 부당한 유행을 막을 수 있다고 그는 강조한다.

2017년과 2018년에 발표된 세 편의 이 연구 논문들은 어떤 공통점을 가질까? 이 논문들은 모두 완전히 말이 되지 않는 헛소리다. 20여 편에 이르는 다른 가짜 논문들과 함께 이 세 편의 논문들을 피터 보고시언Peter Boghossian과 제임스 린제이James Lindsay와 헬렌 플럭크로즈Helen Pluckrose는 자신들의 이름을 가명으로 처리한 뒤에 권위를 자랑하는 연구 기관에 보내 논문 심사를 요청했다. 이 논문들 가운데에는 앞서 언급한 세 편보다 훨씬 더 말이 안 되는 것도 많았다. 어쨌거나 논문들은 이른바 '동료 심사peer review'를 받았다. 또 여러 차례 칭찬을 받았으며, 저명한 신문들에 발표되기도 했다. 내용은 말도 되지 않는 엉터리임에도 이런 결과가 나왔다.

결국 이 사건은 '불만학 사건Grievance Studies Affair'이라는 이름을 얻었으며, 그야말로 극과 극의 반응을 이끌어냈다.[294] 어떤 이들은 이 사건을 두고 중요한 학문 영역을 겨눈 공격이라고 흥분했으며, 다른 이들은 학문의 약점을 제대로 짚었다며 칭찬했다. 이 어처구니없을 정도로 재미있는 이야기 뒤에는 앞서 언급했던 물음들 외에도 아주 중요한 문제가 숨어 있다. 만약 세계를 바라보는 관점(개, 별들, 보디빌딩과 같은 문제들)이 각각의 문화적 안경에 따라 결정된다고 한다면, 어떤 주장을 놓고 그 진위 여부를 따져보는 일은 더는 가능하지 않다. 그럼 지구는 평평한가?

의미를 찾다

앞서 우리는 인간이 자신을 보는 관점과 세계 안에서 인간의 위상이 무엇이며, 이런 이해는 어떻게 생겨났는지 살펴보았다. 우리 모두는 시대의 자식인지라, 스콜라철학의 인간관은 중세만큼이나 우리를 다시 사로잡기는 힘들다. 다양성을 존중하는 다원주의 사회는 예전에는 전혀 볼 수 없던 자유를 만끽한다. 사회가 하나로 통합되었으면 좋겠다는 희망은 정치적으로야 나무랄 데없을지 모르나, 민주주의로는 말이 되지 않는 착각일 따름이다. 자연과학과 기술의 대단한 승승장구 덕에 인간은 자신이 가진 지성의 힘을 믿으며 비판적 물음을 제기할 수 있게 되었다.

이 모든 흐름이 가진 긍정적인 요소를 무시한다는 것은 미친

노릇이다. 우리가 새겨야 할 진짜 중요한 물음은 이런 흐름 속에서도 의미라는 심장 자원을 어떻게 지켜낼 수 있을까 하는 것이다. 진실을 말할 수 없다면 의미는 심각한 위협을 받는다. 과학기술만을 떠받드는 이른바 '근대화 프로젝트'가 생명의 중요한 기초를 허무는 위험을 내포하고 있다는 점은 생태 운동이 분명히 확인해준 바다. 의미의 생태를 두고도 우리는 같은 진단을 할 수 있다. 생명의 중요한 기초 가운데 하나는 진리 개념이다.

인간은 어떻게 해야 진정한 삶을 누릴까 _____

정치가 그려내는 유토피아는 그게 어떤 것이든 언제나 이상적인 사회가 이상적인 인간을 배출한다는 기본 전제에서 출발한다. 그러나 이상적 사회는 저절로 찾아오는 게 아니기 때문에 언제나 폭력과 선동이 동원되어야만 어리석은 대중을 행복으로 강제할 수 있다. 공산주의 국가의 정치 지도자들이 과대망상, 부패, 비겁함 또는 잔인함에 사로잡힐 수 있다는 점을 공산주의 이론은 전혀 염두에 두지 못했다. 사회주의 국가가 지극히 인간적인 목표를 설정하고도 독재국가로 전락한 탓에 사람들은 늘 환멸을 맛보곤 했다.[295] 이런 역사적 사실에서 분명하게 볼 수 있듯, 공산주의의 문제는 이론이 아니라 실천이 빚어낸다.

에덴에도 유토피아적 이상이 담겨 있다. 인간은 에덴 안에서 모든 것을 누리는 이상적 상황에도 악에 끌리는 유혹을 받는다. 이 유혹은 인간이 진실을 가지고 놀 때 시작된다. 알렉산드르 솔제니친은 자신이 굴라크에서 보낸 오랜 세월의 경험이 주는 본질적 교훈으로 유혹에 흔들리는 인간의 이런 취약함을 꼽았다. 다른 사람들만 악한 게 아니다. 공산주의가 나쁜 것도 아니다.

"점차 나는 선과 악을 가르는 선이 국가들 사이가 아니라, 계급들 사이가 아니라, 정당들 사이가 아니라, 모든 인간의 심장 안을 가르고 있음을 깨달았다. (……) 심지어 사악함에 사로잡힌 인간의 심장 안에도 선함의 교두보는 건재하다. 선하기 이를 데 없는 심장 안에서도 악함은 똬리를 틀고 호시탐탐 기회를 엿본다."[296]

이렇게 해서 솔제니친은 외적 구조가 인간을 규정한다는 이론과는 정반대의 결론에 이르렀다.

"네가 동물이 될지, 아니면 인간으로 남을지 하는 것은 인간됨을 믿는 확고한 의식에 달린 문제다."

'인간은 행복하기 위해 창조되었다'는 알량한 이데올로기가 아니라 오로지 이런 믿음만이 인간이 지닌 선함이라는 은혜로운 천성을 보존해준다.[297] 예를 들어 솔제니친이 굴라크에서 함께 생활했던 동료 타라슈케비치Taraszkiewicz는 악의라고는 찾아볼 수 없는 지극히 평범한 인물이다. 타라슈케비치는 자신이 쉽게 무너지지 않는 비결을 솔제니친에게 이렇게 털어놓는다.

"나는 흰 것은 언제나 희다고 말해."[298]

진리의 포착

진리를 길라잡이로 삼으려는 태도는 인간의 타고난 근본이다.

인간은 진리를 잃을 때 자신을 잃고 방황한다. 철학은 진리가 무엇인지 정의하고자 다양한 시도를 해왔다. 문제는 진리의 모든 정의는 이미 진리의 존재를 전제하고 들어간다는 점이다. 정의해야 할 대상을 미리 전제하고 들어가는 것은 순환 논리로 해결하기 매우 까다로운 난제다. 그러나 이 어려움은 정반대의 주장을 하는 극단적인 상대주의의 아킬레스건이기도 하다. 모든 진리가 상대적이라면, 모든 진리가 상대적이라는 주장도 상대적이기 때문이다. 그렇다면 모든 진리가 상대적이라는 주장은 하나 마나 한 헛소리에 지나지 않는다.

"객관적 진리는 없다."는 문장은 엄밀하게 보자면 앞뒤가 맞아떨어지지 않는 자가당착이다. 이 문장은 객관적으로 인정되었으면 하는 것, 곧 그때그때 상황과 무관한 것을 진리로 인정해야 한다고 주장하기 때문이다. 많은 것이 맥락에 따라 달라지며, 문화적인 영향을 받는 주관적 측면을 가지는 반면, 이데올로기는 모든 것을 두고 이런저런 주장을 하며, 이 주장만큼은 객관적이라고 포장하기를 서슴지 않는다. 비록 개인이 완전한 진리를 파악했다고 주장할 수는 없을지라도, 진리는 존재한다.[299] 독일의 시인 마티아스 클라우디우스Matthias Claudius, 1740~1815는 자신의 아들 요하네스Johannes에게 보낸 편지에 이렇게 썼다.

"사랑하는 아들아, 진리는 우리에게 맞춰주는 게 아니라, 우리가 진리에 맞춰야만 하는 거란다."[300]

이데올로기 이론가는 클라우디우스와는 정확히 반대되는 말을 한다. 헝가리 철학자 죄르지 루카치György Lukács, 1885~1971는 자신의 논문 〈무엇이 정통 마르크스주의인가〉에서 이렇게 썼다.

"결단이 사실에 앞선다."

이론이 사실과 모순된다면, 우리는 사실의 노예가 되어서는 안 된다고 이 골수 마르크스주의자는 주장한다.

"결단을 미룰수록 사실은 더 열악해지니까."[301]

이 어이없을 정도로 무서운 문장을 우리는 냉철하게 이렇게 바로잡기로 하자. 이러한 이데올로기 아래서 인생을 살고 죽음을 맞이하는 사람만큼 최악의 인생을 산 경우가 또 있을까.

에덴의 이야기가 가지는 의미도 마찬가지다. 선악과의 열매를 먹고 진리를 자신의 입맛대로 주무르려 유혹을 느끼면서부터 인간은 피를 흘리기 시작했다.

나의 진리와 너의 진리

어떤 소셜미디어 플랫폼에서 토론하던 와중에 한 청년이 나에게 자신의 생각을 참이나 거짓으로 양단하지 않았으면 좋겠다고 썼다. 다른 사람들도 나름대로 자신의 의견을 참으로 여기기 때문이라고 했다. 젊은이는 다른 사람의 관점을 이해하려는 자세가 중요하다고도 강조했다.

이 작은 사건은 나에게 짙은 여운을 남겼다. 우선 나는 이 젊은이의 발언 뒤에 숨은 조촐하지만 열린 태도가 무엇 때문인지 정확히 말할 수는 없지만 감동적으로 다가왔다. 당시 토론의 주제가 거창한 것은 아니었다. 하지만 토론 주제가 중대한 의미를 가지는 윤리 문제였어도 같은 말을 할 수 있을까? "어떤 종교도 자신만이 참이라는 주장은 할 수 없다."는 말은 그 청년도 동의하리라. 하지만 "정치적 의견이 다르다는 이유로 수감된 사람을 고문하는 것을 반대하느냐, 아니면 허용하느냐?" 하는 물음과 관련해서는 어느 쪽 주장이든 모두 옳다고 인정해야 할까? 참과 거짓을 확실하게 갈라 판단해야 할 문제는 분명히 존재한다.

앞서 나는 '진리'라는 범주가 인간 정원의 대체할 수 없는 뿌리 가운데 하나임을 논증했다. 진리가 없다면 의미는 메말라버린다. 인간은 진리라는 뿌리 없이는 살 수 없다. 뿌리를 잃은 생명은 극심한 불안이라는 카오스로 전락하고 만다. 근대의 인간관을 압축해 보여주는 두드러진 특징은 역사적 생성Werden, 헤겔이 말하는 변화의 운동 외에도 감정을 진정성 있게 살려내는 일에서 인간이 자신의 정체성을 찾으려 노력한다는 점이다. 정체성을 진정한 감정에서 찾고자 하는 이런 노력은 추적해볼 가치가 충분하다. 이로써 나는 왜 우리가 오늘날 '선과 악'이라는 범주를 소홀히 여기는지, 우리가 살아가는 사회를 불신과 체념으로 바라보는지 살펴보고자 한다.

"네가 원한다면 뭐든!"

근대가 이해한 자아 개념은 개인에게 초점을 맞추었다. 이 개념은 개인의 발달을 중시한다. 어떤 광고는 스포츠카를 구입하는 여성을 보여준다. 스포츠카가 없으면 출근할 수 없어서가 아니라, 이 자동차가 살아 있다는 감정의 표현이기 때문에 그녀는 기꺼이 지갑을 연다. 운전의 즐거움을 만끽하자Freude am Fahren.*

직업을 선택하며 우리는 무슨 직업이 자신에게 맞는지, 어떤 라이프스타일이 자신과 맞는지, 무슨 옷이 맞는지 자문한다. 누군가 더는 자신과 맞지 않아서 관계를 끝내야겠다고 말한다면, 우리는 그 말을 십분 이해한다. 누군가 재충전을 위해 발리로 여행을 간다면, 우리는 부러움을 느낀다. 이 모든 것은 100년 전만 하더라도 많은 사람들이 괴이하게 여겼을 언행이다. 캐나다 철학자 찰스 테일러는 현대인의 자아 이해를 '표현주의'와 '진성성의 시대'라는 개념으로 표현한다.[302] 옛날 사람들은 사회 안에서 자신이 감당해야 하는 역할과 사회규범을 존중한 반면, 이런 인간관은 18세기부터 변화하기 시작했다. 이런 관점 전환에 중요한 의미를 가지는 인물이 장자크 루소Jean-Jacques Rousseau, 1712~1778다. 당시로는 유례를 찾아볼 수 없는 열린 자세로 루소는《고백록Les Confessions》에서 자신의 어린 시절을 묘사한다. 그는 자신의 내면을 과감하게 드러냄으로써 인간의 진정한 본성이 무엇인지 보여주고 싶어 했다.

어린 시절이라는 인간의 원본 상태를 루소는 인간이 누리는 근원적 축복이라고 본다. 이런 순수한 상태를 망가뜨리는 것은 사회다. 도덕 감정의 근원을 인간의 내면에서 찾는 루소의 이런 관점 전환은 얼핏 보기에는 뭐가 그리 대단할까 싶지만, 실제로

• 자동차 제조회사 BMW가 내건 광고 문구다. ― 옮긴이

대단히 혁명적인 행보였다. 도덕은 외적인 법칙을 따르는 것이 아니라, 내면에 충실한 진정성을 그 바탕으로 삼는다고 루소는 보았기 때문이다. 괴테는《젊은 베르테르의 슬픔Die Leiden des jungen Werther》(1774)에서 주인공 베르테르의 행동과 감정을 두고 일체 평가를 유보한다. 젊은 주인공은 자살을 하지만, 이런 선택은 비판받지 않는다. 그의 자살은 사랑이라는 감정으로 아파하는 심장에서 비롯되었기 때문이다. 이로써 계몽주의는 합리적 이성 외에도 또 다른 중요한 동기, 곧 감정의 중시를 드러냈다. 낭만주의 작가들 덕분에 감정은 인습적인 도덕을 누르고 승리했다. 좋은 인생이 어떤 모습이어야 하는지는 내면의 감정이 말해주는 것이지, 외부의 심판이 결정하는 게 아니다.[303] 솔직한 감정과 이 감정의 진정성 있는 표현이 가장 중요하다. 이런 관점은 오늘날 우리의 인간관 형성에 깊은 영향을 주었다. 그러나 인간의 중심이 감정이라고 한다면, 도덕은 심각한 위협을 받는다. 감정에 휘둘리는 도덕은 성립할 수 없기 때문이다.

스코틀랜드 출신으로 미국에서 활약했으며 아직 생존하는 철학자 알래스데어 매킨타이어Alasdair MacIntyre는 계몽주의가 도덕의 기초를 닦아주려고 시도했으나 실패했다고 비판한다. 그는 서구의 도덕이 옳은 행동이냐 잘못된 행동이냐 하는 판단의 근거로 주관적 감정만 내세우는 허약한 것이라고 지적한다. 예를 들어 어떤 사람이 "도둑질은 나쁘다."라고 말하면서, 그 근거로 제시한다는 것이 "나는 도둑질은 생각만 해도 기분 나빠. 나는 도둑질이 싫어." 하고 말한다면, 훔친다는 부도덕한 행위가 막아질까? 매킨

타이어는 감정에 의존하는 도덕 이론을 '정서주의Emotivism'라 부른다.[304] '정서주의'는 오랜 세월 동안 대중문화의 상품 덕에 각광을 받았다. 1950년대에는 말론 브란도Marlon Brando 또는 반항아의 상징 제임스 딘James Dean이 출연한 영화는 고루한 사회에 대항해 감정을 마음껏 발산했다. 힙합의 전설 투팍 샤커Tupac Shakur는 가슴팍에 "Just do it"이라고 쓰인 나이키 티셔츠를 입고 〈오로지 신만이 나를 심판해Only God can judge me〉라는 제목의 랩을 불렀으며, 2014년 테일러 스위프트Taylor Swift는 뉴욕을 완전히 다른 사람으로 살아갈 수 있는 도시라고 노래하며, "원하는 건 뭐든 원할 수 있어you can want what you want"라고 찬미했다.[305]

표현의 자유라고?

무엇이 옳으며, 어떻게 살아야 올바른가 하는 물음은 정서주의 탓에 개인적 취향의 문제, 이른바 '스타일'의 문제가 되고 말았다. 개인이라는 주체가 모든 것을 자신이 선호하는 취향으로 정해버리는 탓에 그런 세계관이나 스타일의 배경이 무엇인지 묻는 일은 하찮다는 취급을 받거나, 더욱 심각하게는 개인을 겨눈 공격으로 여겨진다. 다문화주의로 취향이 서로 충돌하며 갈등이 심해질 법한데, 이상하게도 현실에서 그런 갈등이 빚어질 확률은 그리 높지 않다. 인터넷 덕분에 우리는 자신의 취향과 선택을 편들어주어 좋은 기분을 맛보게 해주는 정보를 쉽사리 찾을 수 있기 때문이다. 그리고 끊임없이 입맛에 맞는 디지털 정보가 넘쳐

나는 마당에 누가 어떤 일이나 사건의 배경을 집요하게 파고들까? 입맛에 맞는 정보로 짜깁기한 음모론이 최근 들어 기승을 부리는 이유가 달리 있는 게 아니다.

세상을 바라보는 자신의 안경이 어떻게 생겨났는지, 왜 이런 선입견을 떨쳐버리기 힘든지 묻는 자세는 대단히 중요하다. 이런 문제를 진지하게 다루는 토론을 통해서만 우리는 배움을 얻는다. 배경을 캐묻는 자세를 가져야만 진리에 가까이 갈 수 있다. 하지만 정확히 이런 토론에 사람들은 아무런 관심을 가지지 않는다. 그런 건 재미가 없단다. 2020년 9월《사회학과 사회심리학 쾰른 신문 Kölner Zeitschrift für Soziologie und Sozialpsychologie》에 발표된 한 편의 연구 논문은 심리학과 정치학 전공의 대학생들을 상대로 설문 조사를 벌였다. 이슬람과 민주주의는 서로 합치할 수 있는 가치인지, 이슬람 난민 문제는 어떻게 보아야 하는지 등 사회적 논란이 심한 주제에서 어떤 학자가 주된 여론과는 배치된 의견을 보였을 때 당신 같으면 어떻게 대처하겠는지 설문했다. 응답자의 3분의 1에서 절반 정도까지는 그런 논쟁적인 입장을 가진 학자는 대학에서 강연을 하지 못하게 해야 한다고 단호히 주장했다. 심지어 응답자의 3분의 1은 그런 학자의 책은 도서관에서 대출조차 해주지 말아야 한다면서, 대학교 도서관에서 책을 빼달라고 요구했다.[306]

이 연구는 문제의 심각성을 여실히 보여준다. 정치철학자 존 로크 John Locke, 1632~1704는 누구나 자신의 의견을 가지고 이를 표현할 자유야말로 자유사회의 기본 조건이라고 강조했다.[307] 그러나 오늘날 자신의 고유한 의견을 가진 사람은 만만치 않은 위험에 시달린다. 이 의견이 다른 사람들을 화나게 하거나 마음에 상처를 줄 수 있기 때문이다. 그리고 분노의 표적이 되거나 명예훼손으로 소송을 겪는 게 아닌가 하는 두려움은 갈수록 커진다. 2019년 어떤 설문 조사의 응답자 가운데 60%는 오늘날 "어떤 주제로 무슨 말을 할지 대단히 조심해야만 한다."라고 밝혔다. "어떤 의견이 허락되며 수용되는지, 어떤 것은 금기인지 굳이 말하지 않아도 지켜야만 하는 수많은 불문율이 존재한다."라는 것이다.[308] 이런 상황은 단순히 개인의 의사 표현 그 이상의 심각한 문제를 드러내기 때문에 매우 위험하다. 그러나 특정 의견을 공개적으로 발언하는 것은 허용될 수 없다는 주장은 안타깝게도 오늘날 법적인 정당화까지 얻었다.

2013년 12월 전설적인 가수 밥 딜런Bob Dylan은 프랑스 법원으로부터 "인종차별을 부추기는 발언"을 했다는 이유로 조사를 받아야만 했다. 앞서 딜런은 《롤링 스톤 매거진Rolling Stone Magazine》에서 미국의 인종차별을 두고 인종과 관련한 갈등은 피해자들에게 크나큰 상처를 안긴다고 발언한 바 있다. 미국에서 자행되는 인종차별을 비판하기 위한 발언이었지만, 딜런은 이 맥락에서 크로아티아와 세르비아 사이의 갈등을 언급하고 크로아티아를 잔혹한 범죄를 저지른 나치스에 비교했다. 프랑스의 '크로아티아 협의회'는 크로아티아 사람들을 나치스와 비교한 딜런에 발끈해 소송을 제기했다.[309] 소송은 결국 필요한 형식 요건을 채우지 못했다는 이유로 무혐의 처리되었다. 만약 소송이 정식 절차를 밟았다면 딜런은 1년의 실형을 살 수 있었다. 사람들은 딜런의 비교를 의심할 바 없이 부적절하다고 여겼다 할지라도, 그게 형사 처분을 받을 정도로 심각하다고 볼까? 가수가 인터뷰를 하며 전 세계의 단 한 사람도 불쾌해하지 않는 말을 해야 한다고 우리는 기대해야 옳을까?[*]

영국의 법학자 폴 콜먼Paul Coleman은 의사 표현의 자유와 관련한 소송에 어떤 게 있는지 전 세계적인 추세를 연구했다. 그는 혐오 발언을 규제하는 법안이 유럽에서도 추진되고 있다고 확인한다. 얼핏 보면 이런 추세는 좋은 일처럼 보인다. 그러나 자세히 들여다보면 이 사안 안에는 악마가 숨어 있다.

대체 혐오라는 것이 무엇인가? 폴란드에서는 다른 사람의 종교를 비방한 경우 2년의 실형이 선고될 수 있다. 덴마크는 '외국인에 대한 모욕' 같은 형벌을 내린다. 누군가 자신의 종교나 조국, 정부를 겨눈 비판으로 상처를 받았다고 해서 형사 처분을 하는 것이 온당할까? 해석의 여지가 많은 법 조항은 혹시 검열 또는 자기 검열만 유도하는 게 아닐까? 폴 콜먼은 자신의 책《검열당하다》에서 새로운 관련 법안들과 갈수록 첨예해지는 적용 사례들을 선보인다.[310]

---

[*] 크로아티아와 세르비아는 갈등으로 얼룩진 역사를 가졌다. 크로아티아에서 독일의 나치스 정권과 가까운 행보를 보였던 우스타샤Ustasha 정권은 거의 8만여 명에 이르는 세르비아 사람들을 죽음으로 몰아넣었다. 딜런은 미국의 인종차별을 비판하며 백인이 흑인을 대하는 태도가 크로아티아가 세르비아를 다룬 것과 같다고 비교했다. — 옮긴이

정체성 함정

  자신만을 위해 진리를 빌려 쓸 수 있는 사람은 아무도 없다. 토론은 바로 그래서 필요하다. 진리를 지향하는 사회는 대화를 중시한다. 이런 사회가 의미로 충만한 사회다. 이런 대화는 달갑지 않은 의견일지라도 표현할 수 있게 해주어야만 성립한다. 근대의 인간관으로 우리의 정체성은 갈수록 더 강하게 개인의 감정으로 정의되는 탓에, 자아는 갈수록 더 상처받기 쉽다. 인정이 없이 살아갈 수 있는 사람은 없기 때문에, 인간은 자신의 의견을 인정해주는 집단을 찾게 마련이다.

  인도 출신의 노벨상 수상자이자 독일 서적상 협회의 평화상 수상자인 아마르티야 센Amartya Sen은 오늘날 사회가 안은 많은 문제들 가운데 하나를 정체성 혼란이라고 꼽는다. "인간이 단일한 정체성이라는 함정에 빠졌다는 것"이 그의 진단이다. 오늘날 인간은 다양한 소속감을 자랑하는 다채로운 인격체가 아니라, 무엇보다도 "특정 집단 또는 공동체의 일원"으로만 자신을 이해한다. 아마르티야 센은 이런 것을 두고 '정체성 함정'이라 부른다.[311] 이 함정은 진리가 아니라 개인의 감정에 초점을 맞춘 인간관이 피할 수 없이 초래한 결과다. 개인이든 사회든 공통의 진리 인식을 가지지 못하는 한, 오로지 집단 사이의 싸움만 남는다. 이런 싸움은 정치 논쟁, 특히 각종 미디어와 소셜 네트워크에서 얼마든지 찾아볼 수 있다. 감정만으로 진흙탕 싸움을 벌이는 일은 결코 바람직하지 않으며, 정상이 아니다. 극심한 혼란은 우리가 진리에 등을 보인 탓에 빚어진다.

세 번째 문제:
바이오 해커, 골렘, 트랜스휴머니즘

／

상의를 거의 벌거벗다시피 한 그녀가 문을 활짝 열어젖혔다. 가볍게 취했는지 그녀는 몸을 잘 가누지 못한다. 하지만 이런 모습은 이 기괴한 주거공동체Wohngemeinschaft*에서 흔히 보는 일상이다. 어쨌거나 그녀는 미아Mia에게 자신의 방을 보여주고 이내 다시 사라졌다. 따뜻한 빛이 프라이부르크의 구시가를 밝힌다. 그러나 이런 평온한 모습은 오래가지 않아 사라진다.

2020년에 독일에서 방영된 이 넷플릭스 드라마는 유전공학이 눈부실 정도로 발달한 나머지, 연구자가 컴퓨터 해커처럼 유전자를 직접 조작하는 상황을 그려낸다. 이 시리즈는 미래를 무대로 하지만, 오늘날 이런 기술은 이미 존재한다. 이른바 '유전자 편집 Genome Editing'이라는 기술이다.[312] 이를 위해 쓰는 '크리스퍼CRISPR' 기술은 유전자의 분자를 가위처럼 잘라내 새로운 것으로 대체한다. 컴퓨터에서 문서를 편집하는 것과 똑같은 작업이다.[313] 이 기술의 응용 가능성은 무궁무진하다. 유용 식물이 해충에 저항할 수 있게 힘을 키워주는 녹색 유전공학에서부터 낭포성 섬유증 Cystic fibrosis과 같은 유전적 질병을 치료하는 데에도 쓰일 수 있다. 물론 '바이오 해커'는 그리 유쾌하지 않은 그림을 보여준다. 이 드라마에서 의학 전공 여대생 미아는 여교수 로렌츠Lorenz의 수상한

• 몇 사람이 돈을 모아 공동으로 집을 세내 생활하는 주거 형태다. ─ 옮긴이

행동을 포착한다. 로렌츠 교수는 바이오 해킹을 이용해 인간에게 치명적인 바이러스를 심으려 한다. 이 감염은 오로지 로렌츠 교수가 개발한 유전자 요법으로만 치료될 수 있다. 교수의 목표는 세계 점령이다. 섬뜩하지 않은가? 충분히 현실이 될 수 있는 상상이다!

인간이 자기 자신을 파괴할 수 있는 기술을 개발하면 무슨 일이 일어날까 하는 물음은 사실 아주 오래된 것이다. 이런 기술의 가장 잘 알려진 사례는 아마도 프랑켄슈타인이리라. 그보다 더 오래된 것은 중세의 전설에 등장하는 골렘Golem이다. 이 전설에서 어떤 지혜로운 유대인은 숫자를 이용한 마법으로 인간과 흡사한 모습의 골렘을 만들어 자신의 종으로 삼았다. 그러나 골렘은 갈수록 덩치가 커지는 통에 유대인은 이 종을 더는 다스릴 수 없었다. 전설의 핵심 메시지는 인간이 만들어내는 것은 그게 무엇이든 얼마든지 오용될 수 있다는 교훈이다.

오늘날의 상황은 더할 수 없이 심각해졌다. 인류 역사상 처음으로 인간은 자기 자신을 근본적인 변화의 대상으로 삼는다. 인간은 세상만 자기 멋대로 꾸며내는 게 아니라, 이제 인간 존재 자체도 원하는 대로 주무르려 한다. 기술의 이런 발달은 이른바 '트랜스휴머니즘Transhumanism' 또는 '포스트휴머니즘Posthumanism'이라는 명칭을 얻었다. 인간이 생물적으로 타고난 장점을 극대화하거나 약점을 극복하게 해주는 기술을 유전공학이 열어줄 것으로 사람들은 기대한다. 이를테면 두뇌의 능력을 끌어올리는 '스마트 약물', 수명을 연장해주는 다이어트 또는 인공 장구가 인간의 희망사항이다. 의수나 의족과 같은 인공 장구는 인간과 기계를 아예 밀접하게 결합하는 쪽으로 나아간다. 또는 두뇌에 나노 칩을 심겠다는 구상도 있다. 다시는 잊어버릴 일이 없으며, 컴퓨터보다 더 빠르게 계산할 수 있을 거라면서. 크리스퍼 기술은 인간의 유전자도 바꾸어놓을 전망이다. 유전병을 앓는 아동의 DNA를 인공수정한 줄기세포로 바꾸어주는 방법도 논의된다. 기술은 심지어 훨씬 더 많은 것을 장밋빛으로 그려낸다. 이런 기술이면 아예 유전형질을 바꾸어놓지 못할 이유가 무엇인가? 예를 들어 파란색이나 금색의 눈동자를 반짝이며 지능지수가 매우 높은 '디자인 베이비'를 만들 기대도 얼마든지 현실이 될 수 있다.

트랜스휴머니즘이라는 단어의 라틴어 접두사 'trans'는 말 그대로 '~을 넘어가다'라는 뜻이다. 인간의 차원을 넘어서는 것이 곧 트랜스휴머니즘의 보다 더 근본적인 뜻이다. 살과 뼈를 보다 더 효율적이고 강한 물질(예를 들어 규소와 강철)로 대체한다면 저 '마블Marvel' 영화의 주인공 울버린Wolverine 못지않은 히어로가 만들어지리라. 일론 머스크는 인간의 두뇌가 컴퓨터처럼 인터페이스를 갖추지 못해 계산 능력이 떨어진다고 주장한다. 손으로 일일이 자판을 두들겨가며 단어를 입력하느니, 시스템 사이의 소통 장치인 인터페이스를 장착한다면, 인간 두뇌는 무시무시한 속도를 자랑할 수 있단다. 머스크가 설립한 '뉴럴링크Neuralink' 회사는 인간의 두뇌를 직접 클라우드에 접속시키는 기술을 개발한다. 인간의 의식이 육체라는 생물적 하드웨어에 탑재된 소프트웨어이자 데이터에 지나지 않는다고 한다면, 언젠가 인간을 완전히 "클라우드에 업로드"할 수 있는 날이 오리라. 그렇다면 몸이 죽는 사망쯤이야 얼마든지 극복할 수 있다. 정확히 이런 시나리오는 앞서 우리가 살펴본 〈블랙 미러〉가 그렸더랬다.

이런 발상에 특히 열광하는 쪽은 대중 오락산업이다. 하지만 이런 상상은 그저 미친 꿈 놀이가 아닌, 얼마든지 현실이 될 수 있는 이야기다. 전 세계적으로 과학자들은 트랜스휴머니즘이라는 거대한 공사 현장에서 구슬땀을 흘리고 있다. 물론 자신을 명시적으로 '트랜스휴머니스트'라 부르는 사람은 극소수일 뿐이기는 하지만.[314]

인간의 개량?

이 모든 것은 대체 어떻게 평가해야 좋을까? 우선 논란의 여지가 없는 사실은 이런 기술 발달이 실제 일어나고 있다는 점이다. 지금껏 불치병으로 여겨왔던 것의 치료나 훨씬 더 잘 조종할 수 있는 인공 장구 등은 누가 원하지 않을까? 인지능력과 몸의 성능을 높이는 인간의 능력 향상이라는 생각, 즉 인간 증강human enhancement도 문제될 건 없다. 건강하게 더 오래 살고 싶다거나, 더욱 집중하고 싶다는 생각을 부정적으로 볼 이유는 없다. 커피도 생각에 도움을 주며, 인공 심장판막 역시 수명을 연장해준다. 인간에게 인간다운 품위를 지킬 수 있게 해주는 기술적 간섭은 도덕적으로도 나무랄 데 없다.

그러나 인간이 어떤 존재인지 하는 물음은 트랜스휴머니즘을 특히 심각한 문제로 만든다. 트랜스휴머니즘은 앞서 우리가 자세히 살펴본 근대의 인간 이해를 지속적으로 밀어붙이는 관점이다. 인간이 어떤 존재인지는 확실하게 정해진 게 아니며, 얼마든지 자신의 손으로 꾸밀 수 있다는 발상이 근대의 인간관이지 않았던 가. 많은 과학자들의 노력으로 죽음을 이겨낸다거나, 적어도 수명 연장을 할 수 있다면, 이제 인간에게 한계란 거의 존재하지 않는다.[315] 결국 트랜스휴머니즘은 해방인 동시에 권력의 총체적인 장악이다. 무제한의 수명, 엄청난 효율성을 자랑하는 정신 능력, 물질로부터 완전히 떨어져 나온 의식은 인간에게 생각할 수 있는 모든 꿈의 실현을 약속해준다.

다만 좀 과대망상은 아닐까. 기계에 의존해 능력을 끌어올리겠다는 과대평가는 인간이 자신을 너무 과소평가하는 결과가 아닐까. 트랜스휴머니즘이 그려내는 인간은 인공지능 분야에서 매일 업데이트되는 기술로 기능하는 기계다. 그림과 사진을 '인식'하고, '그리며', '시를 쓰고', '음악을 작곡하는' 모든 작업은 알고리즘이 대신한다. 인간은 정말 길이라고는 없는 황무지에서 홀로 길을 열어가는 로봇이나, 자기 학습을 통해 체스 세계챔피언을 누르는 컴퓨터 프로그램이 되고 싶을까?[316] 이 모든 것은 놀라운 능력이기는 하지만, 그저 기계의 기능일 뿐이다.

반대로 인간은 그가 구사할 수 있는 능력 그 이상의 존재다. 인간은 의미를 물을 줄 아는 존재다. 인간은 진리를, 도덕을 추구하며, 초월적인 영원함을 생각할 줄 아는 존재다. 또 죽은 이의 장례를 치러주며, 자서전을 쓸 줄 아는 존재다. '나'라고 말하는 인간은 서로 사랑하는 결속이 없이는 살아갈 수 없는 존재이기도 하다.

그러면 인간은 어떤 미래를 추구해야 할까? 결국 중요한 물음은 인간이 자신을 바라보는 관점, 인간의 자기 이해다. 이는 곧 자연과 완전히 따로 노는 인간관, 무제한의 생명을 꿈꾸되 오로지 기능과 물질로만 축소된 인간관, 근대에서 출발한 인간관은 잘못되었으며 위험함을 의미한다. 겉으로는 인간을 나약하고 부족한 한계로부터 해방시켜준 것처럼 보이지만, 이런 인간관은 오히려 인간을 더욱 초라하게 축소했을 뿐이다.

프로이트는 인간을 본능적 충동으로, 다윈은 생물적 존재로, 구조주의는 사회구조로 각각 축소했다. 그러나 인간이 사회가 빚어놓는 구조물이라고 한다면, 왜 인간을 전혀 새로운 존재로 재교육할 수 없을까? 인간이 자연의 생물에 지나지 않는다면, 어째서 생물의 본질적 특성인 발달이 더 이상 이뤄지지 않을까? 인간이 오로지 충동에 휘둘리는 존재라고 한다면, 왜 나쁜 충동들을 억누를 새로운 충동은 만들어지지 않을까? 인간을 원하는 대로 주물러 만들 수 있다는 생각, 이로부터 비롯된 '새로운 인간'이라는 꿈은 국가사회주의인 나치스는 물론이고 공산주의를 이끈 핵심 사상이다. 그리고 피로 물든 20세기의 역사가 보여주듯, 더 낫게 만들어주겠다는 '개선과 개량'으로 포장되어 팔았던 모든 것은 인류에게 불행만을 안겨주었다. 대체 무엇이 '더 나은지' 누가 정하는가? 누구를 위해, 어떤 관점에서 더 나은가? '인간 증강'에 적용해본다면, 빠른 계산 능력을 가진 두뇌는 무조건 더 좋은가?

어떤 대가를 치르더라도 오래 살기만 하면 최선인가? 더욱 어려운 문제는 이렇다. 불치병을 앓는 환자는 차라리 평안한 죽음을 맞게 해주는 것이 더 낫지 않을까? 차라리 태어나지 않았다면 더 좋은 게 아닐까? 장애를 가진 아기의 출산은 금지되어야 마땅한가? 순전히 철학적 물음처럼 들릴지라도 이 문제는 현실에서 더없이 중요하다. 독일은 태아의 장애가 확인될 경우 임신중절을 허용한다. 물론 출생 이후에는 장애를 가졌다 할지라도 인간으로 누릴 수 있는 모든 권리가 인정된다.

그러나 어디까지 허용되고 무엇은 안 되는지 그 경계 설정이 아주 애매해 많은 문제를 드러낸다는 점은 2021년 1월 2일 독일 연방대법원이 내린 판결이 여실히 보여준다. 이 판결에서 법원은 2년 전 베를린 지방법원이 두 명의 의사에게 살인 혐의로 내린 유죄 선고를 뒤집었다.[317] 두 의사는 제왕절개를 하면서 임산부의 희망대로 쌍둥이 가운데 장애가 있는 한 아기에게 염화칼륨을 주사해 살해했다. 아기는 얼마든지 살 수 있었지만, 두뇌에 심각한 손상을 입어 세상에 나온다 해도 평생 장애에 시달려야만 했다. 연방대법원은 두 의사의 유죄를 확인하기는 했지만, 일반적인 살인에 적용되는 처벌은 적절치 않다고 판시했다. 장애를 가진 태아에게는 다른 규칙이 적용된다는 것이 법의 충격적인 판단이다.

'착상 전 유전자 진단Preimplantation genetic diagnosis, PID'은 오늘날 인공수정으로 수태된 태아를 분자유전학으로 진단해 어떤 태아는 살아야 하고, 어떤 태아는 죽어야 하는지 결정하는 방법이다.[318] 이 문제에서도 근본적인 위험은 상존한다. 인간을 더 낮게 만들 수 있다는 '개량'의 꿈은 언제나 권력을 유혹한다. 누가 어떤 이상을 들먹이며 무엇을 제물로 바쳐야 하는지는 우리 인간 모두가 머리를 맞대고 정하는 게 아니라, 기술과 정치권력을 가진 쪽이 결정한다. 이렇게 해서 인간은 원하는 대로 주물러 만들 수 있는 존재로 전락한다. 결국 빠르든 늦든 문제는 이런 권력이 희생의 제물을 찾게 된다는 점이다.

"누가 희생되어야 할까." 이런 식으로 계속해서 최적화를 추구하는 사회는 갈수록 더 많은 실패자를 양산한다. 완벽하다는 이상과 맞지 않는 사람은 모두 패배자가 될 수밖에 없다. 나 자신이 내일 이 패배자 가운데 한 명이 되지 않는다고 누가 보장할까. 젊고 아름답고 늘씬하거나 근육질 몸매의 완벽한 외모를 따라가지 못하는 사람은 실패자일 뿐이다. 완벽하지 못하고 결손이나 장애의 아픔으로부터 자유롭지 못한 탓에 살 가치가 없다고 손가락질을 받는 패배자는 대체 어떻게 해야 좋을까? 트랜스휴머니즘 운동은 우생학을 노골적으로 인정한다는 점이 충격적이기는 하지만, 유감스럽게도 논리적으로는 일관된 태도를 보여준다.[319]

원하는 대로 마음껏 만들어질 수 있는 인간, 겉보기로는 완벽히 자유로운 인간이라는 그림은 더없이 비인간적인 그림으로 뒤집어지고 만다. 그저 꾸며질 수 있는 존재로 줄어들었으며, 그 어떤 '드높은 질서'도 인정하지 않는 인간은 결국 순전히 권력에 휘둘리는 물건, 꾸밈의 대상인 물건이 되고 말 뿐이다. 이것은 인간의 완벽화가 아니라 인간의 폐기다. 나는 그런 미래가 생각만 해도 소름 끼친다. 독자 여러분은 어떤가?

인간의 방어 _____

새로운 기술을 온전히 책임감 있게 다루는 태도가 저절로 생겨나리라는 믿음은 어리석을 정도로 순진하다. 새로운 기술은 모든 것을 빨아들이는 소용돌이 효과를 일으킨다. 특히 인류의 안녕에 이바지할 기술의 파급력은 엄청나기만 하다. 트랜스휴머니즘이 허용되어도 좋은지 윤리적 고민은 그동안 산더미처럼 쌓였다.[320] 찬성 논리 가운데 늘 거듭해서 등장하는 것은 기술이 인간에 봉사해야 한다는 주장이다. 기술이 인간에게 이바지한다는 점을 잊어서는 안 된다는 논리다. 그러나 이런 논리는 너무 허약해 기술에 담긴 숱한 위험을 간과한다. 근대의 인간관만 하더라도 '인간은 이것이다' 하고 단정할 확실한 것은 없는 마당에 무엇을 위해 어떤 도움을 준다는 것인지 이 논리는 아무것도 말해주지 않는다. 오히려 트랜스휴머니즘은 특정 인간관을 고집하는 통에 피할 수 없이 생겨나는 단견일 따름이다.

그러므로 우리가 출발점으로 삼아야 하는 인간관이야말로 미래를 좌우할 핵심 문제다. 미래를 비관해서 이런 이야기를 하는 것은 아니다. 지구의 파괴를 '발전'의 피할 수 없는 결과로 받아들이고 싶지 않은 사람은 지구를 '고작' 마음대로 뽑아 쓸 수 있는 자원으로 바라보는 태도를 버려야만 한다. 지구는 자원 그 이상의 것이고, 매우 복잡한 체계다. 유발 하라리는 자신의 베스트셀러《호모 데우스》(2017)에서 암담한 미래상을 그려낸다.

"인간은 더 이상 자신이 희망하는 대로 인생을 살아갈 자율적 존재가 아니라, 전자 알고리즘의 네트워크로 상시 감시되고 조종당하는 생화학 메커니즘의 집합체일 따름이다."[321]

하라리는 이보다 몇 쪽 앞서 기존의 인간관을 철저히 무너뜨리고("자유의지는 일종의 환상이다."), 인간 두뇌가 컴퓨터 모델과 다름없이 될 거라고 진단한다. 아무래도 그는 알고리즘이 인간을 누르고 승리할 거라고 확신하는 모양이다. 지금 추세로 미루어 이런 확신이 놀라운 건 아니다. 바로 그래서 모든 새로운 기술을 윤리적으로 다룰 방법을 찾아낼 수 있지 않을까 하는 희망만으로는 부족하다. 우리는 그때그때 인간관의 배후에 숨은 것이 무엇인지 밝혀내야만 한다. 그 배후가 순전한 이데올로기라고 한다면, 해당 인간관은 거짓이며 위험하다.[322]

메이드 인 에덴

그러면 우리는 인간을 과연 어떤 시각으로 바라봐야만 할까? 고대의 형이상학은 더는 설득력을 가지지 않지만, 우리를 이끌어줄 그림과 상징은 여전히 제공한다. 인간의 고향인 에덴이라는 태곳적 전설 역시 인간관을 담고 있다.

에덴은 트랜스휴머니즘과는 정반대의 그림을 그려낸다. 에덴 전설은 인간을 피조물로 묘사한다. 피조물이란 창조주가 원해서 만들었음을 뜻한다. 피조물인 인간은 생사를 스스로 결정할 수 있는 주인은 아니지만, 오로지 물질만으로 이뤄진 존재도 아니다. 따지고 보면 트랜스휴머니즘의 과대망상과 자기 과소평가 사이에 있는 존재다. 피조물인 인간은 피와 살로 이뤄진 정신적 존재다. 인간의 생각과 감정은 시공간상에 차지하는 인간의 좌표, 곧 인간의 몸과 떼려야 뗄 수 없이 맞물린다. 그 밖에도 에덴의 전설은 인간을 신의 모사, 곧 신과 닮은꼴로 묘사한다. 유대교가 이해하는 신은 눈으로 볼 수 없으며, 신을 설명하는 그 어떤 개념보다 큰 존재다. 인간을 신과 닮은꼴로 그린다는 것은 곧 인간이 자신을 넘어서는 성장을 할 수 있음을 뜻한다. 인간은 그 어떤 인간관으로도 규정할 수 없어서, 얼마든지 성장할 수 있다.

"인간은 인간을 무한하게 넘어선다."[323]

수학자 블레즈 파스칼이 17세기에 쓴 문장이다. 이 말이 묘사하는 인간은 자유를 구가하는 인간이다. 자신을 마음껏 펼쳐낼 자유, 자신의 창의성을 발견할 자유, 바로 이런 자유로 인간은 신과 다른 사람들과 관계를 맺는다. 인간은 타인과의 관계를 맺으며 말하는 법과 생각하는 법을 배운다. 이런 관계 맺음은 인간이 몸을 가지기 때문에만 가능하다. 몸의 경계, 상처받기 쉬운 몸, 몸이 가지는 유한함은 곧 만남을 열어주는 바탕이다. 내가 아닌 타인이 존재한다는 것은 이 타인을 인간으로 대접하고 배려해야 하는 의무를 뜻하기도 한다.[324]

타인을 인간으로 대접한다는 것은 무엇보다도 타인을 물건으로 보지 않아야 함을 의미한다. 인간이라면 누구나 자기 자신은 물건과는 다른 것으로 경험한다. 한 조각의 케이크가 어떤 맛인지 알아내고자 한다면, 나는 케이크를 크게 한 입 먹어야만 한다. 하지만 통증을 느낀다면, 이게 진짜 통증인지 아닌지 굳이 알아내야만 하는 게 아니다. 나의 몸 안에서 무슨 일이 일어나는지 알아볼 수 있는 관점은 오로지 우리 자신만 가진다. 내면을 관찰하는 이런 관점을 우리는 의식이라 부른다. 그리고 의식은 바깥에서 보는 그 어떤 관점으로도 포착되지 않는다. 주체로서 살아간다는 것은 어떤 대상이 되는 것과는 근본적으로 다르다. 어떤 하나의 관점으로 지각한 현실은 이 관점을 공유하지 않는 한, 누구도 받아들일 수 없다. 이는 곧 바꿔 말하면 우리 인간은 다른 관점을 존중하고 배려해야 함을 뜻한다. 인간이 다른 사람을 대상 취급하는 것이 더할 수 없이 부당한 이유가 여기에 있다. 강간이 '단순한 폭력'이 아니라 그 이상의 심각한 모독이라는 점을 우리는 안다. 강간은 한 인간의 인격을 송두리째 물건, 곧 대상으로 만들기 때문이다. 인신매매, 노예, 그리고 강제수용소의 금수만도 못한 야만성이 사악하기 이를 데 없는 이유도 마찬가지다.

인간은 물건이 아니라 인격체다. 물과 탄소 원자로 이뤄진 생명체가 우주의 헤아릴 수도 없이 많은 별들 가운데 한곳에 '나'라고, 하나의 인격체라고 일어서기 시작한 것은 정말이지 소름 끼칠 정도로 환상적인 기적이다. 이 인격체, 의식, 자아, 곧 '나'는 대체 어디서 왔을까? 순전히 생물학에만 의존하는 세계의 설명은 이 기적을 털끝만큼도 풀어내지 못한다. 자연에 생태 질서가 있다면, 이 인격체들이 모여 이룬 공간에는 어떤 질서가 어울릴까?

가치의 질서 _____

어떤 일이든 사람이든 물건이든 그것이 가지는 소중함을 알아볼 수 있는 인간의 능력이야말로 인간다움의 기초이자 인간의 소중함, 곧 인간의 품위를 나타내는 표현이다. 도덕은 단순한 취향이 아니다. 도덕은 우리로 하여금 의미를 찾게 만든다. 의미는 무엇인가 더 큰 것, 더 고결한 것, 전체에 비추어본 맥락을 지향하는 자세를 뜻한다. 이 지향점이 곧 가치다.

누군가의 가치를 가장 잘 알아보는 사람은 그 누군가를 사랑하는 인간이다. 사랑에 빠진 사람은 사랑의 상대를 새로운 빛으로 본다. 사랑에 빠진 사람에게 일어날 수 있는 최악의 경우는 이 특별한 인물이 죽는 것이다. 갓 사랑에 빠진 사람에게 인생은 의미로 가득해 보인다. 당연히 인생은 살아야 할 가치로 충만하다. 사랑은 의미를 알려주고 가치를 알아볼 수 있게 해준다.

그러나 두 가지 가치가 서로 충돌할 때는 어떻게 해야 좋을까? 영국 왕 헨리 8세Henry VIII는 앤 불린Anne Boleyn을 사랑해 자신의 아내를 버렸다. 그리고 또 다른 여인과 사랑에 빠져 그는 앤 불린을 처형시켰다. 극단적인 사례이기는 하다. 하지만 이 사례에서 보듯, '사랑' 또는 '가치'를 이야기하는 것만으로는 충분하지 않다. 진짜 우리가 물어야만 하는 것은 가치들이 서로 충돌할 때 어떤 것이 더 높은 가치인가, 최고의 가치는 무엇인가 하는 것이다. 가치들이 이루는 질서는 어떤 것일까?

무엇이 가장 중요한가

1945년 2월 2일 독일 예수회 수사 알프레트 델프Alfred Delp는 베를린 플뢰첸제에서 나치스에게 처형당했다. 당시 37세의 델프는 침착하고 평온한 자세로 처형장으로 향했다. 처형에 앞서 게슈타포는 그에게 수도사로서 했던 서원을 파기한다면 풀어주겠다고 제안했다. 델프는 예수회 수도사로 히틀러에게 저항해 싸웠기 때문이다. 처형당하기 전에 그는 감옥에서 이런 글을 썼다.

"빵은 중요하며, 자유는 더욱 중요하지만, 가장 중요한 것은 말과 행동에 한 치의 어긋남도 없는 성실함이며, 신을 욕보이지 않는 신실함이다."[325]

에덴은 인간을 포함한 생명 친화적 질서가 무엇인지 이야기해 준다. 에덴은 신이 창조한 생명체이며 그 자체로 인격체다. 신은 바로 인격적 신이기 때문이다.[326] 하지만 델프는 '성실함'과 '신실함'이라는 말로 무슨 생각을 했을까? 일단 '성실함'이란 어떤 고초가 닥쳐도 흔들리지 않고 사랑하는 자세를 뜻한다. 다른 길이 훨씬 더 쉬울지라도 진실을 말하는 것이 성실함이다. '신실함'은 하늘을 두려워할 줄 아는 '경건함'이다. 이런 경건함이 반드시 종교적이어야만 하는 것은 아니다.

"홀로 있는 시간은 나에게 경건하기만 하다."

이 말은 누구도 내가 홀로 있는 시간을 침해할 수 없음을 강조한다. 다시 말해서 다른 누구도 손댈 수 없는 소중한 것 앞에서 우리 인간은 경건해지게 마련이다. 다만 우리 인간은 절대 손대서는 안 된다는 것일수록 그만큼 더 강렬한 유혹을 느낀다.[327] 에덴 전설에 등장하는 뱀의 유혹은 정확히 이런 맥락을 강조한다. 자신이 건드려서는 안 되는 경건함을 존중해줄 때에만 인간의 인생은 균형 잡힌 온전함을 자랑한다. 이런 이치는 곧 인간이 자신보다 훨씬 더 높은 어떤 것을 존중해야만 함을 의미한다. 종교는 이 드높은 것을 존중하는 자세를 기도라 부른다. 종교가 아닌 현실에서 존중되어야 하는 높은 것은 자연의 질서다.

모든 인격체는 존엄하다. 렐프가 믿었듯, 신이 최고의 인격이라고 한다면, 신은 또한 최고의 존엄이기도 하다. 마치 무소불위의 권력을 행사하는 독재자를 떠올리게 하는 표현이다. 그러나 인격을 갖춘 지배자가 독재자가 될 수는 없다. 인격은 자신의 희망을 관철하는 것 이상의 섬세한 배려를 요구한다. 인격의 가장 깊은 갈망은 인격을 드높이는 일이다. 인간의 진실은 인간이 사랑을 찾는 존재라는 점이다. 예수는 하느님이 곧 사랑이라고 확신했다. 신이 그저 전지전능한 독재자라면, 신은 우리의 기도를 받을 자격이 없다. 신은 선하기 때문에, 신은 사랑이기 때문에 우리의 기도를 받는다. 그런데 신은 실제로는 선하지 않다고, 선악과라는 가장 좋은 과일을 손도 대지 못하게 금지시켰다고 뱀은 인간을 유혹했다.

당신은 누구에게 기도하나

종교적 영성 열풍이 일기는 하지만, 사람들은 오히려 '기도'하는 것을 어려워한다. 순전히 통계적으로만 보면 신 또는 피안의 존재를 상당히 많은 사람들이 믿는다. 대략 80%에 육박하는 사람들은 죽음 이후에도 삶이 있다고 믿는 경향을 보인다. 그러나 죽고 난 뒤 자신이 살아온 인생을 결산하고 그에 따른 책임을 져야 한다고 믿는 사람은 절반도 되지 않는다.[328] 사람들의 이런 심리가 놀라운 건 아니다. 그 어떤 드높은 존재, 초월적 존재는 내 인생을 처벌하지 않는다고 여기는 한에서만 받아들일 수 있다고 사람들은 생각한다. 그리고 이런 생각은 자아 중심의 인간관과 잘 맞아떨어진다.

신을 믿고 싶어 하면서도 자아 중심에 머무르는 이런 모순은 어떻게 풀 수 있을까? 영성 열풍이 가지는 위험은 영성도 자기 계발의 수단이 될 수 있다는 점이다. 성찰이나 명상을 통해 우리는 차분해지며, 심지어 깨달음의 희열을 누리기도 한다. 하지만 이런 식의 영성 수련은 쉽사리 자아 중심의 관점에 사로잡힐 수 있다. 기도는 다르다. 기도하면서 인간은 전지전능한 신 앞에, 사랑을 베푸는 신 앞에 선다. 기도를 올리는 사람의 눈망울은 더는 자기 자신을 보지 않는다. 기도하는 사람은 자신이 피조물로서 사랑받고 있다는 점을, 하지만 동시에 자신이 유한한 존재라는 점을 체험한다. 기도는 "신과의 올바른 관계를, 세계와 자기 자신과의 올바른 관계를 정립하고자 하는 연습이다."[329] 신과 나누는 대화를 통해 인간은 자기 자신을 다시 발견한다. 아마도 알프레트 델프처럼 심지어 죽음을 기다리는 감옥에서도 이런 발견은 이루어질 수 있으리라. 거룩한 신 앞에서 인간은 스스로 거룩해진다.[330]

물론 기도를 올린다고 해서 모든 질문에 답을 얻는 것은 아니다. 또 기도를 강조하는 것이 신 중심의 옛 인간관으로 되돌아가자는 말도 아니다. 세간에 떠돌듯, 사악한 세속의 근대인이 종교적 진리의 뺨을 때렸다는 말도 어불성설이기는 마찬가지다. 다만 우리는 인류를 하나로 묶어주는 결속이 사라진 정보, 인간을 기계로 대체하려는 과학 지식은 분열만 조장할 뿐이라는 점을 깊이 새겨야만 한다.

사랑이 없는 진리는 진리가 아니다. 그리고 디지털과 트랜스휴머니즘의 시대라 할지라도 의미를 찾고자 하는 갈망은 인간이라면 누구나 품는 것이다. 많은 경우 우리가 절실히 필요로 하는 것은 답보다는 물음, 올바른 맥락을 짚어내는 질문이다. 인류라는 거대한 프로젝트는 무엇보다도 함께 대화를 나눌 사람들을 필요로 한다. 의미에 대한 갈망을 늘 새롭게 일깨워주며 의미의 소중함을 새기게 해줄 사람들, 인간은 자신을 무한하게 넘어설 수 있는 존재라는 점을 유념하는 사람들, 에덴을 기억하는 사람들이 필요하다.

제3부

세 번째 비밀:
아름다움

환경오염은 여러 심각한 폐해를 낳는다. 아름다움을 더럽히는 것도 그 폐해 가운데 하나다. 숲에 아무렇게나 버려진 과자 봉지. 바다를 둥둥 떠도는 페트병. 보기만 해도 눈살을 찌푸리게 만드는 광경은 실제로 생태 운동을 촉발한 강력한 동기 가운데 하나다. 자연은 아름다운 것이며, 이 아름다운 자연을 더러운 쓰레기로 훼손하는 것만큼은 막아야 한다고 생태 운동은 요구한다.

'의미' 문제를 길고 상세하게 다루고 난 지금, '아름다움'은 좀 한가한 이야기처럼 들릴 수 있다. 하지만 '과연 우리는 어떤 세상에서 살고 싶어 하는가' 하는 물음은 결코 소홀히 다루어서는 안 되는 매우 중요한 것이다.

강연을 할 때마다 나는 청중에게 뭘 보면 아름답다고 생각하느냐는 질문을 던진다. 총알처럼 돌아오는 대답은 '일몰', '산', '바다' 등이다. 나는 지금껏 독일, 미국, 스리랑카, 카자흐스탄, 이집트, 라트비아에서 숱한 사람들을 상대로 같은 질문을 해보았다. 어디든 돌아오는 답은 비슷했다. 그러면서 명확히 깨달은 사실 하나는 우리 인간은 자연을 아름답다고 여긴다는 점이다. 또 바로 그래서 우리는 정원을 가꾼다. 아름다움이라는 측면을 고려하지 않고 정원을 꾸민다는 것은 말이 되지 않는다. 신화와 전설이 인간의 뿌리를 정원에서 찾는 경우가 많다는 점도 아름다움이 우리 인간에게 얼마나 중요한지 잘 말해준다. 창세기가 들려주는 인류의 역사는 공장이나 창고, 전쟁터, 사막이 아니라, 바로 정원에서 시작되었다. '에덴'이라는 이름은 본래 '즐거움, 기쁨, 아름다움'을 뜻한다. 창세기의 이야기는 곧 인간에게 가장 잘 맞는 생활공간은 아름다워야 한다는 것으로 해석될 수 있다. 오늘날 대도시들을 바라보면 한숨만 나오는 이유가 달리 있는 게 아니다.

흉물의 인기 순위

요즘 대학교들을 평가해 순위를 매기는 일이 대세다. 어떤 대학교, 어느 학과가 선두를 달릴까? 나는 모교인 뮌헨의 루트비히막시밀리안대학교Ludwig-Maximilians-Universität*에 매우 만족했었다.

---

* 1472년에 설립된 대학교로, 지금까지 14명의 노벨상 수상자를 배출했다. 캠퍼스가 따로 없으며 뮌헨 도시 전역에 학과들이 흩어져 있어, 도시 전체가 캠퍼스라고 해도 과언이 아니다. ─ 옮긴이

2018년에 《바이스Vice》라는 매거진은 색다른 대학교 순위를 발표했다. 이 기사는 독일 대학교들을 건물이 얼마나 흉한지에 따라 순위를 매겼다.[331] 선두를 달린 대학교들은 대부분 네모반듯하고 칙칙한 시멘트 건물들로 지어진 학교였다.

"빌레펠트Bielefeld대학교는 겉모양만 봐서는 무슨 공업단지를 보는 것만 같다. 제초제를 뿌려 다진 터전에 석면 판때기로 얼기설기 지은 모습이랄까."[332]

조롱에 가까운 기자의 촌평이다. 그 뒤를 지겐Siegen, 레겐스부르크Regensburg, 보훔Bochum이 잇는다. 모두 볼썽사납고 덩치 큰 시멘트 건물이다. 대학교야 건물보다는 가르침이 중요하다며 사람들은 어깨를 으쓱하며 웃어넘기리라. 대학교라는 것은 그저 배움이라는 목적에 충실하기만 하면 되는 기능 위주의 건축이면 되지 않는가? 의심할 바 없이 맞는 말이다. 하지만 옛날 대학교도 가르치고 배우는 일에만 충실하면 될 터인데, 어째서 그렇게 멋지게 지었을까? 15세기 대학교들의 흉물 순위도 매길 수 있을까? 이를테면 갈비뼈들이 교차하는 모양으로 장식된 옥스퍼드 신학교Divinity School의 고딕양식 천장, 케임브리지 킹스 칼리지King's College의 환한 예배당, 풍부한 장식이 들어간 전경을 자랑하는 살라망카대학교의 에스쿠엘라스 마요레스Escuelas Mayores 등은 모두 교육이라는 목적에 충실한 건물인 동시에 빼어난 아름다움을 가진 건축물이다. 보는 것만으로도 경탄을 자아낼 정도다. 어떤 모습인지 잘 떠올릴 수 없는 사람은 《해리 포터》의 마법학교 '호그와트Hogwarts'를 상상해보기 바란다. 케임브리지나 살라망카보다 그

찬란함이 좀 떨어지기는 하지만, 19세기 말까지도 대학교들은 장엄하고 웅장한 모습으로 경탄을 자아내기에 충분했다.

이후 대학교 건물들은 적지 않은 변화를 겪었다. 이런 변화는 우연한 것일까, 아니면 어떤 법칙에 따른 것일까?

신문에 이런 광고가 나왔다고 하자.

"고색창연한 구시가지 저택, 제국 창건기Gründerzeit*에 지어짐, 새롭게 단장함, 원목 바닥."

이런 집을 임대해준다는 광고를 보고 독자는 어떤 모습을 떠올릴까? 그런 집에서 산다니 생각만 해도 근사하지 않은가? 그런 집의 월세는 얼마나 할까? 그럼 이제 두 번째 광고를 보자.

"교외의 널찍한 아파트, 13층, 1970년대 준공, 새롭게 단장함, 콘크리트 바닥."

이런 광고를 보며 독자는 무슨 모습을 떠올릴까? 월세야 둘째 치고 그런 집에서 살면 어떤 느낌이 들까?

내 딸이 옳았을까?

이 책의 서두에서 나는 이미 내 딸 안나의 이야기를 한 바 있다. 안나는 나에게 왜 옛날 건물은 저렇게 아름답고, 최근에 지은 집은 모두 볼품없냐고 물었다. 안나는 어쩌다 이런 생각을 하게

---

* 비스마르크 수상 아래서 독일이 통일을 하고 제국을 선포한 시기를 가리키는 표현이다. 그륀더차이트라고도 한다. 산업화와 더불어 경제가 호황을 보이면서 많은 아름다운 건물이 지어졌다. ─옮긴이

되었을까? 유럽에서 대략 1930년대부터 지어진 건물을 그보다 불과 몇십 년 앞서 지은 건물과 비교해보면 그 차이는 놀라울 정도다. 이를테면 내가 사는 아우크스부르크의 괴킹엔Göggingen에는 1886년에 준공된 공원극장이 있다. 이 작은 극장은 세계적인 명성을 자랑하는 곳은 아니지만, 극장을 찾는 방문객마다 그 단아한 아름다움에 넋을 잃는다. 스테인드글라스가 빚어내는 색의 향연, 주철로 만든 나선형 계단, 금박을 입힌 기둥, 붉은색 벨벳으로 만든 막, 극장 내부를 꾸민 꽃 장식들은 보는 이로 하여금 입을 다물지 못하게 한다. 극장 앞의 정원은 분수대와 산책로, 인공 동굴로 꾸며져 프랑스의 바로크양식을 떠올리게 만든다.

세계적으로 훨씬 더 유명한 극장은 함부르크의 국립오페라하우스다. 1955년에 완공된 이 오페라하우스에서 결혼 기념사진을 찍고자 하는 신혼 부부는 거의 없다. 이 극장은 유리와 콘크리트로 이뤄진 거대한 사각형일 따름이다. 객석은 그냥 대형 영화관 같다. 다만 천장이 더 높을 뿐이다.

100년 전 독일 도시의 중심가를 찍은 사진을 오늘날의 그것과 비교해보려는 사람은 분통이 터지는 걸 감수할 강인한 신경을 갖거나 항우울증 약을 먹어야만 하리라. 브레멘대성당 옆에는 예전에 화려한 신고딕양식의 증권거래소가 있었다. 그 자리에는 1966년부터 브레멘시의회 의사당이 들어서 있다. 이 의사당은 철근을 넣어 만든 콘크리트 건물이다. 카를스루에에서는 유서 깊은 왕립극장이 연방헌법재판소의 거대한 콘크리트 건물에 자리를 내주어야만 했다. 예전에 왕립극장과 궁전 사이에 공원처럼 가꾸어졌던 지역은 오늘날 자동차들이 오가는 대형 도로로 완전히 찢겼다.[333] 더욱 황량한 것은 주택들이 들어선 주거 지역이다. 베를린의 '메르키셰스 피어텔Märkisches Viertel', 뮌헨의 '퓌르스텐리트베스트Fürstenried-West' 또는 다름슈타트의 '크라니히슈타인Kranichstein'은 모두 회색의 획일적이고 흉물스러운 주택단지의 대명사다. 다른 도시들도 새로운, 흉물스러운 주택단지를 가지기는 마찬가지다. 볼품없이 덩치만 큰 보건소 건물, 어째서 저렇게 지었을까 의아하기만 한 단조로운 학교 건물, 무성의하게 지은 지하철 역사는 보는 것만으로도 사람을 우울하게 만든다.

제2차 세계대전으로 도시가 파괴되는 바람에 되도록 적은 비용으로 빠르게 재건하려다 보니 어쩔 수 없는 게 아니었냐고 반론하고 싶은 사람은 외국을 살펴보기 바란다. 뉴욕 상공을 비행해본 사람은 맨해튼의 강 건너편에 똑같은 모양의 고층빌딩이 즐비하게 늘어선 모습에 질식할 것만 같은 기분을 느낄 게 틀림없다. 뉴욕의 퀸즈Queens 구역에 들어선 이른바 퀸즈브릿지Queensbridge는 빈민층을 위해 조성된 주택단지다. 이곳의 사진을 본 사람은 왜 이 지역이 최고의 우범 지역인지 그 이유를 한눈에 알아본다. 단조롭게 이어지는 회색 주택단지는 툭 터진 하늘 아래 펼쳐진 거대한 교도소 같다. 민스크, 노보시비르스크 또는 부쿠레슈티의 상황은 더욱더 열악하다. 흐루쇼프 시대의 조립식 주택단지는 왕년의 공산주의 도시들을 판박이로 만들고 말았다. 그리고 산티아고 데 칠레조차 똑같이 단조로운 회색의 주택단지를 보여줄 뿐이다.[334] 앞서 예로 든 도시들은 세계대전으로 파괴되지 않은 곳이다. 그럼 안나의 말이 옳은 게 아닐까?

첫 번째 반론 _____

우선 옛날이라고 모든 것이 아름답지는 않았다는 반론은 제기될 수 있다. 가장 아름다운 건물만 보존되어 이런 상황이 빚어졌다고 보는 것이다. 이를테면 오늘날 우리는 파리의 '생트샤펠 Sainte Chapelle'의 기막힌 아름다움에 감탄을 금치 못하면서도, 빅토르 위고가 묘사한 중세 파리의 악취를 풍기는 하수도와 빈민굴은 생각하는 것만으로도 얼굴을 찡그린다. 물론 하수도와 빈민굴은 이미 사라진 지 오래다. 과거를 왜곡하고 "옛날이 좋았어." 하는 향수는 인류의 역사만큼이나 오래된 것이기는 하다. 고대 그리스 사람들만 하더라도 젊은 사람들을 보며 도덕이 땅에 떨어졌다면서 옛날이 좋았다고 혀를 끌끌 차지 않았던가? 우선 고대와 중세와 르네상스의 유물이 보존된 게 많지 않은 것은 사실이다. 당시의 유물이라고 모두 아름다웠던 것도 아니다. 아니, 정반대로 화려함이 극에 달한 베르사유궁전에는 화장실이 없었으며, 중세 대학교에서 겨울 학기에 학생들은 얼어붙은 몸을 견디느라 곤욕을 치렀다. 그리고 당시 대다수 사람들은 오늘날 우리는 상상도 하기 어려운 열악한 상황에서 살았다. 흙을 발라 마감 처리한 천장은 쩍쩍 갈라져 외풍이 심한 데다가 상수도도 없었다. 이런 고풍스러운 저택에서 사느니, 난방이 잘 되는 조립식 주택이 훨씬 더 나은 것도 분명한 사실이다. 또 현대 건축이 지루하기 짝이 없는 콘크리트 건물만 양산한 것도 아니다. 위대한 걸작도 분명 찾아볼 수 있다. 1973년에 준공된 '시드니 오페라하우스'만 해도 그 과감한 아치형 지붕이 보는 눈을 즐겁게 한다.

함부르크의 대형 콘서트홀 엘프필하모니Elbphilharmonie는 사람들이 오늘날 런던의 로열 앨버트 홀Royal Albert Hall을 보며 경탄하듯 앞으로 감탄의 대상이 될 수는 있다. 옛날이라고 모든 것이 아름다우며, 오늘날이라고 전부 흉물스러운 것은 아니다. 하지만 분명하게 말할 수 있는 사실은, 아름다운 것은 시간을 뛰어넘는 생명력을 자랑한다는 점이다. 1960년대와 1970년대의 콘크리트 건물이 갈수록 철거되는 반면, 생트샤펠은 아마도 인류가 존재하는 한, 호흡을 함께하리라.

선조들이 엄청난 희생을 치르며 지은 아름다운 건물은 수백 년이 지나도 매력을 발산한다. 피렌체, 앤트워프, 프라하, 빈, 스톡홀름 또는 로텐부르크 등의 고색창연한 도시에는 방문객들의 발길이 끊이지 않는다. 베네치아, 포르투, 두브로브니크와 같은 도시의 시민들은 오늘날까지도 그 유서 깊은 건물들의 아름다움을 만끽할 뿐만 아니라, 이 도시들이 끌어들이는 관광객 덕에 적지 않은 경제적 혜택을 누린다. 아름다움은 지속적인 생명력과 함께 오랜 세월이 지난 뒤에도 높은 경제적 가치를 자랑한다.

나는 가족과 함께 이 아름다운 도시들 몇몇 곳을 찾아 여행을 다녔다. 내 딸 세대가 콘크리트 건축에 깊은 불만을 품은 것은 아마도 우리 부모 세대의 책임이리라.

두 번째 반론

프랑크푸르트 암 마인 시 당국이 2005년 이른바 '기술 시청 Technisches Rathaus'• 건물을 철거하기로 결정하자, 유서 깊은 도심이 장차 어떤 미관을 갖추는 게 좋은지를 둘러싸고 실제 철거가 이뤄진 2010년까지 논란이 그치지 않았다. 프랑크푸르트의 그야말로 핵심이라 할 수 있는 알터 마르크트Alter Markt, 독일의 카이저가 대관식을 치르기 위해 걸었던 길이라 '대관식의 길'이라 불리는 알터 마르크트의 한복판에 들어선 콘크리트 건물인 '기술 시청'은 1974년에 완공되었을 때부터 시민들의 불만이 뜨겁게 달아올랐다. 그럼 이제 철거 뒤에 생겨난 공터에 어떤 건물이 들어서야 좋을까? 집중적인 토론 끝에 구도심의 역사를 충실하게 복원하는 쪽으로 결론이 났다. 기독교민주주의연합Christlich Demokratische Union, CDU과 녹색당GRÜNE은 역사에 충실한 복원을 단호히 주장했다. 프랑크푸르트 시민들은 이 결정을 압도적으로 찬성했지만, 비판은 오늘날까지도 식을 줄 모른다. 옛 건물을 원래 모습 그대로 되살려낸다는 것은 말이 복원이지 결국 가짜다, 그런 건 조작에 지나지 않는다, 현대 건축의 참담한 패배다, 심지어 극우 포퓰리즘의 은밀한 득세가 아니냐 하는 따위의 비판이 끊이지 않았다.[335]

프랑크푸르트 시민들의 미적 감각은 그저 과거를 그리워하는 향수일 뿐인 걸까? 아니, 더 심각하게는 민주주의를 예전으로 되

• 프랑크푸르트 시청의 기술 분야 담당 부서들이 입주해 있었던 건물로, 1974년에 당시의 과학기술 열풍을 타고 건립되었다. 2009년에 철거되었다. — 옮긴이

돌리고 싶어 하는 퇴행적 반동은 아닐까? 아름다움을 강조하는 논리는 그저 근대의 자유, 평등, 박애라는 이념을 다시 무너뜨리려는 흑심을 가리는 간판이 아닐까? 심지어 이런 반론도 나온다. 시간을 뛰어넘는 아름다움이라는 것이 진짜 존재하나? 아름다움이 평가될 수 있는 것인가? 미적 취향은 주관적이고 상대적인 게 아닐까?

복잡한 정의 대신 살펴본 구체적 일상 _____

'아름다움'은 무엇을 뜻할까? 인류는 철학을 궁구해온 이래 아름다움의 이론도 다져왔다. 아름다움이라는 주제는 인류만큼이나 오래된 것이다. 앞에서 언급한 바 있는 TED 강연 〈아름다움의 다원주의 이론〉[336]에서 철학자 데니스 듀튼은 인류가 만든 가장 오래된 물건 가운데 몇 가지를 선보인다. 이미 언급한 대칭형의 돌도끼 외에도 듀튼은 고고학 유물인 6미터 높이의 돌기둥을 선보인다. 이 돌기둥은 눈으로 보아서는 도대체 뭐에 쓰는 물건인지 알 수가 없다. 너무 무거워 들 수 없으며, 그걸 가지고 뭘 손질할 수도 없다. 아무튼 쓸모라고는 없는 물건이다. 그런데 이 돌기둥 역시 대칭형이다. 분명 석기시대 인간들은 이 돌기둥을 아름답다고 생각한 모양이다.

아무리 늦춰 잡아도 기원전 10만 년경에 아름다움은 인간을 확실하게 사로잡았다. 사람들은 몸과 물건에 그림을 그렸으며, 조개껍데기로 장신구를 만들었고, 도구에 장식을 새겼다.[337] 이 모든 것에서 두드러지는 특징은 꼭 필요한 게 아니라는 점이다. 몸에 그림을 그리는 일은 건강에 해롭다. 배고파 죽을 지경인데 목걸이가 무슨 소용인가. 동굴 벽에 그림을 그렸다고 해서 다른 부족의 습격을 받아 죽는 일은 막을 수 없다. 아무튼 이 모든 것은 그 어떤 직접적인 목적에 쓰이는 게 아니다. 또는 다르게 표현하자면 이 모든 것은 직접적으로 아름다움과 관련한 목적에만 이바지한다. 장식과 그림에 어떤 마법적인 힘을 사람들이 기대했다고 인정하더라도, 왜 하필 예술적이고 미적인 특징에 이 특별한 힘을 인정해주었을까 하는 물음이 설명되지는 않는다.

왜 인간이 아름다움을 창조하려고 애쓰는지를 궁금해하기 훨씬 전부터 사람들은 예술적 창작 행위를 해왔다. 바로 그래서 아름다움이 무엇인지 복잡한 정의와 씨름하는 대신, 일상의 예를 가지고 이야기하려고 한다. 아름다움이 우리에게 무엇을 의미하는지는 우리가 일상에서 '아름답다'는 말을 어떻게 쓰는지 살필 때 가장 분명히 드러난다.

"오, 정말 아름답다!"

르네René와 마르타Marta의 집에 들어서며 엘리아네Eliane는 탄성부터 질렀다. 집들이 초대는 이미 오래전에 이루어졌으나 엘리아네는 이날에야 초대에 응할 수 있었다. 파티를 해야 할 이유는 충분했다. 엘리아네는 르네와 마르타 부부와 오래전부터 알고 지낸 사이지만, 새 집은 처음 찾았다.

부부는 엘리아네를 맞이하려고 성심성의껏 준비했다. 식탁 위에는 하얀 백합을 꽂은 꽃병이 놓였다. 짙은 붉은색 냅킨은 하얀

색의 식탁보와 환상적 조화를 이뤘다. 식전에 식욕을 돋울 술로 부부는 특별한 것을 골랐다. 2014년산 샴페인이다. 부부는 그동안 엘리아네가 캐나다에서 거주한 탓에 오랜만에 그녀를 만나 기쁘기만 했다.

"건배!"

샴페인 잔이 경쾌한 울림을 냈다.

"이건 내 할머니가 물려준 은제 나이프와 포크와 스푼이야."

모두 식탁에 앉아 샐러드를 먹기 시작했을 때 마르타가 말했다. 요리가 취미인 르네는 며칠 전부터 새로운 레시피를 개발하느라 바빴다. '피노 누아Pinot noir' 와인이 메인 요리와 잘 맞을지도 꼼꼼히 살폈다.

분위기는 더할 나위 없이 좋았다. 서로 공유하는 과거의 추억으로 웃음꽃이 만발했다. 후식으로는 '판나 코타Panna Cotta'[•]와 앙증맞은 도자기 접시 위에 담긴 다채로운 색깔의 과일이 나왔다. 입가심으로 에스프레소를 마신 뒤에는 서로 오랫동안 포옹하고 헤어졌다. 정말 아름다운 저녁이었다!

아름다움의 특징 _____

어찌 보면 아주 단순한 이 장면에는 우리가 평소 이해하는 '아름다움'의 많은 특징이 숨어 있다. 정성껏 차려진 식탁! 우선 이

• 크림, 우유, 설탕을 섞어 만든 이탈리아식 후식으로, 젤라틴에 소스를 뿌려 시원하게 먹는다. — 옮긴이

식탁에서부터 깔끔한 질서가 눈에 띈다. 나이프는 오른쪽에, 포크는 왼쪽에 놓였으며, 접시들은 일정 간격을 두고 가지런히 놓였다. 이런 질서는 임의적인 게 아니라 아주 자연스러운 감각에 따른다. 간격은 식탁에 앉은 사람들이 편안하게 식사할 수 있게 배려한 결과물이다. 만약 엘리아네가 식탁에 두 자리만 준비된 걸 보았다면 자신이 불청객인가 싶어 모욕을 느꼈으리라. 그러나 정성껏 차려진 식탁은 분명하게 일깨워준다. 환영합니다, 당신의 자리는 이곳입니다!

질서 외에도 우리 눈을 사로잡는 것은 변화무쌍한 다양함이다. 만약 식탁 위의 모든 것이 오로지 한 가지 색깔만 가졌다면 분위기는 정말 기묘했으리라. 붉은색과 흰색이 번갈아가며 시선을 사로잡고, 저마다 독특한 맛의 음식과 음료가 주어지는 만찬은 정말 아름답다. 그러나 지루하지 않게 바뀌는 변화는 그냥 일어나는 게 아니라 조화의 법칙을 따른다. 백합 대신 정원 장식용으로 쓰는 플라스틱 난쟁이 인형이 식탁에 놓였다면, 은제 나이프와 포크와 스푼은 아무래도 그 빛이 온전히 살아나지 않았으리라. 샴페인 대신 콜라를, 전채 요리 대신 사탕을 내놓았다면, 이런 자리를 두고 만찬이라고 부를 사람은 없다. 와인이 요리와 완벽하게 맞아떨어지고, 메인 요리에 이어 나온 후식이 잘 어울렸다는 점은 이런 조합이 우연하게 생겨난 게 아니라, 관심과 수고, 심지어 사랑이 얼마나 중요한지 잘 확인해준다. 르네가 며칠 전부터 주방에서 어떤 소스가 샐러드에 어울리는지 구슬땀을 흘리며 레시피를 연구한 것은 그가 손님을 얼마나 중요하게 여겼는지 잘 보여준다. 디테일한 모든 것에 사랑이 담겼다. 나이프는 얼룩 하나 없이 깨끗하며, 심지어 냅킨 역시 정성을 다해 접었다.

아름다움은 부주의하지 않으며, 작은 것 하나라도 세심하게 돌보는 사랑이 만들어낸다. 이런 정성이 사물에 의미를 부여한다. 식기는 할머니로부터 물려받은 유품이며, 샴페인은 80유로나 하는 것으로, 일반적인 제품보다 곱절 비싸다. 그리고 당연히 샴페인은 종이컵으로 마시지 않는다. 친구들이 오랜만의 재회를 그저 편하게 쇼핑센터의 햄버거 코너에서 간단하게 즐겼더라도 모두 배불리 먹었을 수는 있다. 그러나 그 만남은 만찬의 경우처럼 의미로 충만하지는 않았을 게 분명하다.

요리와 음료를 고르면서 마르타와 르네는 엘리아네가 어떤 것을 좋아할지 일차적으로 배려했다. 부부는 친구가 매운 음식을 좋아하지 않으며, 와인을 즐겨 마신다는 점을 잘 알았다. 이처럼 이 만찬의 아름다움은 서로 배려할 줄 아는 인성에서 나온다. 마르타는 최근 들어 독일 와인의 맛에 흠뻑 빠졌다. 지난여름 자전거를 타고 소풍을 즐기다가 교외에서 아담한 와인 가게를 발견해 마셔본 와인의 맛이 아주 좋았기 때문이다. 마르타는 엘리아네를 위해 바로 이 와인을 준비했다. 르네는 그저 아무 요리나 준비한 게 아니라, 자신이 좋아하는 인기 요리사의 요리책에서 특히 좋아 보이는 레시피를 골랐다. 하지만 '판나 코타'는 외숙모에게서 배운 것으로, 외숙모는 이탈리아가 친정이었다. 바로 그래서 르네는 식사를 마쳤을 때 1980년대 이탈리아의 히트곡 가운데 하나를 골라 그 음반을 틀었다. 에로스 라마초티Eros Ramazzotti의 〈지금 당신은 Adesso tu〉의 선율에 맞춰 세 친구들은 춤을 추었다. 엘리아네는 이날 저녁처럼 즐거운 기분을 맛본 게 언제인지 자문했다.

"이렇게까지 수고할 필요는 없었는데…."

엘리아네는 작별 인사를 나누며 이렇게 말했다. 그녀는 친구들의 배려가 감사하면서도 미안했다. 하지만 친구들과 화합을 나누는 기쁨에는 넉넉하게 베풀 줄 아는 너그러움이 포함된다. 너그러움은 '필요 이상의 것'을 의미한다. 정확히 이런 의미에서 너그러움은 아름다움이다. 이렇게 볼 때 인생의 아름다움이 특히 인간이 서로 결속을 확인하며 자축하는 자리에서 빛을 발한다는 점은 놀라운 이야기가 아니다. 앞서 묘사한 장면은 바로 그래서 진부한 게 아니며, 인류가 쌓아온 경험 가운데 가장 심오한, 근원적인 것이다. 손님을 따뜻하게 맞이하려고 불을 피우고 먹을 것을 나누는 일은 최초의 인간이 이미 보여준 아름다운 온정이다.

인류 최초의 예술 역시 사람들이 서로 교류를 나누는 사회적 공간에서 생겨났다. 석기시대의 벽화는 사람들이 함께 벌이는 사냥을 묘사했다. 이런 그림은 공동으로 거주하는 동굴의 벽에 그려졌다. 춤, 음악, 저녁에 모닥불을 피워놓고 두런두런 나누며 피우는 이야기꽃은 모두 사회적 교류를 나누는 일이다. 아름다움은 사랑과 관련한 일에서 특별한 의미를 얻었다. 사랑하는 가족이 사망하면 인간은 그의 무덤을 아름답게 장식했다. 사랑하는 두 사람의 결혼은 노래를 부르고 춤을 추는 축제의 마당이다. 신부와 신랑은 한껏 멋을 부리고 최대한 아름답게 자신을 꾸몄다. 사랑과 죽음만큼 인간이 즐겨 다룬 문학의 주제도 따로 없다. 인간은 사랑을 나누며 살다가 죽기 때문이다.

다시 말해서 아름다움의 근원적인 경험은 인간으로 살아가는 일, 인간과 더불어 살아가는 일과 떼려야 뗄 수 없이 맞물린다. 이 경험이야말로 동물과의 결정적 차이를 드러내는 인간의 고유한 특성이다. 인간은 그저 먹고 마실 뿐만 아니라, 식탁을 아름답게 꾸미려 노력한다. 인간은 종족 번식을 위해 단순히 교미하는 수준을 넘어서서 결혼을 예식으로 끌어올린다. 인간은 사랑하는 사람이 죽으면 그저 버려두지 않고 노래를 부르고 부장품으로 장식을 해주며 무덤을 만들어준다. 정확히 이런 특성들이 인간의 인간다움을 보여준다.

각각의 문화는 매우 다양한 차이를 드러내 보이지만, 언제 어디서든 문화는 그 필수적인 바탕을 아름다움에서 찾는다. 나는 개인적으로 맛좋은 음식과 환상적인 파티를 좋아하기 때문에 이런 아름다움의 중요함을 잘 안다. 개성, 너그러움, 질서, 지루하지 않게 변화를 주는 감각, 존중, 조화, 그리고 섬세한 사랑은 모두 아름다움을 추구하는 인간만이 자랑하는 특성이다.

아름다움을 보는 이중성 _____

우리 시대는 기묘한 이중성으로 아름다움을 바라본다. 우리 시대만큼 아름다움을 만끽할 수 있었던 때는 역사에서 찾아볼 수 없다. 디지털 기술로 사진 촬영은 전 세계에서 기하급수적으로 늘어났다. 인스타그램은 아름다운 사진 덕분에 인기를 누리는 플랫폼이다. 공들여 꾸민 샐러드 사진만 올려도 클릭하는 사람은 많다. 나 자신도 이 플랫폼을 즐겨 이용한다.

사람들은 자신이 아름답다고 여기는 것에 맞춰 인생을 살아간다. 그리고 이런 경향은 갈수록 더 강해진다. 세계적으로 경제적 풍요를 누리는 중산층의 증가로 보다 더 아름다운 생활수준을 누리고자 하는 사람들의 소비 풍조는 계속 뜨거워진다. 어떤 옷을 입을지, 집은 어떻게 꾸밀지 사람들은 즐거운 고민을 한다. 관광업의 발달로 지구상 가장 아름다운 명소는 불과 몇 시간의 비행으로 얼마든지 찾아갈 수 있다. 자신의 외모가 아름답지 않다고 느끼는 사람은 원하는 대로 뜯어고칠 수 있다. 사실상 오늘날 우리는 어떤 인류 세대보다 더 커진 선택 폭으로 외모를 바꿀 수 있는 자유를 누린다. 우리는 앞서 살펴본 만찬과 같은 아름다운 순간을 간절히 갈망한다.

'새로운 전통' 운동을 펼치는 인물 가운데 한 명인 짐 드네반Jim Denevan은 '들판에서 훌륭하게Outstanding in the Field'라는 이벤트를 창시했다. 이 이벤트는 자연 한복판에서 수백 명이 앉을 수 있는 긴 식탁에 성찬을 차려놓고 즐기는 것이다. 이를테면 벌판, 해변, 포도밭 또는 메밀밭 한복판에서 지역 최고의 특산품으로 성대하게 차려진 식탁에 앉아 참가자들이 마음껏 먹고 마시며 아름다운 순간을 만끽한다. 자연 안에서 모두 함께 누리는 이런 향연은 아름다움의 체험을 약속한다. 이 행사가 특히 자극적인 점은 옆에 누가 앉을지, 날씨가 어떨지 사전에 전혀 알 수 없다는 사실이다. 모든 것을 철저히 계획하는 것이 당연하게 여겨지는 세상, 온통

패스트푸드로 넘쳐나는 세상에서 사람들은 이런 이벤트로 반전을 맛보기 원한다. '들판에서 훌륭하게'는 이미 1천 번도 넘게 성공적으로 치러진 행사다.

이 밖에도 오늘날 우리가 아름다움과 미학을 얼마나 갈구하는지 보여주는 사례는 많다. 그런데 역설적이게도 우리는 갈수록 아름다움과는 거리가 먼 것, 이를테면 패스트푸드를 입에 달고산다.[338] 자연을 보면 열광하며 사진을 찍지만, 자연 자체는 갈수록 더 심하게 훼손당한다. 자연을 망치는 각종 개발 열풍은 뜨겁기만 하다. 이런 개발로 독일에서는 토종 동물이 갈수록 줄어든다. 패션과 미용 산업은 아름답고자 하는 사람들의 열망으로 엄청난 돈을 벌어들인다. 포토샵 덕분에 우리는 약간 비대칭의 얼굴일지라도 클릭 몇 번으로 '더 아름답게' 꾸민다(또는 대비 효과가 부족한 일몰 사진을 보정할 수도 있다.). 동시에 거의 표준처럼 굳어진 아름다움 탓에 십대 소녀와 젊은 처녀들은 엄청난 압박을받는다. 우리는 갈수록 더 빠르게, 보다 더 싼값으로 도쿄, 상파울루, 요하네스버그로 언제든 날아갈 수 있다. 하지만 어디를 가든 풍경은 거의 같다. 공항, 버스터미널, 고속도로, 주택단지, 애플스토어, 맥도날드는 어디가 어디인지 헷갈릴 정도로 똑같은 모습을 보여준다. 사람들이 입는 옷, 쓰는 물건, 만들어내는 쓰레기 더미도 어디를 가나 판박이다. 이런 판박이가 아름다울까? 아름다움의 특징은 독창성과 개성이 아니었던가?

불필요한 물음이라고?

"아름다움은 더는 떠나고 싶지 않은 장소를 말합니다."

1974년생의 독일 여성 건축가 안나 필립Anna Philipp은 아름다움의 개념을 이렇게 정리했다. 우리가 함께 맛좋은 와인을 즐기며 몇 시간에 걸쳐 아름다움을 주제로 나눈 대화 끝에 나온 결론이 이 정의다. 안나 필립은 독일 건축가 협회Bund Deutscher Architekten의 회원으로 많은 상을 받은 건축가다. 그녀의 전문 분야는 사람들이 편안하게 느낄 수 있으면서도 개성을 만끽할 고급 주택이다. 그녀는 몰려드는 주문으로 즐거운 비명을 지른다. 나는 그녀와 함께 몇몇 무대를 만들며 건설 프로젝트도 진행해본 경험이 있다. 내게는 선물처럼 귀중한 경험이었다.

대화를 나누는 내내 나는 그녀가 아름다운 건물은 어떻게 해야 창조할 수 있는지 열변을 토하는 모습에 감동을 받았다. 아름다운 건물을 창조하겠다는 건축가의 열정은 우리가 흔히 생각하듯 당연한 게 아니다. 대학을 다니는 동안, 또 시간강사로 일하면서 그녀는 아름다움과 관련한 이야기는 거의 들어보지 못했다고 털어놓았다. 대학교에서 가르치고 배우는 건축학은 언제나 직선형, 기능성, 그리고 실용성의 설계만을 강조할 따름이다.

현대 예술에서도 '아름다움'이라는 단어는 특히 좋은 평판을 누리지 못한다. 오늘날의 무대예술은 관객을 자극하려는 도발성에 매달린다. 아름다움을 연출해주었으면 하는 기대는 무너진 지 오래다. 순간의 자극과 흥분에 치중하는 취향은, 아름다움은 순진한 발상에 지나지 않으며 꾸며낸 것이라고 의심할 뿐이다.

그 밖에도 현실주의자는 이렇게 반문하리라. 아름다움은 그저 사치에 불과한 게 아닐까? 팬데믹, 환경 위기, 인권침해 등 절박한 문제가 산적한 마당에 누가 아름다움이라는 한가한 담론에 신경이나 쓸까? 세상은 아름다운 곳이 아니며, 또 반드시 아름다워야만 하는 것도 아니지 않을까?

요즘 미술 전시회를 찾아가 보면 아름다움의 추구는 더는 예술의 목표가 아닌 것처럼 보인다. '도큐멘타documenta'•는 현대미술을 다루는 전 세계적으로 가장 중요한 전시회다. 2017년 여름, 제14회 도큐멘타를 찾은 방문객은 이 전시회가 아름다움보다는 정치 행사가 아닐까 하는 인상을 지우기 힘들었을 것이다.[339] 당시 출품된 작품은 플라스틱으로 만든 파르테논신전 모형이었다. 도큐멘타가 대표 작품으로 내세운 이 신전 모형은 전 세계의 금서들로 장식을 했는데, 신전 기둥에 책을 붙이고 랩으로 둘둘 감았다. 대형으로 만든 난파선도 있었는데, 지중해를 넘어 유럽으로 오려는 난민들의 참상을 암시한 작품이라고 했다. 옛날에 스페인이 남아메리카를 정복하고 그곳 원주민을 노예로 삼아 가혹한 노동으로 내몰기 위해 만든 물레방아를 고스란히 재현한 작품도 전시되었다. 피로 물든 남아메리카 정복 역사를 잊지 말자는 메시지를 담은 작품이다. 그 기괴한 물레방아를 지나 '오렌지 재배 온실'로 들어서자 전혀 들어보지 못한 생소한 노래가 울려 퍼졌다. 6월의 무더운 날 반쯤 어둑한 온실에 들어섰던 나는 크게

• 독일 카셀에서 5년마다 열리는 현대미술 전시회다. 매번 100일 동안 전시회가 열려 '100일의 미술관'이라고도 불린다. — 옮긴이

심호흡부터 했다.

온실 안에서는 프랑스 영화감독 로무알 카마카Romuald Karmakar 가 만든 영상이 상영되었다. 영상은 러시아 어딘가의 수도원에서 생활하는 정교 수도사들을 보여준다. 검은 수도복, 긴 수염, 다소 앳된 얼굴의 수도사들이 한자리에 모여 노래를 부르는 장면이다. 이들이 부르는 노래는 깊은 울림을 내면서 마치 영원이라는 게 이런 것이 아닐까 하는 느낌을 불러일으켰다. 아름다운 합창 덕에 온실 안은 그야말로 평안이 가득했다. 이 공간을 찾은 많은 방문객들도 다른 공간들과 이곳이 확연한 대비를 이룬다고 느꼈으리라. '도큐멘타'에서 정치적 메시지나 어떤 '분명한 의도'를 담지 않은 유일한 공간이 아닐까 싶었다. 끝없이 울려 퍼지는 노래는 그 어떤 의도 없이 듣는 것만으로도 마음을 편안하게 해주었다. 바로 그래서 이곳을 찾는 사람들도 가급적 오래 머무르며 노래를 귀담아들으려고 했던 모양이다.

아름다움은 실제로 더는 떠나고 싶지 않은 장소다. 그리고 어디 머무르고 싶은지, 어떤 곳에 있어야 기분이 좋은지 하는 문제는 인류가 품어온 가장 근원적인 물음이다. 프랑크푸르트 암 마인의 시민들은 '기술 시청'을 단지 아름답지 않다는 이유만으로 거부한 게 아니다. 무엇보다도 시민들은 도시의 역사적 중심지에 그런 콘크리트 건물이 들어서는 바람에 '고향'을 빼앗겼다고 느꼈다. 그런 건물이 불편하고 기분을 상하게 만들었다.

도시의 아름다움은 그 도시를 정말 살고 싶은 곳으로 만드는 것, 그래서 절대 파괴되지 않도록 꼭 지키고 싶은 것이다. 고대 철학자들은 아름다움과 진리와 선함이 서로 떼려야 뗄 수 없이 맞물린다고 보았다. 인간은 아름다움을 보며 그 아름다운 것, 이를테면 자연의 가치를 깨닫는다. 가치와 더불어 인간은 아름다움을 파괴하지 않아야 한다는 도덕적 호소의 중요성을 깨닫는다. 인생은 좋음과 참됨을 길라잡이로 삼을 때 의미로 충만한 삶이 된다. 아름다움은 우리의 마음을 사로잡고 심지어 좋음과 참됨으로 우리를 이끌어줄 수 있다. 이런 확인은 우주와 이 우주 안에서의 인간의 위치를 두고 아주 많은 것을 이야기해준다. 이 주제는 그저 곁다리로 다루고 넘어갈 수 있는 게 아니며, 우리 인간이 진지하게 생각해야만 하는 가장 중요한 문제다. 아름다움과 참됨과 선함은 우리를 이 책이 담은 핵심 질문으로 곧장 인도한다. 우리는 어떻게 인생을 살아야 할까.

위대한 이론

아름다움은 정의할 수 있는 것이 아니다. '진리', '선함' 또는 '존재'와 마찬가지로 '아름다움'이라는 개념은 생각의 근본 바탕을 이루는 것이다. 다시 말해서 이런 개념들의 정의는 항상 더욱 근본적인 어떤 것을 미리 전제하고 들어간다. 전제와 조건이 달리는 정의는 엄밀하게 말해서 순환 논리일 뿐이다. 전제와 조건은 결국 같은 말을 되풀이하는 동어반복만 만들어낼 뿐, 알려주는 것이 전혀 없다. 그런데 흥미로운 점은 각 시대마다 아름다움을 규정하는 전제와 조건이 달라진다는 사실이다. 시대마다 다른 아름다움의 이해는 각 시대마다 전혀 다른 세계관이 그 바탕에 있음을 말해준다.

고대 철학사를 살펴볼 때 그 바탕에 깔린 아름다움의 관점은 그 핵심에서 플라톤이 다져놓은 것이다. 대화편《필레보스 Philebos》에서 소크라테스와 프로타르코스는 즐거움과 괴로움이라는 게 무엇인지 토론을 벌인다. 나는 김나지움의 고대 그리스어 고급 과정에서 이 대화편을 번역하려 진땀을 흘렸던 일을 잊을 수가 없다. 인내심을 가지고 풀어주던 선생님의 노력 덕에 우리는 철학 텍스트를 읽는 일이 얼마나 황홀한 경험인지 실감했다. 이때의 경험이 철학을 공부하고 싶다는 열의에 불을 질렀다. 프로타르코스는 욕구를 만족시켜주어 재미있고 즐거우면 행복한 인생이 아니냐고 주장한다. 당시 열여덟 살인 나에게 이런 주장은 상당히 현대적으로 들렸다. 저 고대의 사람이 아니라 바로 옆의 사람이 하는 말 같았기 때문이다. 소크라테스는 그러면 가려움에 시달리는 사람이야말로 매우 행복한 인간이냐고 반문한다. 긁고 싶은 욕구를 끊임없이 느끼는 통에 긁을 때마다 그 욕구는 충족되기 때문이다. 난처한 표정을 짓는 프로타르코스에게 소크라테스는 즐겁다고 해서 모두 좋은 것은 아니며, 오로지 "존재의 진리에 다가갈 수 있게 도와주는 즐거움"만이 중요하다고 강조한다.

"지나침이 없으며 균형을 잘 잡아나가는 태도야말로 아름다움과 덕성의 근본이다."[340]

플라톤이 보는 아름다움의 바탕은 세계의 질서, 곧 좌우가 균형을 이루는 대칭성이다. 무엇인가 아름다운 것을 본 사람은 이 질서를 기억하며, 이 질서에 맞게끔 행동해야 한다는 내면의 요구를 느낀다는 것이다.* 아름다움의 이런 정의는 마치 이제 막 운전면허증을 취득한 청년들에게 해주는 충고처럼 들린다. 운전면허증을 받은 감격에 좀 찬물을 끼얹는 것 같기는 하지만, 교통질서를 지킬 때 비로소 운전은 기분 좋은 아름다운 경험이라는 점에서 충분히 새겨볼 만한 충고다.

물리학자 베르너 하이젠베르크Werner Heisenberg는 플라톤의 관점을 다음과 같은 시적인 표현으로 정리한다.

"영혼은 아름다운 것을 볼 때 무엇인가 내면에서 강렬하게 외치는 소리를 듣는 것 같아 충격을 받고 전율한다. 이런 호소는 감각을 통해 들어온 외부의 자극으로 생겨난 것이 아니라, 이미 영혼의 깊숙한 곳, 무의식의 영역 안에 항상 내재하는 것이다."[341]

참됨과 선함과 아름다움은 서로 맞물리며 혼연일체를 이룬다. 나는 왜 2+2=4라고 믿어야만 할까? 그것은 참이니까. 나는 왜 거리를 건너는 할머니를 보면 도와야만 할까? 돕는 것이 선함이니까. 나는 왜 이 그림을 감상해야만 할까? 이 그림은 아름다우니까.

플라톤은 이 모든 것을 절대적 이데아로 간주한다. 플라톤과 그의 제자들에게 아름다움은 그저 '마음에 드는 것' 그 이상이며, 도덕적 덕성과 떼어서 생각할 수 있는 게 아니다. 선함의 이데아

• 플라톤은 몸의 감각에 휘둘리지 않고 생각의 능력을 키울 때 인간은 본래 알던 진리를 기억해낼 수 있다고 설명한다. ─ 옮긴이

는 모든 것이 추구해야 하는 지향점이다. 플라톤이 생각하는 선함은 언제 어디서나 누구든 그에 맞춰 행동해야 하는 보편적인 올바름이다. 어떤 문화든 부모는 자녀에게, 자녀는 부모에게 지켜야 할 특정한 의무를 가진다. 세계 어디서나 감사할 줄 아는 자세는 선한 것이며, 인색함은 고약한 악습이고, 너그러움은 존경받아 마땅한 덕성이다. 거의 모든 곳에서 공평함은 판사의, 용감함은 투사의 덕성이다.[342] 아름다움은 단지 '기분 좋은 산뜻함'에 그치지 않고, 존중받아 마땅하며 경외심을 불러일으키는 것, 곧 숭고함이다.[343]

그리스의 신전에 서본 사람은 안다. 인간이 자기 자리를 찾는 질서정연한 우주에 관한 생각은 고전적인 그리스 예술을 이끈 원동력이다. 대칭성과 황금률로 빚어진 세계의 그림은 진리와 선함과 아름다움을 신적인 숭고함의 본질적 특성으로 묘사한다.

아름다움을 보는 이런 관점은 신플라톤주의를 거쳐 기독교로 이어진다. 이런 관점은 토마스 아퀴나스의 형이상학에 이르러 가장 완벽하게 정리된다. 진리와 선함과 아름다움은 존재가 자신을 드러내는 방식이다. 토마스 아퀴나스는 이 세 가지를 '초월자 transcendentalia'라 부르며, 신에게 그 뿌리를 두는 것으로 직접 결부시켰다. '초월자'란 모든 존재자가 공통으로 가지는 특성이며, 신이 선물해준 것이라는 게 토마스 아퀴나스의 설명이다.

이 '위대한 이론'은 강력한 영향력을 발휘했으나, 18세기에 들어서 힘을 잃기 시작했다. 1757년 데이비드 흄이 쓴 다음의 문장은 '위대한 이론'을 흔들기 위해 쏘아 올린 신호탄이었다.

"아름다움은 사물 자체에 내재하는 특성이 아니다. 아름다움은 단지 사물을 보고 생각하는 사람의 정신 안에만 존재한다."

아름다움은 관찰자의 눈 안에 있는 것이며, 누구도 다른 사람에게 자신의 취향을 강제할 권리를 가지지 않는다는 것이다.[344] 이마누엘 칸트 역시 토마스 아퀴나스의 형이상학에 거리를 두기는 했지만, 아름다움을 순전히 주관적인 것, 상대적인 것으로 보지는 않았다.

아름다움을 평가하는 미학적 판단은 순전한 취향 판단과는 다르다. "나는 바닐라 아이스크림이 좋아."라는 말은 "파리는 아름답다"라는 말과는 다르다. 어떤 아이스크림을 좋아하는지는 순전히 주관적인 문제이지만, 나는 어떤 곳이 아름답다는 말에는 다른 사람도 동의해주기를 기대하며, 심지어 상대방을 설득하려 시도하기도 한다.

"이 꽃은 아름다워."라고 말하는 사람은 정확히 무슨 말을 하는 걸까? 칸트는 이 말의 의도는 단지 거기 핀 꽃을 보고 느끼는 기쁨이라고 풀이한다. "이해관계로부터 자유로운 기쁨"이라는 칸트의 표현은 그 어떤 이해타산도 따지지 않는 순수함을 말할 뿐, 무관심을 뜻하지는 않는다. 오히려 대상을 가지지 않아도 순수한 마음으로 받아들이는 긍정이 진정한 아름다움이다.[345] 파리는 내가 파리의 그 어떤 것도 살 수 없지만, 그래도 아름답다.

동물은 오로지 '이해관계'에만 충실하게 행동한다. 개는 뼈다귀를 빨다가 한 덩이의 고기를 발견하는 순간, 뼈다귀에 흥미를 잃는다. 반대로 우리 인간은 수단으로 쓸 물건과, 그 자체로 가치가 충분한 것을 구분한다.

어떤 것을 보고 '아름답다'고 감탄하는 사람은 그 대상을 결코 수단으로 보지 않으며, 목적 그 자체로 바라본다. 바흐의 음악을 아름답다고 여기는 사람은 정확히 바흐의 작품을 듣고 싶어 한다. 그에게 바흐 대신 비틀스의 곡을 들려주며, "어때, 바흐 못지 않게 좋지 않아?" 하고 묻는 태도는 배려라고는 모르는 무식함이다. 어떤 특정한 상대를 아름답다고 여기는 사람은 바로 그 상대를 다시 보고 싶은 것이지, 그저 임의대로 아무나 데리고 오라는 게 아니다.

진리와 선함과 아름다움이 하나의 통일체를 이룬다는 위대한 이론은 프리드리히 실러Friedrich Schiller, 1759~1805에게서 짙은 여운을 얻었다. 실러는 아름다움을 보는 안목을 키우도록 인간을 교육하는 일이 중요하다고 여겼다. 인간의 공감 능력은 아름다움을 경험함으로써 키워진다고 보았기 때문이다.[346] 실러는 참되고 선하며 아름답게 행동하는 것을 중시했다. 바로 그래서 그는 숭고함의 문제에도 매달렸다.[347] 숭고함을 우러르면서 인간은 비로소 자연이 전체로서 가지는 의미를 헤아리며, 자연을 상대로 인간이 구사할 수 있는 적절한 자유의지가 무엇인지 헤아려볼 수 있기 때문이다. 숭고함만이 인간으로 하여금 자신의 본질에 눈뜨게 해준다.

아름다움을 신이 베풀어준 것으로 바라보는 입장을 고수하려는 최후의 보루는 낭만주의자들이 쌓았다. 존 키츠John Keats,

1795~1821는 〈그리스 항아리에 부치는 송가Ode on a Grecian Urn〉에서 이렇게 노래한다.

"아름다움은 진리이며, 진리는 아름다움이지. 이것이야말로 당신이 지상에서 아는 전부이며, 알아야 할 전부다.Beauty is truth, truth beauty,—that is all Ye know on earth, and all ye need to know."[348]

그로부터 얼마 뒤 프랑스 작가이자 리얼리즘 문학의 초기 대표자인 스탕달Stendhal, 1783~1842은 아름다움이 적어도 신이 베풀어주는 '행복의 약속'이라고 보았다.[349] 19세기 말에 니체는 선함과 아름다움이 하나이며, 이 하나는 궁극적으로 진리에 이른다고 말하는 철학자가 있다면, 그를 흠씬 두들겨 패주어야 한다고 썼다.

"진리는 추악하다(……)."[350]

20세기 초 '위대한 이론'은 돌격대에게 난사당해 회복하기 힘들 지경으로 망가진 보루가 되고 말았다. 2,300년이라는 유장한 세월이 흐른 뒤에 아름다움의 자리에는 완전히 새로운 신을 섬기는 신전이 들어섰다. 이 새로운 신은 기능성, 곧 효용과 효율성만 따지는 기능성이다. 하지만 이 새로운 신전은 먼저 옛 세계를 불태워버리려 들었다.

첫 번째 단절: 신성모독 _____

   2004년 전 세계의 미술관 관장, 큐레이터, 그리고 수집가들을 상대로 지난 세기의 예술 작품 가운데 가장 강한 영향력을 자랑한 것이 무엇인지 묻는 조사가 이루어졌다. 이 얼마나 어려운 질문인가! 20세기는 그 이전의 어떤 세기도 따를 수 없을 정도로 무수한 예술 작품을 생산해냈기 때문이다. 20세기에 모든 대륙에서 창조된 작품은 수백만 편을 훌쩍 넘긴다. 그런데 놀랍게도 전문가들의 선택은 상당히 분명하게 내려졌다. 20세기 가장 큰 영향력을 자랑한 예술 작품은 마르셀 뒤샹Marcel Duchamp의 1917년 작품 〈샘Fountain〉이다. 이 작품은 그저 우리가 일상에서 흔히 보는 남성용 소변기일 뿐이다.[351] 심지어 그동안 원작이 자취를 감춘 탓에 복제품만 남은 이 작품은 애초부터 뜨거운 논란을 불러일으켰다. 이것이 정말 예술인가? 도대체 예술이란 무엇인가? 이 물음은 1917년 당시에는 분명한 답을 얻지 못했다. 그렇다면 아름다움을 보는 미학이 완전히 뒤바뀐 것일까? 그러나 이런 변화는 단순히 미적 감각만으로 설명되지 않는다. 파블로 피카소Pablo Picasso의 작품 〈아비뇽의 처녀들Les Demoiselles d'Avignon〉은 그때까지의 모든 일반적 관점을 해체해버리고 산산조각 낸 일탈, 일종의 금기 깨기에만 그치는 게 아니다. 이 작품이 신호탄을 쏘아 올린 이른바 '큐비즘', 곧 입체주의는 현실을 충실히 모사해야만 한다는 회화의 요구를 근본부터 갈아엎었다. 큐비즘은 현실을 박살 냈으며, 그 조각들을 새롭게 조합해 전혀 다른 현실을 보여주었다. 그 표현 방식뿐만 아니라, 묘사되는 내용도 세상을 뒤흔든 스캔들이었다. 그림은 실오라기 하나 걸치지 않은 다섯 명의 창녀들이 다양한 포즈를 취한 것을 보여주었다.

여성 작가 버지니아 울프Virginia Woolf, 1882~1941는 런던에서 아방가르드 모임인 '블룸즈버리 그룹Bloomsbury Group'의 회원으로 활동했다. 이 그룹은 프리섹스와 같은 주제로 인습을 깨려는 파격적이고 새로운 예술형식을 실험했다. 아름다움을 보는 시민적 미학과의 결별은 동시에 시민적 도덕과의 결별을 의미하기도 했다. 런던에서 이런 전위적인 작품들의 전시회가 열린 뒤 버지니아 울프는 이렇게 썼다.

"대략 1910년 12월이라는 시점을 기준으로 인간의 본성은 바뀌었다."[352]

대체 앞서 무슨 일이 일어났으며, 이런 파격적인 선언의 근거는 무엇일까?

낭만주의에서 아름다움은 그 확고한 위상을 자랑했지만, 이후 차츰 '진리'와 '선함'과 맺었던 밀접한 관계는 느슨하게 풀리고 말았다. 아름다움은 진리와 선함과는 관계가 없는 독자적인 가치로 취급되었다. 프랑스 리얼리즘의 대표적 작가인 귀스타브 플로베르Gustave Flaubert와 빅토르 위고의 고전 작품들은 사회의 추악한 실상을 고발하는 데 주력했다. 《마담 보바리Madame Bovary》(1856)는 뜨거운 불륜을 저지르다가 결국 자살하는 여자 주인공의 이야기를 그렸다. 《파리의 노트르담Notre-Dame de Paris》(1831)은 마법적인 분위기를 자랑하는 작품이기는 하지만, 그 안에 묘사된 사회는 잔혹하고 더할 수 없이 불의하고 부정하다.

진리는 선하거나 아름답지 않다. 오로지 인간 사회의 실상을 정확히 담아내는 예술만이, 추악함을 가감 없이 전달하는 예술만이 아름다울 뿐이다. 이런 사정을 콕 집어 표현한 작품은 샤를 보들레르의 시집 《악의 꽃Les Fleurs du mal》(1857)이다. 〈거짓을 향한 사랑〉이라는 시에는 다음과 같은 구절이 나온다.

"하지만 진리를 회피해 달아나는 내 마음을 기쁘게 해주는 데에는 그대의 겉모습만으로도 충분하지 않은가? (……) 안녕, 깔끔히 다듬어진 얼굴이여! 나는 아름다움을 숭배하노라."[353]

아름다움은 순전히 가상으로 꾸며진 거짓이다! 니체는 이 시를 읽고 열광했다. 오스카 와일드Oscar Wilde, 1854~1900가 보는 아름다움은 무의미한 하늘에서 빛나는 마지막 항성일 따름이다. 다시 말해서 아름다움은 오로지 자신만을 위해 빛나는 별이다. 와일드의 "예술을 위한 예술 l'art pour l'art"은 진리와 선함과는 아무런 관계가 없다. 도덕은 예술과 무관하다는 것이다. 와일드의 소설《도리언 그레이의 초상 The Picture of Dorian Gray》(1890)은 그 자체로 완전한 아름다움을 모사하고자 한 작품이다. 하지만 결국 살인과 치욕과 처참함만 남는다. 홀로 빛나는 아름다움, 인간의 실상을 고스란히 담아낸 리얼리즘이라는 아름다움은 구토를 자아내게 하는 혐오가 되었다.

저항

예술은 언제나 파괴적인 힘을 자랑해왔다. 셰익스피어의《햄릿》을 두고도 연극은 권력을 뒤흔드는 진실을 이야기한다는 말은 할 수 있다. 예술은 기존의 익숙한 인습을 깨는 힘을 가지지 않았다면, 그저 지루한 장식에 지나지 않으리라. 하지만 뒤흔들고 전복시키는 힘은 20세기 초 예술의 가장 중요한 본질로 떠올랐다. 러시아 형식주의 이론은 현실을 기존의 관점과 다른 방식, 새로운 방식으로 묘사하는 것으로 문학을 정의했다. 그러나 이 다름과 새로움은 좋음, 선함이 더는 아니다. 러시아 형식주의는 물론이고 뒤샹의〈샘〉이 제1차 세계대전이 벌어지는 동안 생겨난 것은 우연이 아니다. 예전의 세대, 아름다운 이상에 매달리던 세대는 전쟁의 한복판에 섰다. 참호를 파고 벌이는 야만적인 살상과 물리적 전투의 무의미함은 이들이 동경해온 이상을 짓밟아버렸다. 후기 낭만주의와 유겐트슈틸이라는 경쾌한 예술형식은 흔적도 없이 자취를 감추었다. 서정시에서 운율이 사라졌으며, 시의 구절은 대칭성을 잃고 불규칙해졌다. 이른바 '12음 기법'은 그때까지 지켜지던 작곡의 모든 규칙을 무너뜨리고, 극단적인 불협화음으로 모든 사람들을 충격에 빠뜨렸다. 함부르크의 여성 철학자 비르기트 레키Birgit Riecki는 1, 2차 세계대전 이후 인간의 정신 상태를 다음과 같이 요약했다.

"아름다움은 오늘날과 같은 거칠고 혹독한 세상에서 더는 정당한 위치를 부여받지 못한다. 세계는 아름다울 자격을 잃었다."[354]

아름다움이 '거친 세상'과 더는 맞지 않는다면, 아름다움에 맞서는 저항은 의무다. 20세기에 시민적 인습을 거부하려는 해방의 움직임은 주어진 것을 부정하는 저항으로 나타났다. 포스트모던 예술은 금기를 깨려는 시도로 점철되었다. 독일의 행위예술가 요제프 보이스Joseph Beuys는 쓰레기 더미를 쌓아놓고 예술 작품이라고 주장했다. 연극 연출가 한스 노이엔펠스Hans Neuenfels는 거리로 나가 지나가는 행인들을 상대로 다음과 같은 질문을 하는 장면을 연출했다.

"왜 어린 소녀를 추행하지 않나요?"

오스트리아의 행위예술가 헤르만 니치Hermann Nitsch는 죽은 돼지를 십자가에 매달고 캔버스에 피를 칠한다. 이런 사례는 끊임없이 이어진다. 예전에는 예술이 아름다움을 숭배했다면, 오늘날에는 아름다움을 짓밟고 훼손하는 경향이 갈수록 강해진다. 현대 예술은 위선으로 번드르르하게 꾸며진 아름다움이라는 가면을 벗겨내야만 한다고 강조한다. 예전에 '숭고함'이라고 불렸던 모든 것이 공격의 목표가 된다. 독일 카셀에 있는 박물관 프리데리치아눔Fridericianum의 1820년에 만들어진 박공에 '도큐멘타 14'는 이런 반어적인 문구가 적힌 플래카드를 걸었다.

"안전한 것, 그것은 무섭다.being safe is scary."

미국의 사진작가 안드레 세라노Andres Serrano는 십자가에 못 박힌 그리스도상을 자신의 소변에 담은 사진으로 일대 소동을 불러일으켰다. 그의 가장 유명한 작품 〈오줌 그리스도Piss Christ〉는 상까지 받았으며, 27만 7천 달러에 팔렸다.

죽음의 작업들
/

미국의 사회학자 필립 리프Philip Rieff, 1922~2006는 그런 예술 작품들을 두고 '데스워크스Deathworks', 곧 '죽음의 작업들'이라고 부르며, 현대 예술의 특징으로 꼽았다. 이전 시대들의 예술이 불변의 질서, 심지어 거룩한 질서를 믿은 반면, 포스트모던의 특징은 이런 질서에 맞서는 저항 자체를 목적으로 삼는다는 점이다. 신성모독이라는 동기야말로 포스트모던 미학의 핵심이다.[355]

'신성모독'은 종교 분야에서 널리 쓰는 개념이며, '거룩함' 또는 '숭고함'과 떼어서 생각할 수 없는 것이다. 하지만 반드시 종교와 관련한 것이라고 이해할 필요는 없다. 거룩하다거나 숭고하다는 표현은 오히려 인간의 손길이 미칠 수 없는 것을 뜻한다.《일리아드》에서는 아킬레우스가 자신이 죽인 헥토르의 시체를 전차에 매달아 트로이의 성벽 주위를 돌면서 끌고 다니는 것을 두고 신성모독이라고 표현한다.

"아무 말 없는 흙을 아킬레우스는 자신의 분노로 더럽혔다."**356**

호메로스의 서사 예술은 아킬레우스의 행위를 시신 능멸로 심판하며 거룩한 질서를 변호한다. 그러나 현대 예술은 이런 변론을 진지하게 받아들이지 않는다. 어떤 경우든 해서는 안 되는 일이 있다는 것, 도덕은 개인적 취향의 문제가 아니라 인간이라면 마땅히 지켜야 하는 도리라는 변론에 현대 예술은 코웃음부터 칠 따름이다. 선과 악은 더는 없다는 주장, 현대 예술이 작품을 통해 내세우는 이런 주장은 우리 귀에 그만큼 매력적으로 들린다. 예전의 미술은 풍경을 아름답게 그리려 노력한 반면, 현대 행위예술은 동물을 죽이고 그 배를 갈라 내장을 꺼내며 그 피를 사방에 뿌려댄다.

현대 예술의 기저에 깔린 허무와 절망을 극복할 방법은 바로 '에덴 문화'다. 아름다움이 오로지 관찰자의 눈 안에 있는 것이라면, 진리와 선함도 우리 인간의 주체적 의지에 달린 문제이기 때문이다. 로저 스크러턴 경의 다음 문장은 새겨봄직하다.

"현대 예술의 논리에 사람들이 동의하는 이유는 간단하다. 아름다움보다 기행과 기벽에 매달리는 현대 예술은 사람들에게 인류가 그동안 창조한 모든 걸작을 무시해도 좋다는 인상을 심어주어 문화의 부담을 덜어주기 때문이다. 그 덕분에 사람들은 텔레비전의 드라마가 셰익스피어의 연극보다 나쁜 건 아니구나 하며 드라마에 더 매달린다. (……) 아무튼 이런 것이 요즘 유행하는 문화 상대주의다. 이런 상대주의는 이제 대학교의 미학 세미나까지 파고든다."[357]

'위대한 이론'은 산산이 짓밟혀 폐허가 되다시피 했다. 그 자리를 비집고 들어서는 것은 허무주의와 냉소다. 사르트르는 자신의 소설《구토La Nausée》에서 앙투안이라는 인물의 입을 빌려 100년 전만 해도 지극히 숭고하게 여겨졌던 것을 마음껏 조롱한다.

"아름다운 예술로부터 위로를 얻을 수 있다고 여기는 바보도 있는 모양이야. (……) 이들은 아름다움이 자신의 처지에 공감해 줄 거라고 믿는 거야. 똥대가리 같으니!"[358]

두 번째 단절: 기능성의 숭배 _____

'팽 드 시에클fin de siecle, 세기말'의 유럽보다 그래도 좀 더 낙관적이었던 곳은 미국이다. 미국은 대도시의 건설 경기가 활황을 이루었으며 경제가 번성했다. 오스트리아 출신의 어떤 젊은 남자는 미국에서 미장이와 타일공으로 일했다. 미국 건축 방식의 효율성에 열광한 그는 미국의 스타 건축가 루이스 설리번Louis Sullivan, 1856~1924의 "형태는 기능을 따른다Form follows function"라는 구호에 심취했고, 이런 관점을 고스란히 받아들였다. 어떤 건축이든 그 기능이 형태를 결정한다!

아돌프 루스Adolf Loos, 1870~1933는 고향으로 돌아와 〈장식과 범죄〉라는 그 유명한 강연을 했다. 요지는 장식을 만드는 일은 노동력의 허비일 뿐이며, 따라서 범죄라는 것이다. 루스는 아무 장식

없이 기능성만 살린 건축을 강조했다.[359] 그리고 곧장 자신의 건축 이론을 실천에 옮겼다. 건축상을 받았으며, 1910년에는 빈Wien의 왕궁 호프부르크Hofburg의 맞은편에 자신의 이름을 딴 루스하우스Looshaus를 지었다. 이 건물로 루스는 사람들의 공분을 자아냈다. 일설로는 오스트리아 황제 프란츠 요제프Franz Joseph가 새 건물의 단순한 전경을 보기 싫어 창문을 모두 막았다고 한다. 장식이라고는 없는 건물을 두고 "무례하게 헐벗은"[360] 부도덕한 건물로 여겼다고 한다.

그러나 루스의 건축을 보고 감탄한 이들도 많았다. 독일에서 루스는 바우하우스Bauhaus 운동의 선구자로 평가받았다. 프랑스에서는 르 코르뷔지에Le Corbusier, 1887~1965가 자신이 발행하는 매거진《새로운 정신L'Esprit Nouveau》에서 기고문을 통해 건축의 기능성을 강조했다. 르 코르뷔지에는 나중에 현대건축의 세계적인 선구자로 추앙받은 인물이다.

《새로운 정신》못지않게 '바우하우스' 역시 이런 경향을 추구했다. 혁신적 건축을 지향하는 예술가들과 수공업자들의 결합은 완전히 새로운 시각적 디자인을 추구했다. 1925년 데사우Dessau에 터를 잡은 바우하우스는 오늘날까지도 디자인과 건축을 주도하는 전문학교다. 잿빛 콘크리트가 숲을 이룬 사각형의 주택단지, 금속 파이프로 프레임을 만든 기능적인 의자, 이케아에서 구입할 수 있는 독특한 디자인의 물잔! 모두 바우하우스의 작품이다.[361] 이 새로운 건축양식은 독일 건축가 루트비히 미스 판 데어 로에Ludwig Mies van der Rohe, 1886~1969를 통해 미국으로도 건너갔다.

그의 구호는 이렇다.

"덜한 것이 더 낫다."

이렇게 해서 오늘날까지 전 세계를 장악한 '국제 양식International Style'이 형성되었다.[362] 이 스타일은 "Form follows function"에 충실하다.

바우하우스 창립자 발터 그로피우스Walter Gropius, 1883~1969는 혁명과 같은 일이 일어나고 있음을 예감했다. 1919년 〈바우하우스 선언〉의 마지막 문장은 이렇다.

"우리는 미래의 새로운 건물을 함께 상상하고 창조하기 원한다. 미래의 새로운 건물은 모든 것을 하나의 형태로 담아낼 것이다. 건축과 조각과 회화를 함께 껴안고 수백만 명의 장인들의 손에 떠받들어져 새롭게 출현할 믿음의 상징처럼 천상에 이르도록 솟아오를 것이다."

꾸밈의 방식만 새로워지는 게 아니라, 심지어 새로운 믿음이란다. 하지만 무엇을 향한 믿음일까?

콘크리트의
승리

19세기의 미학을 무너뜨리는 국제 양식의 철저함과 과격함은 제1차 세계대전 이전의 서구 문화가 직면했던 심각한 위기를 살피지 않고는 이해될 수 없다. 굳을 대로 굳어 둔중해진 나머지 시대의 흐름을 따르지 못하는 옛 왕조는 사회가 겪는 위기를 다스릴 힘을 잃었다. 도처에서 혁명가들이 힘을 모았다. 변화의 열망은 정치에만 국한한 것이 아니다. 사람들은 저마다 전혀 다른 인생을 살고자 하는 꿈을 꾸었다. 실오라기 하나 걸치지 않고 해수욕을 즐기는 누드 족, '반더포겔 운동Wandervogel'*, 대안학교 운동을 일으킨 루돌프 슈타이너Rudolf Steiner의 인지학人智學, Anthroposophie 등은 모두 20세기 초에 완전히 다른 인생을 살아갈 대안을 찾으려는 노력이었다. 그 일차적인 목표는 옛것으로부터의 탈피였다. 19세기의 고전주의는 신망을 잃고 말았다. 제국 창건기의 그리스풍 기둥은 어렵사리 주문할 수 있을 따름이다. 예술은 '생명력을 잃은 과거'라는 과장된 평가가 난무하는 가운데 질식당했다. 모든 것이 쇠퇴의 나락으로 떨어졌다.

같은 시기 기술혁명은 그야말로 눈부신 발전을 구가하며 더할수 없이 선명한 대조를 이루었다. 1880년만 하더라도 유럽의 도시들에서는 마차가 달렸으며, 가스등이 거리를 밝혔다. 그로부터 채 40년이 지나지 않아 비행기가 하늘을 날았고, 전차와 자동차들이 거리를 메웠으며, 전깃불이 밤을 대낮처럼 밝혔다. 기술이 계속 발전하리라는 낙관적 전망은 미학도 사로잡았다.[363] 우리가 떠올리는 모든 아름다움은 그 바탕에 깔린 철학으로 생명력을 얻는다. '국제 양식'이라는 미학은 기술 발달이라는 철학을 먹고

---

* 20세기 초 독일에서 청소년들을 대상으로 일어난 걷기 운동. '반더포겔'은 원래 '철새'라는 뜻인데, 자연으로 돌아가 걸으면서 심신을 단련하자는 뜻으로 시작된 운동이다. ─ 옮긴이

산다. 기술 발달에 기댄 미학을 가장 극단적으로 표현한 사람은 이탈리아의 작가 필리포 토마소 마리네티Filippo Tommaso Marinetti, 1876~1944다. 그는 1909년 파리의 신문《르 피가로Le Figaro》에 기고한 저 유명한〈미래주의 선언〉에서 이렇게 썼다.

"우리는 장엄한 세계가 하나의 새로운 아름다움으로 더욱 풍부해졌음을 선포한다. 그것은 곧 속도의 아름다움이다. 커다란 원통을 장식해 만든 차체가 폭발적인 호흡을 자랑하는 뱀처럼 (……) 총알같이 달리며 굉음을 쏟아내는 경주용 자동차는 '사모트라케의 니케'보다 더 아름답다."[364]

기능성에 주목하는 미학, 기술의 찬미는 당시의 정치 흐름과 놀라울 정도로 잘 맞아떨어졌다. 이탈리아의 파시즘과 독일의 나치즘은 저마다 왕조에서 먼지나 뒤집어쓴 시민을 해방시키려는 임무를 맡았다고 자처했다. 다양한 개혁 운동이 내세웠던 "자연으로 돌아가자!"라는 구호는 파시즘과 나치즘의 "인종으로 돌아가자!"로 바뀌었다. 인간은 투쟁을 위한 짐승으로 조련되었다. 강인함과 집요함, 그리고 명확한 위계질서가 핵심 가치로 떠받들어졌다.

이런 이데올로기에 예전의 모든 것을 무자비하게 경멸하고 모조리 기능성의 측면으로 바라보는 미학보다 더 잘 맞는 게 있을까? 물론 바우하우스는 나치스 정권하에서 문을 닫아야 했지만, 국제 양식이라는 미학은 파시즘에 더없이 강력한 힘을 실어주었다. 오늘날 히틀러의 과대망상에 가까운 건설이 남긴 잔해를 바라볼 때, 그 양식이 바우하우스와 매우 가깝다는 점은 흘려볼 수 없이 드러난다.[365] 르 코르뷔지에는 나치스에 협력한 비시정부

Régime de Vichy의 공식적인 도시설계 책임자로 일했다. 다행히도 이런 모든 기획이 실행되지는 않았다. 그의 계획 가운데 하나는 파리의 상당히 넓은 지역을 완전히 갈아엎어 거대한 고층 아파트를 세우고 여러 차선을 가진 도시고속도로를 건설하는 것이었다.[366]

인류 역사상 윤리적으로 최악을 치달은 시기에도 기능성에 초점을 맞춘 미학은 보조를 맞추었다. 나치스는 인간을 순전히 노동력으로 취급하고 이름 대신 번호를 부여해 열차에 빼곡히 태워 수송하고, 비좁은 공간에 몰아넣어 노동력을 착취하다가 학살하는 만행을 서슴지 않았다. 강제수용소는 기능 중심주의를 더할 수 없이 비열하면서도 철저하게 밀어붙인 결과물이다.

어떤 기능?

바우하우스가 나치의 범죄에 책임져야 하는 것은 아니다. 국제 양식을 대표하는 건축가들이 아름다운 건물을 전혀 만들어내지 못했다고 주장하려는 것도 아니다. 바우하우스가 디자인한 바르셀로나 의자Barcelona Chair나 독일의 디자이너 마리안네 브란트Marianne Brandt의 은으로 만든 찻주전자는 그 시대를 초월한 우아함으로 100년이 지난 지금에도 우리에게 감동을 준다. 르 코르뷔지에가 설계한 롱샹Ronchamp의 '노트르담 뒤 오Notre-Dame du Haut', 바우하우스의 교수용 숙소 '마이스터호이저Meisterhäuser'는 오늘날까지도 대담한 독창성과 조화로 빛을 발한다. 그러나 몇몇 천재적인 작품들을 빚어냈다고 해서 그들이 반드시 옳은 방향을 가고 있다고 말할 수는 없다. 오스트리아의 디자인 철학자 슈테판 자크마이스터Stefan Sagmeister는 이런 사정을 적확하게 짚어낸다. 기능성을 강조한 거대한 건물이 들어서고 흉물스러운 수많은 건물이 그 뒤를 따랐다는 것이 자크마이스터의 지적이다. 전 세계적으로 국제 양식의 영향으로 1억 7천만 채의 집들이 빠른 속도로 아무 애정도 없이 지어졌다. 여덟 명 가운데 한 명꼴로 이런 집에 거주하는 셈이다.[367]

기능주의 미학은 그 시작에서부터 경제적 기능에 충실했다. 우선 건축 단가가 싸다. 이런 경비 절감 효과는 승승장구하는 서구 자본주의는 물론이고, 상징적인 거대 건설 프로젝트에 매달리는 공산주의와도 잘 맞았다. 소비에트 건축은 아름다움을 거부하는 게 아니라 오로지 과잉, 곧 불필요한 낭비를 반대하는 것일 뿐이라고 1954년 흐루쇼프는 말했다.[368]

"Form follows function"이라는 구호가 품은 근본적인 문제는 집의 기능성이라는 것이 정확히 무얼 뜻하느냐다. 집이 무너지지 않고, 비가 들이치지만 않으면 충분할까? 바우하우스의 설립자들은 이 문제에 특히 예민했다. 발터 그로피우스는 예술 작품의 기능적 측면을 강조하기는 했지만, 이는 어디까지나 '정신적 목적'도 품어야만 한다고 보았다.[369] 바우하우스를 선도한 예술가 바실리 칸딘스키Wassily Kandinsky와 요하네스 이텐Johannes Itten은 영성과 신앙을 중시했던 인물들이다. '근본으로 돌아가는 것', 즉 수

공업의 손작업과 재료로 돌아가는 것이 이들이 추구한 본래 목표였다. 바우하우스의 미학은 그 어떤 것도 가리거나 꾸미지 않는 '솔직함'이다.[370] 하지만 몰딩으로 가리지 않은 전선, 어지럽게 꼬여 보기만 해도 산만한 케이블이 솔직함일까? 모름지기 건축물은 미학적 요구를 만족시켜야 하지 않을까? 그러나 국제 양식은 아름다움을 독자적인 목적으로 생각할 줄 몰랐다.

사실 "Form follows function"은 실제 물건과는 다른 엉뚱한 상표를 붙여 파는 허위 광고일 따름이다. 교황 식스투스 5세Sixtus V는 1593년 로마의 심장부를 관통하는 커다란 직선도로를 건설하게 했다. 바로 '비아 시스티나Via Sistina'다. 이 도로는 어디까지나 기능을 추구한 결과물이다. 오늘날까지 잘 보존된 이 도로는 주요 교회와 궁성과 각종 기념비를 하나의 길로 묶어낸다. 이로써 축일 행렬과 축제를 위한 근사한 무대가 생겨났다. 시선이 닿는 곳마다 고대와 중세와 바로크의 건물들이 자태를 뽐내며 조화로운 전체를 이룬다. 오늘날까지 비아 시스티나는 관광객과 주민들을 두루 매혹시킨다.[371]

베를린의 '연방 아우토반 100Bundesautobahn 100'•도 기능에 충실하도록 만들어진 도로다. 하지만 비아 시스티나의 기능과는 완전히 다른 기능을 이 도로는 만족시켜야 한다. 이 도로 역시 설계될 때부터 베를린이라는 대도시의 여러 지역들을 연결할 목적으로 만들어졌다. 자동차를 타고 이 도로를 운행하는 사람은 '빌머스

• 베를린 도심의 여러 구들을 연결하는 순환 고속도로다. — 옮긴이

도르프Wilmersdorf'의 화력발전소와 '샤를로텐부르크Charlottenburg'의 고속도로 분기점, 그리고 '브리츠Britz' 지역의 터널을 지나야 한다. 이런 유서 깊은 지역들을 지나가며 기념사진 한 장 찍겠다고 멈춰 설 수 있는 사람은 없다. 이 도로에는 축일 행렬도 지나갈 수 없다. 도로는 오로지 하나의 기능, 곧 자동차라는 이동수단의 속도를 이용하는 기능에만 충실하다. 비아 시스티나가 만족시키는 여러 기능과 비교하면 참으로 초라한 도로가 아닐 수 없다. 비아 시스티나에서는 산책을 즐기거나, 거리의 카페에서 모처럼 여유로운 시간을 보내거나, 사진을 찍거나, 청혼을 하거나, 꽃을 사거나, '피아자 베르니니Piazza Bernini'의 분수대 뒤로 펼쳐지는 일몰을 감상하는 일도 가능하다. 비아 시스티나의 기능은 자동차라는 기계뿐만 아니라 인간 생활 전체를 아우른다. 바로 그래서 이 거리는 우리에게 감동을 주는 반면, 인간보다는 기계를 더 고려하는 연방 아우토반 100은 저 국제 양식의 무수한 건물과 마찬가지로 차갑고 잿빛에 물들었으며, 죽음의 분위기를 풍긴다. 아무래도 안나가 전적으로 옳은 말을 한 것으로 보인다.

일본의 티백과
버리는 문화

/

'기술 시청'이 불과 몇십 년 만에 철거된 반면, 이스탄불의 '아야 소피아Hagia Sophia'는 서기 537년부터 건재하다. 이 유장한 역사를 자랑하는 건물은 성당, 병영, 마구간, 박물관, 모스크로 변신을 거듭해왔다. "Form follows function"은 통하기는 하지만, 지속적이지는 못하다. 어느 하나의 기능만을 위해 만들어진 것은 빠르든 늦든 언젠가는 버려진다. 그러나 아름다운 것은 늘 다시금 새로운 기능을 얻는다. 일본의 아름다운 티백은 전혀 다른 용도로도 쓰인다. 차를 마시는 데 쓰는 것은 물론이고, 구슬을 보관하거나, 다닥냉이를 심거나, 그저 간단하게 창턱 위에 세워두기도 한다. 맥도날드에서 사람들은 플라스틱 접시로 샐러드를 먹는다. 이 접시의 가치는 한 번 쓰는 것으로 끝난다. 그냥 쓰레기통에 버려진다. 오늘날 거의 모든 것처럼.

옛날에 재력과 권력을 가진 사람은 몇백 년은 끄떡없이 버틸 건물을 지었다. 이런 건물의 가치는 아름다운 형태로 평가받는다. 그리고 이 아름다운 가치는 오늘날 사람들의 마음을 사로잡는다. 반면 우리는 휴대폰을 3년마다 새것으로 교체하고, 옷은 아무리 길어야 5년 입는 데 익숙해졌다. 전 세계적으로 엄청나게 쌓여가는 쓰레기산은 기능성 논리에 따른 당연한 귀결이다. 모든 것이 오로지 그 기능에 비추어 평가된다면, 그 가치는 언젠가는 소실되어버린다. 차이는 빠르냐 늦냐 하는 것일 따름이다. 어떤 시대의 미학은 그 시대 세계관의 표현일 뿐만 아니라, 거꾸로 미학이 세계관에 영향을 미치기도 한다. 필립 리프가 '죽음의 작품들'이라 부른 예술 작품들에 그토록 비판적이었던 이유는 바로 이런 영향을 경계했기 때문이다. 예술은 언제나 인간이 누구인지 말해주는 증언이기도 하다. 앤디 워홀Andy Warhol은 1960년대에 일상 소비 용품의 포장지들로 만든 작품들로 전시회를 열었다. 그는 현대 미학이 떠받드는 기능주의를 그 최후의 결과물까지 밀어붙인 것일 따름이다. 모든 것은 포장이며, 모든 것은 돈만 주면 사는 것이고, 모든 것은 결국 쓰레기로 버려진다.

'위대한 이론'이 무너지고, 모든 것을 기능성의 관점으로만 축약해버린 결과는 예술의 해방이 아니라, 야비하고 잔인한 자본주의일 뿐이다. 모든 것을 기능으로만 바라보면, 결국 모든 것은 상품이 된다. 모든 것을 돈만 있으면 살 수 있다는 관점은 인간도 상품으로 만들어버린다.

바로 그래서 포르노그래피의 거칠 것 없는 승승장구는 "Form follows function"에 따른 당연한 결과다. 에로틱은 언제나 예술의 한 부분이었다. 인간 몸의 아름다움은 섹슈얼리티와 떼어질 수 없다. 옷을 잘 차려입은 몸과 실오라기 하나 걸치지 않은 나체, 유혹하는 듯싶다가 슬쩍 밀어내는 밀당의 심리전, 관능과 정숙함은 인간의 예술사를 관통하는 주제이며, 예술이 발휘하는 마법적 매력의 결코 적지 않은 부분을 이룬다.

그러나 포르노는 인간의 몸을 오로지 섹스로만 축소했다. 포르노는 특정 목적과 특정 기능만 충족하면 그만이다. 얼굴은 성기보다 덜 중요하다. 대화와 심리와 뉘앙스를 따지는 복잡한 스토리는 포르노에 불필요할 수밖에 없다. 말하자면 포르노는 연기를 섹스로만 압축한 것이다. 포르노 산업은 다시금 심각한 비인간적 세태와 맞물린다. 2020년에는 세계 최대의 포르노 사이트

'폰허브Pornhub'가 미성년자를 상대로 저질러진 성추행을 담은 무수한 동영상을 아무 여과 없이 업로드한 것이 폭로되었다.[372] 시장을 이끄는 신용카드 기업들은 이 온라인 포털과의 거래를 중단했다. 미국의 비정부기구로 섹스 산업 퇴치운동을 벌이는 '엑소더스크라이Exoduscry'는 이미 오래전부터 캠페인을 벌이며 이런 실상을 고발해왔다. 몇 년째 이 단체는 포르노 산업에서 탈출한 여성들을 지원하며, 인신매매로 벌어지는 여성과 소녀들을 겨눈 성적 폭력의 실상을 밝히는 일에 주력하고 있다.[373]

우리는 버리는 문화 속에서 살아간다. 이런 문화는 인간 역시 쓸모로만 바라보며, 쓰고 난 뒤에는 거침없이 제거할 것으로 여긴다. 그러나 사회는 쓸모없는 것, 기능을 가지지 않은 것이라 할지라도 그 아름다움을 존중하며 품위를 발견할 때에만 인간적이다. 외모가 아름다움의 기준과 맞지 않을지라도, 심한 장애에 시달리는 사람이라 할지라도, 늙거나 더는 치유될 수 없는 병을 앓는 사람일지라도, 그 깊숙한 내면에서 우러나는 아름다움을 존중할 때 사회는 인간다운 면모를 회복한다.

원치 않은 임신이라고 해서 세상의 빛도 보지 못하고 사라져버린 생명을 안타까워할 줄 아는 사회, 죄를 지어 교도소에 갇혔다 할지라도, '아무 쓸모가 없는 사람'이라 할지라도 무시하지 않고 보듬어줄 줄 아는 사회가 진정 인간적인 사회다. 이런 아름다움을 지켜낼 줄 모르는 세상은 인간다움을 잃는다. 조화로운 생태를 자랑하는 에덴 정원은 바로 그래서 아름다움을 지켜내기 위해 다시 투쟁해야만 한다. 그리고 이 투쟁은 두 가지 잘못된 도그마부터 논박하는 것으로 시작해야 한다.

그러기 위해 먼저 가장 논란이 되지 않는 아름다움의 왕국, 곧 자연부터 우리는 살펴야 한다.

아름다움은 이해관계에
휘둘리지 않는 진리다 _____

아름다움, 이것은 정의될 수 있는 게 아니다. 하지만 각 시대마다 달라지는 아름다움의 관점은 인간과 세계가 아름다움을 두고 무슨 생각을 해왔는지를 알려준다. 우리는 오늘날 아름다움은 관찰자의 안목이 결정하며, 어떤 기능성을 만족시키는 것이라고 믿는다. 그러나 나는 아름다움의 주관성, 그리고 기능 위주의 관점은 틀렸다고 본다. 현대 예술이나 건축을 싸잡아 비난하려는 것이 아니다. 우선, 예술이 무조건 아름다움만 추구해야만 하는 것이 아니며, 다른 한편으로 현대 예술은 충분히 많은 걸작들을 자랑하지 않는가. 내가 공격하고자 하는 것은 아름다움을 그 어떤 임의적인 목적, 곧 이해관계에 따라 농단하는 이론이다.

재미있는
바우어새

/

그가 입은 결혼 예복은 불처럼 빨갛다. 중간 부분부터 아래쪽으로는 밝은 금색이다. 깃털로 짠 이 눈부시도록 화려한 옷 덕분에 불꽃바우어새Flame bowerbird 수컷은 뉴기니 열대림의 진정한 스타다. 하지만 이 화려한 깃털만으로는 턱없이 부족하다. 신부의 주목을 끌기 위해 신랑은 아늑한 신혼집을 짓는다. 처마 아래 둥지를 생각하는 사람은 이 새를 과소평가하는 것이다. 수컷이 짓는 둥지는 그야말로 진정한 예술 작품이다. 수컷은 색색의 물건들로 둥지를 장식한다. 꽃, 열매, 달팽이집, 또는 도시 가까이 사는 수컷은 알록달록한 병뚜껑이나 플라스틱 구슬로도 집을 꾸민다. 심지어 이 장식품들을 크기에 맞춰 작은 것에서 큰 것으로 나란히 늘어놓는 솜씨까지 과시하는 수컷도 많다. 이런 장식 덕분에 암컷은 둥지로 들어가는 입구를 매력적으로 여긴다. 르네상스 시대의 건축물 입구가 화려한 것과 마찬가지 이치를 새는 터득한 셈이다. 그래도 여전히 암컷은 까다롭기만 하다. 멋들어진 예복과 예쁜 둥지에도 암컷은 여전히 마음을 열지 않는다. 수컷은 이제부터 본격적인 구애의 춤을 추기 시작한다. 눈알을 위아래로 굴리는가 하면, 깃털을 세우고, 양쪽 날개로 번갈아가며 머리를 감싸는 안무는 보는 것만으로도 웃음이 터진다. 구애가 성공하면 수컷은 마침내 원하는 것을 얻는다. 교미는 2~3초 정도 걸린다. 교미를 마친 수컷과 암컷은 다시는 서로 보는 일이 없다.

공작이나 원앙 같은 동물이 왜 그처럼 멀리서도 눈에 띌 정도로 자신을 꾸미는지 알아내기 위해 이미 찰스 다윈은 골머리를 앓았다. 고민 끝에 그가 찾아낸 이론은 이렇다. 암컷의 깃털이 눈에 잘 띄지 않는 갈색인 것은 새끼를 보호하기 위한 위장인 반면, 수컷의 화려한 깃털은 암컷의 환심을 사려는 수단이다. 그럴싸하게 들리는 설명이다. 진화론의 근본 전제는 종의 번식이 가장 잘 이뤄질 수 있도록 유전자가 변화한다는 것이다. 유럽의 야생 토끼는 왜 털이 갈색일까? 그래야 맹금류의 눈에 잘 띄지 않아 잡아먹히지 않기 때문이다. 그럼 불꽃바우어새의 그 화려한 색은 천적에게 잡아먹힐 위험을 키우지 않을까? 나무의 푸른 잎들 사이에서 붉은색은 확연히 띌 수밖에 없다. 도대체 왜 진화는 암컷을 유혹하는 데 이처럼 수고롭고, 많은 자원을 소비하게 만드는 방법을 '선택'했을까? 훨씬 더 간단한 방법도 얼마든지 있지 않은가? 찰스 다윈은 더 강한 수컷이 항상 암컷의 간택을 받는 것이 아니라, 더 예쁜 수컷이 기회를 잡는다고 설명한다. 겉보기로 깔끔한 이 설명으로 생물학은 오히려 더 풀기 힘든 난제를 붙들고 오늘날까지 씨름한다. 왜 하필 아름다움이 매력을 발휘할까? 도대체 왜 자연은 가성비를 따지는 모든 계산을 비웃는 것처럼 많은 수고를 요구하는 둥지를 짓게 만들까? 진화가 규칙을 정한다면, 어째서 이 규칙은 바우어새 암컷이 몇 개의 작은 나뭇가지로 만든 둥지와 그저 두 번 정도 엉덩이를 씰룩이는 춤으로 만족하지 못하게 만들었을까?

아름다움이라는
풀리지 않는 수수께끼
/

이 의문을 풀어줄 만한 답 가운데 하나를 이스라엘의 생물학자 아모츠 자하비Amotz Zahavi와 아비스하그 자하비Avishag Zahavi 부부는 '핸디캡 원리handicap principle'라 부른다. 공작의 화려한 날개는 천적의 눈에 띄지 않게 은폐하고 위장하는 것을 어렵게 만드는 결정적인 핸디캡, 곧 단점이다. 하지만 수컷 공작은 이 단점으로 훨씬 더 큰 강점을 자랑한다. 화려한 날개를 펼침으로써 자신의 우월함을 주변에 과시하는 것이다. 불리한 약점을 오히려 강점으로 삼는 수컷 공작은 자신만만한 나머지 투구도 없이 싸우는 용감한 전사를 방불케 한다.[374]

실제로 개구리, 물고기, 새의 암컷은 아름다움을 기준으로 짝을 고른다.[375] 몇몇 종에게서는 더 아름다운 수컷의 씨를 받아 생긴 새끼가 더 강한 면역 체계를 자랑해 생존의 확률이 높아진다는 점이 확인되기도 했다. 그러나 이를 법칙이라고 하기에는 예외가 적지 않다. 전체적으로 볼 때 핸디캡 원리가 유전적으로 확실한 강점을 가지게 해준다는 점이 증명되었다고 할 수 없다. 아름다움은 동물 왕국에서 숱하게 찾아볼 수 있지만, 전반적으로 반드시 유전적 강점을 자랑하는 것은 아니다. 그럼 대체 아름다움은 왜 존재할까?

예일대학교 진화생물학 교수 리처드 프럼Richard Prum은 새가 화려한 깃털을 발달시키는 것은 그게 그냥 아름답기 때문이라고 진단한다. 자신의 책《아름다움의 진화 The Evolution of Beauty》에서 프럼 교수는 힘들여 '아름다움'이라는 특성을 키우는 일이 아무 이득이 없을 뿐만 아니라, 오히려 엄청난 불이익을 감수해야만 한다는 점을 보여주는 풍부한 사례를 든다.[376] 아름다움은 생존과 더불어 진화가 추구하는 중요한 목적으로 바라보아야 한다는 것이 프럼 교수의 주장이다. 이를테면 공룡은 땅 위를 걸어 다니며 아직 하늘을 날 능력이 없던 시절에 이미 깃털을 키웠다. 이유는 그저 깃털이 아름다웠기 때문이다.

프럼 교수의 주장에 반론이 제기되지 않는 것은 아니다. 아무튼 생물학자들은 아직도 자연의 아름다움이라는 문제를 속 시원히 풀어줄 답을 알지 못한다.[377] 대체 동물과 식물은 왜 그런 규칙적인 아름다움을 자랑할까? 그리고 왜 이 아름다움은 상상을 초월할 정도로 복잡한 과정, 거의 낭비에 가까운 수고를 통해 만들어질까?

물론 아름다움이 진화적 기능을 만족시키기는 하지만, 이런 기능만으로 아름다움은 설명되지 않는다. 꽃시계덩굴의 꽃은 당연히 곤충을 꾀기 위해 그처럼 아름다운 자태를 자랑한다. 하지만 훨씬 더 간단한 설명도 얼마든지 가능하다. 자연은 "Form follows function"이 아니라, "Function follows beauty(기능은 아름다움을 따른다)"는 원리를 지키는 게 아닐까. 아름다움 그 자체는 이미 목적으로 충분하다.

섹시한 예술가와
지루한 사냥꾼

/

아름다움을 즐기는 인간 감각의 발달 역시 '핸디캡 원리'를 따른다. 물론 인간의 미적 감각은 동물 왕국과 비교할 때 같은 원리로 보기 힘든 여러 요소를 가지기는 한다. 인간의 경우에도 섹스가 중요한 역할을 한다는 점은 찰스 다윈이 정확히 읽어냈다. 남자들이 특정 유형의 여자에게 매력을 느끼는 이유는 좋은 유전자를 가졌다는 인상 때문이라고 한다. 여성이 남성을 고를 때는 더 복잡하고 어려워진다.

데니스 듀튼은 여성의 경우 아름다운 예술이 중요한 역할을 한다고 보았다. 모든 포유류 동물들과 마찬가지로 여성은 자녀의 출산과 양육에 주된 책임을 진다. 여성은 이상적인 짝을 선택하는 데 있어 힘센 것만 보지 않고, 사회성도 중시한다고 듀튼은 주장한다. 말솜씨가 뛰어나고 예술 감각이 뛰어난 남성에게 여성은 색다른 매력을 느낀다.[378] 이야기꾼이 어떻게 해서 생겨났는지 보자. 이야기를 실감 나게 꾸밀 상상력은 저 고대의 사냥꾼과 채집자에게도 중요한 능력이었다. 이야기를 흥미진진하게 구사할 줄 아는 남성은 복잡한 문제, 이를테면 무리를 이루어 매머드 사냥을 하는 어렵고 복잡한 문제를 해결할 능력이 뛰어나다. 여성들이 힘이 세고 싸움을 잘하는 투사에게 매력을 느끼는 것이야 놀라운 이야기는 아니다. 다만 듀튼은 석기시대 사람들이 그림을 그리고 장식을 만들며 이야기를 들려주는 예술에 신경을 쓴 것은 이미 당시에도 여성들이 이런 능력에 매력을 느낀 게 결정적 동기였으리라고 추정한다.[379] 그리고 늦춰 잡아도 정착 생활을 하면서부터 사냥과 전쟁 외에도 여러 다른 문제들이 중요해졌다. 좁은 주거 공간에서 여러 사람들이 함께 하는 생활은 여성과 남성 모두에게 서로를 배려하는 사회성을 요구한다. 육아의 부담을 나누며, 충돌이 빚어질 때 감정을 다스리고 통제하는 능력이 키워져야 무리의 평화는 유지된다. 노래를 부르고 그림을 그리거나 춤을 출 줄 아는 사람은 창만 던질 줄 아는 사람보다 모든 면에서 더 뛰어나다.

이런 맥락에서도 분명하게 드러나듯, 오로지 기능성만으로 아름다움을 설명하는 일은 한계에 부딪친다. 물론 아름다움의 감각이 사회생활에 긍정적인 영향을 미치는 기능인 것은 분명하다. 하지만 오로지 사회생활에 도움을 주는 기능성만으로 미적 감각은 설명되지 않는다. 발전을 거듭하며 더욱 높은 수준으로 발전해온 예술은 아무래도 그 독특한 법칙을 따르는 것처럼 보인다. 인생의 다른 많은 측면들도 마찬가지다. 인간이 배불리 먹기 위해 음식을 조리한다는 점을 부정할 사람은 아무도 없다. 하지만 가히 예술의 경지에 오른 요리, 그리고 이와 관련해 고도로 발달한 문화와 그 전통은 단순히 배를 채우는 기능만으로 설명되지 않는다. 인간이 짝을 찾고 섹스를 하는 것도 분명 그 뿌리는 번식이기는 하다. 하지만 아이를 낳으려는 목적만으로 사람들이 섹스를 할까? 오히려 황홀한 로맨스와 쾌락과 아름다움을 맛보고자 하는 것이 인간의 더욱 절박한 속내다. 심지어 해부학적 차원에

에덴 컬처

서도 이 같은 확인은 가능하다. 여성이 느끼는 오르가슴은 순전히 생물적인 기능만 가지는 게 아니다. 이처럼 인간의 본성은 문화와 예술과 성애의 발달에서도 독자적인 법칙, 곧 아름다움을 키우는 법칙을 따른다.[380]

"Function follows beauty."

아름다움은
객관적이다 _____

어떤 이는 바그너의 오페라가 아름답다고 하고, 어떤 이는 지루하다고 한다. 어떤 사람은 얼굴에 피어난 기미가 귀엽다고 하고, 어떤 사람은 질색을 한다. 취향은 논쟁을 부르는 문제다. 당연히 똑같은 것을 두고 모든 사람이 아름답다고 여기지는 않는다. 예를 들어 이상적인 아름다움, 미의 기준은 세기와 더불어 엄청난 변화를 보여왔으며, 오늘날 국가마다 큰 편차를 보이기도 한다. 미적 감각이 주관적이기도 하다는 말은 하나 마나 한 진부한 소리다. 이걸 부정할 사람은 아무도 없다. 그러나 우리가 어떤 것을 보며 아름답다거나 추하다고 느끼는 경향은 객관적인 규칙을 따른다. 다만 이런 흥미로운 사실은 아직 잘 알려져 있지 않을 뿐이다.

예나대학교 병원에서 크리스토프 레디에스Christoph Redies 교수가 이끄는 연구팀은 '실험 미학'이라는 주제로 일련의 현상들을 다루었다. 그동안 우리의 미적 감각이 그저 우연히 생겨난 게 아니라는 점을 확인한 신경과학 연구는 많다. 무엇보다도 인간의 미적 감각은 흘려볼 수 없는 경향을 드러낸다. 예를 들어 인간이 좋아하는 색은 푸른색이다. 남성의 경우는 녹색이, 여성의 경우는 보라색이 그 뒤를 바짝 뒤쫓는다.[381] 좌우가 대칭을 이루는 얼굴을 우리는 가장 아름답다고 여긴다. 이처럼 대칭성은 대다수 사람들이 아름답다고 부르는 것에서 중요한 역할을 한다.[382] 물론 대칭성이 지나치게 완벽한 얼굴은 지루해 보일 수 있다. 얼굴에 찍힌 점 하나가 신선해 보이는 이유가 달리 있는 게 아니다. 적당히 대칭성을 갖추어 친숙하게 보이면서도 지루하다는 인상을 막아줄 새로운 특성을 가진 얼굴을 두고 우리는 매력적이라고 느낀다.

이런 원리는 인간 두뇌의 작동 방식에 깊은 뿌리를 내린 것으로, 앞서 우리가 다루었던 '결속'이라는 주제를 떠올리게 한다. 지나칠 정도로 새로운 것은 친숙함에 앞서 거부감부터 불러일으킨다. 두뇌는 반복해서 나타나는 유형을 좋아하며, 이런 유형을 보았을 때 보상 체계를 작동시킨다. 다시금 적당히 새로운 것을 발견한 두뇌는 두 번째로 보상 호르몬인 도파민을 분비시킨다. 안정감과 신선함의 이런 조화는 우리의 미적 감각을 밝히는 데 도움을 줄 중요한 토대다.

인간은 자신이 사랑하는 것을 아름답다고 여긴다. 부모는 자신의 아이를 세상에서 가장 예쁘다고 여긴다. 물론 이런 미적 감각은 상당히 주관적이다. 그렇지만 이 미적 감각에서 결정적인 역할을 하는 것은 결속 호르몬인 옥시토신이다. 주관적 느낌이 객관적 물질로 일어난다니, 참으로 흥미로운 이야기가 아닐 수 없다. 그러나 친숙한 장소를 보고 느끼는 편안한 감정의 경우도 그런지는 아기의 경우처럼 그리 분명하지 않다. 완벽한 디자인은 아니지만 어떤 브랜드와도 바꾸지 않을 만큼 편안한 소파의 경우도 마찬가지다.

"내 집이 언제나 가장 아름다워."

우리는 익숙하고 편안한 것을 아름답다고 여긴다. 이는 다시금 '주관적 취향'에 따른 아름다움이다. 하지만 우리는 그것이 주관적 판단이라는 이야기를 귓등으로도 듣지 않는다. "이 집은 아름다워." 하고 말하는 사람은 "나는 바닐라 아이스크림이 좋아." 하는 말과는 완전히 다른 주장을 한다. "나는 바닐라 아이스크림이 좋아." 하는 말은 순전히 주관적인 판단, 곧 취향의 문제다. 이 말을 한 사람은 자신의 개인적 취향을 넘어서는 어떤 것을 주장하지 않는다. 따라서 이 말을 반박하는 것은 무의미하다. 그는 아무 주장도 하지 않았기 때문이다. 그러나 "이 집은 아름다워." 하는 말은 확실한 주장이다. 우리는 이 주장에 반박할 수 있으며, 이 주장을 두고 논쟁을 벌일 수 있다.

미술관이나 시대의 통일적인 스타일 또는 예술 시장이 존재한다는 사실은 우리 인간이 뭐가 아름다운지를 놓고 얼마든지 소통할 수 있다는 점을 확인해준다. 아름다움의 기준은 물론 열띤 토론을 불러일으킬 수 있다. 이것이 바로 모든 것에 적용되는 '객관적 아름다움'이라고 정할 수 있는 사람은 아무도 없다. 그러나 오로지 주관적 기준에 따른 아름다움만 존재한다면, 우리는 뭐가 아름다운지에 대해 아무런 토론도 할 수 없다. 진리와 선함을 두고도 같은 말은 할 수 있다. "XY는 참이다." 또는 "XY는 좋다/올바르다." 하고 말하는 사람은 '나는 개인적으로 XY를 좋아한다.'라는 것 이상의 말을 하고 있다. 그는 이 말을 함으로써 다른 사람도 똑같이 보아주기를 희망한다.

경탄을
배우자
/

그러나 어떤 것이 아름답다고 우리는 어떻게 다른 사람을 설득할 수 있을까? 음악을 예로 들어보자. 바흐의 곡 〈푸가의 기법 Kunst der Fuge, BWV 1080〉을 처음으로 듣는 사람은 별 감흥을 느끼지 못한다. 연주 시간이 한 시간 이상 걸리는 데다가, 팝 음악을 듣는 데 익숙한 사람은 곡의 멜로디가 혼란스럽고 지루하게 여겨질 수 있다. 많은 사람들이 마음에 들어 하지 않는다고 해서 〈푸가의 기법〉이 아름다운 곡이 아닐까? 음악에 관심을 가지고 연구해본 사람은 누구도 이 말에 동의하지 않으리라. 아마 이런 반박이 돌아오지 않을까.

"그 곡이 아름답지 않다고? 음악이 뭔지 모르는구면."

음악학은 바흐가 위대한 예술가라는 점에 반론을 제기하지 않는다. 바흐 음악은 개인적 취향의 대상이 아니다. 〈푸가의 기법〉을 집중해서 감상하면 할수록, 이 곡이 정말 위대한 걸작이구나 하는 깨달음은 그만큼 더 강력해진다. 어떤 예술이든 걸작은 아름다움을 발산한다. 예술의 모든 분야가 그렇다. 고딕양식의 성당을 조금이라도 자세히 들여다본 사람은 놀란 입을 다물 수가 없을 것이다. 토마스 만Thomas Mann의 두꺼운 소설을 처음 보며 '이런 걸 지루해서 어떻게 읽지?' 하며 한숨부터 쉬던 사람도 그 풍부한 인물 묘사와 다양한 동기들이 어우러진 작품에 빠져들며 무한한 보상을 받는다. 소설에 푹 빠진 사람은 아름다운 세계를 발견한다.

예술의 아름다움에서 우리가 필히 주목해야 하는 점은 순전히 주관적인 아름다움과의 차이다. "나는 바닐라 아이스크림이 좋아." 하는 발언은 일차적으로 '나 자신의 취향'을 말해주는 것이다. 그러나 "이 집은 아름답다."는 말은 나보다는 집이라는 객관적인 물체와 관련한 판단이다. 이 판단은 집의 가치를 말해준다. 바로 그래서 아름답다는 표현은 일종의 요구를 담았다. 이를테면 이 집은 아름답기 때문에 철거해서는 안 된다는 요구가 그것이다. 아름다운 것이 존재한다는 판단은 다시 말해서 그것이 있든 없든 상관하지 않겠다는 말이 아니다. 어떤 것이 참인지 거짓인지, 선한지 악한지 하는 판단도 같은 요구를 담는다. "XY가 아름답다."라는 말로 우리는 "이 XY가 존재해야 마땅하다."라고 주장한다.

"아모, 볼로 우트 시스. Amo: volo ut sis."

이 말은 아우구스티누스가 사랑을 정의한 것이라고 한다.

"나는 당신이 존재하기를 바란다."

아마도 이보다 더 의미심장한 정의는 내려질 수 없으리라. 어떤 인간을 사랑하는 사람은 그 또는 그녀가 죽지 않고 건재하기를 간절히 소망한다. 어떤 것을 아름답다고 여기는 사람은 그것이 사라지지 않고 머물러 주기를 바라며 그 존재를 긍정한다.

문화 차이
/

아름다운 것의 존재를 긍정하고자 하는 사람은 왜 '위대한 이론'이 아름다움을 선함과 참됨과 어깨를 나란히 하도록 정리해놓았는지 그 이유를 더욱 명확하게 가려 읽을 수 있을 것이다.

그러나 반론도 만만치 않다. 뉴질랜드 마오리족의 예술은 아프리카 아잔데족의 예술과 근본적으로 다르다. 중국의 서정시는 이탈리아의 서정시와는 완전히 다른 규칙을 따른다. 이런 차별성이야말로 '객관적 아름다움'은 객관적 진리나 선함과 마찬가지로 성립하기 힘들다는 증명이 아닐까?[383] 이 문제는 철학의 가장 어려운 것 가운데 하나로, 이 책에서 그 전모를 살피기는 힘든 것이다. 그러나 분명한 점은 극단적 상대주의는 중요한 점을 간과하고 있다는 사실이다.

아름다움을 설명하려는 다원주의의 시도가 보여주듯, 아름다움의 특징이 생물종에 따라 세분화하는 것은 물론이고, 우리의 미적 감각이 형성되는 데에도 일정한 규칙이 성립한다.[384] 이 규칙은 어떤 문화든 동일하게 작용한다. 앞서도 말했듯, 인간은 친숙하면서도 지루하지 않게 새로움을 보여주는 것을 아름답다고 여긴다. 좌우 균형이 잡힌 대칭성을 보여주는 얼굴은 어느 문화든 아름답다. 그렇지만 가장 아름다운 얼굴은 완벽한 대칭성(지루한 얼굴)에서 약간 변화를 보이는 것이다.

그러한 이유로 데니스 듀튼은 민속학이 다른 민족들의 예술을 연구하고 이해하며 학습하는 일이 가능하다고 본다. 서로 다른 유형의 문화들이라 할지라도 소통이 불가능할 정도로 고립되거나 외부와 단절되지 않는다(철학은 공통된 특성을 가지지 않는 고립을 '불가통약성不可通約性'이라고 부른다.). 언어처럼 번역과 소통은 얼마든지 이뤄질 수 있다. 듀튼은 인간들이 하나의 인류라는 공통점을 가지는 것과 마찬가지로 문화 역시 보편성을 가진다고 주장한다.[385]

헬골란트섬에서
보낸 하룻밤
/

온화한 6월의 밤에 파도가 시원한 소리를 낸다. 젊은 물리학자는 밤을 새워가며 계산에 매달렸다. 잠을 자고 싶은 생각은 없었다. 바깥으로 나섰을 때 주변은 이미 동이 트는지 하늘이 어슴푸

레 밝았다. 그는 섬의 남쪽 끝에 있는 언덕 정상까지 걸어가서, 그곳의 암벽에서 해가 뜨기를 기다렸다. 태양이 붉은빛을 발산하며 바다의 수평선 위로 떠올랐을 때 베르너 하이젠베르크는 불현듯 가슴속의 모든 것이 밝아지는 느낌을 받았다.

이미 몇 년째 그 자신과 동료 닐스 보어Niels Bohr와 알베르트 아인슈타인Albert Einstein은 대단히 복잡한 문제와 씨름해왔다. 하이젠베르크에게 충격을 안겨준 새로운 깨달음은 그때까지의 물리학과 어떻게 맞물렸을까?

그날 밤 대단히 특별한 일이 일어났다. 벌써 몇 주째 계산에 매달려온 하이젠베르크는 한순간 내면의 눈으로 그 명확한 답을 보았다. 그는 깊은 충격을 받았다. 나중에 그는 이렇게 썼다.

"나는 표면적인 원자 현상을 통해 그 현상 배후에 깊숙이 숨겨진 아름다운 근원을 들여다본 느낌이었다."[386]

그날 밤 하이젠베르크가 발견한 것은 양자역학의 첫 번째 수학 공식이다. 이 공식은 가히 전체 물리학 체계를 뒤집어놓은 혁명이다. 이 혁명이 얼마나 엄청난 영향력을 발휘했는지 우리는 오늘날까지도 그 전모를 온전히 파악하지 못한다. 나중에 하이젠베르크는 노벨물리학상을 받았다.

아름다움이 기쁨을 불러일으키거나 관심을 일깨운다는 점은 누구나 아는 사실이다. 생물학자들은 이런 경험을 숱하게 증언한다. 하지만 헬골란트의 암벽에서 떠오르는 해를 보며 얻은 하이젠베르크의 깨달음은 훨씬 더 원대한 지평을 활짝 열어젖혔다. 1970년 10월 9일 하이젠베르크는 '바이에른 아름다운 예술 아카

데미Bayerische Akademie der Schönen Künste'에서 〈정밀 자연과학이 보는 아름다움의 의미〉라는 제목의 강연을 했다.[387] 그는 강연에서 막스 플랑크Max Planck, 1858~1947가 처음으로 발견한 양자 이론에 자신의 세계관이 무너지는 것만 같은 혼란을 느꼈다고 술회했다. 물리학은 정통 회화가 큐비즘과 추상미술 탓에 겪은 것과 같은 위기와 맞닥뜨렸다. 마침내 양자역학의 핵심을 담아낸 수학 공식을 찾아냈을 때 하이젠베르크는 그 공식의 아름다움에 그것이 진리임을 바로 알아보았다고 한다. 이때 떠오른 생각을 그는 강연에서 이렇게 표현했다.

"진리가 아름다움을 통해 그 전모를 드러낸다는 점은 시대를 막론하고 항상 인식되고 강조되어 왔다. (……) '아름다움은 진리가 발하는 광채다.' 이 말은 곧 연구자는 진리를 그 반짝이는 광채에서 알아보아야 한다는 것으로 해석될 수 있다."[388]

간단명료한 수학 공식의 아름다움이야말로 그것이 진리임을 말해주는 특징이다. 평소 양자 이론에 비판적이었던 아인슈타인 역시 공식의 아름다운 간단명료함에 흔쾌히 동의했다. 대칭성, 질서, 균형, 조화, 단순성, 그리고 독창성은 정원과 얼굴과 수학 공식에 똑같이 적용되는 아름다움의 기준이다. 이것들이 바로 아름다움의 특징이다. 그리고 그 반짝이는 광채는 우리를 진리로 이끄는 신호다.

진리의
광채

/

이런 통찰은 중대한 깨달음을 선물한다. 자연은 아름다움을 추구하며 빚어낼 뿐만 아니라, 아름다움이 우주의 근본 구조 가운데 하나임을 여실히 보여준다. 물론 아름다움이 우주의 근본 구조를 이룬다는 점은 과학으로 증명되지는 않는다. 하지만 아름다움이 근본 구조라는 전제가 성립하지 않는다면, 왜 우리의 미적 감각이 우주의 실제 모습과 상응하는지 도무지 이해할 수가 없다. 질서와 대칭성은 인간이 지어내는 것이 아니라, 주어진 그대로 찾아내는 것이다.

숫자의 세계를 예로 들어보자. 수학자 레온하르트 오일러Leonhard Euler, 1707~1783는 숫자 1, 0, π와 자연로그의 밑 e, 그리고 허수 단위 i 사이의 관계를 단 하나의 공식으로 표현할 수 있음을 발견했다. 이른바 '오일러 항등식Euler's identity'은 다음과 같다.

$e^{i\pi} + 1 = 0$

오일러 항등식은 수학의 가장 아름다운 공식이라는 평가를 받는다. 이 공식은 수학에서 쓰이는 다섯 개의 기본 상수들을 망라했다(오로지 이 기본 상수들만 썼다.). 그리고 수학의 세 가지 기본 연산, 곧 제곱과 곱하기와 더하기를 단 하나의 간명한 관계로 정리해냈다. 더욱 놀라운 점은 이 공식이 묘사하는 질서는 지어낸 게 아니라, 실제 세계를 정확히 포착했다는 사실이다. π는 인간이 정한 약속이 아니라, 원의 지름과 원둘레의 정확한 비율이다.

오일러 상수 e는 생물의 성장곡선이나 기하급수적인 화학반응을 나타낸다. 코로나 바이러스의 폭발적 증가가 e의 기능을 잘 보여주는 예다. 허수 i는 파장이나 교류전류를 계산할 때 꼭 필요한 것이다. 숫자 1과 0은 모든 자연수의 기초이며, 더하기와 곱하기와 제곱으로 모든 것을 계산할 수 있는 바탕이다. 이 모든 요소들을 하나의 단순하면서도 우아한 공식에 담아낼 수 있다니 정말이지 대단한 업적이 아닐 수 없다. 그래서 말할 수 있는 분명한 점은 우주는 질서를 가졌다는 것, 이 질서는 아름답다는 것이다.

다윈과
지루함
/

아름다움이야말로 인류가 가장 중요하게 다루어야 할 주제다. 미국의 물리학자로 노벨상을 받은 리처드 파인만Richard Feynman은 흔쾌히 이에 동의하리라. 그가 쓴 글을 읽어보자.

"진리는 그 아름다움과 단순함으로 알아볼 수 있다."[389]

그러나 아름다움을 알아볼 능력을 우리 인간이 잃어버리면 어떻게 될까? 실제 그런 일은 얼마든지 일어날 수 있다. 1887년에 생전의 일기를 정리해 출간한 유고집에서 찰스 다윈은 자신의 내면에서 일어난 기묘한 변화를 털어놓는다. 예전만 하더라도 음악과 그림과 시를 좋아했다고 그 일기에서 다윈은 이야기한다. 그런데 정확히 언제부터인지 모르나 셰익스피어를 읽는 것이 불편하기만 하다고 그는 하소연했다. 더는 즐겁지 않다면서. 몇십 년에 걸쳐 탐험과 연구 활동을 한 결과 그의 두뇌는 엄청나게 많은 자료들과 씨름해가며 규칙을 만들어내는 일종의 기계가 되고 말았다. 미적 감각의 상실은 기쁨의 상실로 이어졌고, 그의 도덕 감각마저 크게 훼손했다.[390]

다윈의 걱정은 공연한 게 아니라 근거를 가진다. 미국의 에세이스트이자 하버드대학교 교수인 엘레인 스캐리Elaine Scarry는 자신의 책 《아름다움과 공정함에 대하여On Beauty and Being Just》에서 아름다움에 대한 우리의 이해가 윤리와 정치의 문제에서 어떤 함의를 가지는지를 살핀다.[391] 대칭성을 우리가 아름답다고 여기는 바탕에는 바로 정의를 소중히 여기는 마음가짐이 숨어 있다. 영어 단어 'fair'가 '정의롭다'와 '아름답다'를 두루 뜻하는 이유가 달리 있는 게 아니다.

다시 말해서 아름다움은 개인이라는 주체에게 이기적 관점을 버리고 절제할 것을 가르친다. 자아의 이런 절제와 신중함이야말로 정의의 본질이다.

앞서 잠깐 암시했지만, 아름다움이라는 이상은 개인적 이해관계에 매달리지 않는 목적으로부터의 자유를 담았다. 장미는 누가 그것을 '쓸모'에 따라 바라보든 전혀 무관하게 아름답다. 장엄한 일몰을 지켜보며 감탄하는 사람은 이 일몰로 아무런 이득을 보지 않는다. 일몰을 보거나 거장 피아니스트의 연주를 듣는 사람에게 그게 무슨 소용이 있냐고 묻는 질문은 말이 되지 않는 허튼소리다. 아름다운 것은 그 자체만으로 충분한 근거다. '자아의 철회'라는 스캐리의 표현은 아름다움이 그 자체만으로 충분한 보상을 준다는 이치를 염두에 둔 것이다. 아름다운 것은 내가 어떤 이기적인 동기로 그것을 쓰느냐와 전혀 상관하지 않는다. 정확히 이 맥락에서 아름다움은 선함과 같다. 빈곤에 시달리는 아동을 돕는 일은 그 일이 나에게 아무런 이득을 가져다주지 않을지라도 선한 행동이다. 설령 그 행동으로 내가 어떤 혜택을 누린다 할지라도, 행위 자체는 선하다. 하지만 진정으로 선한 일 자체는 나의 이해 관계를 전혀 고려하지 않을 때 성립한다. 정확히 이 대목에서 다윈은 자신이 어떤 문제에 시달리는지 알았다. 그는 자연을 오로지 진화론 연구라는 목적으로만 바라본 탓에 경탄할 줄 아는 마음과 자세를 잊고 말았다.

오로지 진정한 것만이
빛을 발산한다
/

마르타와 르네의 만찬으로 되돌아가보자. 엘리아네는 택시를 타고 귀가하며 하늘을 나는 것만 같은 상쾌한 기분을 느꼈다. 그녀는 마르타와 르네 부부에게 환대를 받은 것이 그처럼 좋았다! 다음 날 엘리아네는 아름다운 시간에 감사하기 위해 부부에게 전화를 걸었다. 함께 즐긴 만찬이 그토록 아름다웠다니 자신도 기쁘다고 대답하는 르네를 상상하기는 어려운 일이 아니다. 그리고 이제 이처럼 든든한 신뢰 관계가 다져진 분위기를 이용해 르네가 엘리아네에게 아주 흥미로운 투자 종목이 있는데 어떻게 생각하느냐며 껄껄 웃는다고 하자. 그는 얼마 전부터 부업으로 어떤 투자 회사의 컨설턴트로 일하고 있다. 르네는 유려한 언변으로 감정적 압력을 전혀 주지 않는 분위기를 꾸미면서도 엘리아네가 피할 수 없게 새로운 주식형 펀드에 가입할 것을 권유한다. 이 말을 듣고 엘리아네는 어떤 반응을 보일까? 아무래도 지난 저녁의 좋았던 기분은 난처하면서도 슬그머니 부아가 치미는 당혹감으로 바뀌지 않을까? 아마도 엘리아네는 그 만찬이 자신을 고객으로 유도하려는 노림수였구나 하고 분통이 터지리라. 부부의 친절함은 진정한 게 아니었나?

엘리아네의 서글픈 배신감은 두 가지를 분명하게 드러내 보인다. 아름다움은 이해타산에 따른 목적을 가지지 않아야 그 생명력을 자랑한다. 더 나아가 아름다움은 진정성이 있을 때에야 제대로 빛을 발한다. 진정성으로 빛나는 아름다움이야말로 삼류 통속 예술은 보여주지 못하는 차원이다. 겉모양만 아름답고 화려하게 꾸몄을 뿐, 속았다는 씁쓸한 뒷맛을 남기는 막장 드라마가 그 좋은 예다. 진짜 난꽃보다 더 선명한 분홍빛을 내는 조화를 보는 느낌이랄까. 진짜 전통음악과는 아무 상관이 없이 그저 관광객들을 유인하려고 멋대로 지어낸 민속음악이나, 최상급 형용사와 자극적 감정을 남발하는 탓에 신뢰감이라고는 주지 못하는 소설은 그저 돈벌이라는 목적에만 열중할 뿐, 아름다움과는 거리가 멀다. 대중의 눈은 빠르게 사로잡을지 몰라도, 그만큼 순식간에 흔적도 없이 자취를 감춰 깨끗이 잊히고 마는 것이 이런 통속이다. 너무 두꺼운 화장, 지나치게 호화로운 손목시계, 과시를 위해 부풀린 섹시함이나 부유함은 우리로 하여금 내면에서 이미 한 걸음 뒤로 물러서게 만든다.

반대로 권력과 돈만 있으면 쉽사리 쓸 조악한 수단을 자발적으로 포기하는 아름다움은 우아한 기품을 자랑한다. 심지어 철학은 이렇게까지 말할 수도 있다. 자신을 돈보이려 하는 그 즉시 아름다움은 사라진다. 아름다움은 그냥 그 자체로 빛을 발할 따름이다. 독일의 시인 안겔루스 질레지우스Angelus Silesius, 1624~1677는 이렇게 썼다.

"장미는 왜 피어야 하는지 이유도 알지 못하고 피어나네. 그냥 피어야 하니까. 장미는 뽐내지 않으며, 누가 보아주는지 묻지 않는다네."392

장미는 아름답고 싶어 노력하지 않는다. 장미는 그냥 아름답게 피어난다. 장미를 좀 더 아름답게 만들려는 일체의 시도는 바로 장미의 아름다움을 해칠 뿐이다. 장미는 그 본연의 모습에 충실하다. 모든 표현이 꽃을 닮아 매우 화려하기는 하지만, 안겔루스 질레지우스가 이 표현을 통해 강조하는 것은 심오한 철학적 진리다. 아름다움은 진리와 선함의 본질이기 때문에 직접적으로 존재와 맞닿는다. 어떤 문장이 참이라는 말은 이 문장이 실제로 '진리의 존재'를 담았다는 확인이다. 좋은 와인은 누군가 그 와인을 좋아하든 아니든 상관없이 그 '존재'로 가치를 드러낸다. "나는 좋아하지 않지만 그 와인은 훌륭해."라는 말에서 보듯 객관성과 주관성은 혼연일체를 이룬다. 우리가 어떤 것의 아름다움을 알아보고 매력적이라고 느낄 때, 우리는 무의식적으로 그 존재를 긍정하고 있다.

"아름다움과의 모든 만남은 (……) 자발적으로 우러나든 피할 수 없이 인정해야만 하든 창조주를 향한 긍정이 아닐까?"

독일의 고문헌학자이자 문화비평가인 게르하르트 네벨Gerhard Nebel, 1903~1974은 이렇게 물었다.[393] 아름다움을 깨닫는다는 것은 세계를, 인간을 향한 긍정이다. 그 아름다운 것이 존재한다는 긍정, 진리와 선함이 존재한다는 긍정, 세계와 이를 빚어낸 창조주를 향한 긍정이다. 이 깨달음은 매우 철학적으로 들리는 말이지만, 인간의 근원적 뿌리가 아름다움의 정원에 있음을 확인해주는 참으로 환상적인 비밀이다.

아름다운 정원에서 편안한 느낌을 받는 사람은 고향을 찾았다는 깊은 안도감을 발견한다.

"세계가 우리에게 딱 맞는 올바른 곳이라는 근본적인 경험이 이 느낌의 정체다. 이 세계는 우리 인간의 능력과 희망이 검증받을 수 있는 고향이다. (……) 능력과 희망이 그 맞춤한 장소를 찾는 세상은 바로 우리를 위한 공간이기도 하다."[394]

로저 스크러턴 경의 확인이다. 이런 세계에서는 아름다운 것만 그 자리를 찾을 뿐만 아니라, 의미와 진리와 정의를 찾는 우리의 탐색 역시 상응하는 결과물을 얻는다. 아름다운 것은 실제로 참되고 선하다. 끝없이 추악하고 거짓으로 얼룩져 사악하기만 한 세상에서조차 심원한 근원은, 우리가 직관적으로 예감하듯, 빛을 발한다.

"아름다움의 경험을 통해 세계는 우리의 고향으로 회복되며, 우리는 세계의 품으로 돌아온다."[395]

생존의
문제
/

'아름다움'이라는 개념이 무너지고 만다면, 철학적으로 고찰할 때 왜 인간은 무수히 많은 측면에서 위험에 처하는지 분명해진다. 이런 사정을 스위스 신학자 한스 우르스 폰 발타자르Hans Urs von Balthasar보다 더 인상 깊게 풀어준 사람은 없다. '아름다움의 신학'이라는 주제로 총 여덟 권의 기념비적인 책을 쓴 그는 논의를 이렇게 시작한다.

"아름다움은 우리가 첫 번째로 새겨야만 하는 단어다. 아름다움은 인간의 지성이 생각을 감행해 그 정체를 밝혀야 할 최후의 단어다. 참됨과 선함이라는 반짝이는 두 개의 별들과 함께 어우러져 광채를 빛내는 아름다움, 그 어떤 이해관계도 없는 아름다움, 옛 세상은 이 아름다움을 없어서는 안 되는 필수로 보았던 반면, 이해관계로 얼룩진 새 세상은 노골적으로든 암묵적으로든 아름다움에 등을 돌리고 탐욕에만 매달리는데 (……) 아무튼 이런 식으로 우리는 더는 아름다움을 믿을 엄두조차 내지 못하며, 그저 떨쳐버리기 위해 꾸며진 가짜에만 목을 맨다. 아름다움은 (최소한 오늘날의 현실이 보여주듯) 진리와 선함처럼 용기와 결단력을 요구한다. 아름다움은 진리와 선함이라는 두 형제자매와 떨어질 수 없으며, 진리와 선함을 해치지 않는 한 몰아낼 수도 없다. 아름다움을 듣고 그저 입술을 비죽거리며 과거의 장식품에 지나지 않다고 비웃는 사람은, 은밀하게나 공개적으로나 더는 기도하지 않으며, 사랑할 능력도 없다는 점을 드러낼 따름이다."[396]

하지만 우리가 더는 아름다움을 믿지 않는다면 무슨 일이 벌어질까? 발타자르는 계속해서 이렇게 말한다.

"아름다움이 없는 세상에서 (……) 선함은 그 매력을, 반드시 실천되어야 마땅하다는 명증함을 잃는다. 인간은 자신의 손길을 기다리는 것 앞에 서서 차라리 다른 선택을 하면 이득을 볼 수 있는데, 왜 도와야 하는지 자문한다. 사악함의 선택은 더욱 흥미진진한 인생을 열어줄 텐데. (……) 아름다움을 긍정하지 못하는 세상에서는 진리가 그 선명함을 잃는다. 바꾸어 말하자면 편한 세상을 좇는 삼단논법은 윤전기나 계산 로봇처럼 바삐 돌아가며 헤아릴 수 없이 많은 정보를 오류 없이 처리하기는 하지만, 그렇게 도출되는 결론은 늘 판박이처럼 눈앞의 이득만 보고, 결국 아무것도 매듭짓지 못한다."[397]

우리는 아름다움의 르네상스를 필요로 한다! 아름다움은 인간다움을 이루는 생태에 이바지하는 가장 중요한 기여다. 아름다움을 다루는 철학의 성찰로 나는 일곱 가지 논제들을 도출하고자 한다. 아름다움을 고향으로 삼고, 생명력을 일깨우며, 인생을 온전하게 만들고, 은총을 새기며, 헌신할 각오를 다지고, 너그러우며, 영성을 소중히 여기자는 것이 일곱 가지 논제다. 이 논제들의 각각을 나는 어떻게 하면 우리가 아름다움을 새롭게 발견하는 데 기여할 수 있는지 구체적인 대안으로 다듬어보고자 한다.

새로운 르네상스를 위한
일곱 가지 논제 _____

아름다움을 선호하라
/

아름다움은 그저 기능이 아니라, 장기적으로 '기능하는 것'이 빚어낸다. 같은 문제를 놓고 서로 다른 해결책들이 있다면, 되도록 더 아름다운 것을 우리는 선호해야만 한다. 그 아름다운 해결책이 훨씬 더 비싸다 할지라도. 아름다운 것일수록 사람들은 더욱 잘 관리하며, 바로 그래서 해당 사안의 기능 가치는 더 오래 보존되기 때문이다. 수백 년을 거뜬히 살아남은 시청 건물, 수도원, 도서관, 그리고 심지어 유서 깊은 전통 식당을 보라. 이런 건물들을 설계하고 창조한 옛날의 건축가들은 아름다움을 가려보는 혜안을 가지고 있었다.

아름다운 것은 일반적으로 더 오래가는 생명력을 자랑한다. 아름다운 것의 가격이 비싼 데에는 다 그만한 이유가 있다. 개인적 차원에서 예를 들자면, 이는 곧 10년 쓰고 버릴 게 아니라, 유산으로 물려주어도 손색이 없는 가구를 구입하는 것을 뜻한다. 조금 낮춰 잡은 예를 들자면, 정성껏 요리한 음식으로 차려진 식탁, 꽃으로 장식한 식탁에서 함께 하는 식사는 아름답게 마련이다. 사람들은 이렇게 차려진 식탁에서 아름다움에 걸맞은 처신을 하게 마련이다. 이런 일이 반드시 더 많은 돈을 들여야만 하는 것은 아니다. 단지 더 많은 시간을 요구할 뿐이다.

아름다움이 사회의 구성원들에게 어떤 영향을 미치는지 보여주는 통계조사가 있다. 대도시의 시민들이 각기 다른 장소에서 어떤 느낌을 받는지 미국의 학자들이 체계적으로 연구한 것이다. 20세기 초 이른바 '보자르 건축양식Beaux-Arts architecture'•으로 지은 뉴욕의 '그랜드 센트럴 스테이션Grand Central Station' 역사의 내부는 찬란하게 빛나는 별들로 장식되었다. 이 역에서 불과 몇 분이면 도달하는 '펜실베이니아 스테이션Pennsylvania Station'의 역사는 어두컴컴한 지하 복합공간이다. 무수한 요소들이 서로 간섭하며 어떤 패턴을 보이는지 연구하는 '뉴잉글랜드 복잡계 연구소New England Complex System Institute, NESCI'는 소셜미디어에 사람들이 올린 포스팅을 기반으로 뉴욕 시민들의 기분을 알려주는 지도를 만들었다. 보행자가 주로 부정적 감정을 보이는 지역은 붉게, 긍정적 감정을 보이는 지역은 녹색으로 이 지도는 표시했다. 지도는 그랜드 센트럴 스테이션은 늘 녹색으로, 반대로 펜실베이니아 스테

• 프랑스의 유명한 미술학교 '에콜 데 보자르École des Beaux-Arts'가 그리스, 로마 시대의 고전주의를 본받아 19세기 말에 유행시킨 건축양식이다.

이션은 항상 붉은색으로 물든 것을 보여준다. 다른 연구팀은 전자 손목시계를 활용해 칙칙한 유리 건물로 된 대형 식료품 매장에서 장을 보는 사람들의 기분과, 이와는 반대로 아름답게 꾸며진 상가들이 들어선 거리에서 장을 보는 사람들의 기분을 비교분석했다. 이 경우에도 결과는 선명한 대비를 보였다.[398]

그동안 전 세계적으로 도시 구역을 보다 더 아름답게 꾸미려는 노력은 끊이지 않았다. 이런 미화 작업이 주민의 생활 만족도를 높여주기 때문이다. 에디 라마Edi Rama가 2020년 알바니아의 수도 티라나의 시장으로 취임했을 때, 도시는 열악하기 짝이 없었다. 소비에트 시절의 조립식 주택은 한결같이 칙칙한 회색 콘크리트였으며, 시내 한복판으로는 터무니없이 큰 도로가 지나갔다. 그 자신이 예술가였던 에디 라마는 외국에서 재정 지원을 받아 잿빛의 도시를 화사한 색깔로 세례를 주기로 했다. 그래서 나무를 심고, 시내 중심부를 시민들이 기꺼이 산책하고 싶은 거리로 새롭게 꾸몄다.

반대와 우려의 목소리는 숱하게 이어졌다. 수도를 아름답게 가꿀 여유를 보이기에는 알바니아가 너무 극심한 빈곤에 시달리고 있었기 때문이다. 하지만 노력은 결실을 거두기 시작했다. 도시의 범죄 발생률은 줄어들었으며, 세수는 늘어났고, 60%의 시민이 시장의 정책에 찬성했다. 에디 라마는 오늘날 알바니아의 총리이며, 아름다움이 범죄 퇴치에 도움을 준다고 확신한다. 또한 현대건축도 얼마든지 아름다울 수 있으며, 이런 노력이 퇴행적인 '옛 건축 향수'는 절대 아니라고 그는 강조한다.[399]

쓸모와 가격으로만 세상을 바라보지 않아야 우리는 돈과 기능성으로는 가늠조차 할 수 없는 가치가 있음을 깨닫는다. 정확히 이런 가치가 모든 생명을 떠받드는 근본 원리다. 싸구려, 조급함, 돈만 아는 인색함을 버리고 아름다움을 소중히 여길 줄 아는 사람은 세상에는 돈으로 살 수 없으며, 절대 사지도 말아야 하는 것이 있음을 깨닫는다. 인간, 섹스, 공동체, 정의, 명예, 그리고 생명. 이 모든 것이야말로 우리가 살아가는 세계의 근본이다.

탁월함을 위해
분투하라
/

어린 소녀는 하얀 천에 검은색의 꽃 모양이 분명해질 때까지 조심스럽게 붓을 놀린다. 소녀는 그림 그리기에 푹 빠진 통에 자신이 어디 있는지 까맣게 잊었다. 아미나Amina는 이라크의 난민수용소에서 생활한다. 집 한 채 없이 천막들만 늘어선 이곳은 텅 빈 페트병들이 너저분하게 널렸으며, 모래가 너무 많아 바람이라도 불면 눈을 뜨기 힘들 정도의 열악한 환경이다. 모래보다 사람들을 더욱 힘겹게 만드는 것은 한 치 앞을 알 수 없는 불확실함이다. 이런 암울한 환경에도 소녀는 오늘 '아트헬프스ARTHELPS'가 개최하는 워크숍에 참가했다. 이 단체는 독일 슈투트가르트에 본부를 두고 예술로 난민 지원 활동을 벌인다. 워크숍에서 소녀는 그림을 그릴 기회를 얻을 뿐만 아니라, 뭔가 배우기도 한다. 이렇게 그려진 그림은 천으로 만든 쇼핑백, 티셔츠 또는 운동화를 장식한다. 이 단체는 나의 친구 야세민 루포Yasemin Lupo와 그녀의 남편 토마스Thomas가 세운 것이다. 소녀의 이야기는 이 부부가 해주었다. 토마스는 독일에서 선두를 다투는 광고 기업 가운데 하나인 '융 폰 마트Jung von Matt'에서 디자인 담당 책임자로 찬란한 경력을 쌓았다. 그러다가 루포 부부는 모든 익숙한 일상을 뒤로하고 자신들의 창의성을 가지고 다른 일을 하면 좋겠다고 결심했다. 그래서 남아메리카의 '파벨라Favela', 곧 빈민가와 우크라이나 동부의 분쟁 지역, 그리고 아프가니스탄을 차례로 찾아다니며 청소년들을 만나왔다. 루포 부부는 이들 국가의 국민들이 물질적 지원 그 이상의 것을 필요로 한다고 확신하였고, 아트헬프스라고 단체 이름을 지었다. 태어나면서부터 가난과 공포에 시달려왔으며 열악하기 짝이 없는 환경 속에서 성장하는 아이들이지만 물감을 주며 그림을 그려보라고 하면 환한 미소를 짓는단다. 무엇이든 시도할 수 있다는 사실 하나만으로도 아이들은 생동감을 얻는다.

그동안 아트헬프스는 직업 예술가들로 이뤄진 네트워크로 성장했다. '진짜' 예술가들과의 만남으로 워크숍의 참가자는 누구나 뭔가를 배운다. 이런 과정을 거쳐 결국 탁월한 품질을 자랑하는 상품이 출시되고, 상품을 팔아 벌어들인 돈으로 단체는 현지의 청소년들을 도울 구체적 사업을 벌인다.

이렇게 해서 워크숍 참가자들은 단순히 뭔가 할 일이 생겼다는 게 아니라, 뭔가 의미 있는 일에 동참했다는 기쁨을 누린다. 이 의미 있는 일을 나는 '탁월성'이라 부르고 싶다. 이 탁월함은 되도록 높은 수준의 훌륭함을 이룰 때 성취된다. 또한 탁월성은 오늘날 많은 사람들이 듣고 싶지 않은 진실을 표현한다. 사람들이 좋다고 말하는 것이 모두 좋은 것은 아니라는 사실이다. 창의적이라고 하는 모든 것이 아름다운 것도 아니다. 가치의 올바른 평가를 외면하는 사회는 결국 가치를 왜곡한다. 그런 이유로 아름다움이라는 개념은 항상 올바른 가치 평가를 먼저 요구한다. 어떤 것을 아름답다고 부를 수 있으려면 그것이 다른 것에 비해 그 아름다움의 정도가 더 뛰어난지 덜한지 평가할 수 있어야 한다.

가치 평가는 아름다움이 단지 주관적이기만 하지 않다는 근본적인 통찰을 기반으로 한다. 사람들은 아름다움을 두고 토론을 벌이고, 심지어 어떤 것을 아름답다고 여기는지 다투기도 한다. 이런 사실은 곧 아름다움이 단순히 주관적 차원에 그치는 게 아님을 웅변한다. 이 모든 것이 이라크와 파벨라와는 무슨 관련을 가질까? 아트헬프스가 불러일으키는 긍정적 효과의 원인은 이 단체가 정말 탁월한 성취를 이뤄낸다는 점이다. 하지만 그보다 더 중요한 원인을 우리는 가려보아야 한다. 인간은 서로 어울리며 자신을 상대와 견주어보고 배우며, 상대가 자신을 비판하는 것을 새겨들을 줄 알 때 비로소 성장한다.

우리는 다행히도 개인의 창의력 발현을 드높은 가치로 취급하는 시대에 산다. 동시에 포스트모던 사회의 인간관은 개성의 발현을 방해하는 모든 것을 거부한다. 그러나 개성을 강조하고 개인의 기를 살려주는 것이 중요하다 할지라도, 지켜야만 하는 원칙은 분명히 존재한다. 최소한 아름다움을 다루는 예술 분야는 반드시 지켜야 하는 원칙을 가진다. 악기를 다루는 법을 힘들여 배우지 않은 사람은 결코 탁월한 연주를 할 수 없다. 이런 원칙은 모든 아름다움에도 적용된다. 아름다움은 피땀 어린 노력으로만 이룰 수 있다. 아침에 일찍 일어나지 않는 사람은 일출을 볼 기회를 결코 누릴 수 없다. 힘들여 정상에 오르지 않은 사람은 그 숨 막히는 전망을 절대 맛볼 수 없다.

오늘날에는 물론 승강기가 존재한다. 그림을 배우려는 노력 대신 포토샵의 필터로 멋진 사진은 얼마든지 연출된다. 책을 정독하는 수고 대신, 예를 들어 단테의 《신곡》을 읽고 그 깊은 뜻을 헤아리는 대신, 위키피디아에서 그 줄거리는 대충 읽어볼 수 있다. 하지만 정독과 검색은 같은 게 아니다. 두뇌는 까다로운 요구를 받지 않을 때 그 특별한 능력을 잃는다. 아름다움을 이룩하고 지키기 위해 우리는 탁월하려는 노력을 아끼지 않아야 한다.[400]

탁월함에 열광할 마음과 자세를 일깨워주는 능력이야말로 교육자가 발휘할 수 있는 가장 위대한 힘이다. 정보만으로 이런 열광은 일깨워지기 힘들다. 이 점은 독일 철학자 요한 고트프리트 헤르더Johann Gottfried Herder, 1744~1803가 쓴 다음의 아름다운 문장이 잘 확인해준다. 탁월함에 대한 열광이 창의성을 발휘할 수 있게 해준다는 점은 믿음의 세계에도 그대로 적용되기 때문이다.

"불꽃이 불꽃을 일으키며, 정신이 현재할 때, 현재의 정신이 깨어난다."[401]

아미나는 바로 이런 열광을 맛보았다.

묵상으로
영원을 경험하라

/

그의 두 눈은 짙은 눈썹 아래서 반짝였다. 6월의 무더운 저녁
인지라 안티파스토에는 손도 대지 않았다. 그는 마치 어두운 공
간에서 자기 자신에게 하듯 이야기를 풀어갔다. 그러다 문득 그
의 얼굴이 환해지며 따뜻한 미소가 나에게 향했다. 나는 독일의
영화감독 빔 벤더스Wim Wenders를 '쉰SCHØN 국제회의'에서 처음으
로 만났다. 이 회의는 다채로운 색채를 자랑하는 예술가들이 한
자리에 모여 창의성과 영성을 주제로 의견을 나누는 자리였다.
이후 1년이라는 세월이 흘렀고, 벤더스는 그간 중국에서 몇 달을
지냈다고 했다. 〈파리, 텍사스Paris, Texas〉와 〈베를린 천사의 시Der
Himmel über Berlin〉와 같은 작품들로 벤더스는 아방가르드 영화의
세계적인 선두주자로 명성을 얻었다. 그런 그가 중국을 찾은 건
오로지 '사진 작업Photographieren'을 위해서라고 했다(벤더스는 '사
진 작업'을 진정한 예술로 여기며, 직업적인 '사진 촬영'과 엄격히 구분
한다.).

우리는 스위스 프리부르의 어떤 레스토랑에서 만나 대화를 나
누었다(화제는 앞서 언급했던 하르트무트 로자와의 저녁식사 때와 같
았지만, 벤더스는 오래가지 않아 화제를 다른 것으로 바꾸었다.). 중국
에서 벤더스는 매일 아침 일찍 일어나 산에 올라 그 독특한 산세
를 살폈다고 한다. 카메라는 늘 지니고 다녔다. 그는 자갈과 모래
를, 야생식물과 바위를 살폈다. 이런 식으로 몇 날 며칠이 흘렀다.

어느 날 아침 그는 드디어 준비가 끝났다고 여겼다. 이제 산이 펼치는 경관을 눈을 감아도 떠올릴 정도로 익혔다. 벤더스는 "이제 산이 속내를 열어보인다"라는 표현을 썼다. 풍경이 드디어 멋진 사진을 자신에게 선물해줄 것 같은 느낌을 받았다고도 했다. 그는 그 사진을 촬영하고 곧바로 귀국했다.

진짜 작품 사진을 만드는 것은 사랑을 담은 눈길이다. 일방적으로 취하는 게 아니다. 벤더스의 흑백영화 〈베를린 천사의 시〉는 천사들을 다룬 작품이다. 물론 이 천사들은 사람들이 두 눈으로 볼 수 없다. 오로지 순수한 아이의 눈에만 보인다. 문제는 천사들을 어떻게 묘사하느냐 하는 것이다. 대체 천사는 어떤 행동을 할까? 벤더스는 배우들에게(무엇보다도 주인공 역할을 맡은 브루노 간츠Bruno Ganz에게) 단 하나의 주문만 하기로 결정했다. 사람들을 사랑이 담긴 눈길로 바라보라! 촬영을 하는 동안 벤더스는 마치 위에서 무엇인가 자신을 인자한 눈길로 내려다보는 것만 같은 느낌을 받았다고 한다.

그날 저녁 벤더스가 들려준 이야기는 쇼펜하우어가 '아름다움의 경험'이라 부른 것의 특성을 고스란히 반영한다.

"우리는 순수한 묵상을 통해 (……) 자기 자신에 집착하는 마음을 내려놓는 상태에 이른다."[402]

'묵상'은 기독교가 영성과 관련해 사용해온 아주 오래된 단어다. 묵상은 곧 사랑으로 진리를 직관하는 자세다.[403] 벤더스가 이 이야기를 하는 것을 듣는 사람이라면 누구나 묵상이 오늘날 주류를 이루는 소비 지향의 자세와 더없이 선명한 대비를 이룬다는 사실을 눈치챌 수 있다.

프리부르의 레스토랑에서 멀리 떨어진 노르웨이의 '내로이 피오르Nærøyfjord'로 가보자. 웅장한 위용을 자랑하는 암벽과, 에메랄드 빛 바다. 구름 한 점 없는 새파란 하늘과 반짝이는 햇살은 정말 숨 막힐 정도의 장관을 연출한다. 우리와 함께 이 크루즈 여행에 참가한 많은 관광객은 그야말로 만국박람회를 방불케 할 정도로 세계 각국을 망라했다. 많은 아시아인들은 이 먼 여행을 위해 적지 않은 돈을 지불했을 게 틀림없다. 하지만 배가 피오르를 따라 가느라 방향을 틀 때마다 엄청난 장관을 선물함에도, 대다수 승객의 관심은 빠르게 식었다. 관광객들은 이미 피오르 관광의 첫 순간에 사진과 동영상을 찍어두었기 때문이다. 이제 사람들은 선내의 편안한 자리로 돌아갔다. 그 안에서 관광객들은 무엇을 했을까? 나는 정말이지 이 기묘한 광경을 찍은 동영상을 독자 여러분에게 보여주고 싶다. 관광객들은 대개 스마트폰 화면을 들여다보기에 바빴다. 채팅을 하고, 뉴스를 읽으며, 동영상을 시청했다. 바깥에는 일생에 한 번 볼까 말까 한 장관이 펼쳐지는데도 스마트폰 화면에만 코를 박은 이런 모습은 대체 어떻게 이해해야 좋을까.

여행을 자주 다니는 나는 이런 상황을 자주 경험했다. 다시 말해서 관광을 다니며 스마트폰만 들여다보는 것은 일회적인 사건이 전혀 아니다. 우리는 사랑을 담아 살펴볼 줄 아는 안목을 갈수록 잃어간다. 정말 안타까운 상실이 아닐 수 없다! 관광을 하며 장관을 즐기지 않을 바에 그런 값비싼 크루즈 여행이 무슨 소용일까.

"많이 안다고 해서 영혼이 포만감을 느끼며 평안을 누리지는 않는다. 영혼이 갈망하는 것은 세상만사를 그 각각의 내면에서 느끼며 아름다움을 맛보는 일이다."

이냐시오 데 로욜라 Ignatius de Loyola가 저 유명한 영성 수련서의 도입부에 쓴 문장이다.[404] 아름다움의 음미는 '공격적 성취'와는 전혀 다른 것이다. 유람선을 탔던 관광객들은 물론 아름다운 사진과 함께 귀가할 것이다. 사실 정확히 이런 것이 관광을 다니는 동기이기는 하다. 나 거기 가봤어, 나는 벌써 봤지, 여기 이게 사진이야. 버킷리스트의 가장 아름다운 10대 도시, 해발 3천 미터 고산 오르기, 마라톤 완주하기 따위는 이미 해냈지. 하르트무트 로자는 세계를 이런 식으로 보는 관점을 '공격 모드'라 부른다. 그리고 사람들은 갈수록 이 공격 모드에 강하게 사로잡힌다. 그러나 세계를 섭렵하고 공격적으로 정복하며 통제한다는 것은 곧 세계가 가진 신비한 아름다움을 짓밟는 어리석음을 의미한다.[405]

그렇다면 '공격 모드'의 정반대는 무엇일까? 요즘은 명상이 유행이다. 명상을 위한 앱도 개발되어 인기를 끈다. 그러나 놀랍게도 이 경우에서도 사람들은 성취에 매달린다. 좀 더 편안하게 잠을 자거나, 일을 할 때 더욱 능률적이기를 바라서 사람들은 이런 앱을 사용한다. 그래서 결국 겉보기로는 반대 같지만, 다시금 자신을 최적화하고 극대화하려는 자아의 욕구가 고개를 들 따름이다. 묵상은 전혀 다른 길을 간다. 묵상은 자아에 머무르지 않으며, 자아를 극복하려고 하지도 않는다. 묵상은 너를 위해 나를 완전히 여는 것이다. 벤더스가 산의 사진을 그냥 찍지 않고, 산이 그 너른 품을 열어주기를 끈기 있게 기다린 끝에 자연과의 생생한 만남을 즐긴 것이 바로 묵상이다. 원한다면 산이 그를 찾아와 '너' 가 되어주었다고 하는 표현도 할 수 있다.

너를 기다리며 사랑을 담은 눈길로 바라보는 자세를 우리는 자연에서 배울 수 있다. 하지만 이런 배움은 예술에서도, 특히 대 인 관계에서도 가능하다. 기다림과 사랑을 배우는 일은 멀티태스 킹을 허용하지 않는다. 그만큼 인간의 인생에서 근본적으로 중요 한 요소이기에 우리는 집중하는 자세를 잃지 않아야 한다. 한병 철이 쓴 문장을 읽어보자.

"인류는 묵상의 심원한 주의력 덕분에 (……) 문화를 이룩했 다."[406]

눈앞에 주어진 것, 자연이든 예술이든 그 주어진 대상을 사랑 이 담긴 눈길로 바라보는 것이야말로 에덴 이야기의 화룡점정이 자 핵심 결론이다. 세상을 창조한 신은 마지막에 그 모든 피조물 을 만족스럽게 바라보며 평안히 쉬었다. 이런 눈길을 받아들일 줄 아는 인간 역시 평안을 누린다. 이런 평안함을 누리는 장소는 인간의 눈길에 화답해 그 속내를 열어 보이며, 인간에게 다가와 친구가 되어준다. 바로 그래서 기독교 신학은 항상 묵상을 기도 의 중요한 형식으로 여겨왔다. 묵상은 만남으로 바로 이어진다는 점에서 명상보다 더욱 깊이 들어갈 수 있게 해준다.

에덴의 심오한 경험을 말하고자 반드시 신을 믿어야만 하는 것은 아니다. 아름다움과 예술과의 모든 만남 역시 큰 도움을 줄 수 있다. 우리는 오늘날 그 어느 때보다도 더 절실히 이런 도움을 필요로 한다. 해석학의 위대한 철학자 한스게오르크 가다머Hans-Georg Gadamer, 1900~2002는 이렇게 말했다.

"예술로 하는 시간 경험의 본질은 우리로 하여금 멈추어 서서 머물 줄 아는 법을 배우게 해준다는 점이다. 아마도 우리는 이 머무름을 통해 영원함이 무엇인지 체감하리라."[407]

자비로운
시선과 함께하라

그녀의 눈꺼풀에 달린 굵은 눈물방울이 반짝인다. 하지만 그녀는 조금도 위축되지 않고 자신감에 넘치는 표정이다. 팔뚝에는 커다란 문신이 새겨졌으며, 온몸은 군데군데 깊은 흉터로 얼룩졌다. 야나Yana는 실오라기 하나 걸치지 않은 나신이다. 그녀의 깡마른 몸은 중국 도자기 화병처럼 건드리기만 해도 깨질 것 같다. 독일의 사진작가 얀 슐레겔Jan Schlegel은 자신의 작품 시리즈 〈그런 류의 마지막The Last of It's Kind〉으로 국제적인 명성을 얻었다. 그는 아프리카의 외진 지역을 찾아다니며 해당 종족의 마지막 생존자를 촬영해왔다. 야나는 아프리카 종족은 아니며, 러시아 출신의 모델이다. 야나는 인스타그램에서 활발한 활동을 한다. 그녀의 계정을 보면 극단적인 패션과 충격적인 화장, 그리고 도발적인 자세를 취한 사진이 올라와 있다.

얀 슐레겔은 전혀 다른 사진을 찍어보면 어떻겠냐고 야나를 설득했다. 낡은 아날로그 카메라로 수작업을 한 흑백사진이 그 결과물이다. 화장을 하지 않았으며, 포토샵 보정도 전혀 하지 않은 사진이다. 슐레겔의 사진은 에로틱한 분위기가 전혀 없다. 아무튼 포르노와는 거리가 멀다. 그 대신 슐레겔의 사진은 몸의 불완전함을 너무도 적나라하게 보여준다. 상처받기 쉽고 섬약하기 짝이 없는 인간이 그의 사진에 고스란히 담긴다. 야나의 경우 그것은 몸을 자해해서 생겨난 흉터다.

야나가 슐레겔의 아틀리에에서 아무것도 입지 않고 처음으로 카메라 앞에 섰을 때 참으로 인상적인 일이 일어났다. 돌연 야나는 눈물을 뚝뚝 흘렸다. 정확히 이 순간에 앞서 말한 사진이 탄생했다. 그녀는 왜 울었을까?

"사랑받는다는 느낌이에요."

야나가 대답했다.

아프리카 민족들을 다룬 시리즈로 유명해진 슐레겔은 서구 사회의 대중문화도 보여주고 싶어 했다. 갈수록 다양한 인종들이 뒤섞이며 서구 사회는 그 낯섦으로 갈등을 키우고 있다. 〈우리 세대의 부족들Tribes of our generation〉이라고 슐레겔은 이 시리즈에 제목을 붙였다. 어떤 젊은 여인은 식물의 이파리와 꽃잎을 모아 뿔 모양의 모자를 만들어 썼으며, 머리카락의 일부를 하얗게 물들였다. 다른 여인은 피어싱으로 아예 얼굴을 뒤덮었으며, 또 다른 여인은 글자 그대로 타투로 온몸을 장식했다.

얀 슐레겔도 쾰른 국제회의에 참석해 연설했다. 나는 무대 위에서 그에게 회의의 구호를 상기시키며 흉터나 피어싱, 타투 같은 게 아름다우냐고 물었다. 그는 나의 질문을 잘 이해하지 못했는지 멈칫거렸다. 잠깐 생각 끝에 그는 그런 의문은 품어본 적이 없다고 답했다. 흉터와 피어싱을 보며 그게 아름다운지 아닌지 생각해보지도 않았다고 한다. 자신은 오로지 '이게 야나구나.' 하고 있는 그대로 받아들였다고 강조했다.

슐레겔의 예술 사진은 우리 시대가 안은 문제의 핵심을 고스란히 드러낸다. 사회의 분열과 갈등이 빚어진 원인이 무엇인지 우리는 그의 사진을 보며 체감할 수 있기 때문이다. 외모지상주의 탓에 오히려 고통받고 괴로워하는 사람들의 실상을 그의 사진은 보여준다. 예술이 반드시 아름다워야만 하는 것은 아니다. 하지만 예술은 무엇이 아름다움인지 드러내 보여줄 수 있다. 사랑에 빠진 사람이 상대의 작은 흠결조차 사랑스럽게 여기는 것과 마찬가지로 예술가의 사랑으로 가득한 안목은 보다 더 심오한 가치가 무엇인지 포착해 보여준다.

실패와 좌절로 괴로워하는 사람에게서도 그 사람만의 장점을 읽어내고 격려하려는 마음가짐을 우리는 축복을 베풀 줄 아는 자비로움이라 부른다. 고대 그리스어, 프랑스어, 영어 등의 언어가 아름다움과 자비를 거의 같은 뜻으로 쓰는 것은 우연한 일이 아니다. 영어의 'Grace'는 아름다움과 자비 모두를 뜻한다. 독일어의 경우 은총과 자비를 뜻하는 'Gnade'는 '축복받은 소프라노 가수begnadete Sopranistin(천부적 재능을 타고난 소프라노 가수)'에서 보듯 아름다움의 경험과 깊은 관련을 가진다. 진정한 아름다움은 항상 은총 어린 축복이 함께하기 때문이다. 동시에 아름다움은 세상에 은총의 빛을 비춘다. "Grace finds beauty in everything."(은총은 모든 것에서 아름다움을 찾아내네.) 아일랜드의 록밴드 U2의 노래에 나오는 이 가사는 심오한 진리를 담았다.

포토샵과 성형수술의 세상에서 예술은 상처받기 쉬운 인간이 품은 진정한 가치를 보여주어야 하는 특별한 책임을 가진다. 지중해 한가운데에서 난민들을 가득 태우고 가다가 뒤집어진 보트를 보여주는 중국의 건축가이자 예술가 아이웨이웨이艾未未의 다큐멘터리, 또는 브라질 금광의 충격적 실상을 고발하는 브라질의 사진작가 세바스치앙 살가두Sebastião Salgado의 기념비적인 사진들은 바로 이런 책임감의 산물이다.

우리가 많은 것을 보고 싶어 하는 것은 아니다. 다만 우리는 가난에 시달리며, 질병으로 고통받고, 장애로 괴로워하며, 생명을 얻었으되 태어나보지도 못하고 스러진, 그리고 죽어가는 사람에게서 그 존엄한 가치, 어떤 것으로도 훼손될 수 없는 인간의 가치를 읽어내고 싶을 뿐이다.

자아를 한껏 치장하는 최적화가 메가트렌드라는 바로 그 이유로 우리는 그 어느 때보다도 더 절박하게 자비로운 시선을 필요로 한다. 그래야 우리는 사람들이 아름답지 않다고 외면하는 것 안에 숨은 진정한 아름다움을 발견할 수 있다. 이런 시선이 없다면 인간다움의 생태계는 무너지고 만다.

사랑의 아름다움을
회복하라

/

로미오와 줄리엣, 오르페우스와 에우리디케, 아담과 하와. 자신의 반쪽을 찾으려는 방황과 감격적인 발견의 순간, 곧 사랑의 마법을 묘사하는 이야기는 인류만큼이나 오랜 역사를 자랑한다. 바로 그래서 사랑은 문학을 관통하는 주제이기도 하다. 사랑은 아름다움과 떼려야 뗄 수 없이 맞물린다. 이는 인류 역사에 깊이 각인된 진실이다. 사람은 자신이 사랑하는 상대를 아름답다고 여긴다. 지극히 자연스러운 일이다. 한 쌍의 연인은 하늘을 붉게 물들인 저녁놀을 배경으로 낭만적인 사진을 찍고 싶어 한다. 지극히 자연스러운 일이다. 짝을 찾아 함께 행복하게 살고자 하는 욕구는 당연하거나 흥미롭기만 한 게 아니다. 우리는 그런 욕구가 아름답다고 여긴다.

에로스는 예술 역사의 도도한 흐름을 이어가는 주제 가운데 하나다. 사랑을 다룬 그 수많은 작품이 없다면 예술이 무엇일까? 이런 사정은 '위대한 예술'은 물론이고 오늘날의 영화에도 그대로 적용된다. 영화 〈타이타닉Titanic〉에서 주인공 잭은 자신이 사랑하는 여인 로즈를 위해 죽는다. 중세의 전설적인 러브스토리 트리스탄과 이졸데가 서로의 엇갈려버린 사랑으로 죽음을 맞는 이야기도 후대에 오페라와 문학으로 숱하게 음미되었다. 하지만 우리 모두가 익히 알듯, 사랑은 기적처럼 아름다운 동시에 심각한 상처를 입힐 수 있는 칼날이기도 하다.

"코룹티오 옵티미 페시마.Corruptio optimi pessima."

이 라틴어 속담은 인류의 오랜 지혜를 담았다.

"가장 좋은 것은 뒤집으면 최악의 것이다."

충격적인 성폭력을 보면 이 속담이 담은 뜻이 분명해진다. 가장 아름답고, 최고로 친숙해야 하는 것은 이 폭력으로 최악의 굴욕이 된다.

우리는 강간을 여타의 폭력과는 전혀 다른 것으로 받아들인다. 강간은 고대에서도 이미 심각한 범죄였다. 플라톤이 강간범에게 사형을 요구했던 것으로 미루어, 아테네 사람들도 강간을 심각한 범죄로 보았던 게 분명하다.[408] 일반적인 범죄보다 강간은 더욱 심각하게 여겨져 신성모독 또는 시체를 욕보이는 시간屍姦 못지않은 죄악이었다. 아이를 상대로 성추행을 저지르는 사람은 세간에서는 '아동 성추행범'이라고 따로 부를 정도로 지탄을 받았다. 이 표현은 범인보다 피해자를 부각하는 것처럼 들리는 탓에 논란을 불렀다. 동시에 피해자가 받는 더럽혀졌다는 느낌을 전혀 반영하지 않는 것이 이 표현이다. 아동을 성추행하는 것은 아이에게 술을 권하는 것보다 훨씬 더 나쁘다. 물론 둘 다 잘못된 것이기는 하지만. 그럼에도 이를 강조하는 이유는 섹스와 사랑은 인격 전체의 문제이기 때문이다.

우리가 아름답다고 느끼는 섹스는 지극히 인간답다. 이처럼 아름답다고 느끼는 까닭은 섹스가 단지 생물적인 기능에 그치는 것이 아니기 때문이다. 물론 섹스에서 쾌락과 만족은 무시할 수 없는 것이기는 하다. 하지만 쾌락과 만족은 사랑이라는 마법의 왕국이 가지는 극히 단면일 뿐이다. 에로틱한 감정의 핵심 포인트는 나 자신만을 중심으로 생각하지 않는다는 점이다. 모든 아름다움과 마찬가지로 섹스 역시 나 자신을 잊는 헌신과 몰입이 중요하다. 자신을 잊고 헌신할 때 진정한 행복이 피어오른다는 점이야말로 아름다움이 가지는 위대한 비밀이다. 사랑은 어떤 목적을 의식하는 것이 아니며, 그 자체가 목적이 되어야 한다. 바로 그래서 사랑은 무한한 너그러움을 선사한다.

섹스에서 이런 너그러움은 상당히 구체적이 된다. 두 사람 사이의 사랑으로 새로운 생명이 탄생한다. 물론 인간의 사랑이 단지 자녀를 얻기 위한 것만은 아니다. 굳이 목적을 가지지 않는 아름다운 섹스로 새로운 생명은 의도하지 않은 가운데 생겨날 따름이다. 사랑의 기쁨과 의미는 오로지 자신의 자아만 생각하지 않는 태도 덕분에 생겨난다.

섹스 해방의 역사는 목적을 가지지 않는 아름다움을 발견해온 역사이기도 하다. 해방된 섹스는 더는 죄책감으로 물든 쾌락이 아니며, 자녀를 얻기 위해 치러야 하는 필요악도 아니다. 에덴동산은 죄책감도, 필요악도 몰랐다. 두 명의 인간, 아담과 이브는 서로를 위해 창조된 피조물로, 부끄러움과 성적인 경직성은 전혀 알지 못했다.

섹스 혁명은 이 책에서 이미 여러 차례 언급한 정신 발달의 지향점들을 결합해냈다. 섹스 혁명을 통해 인간은 사회의 규제를 받는 게 아니라, 자율적인 개인으로 거듭났다. 자신이 어떤 감정을 가졌는지 밝혀내고, 이 감정을 마음껏 살려내는 것이 인생의 중심을 차지했다. 사회가 정한 규칙을 따르는 일은 가치를 잃었다. 사회는 제재할 힘을 잃었다. 사람들은 지극히 다양한 성 경험을 할 수 있게 되었다. 유럽에서는 불륜을 저질렀다고 해서 돌에 맞을 걱정은 아무도 하지 않는다. 오히려 그 반대다. 섹스는 편협한 도덕 요구의 부담에 시달리지 않으면서 자율성을 누리는 인생경험의 상징처럼 여겨진다.

그러나 내키는 대로 즐기는 프리섹스는 섹스의 신비한 마법을 무력하게 만들 위험을 키운다. 막스 베버가 세계의 기술화를 두고 '탈마법화'라 부른 것은 섹스에도 그대로 적용된다. 아무 문제 없이 무제한으로 누릴 수 있는 것은 그 신비한 힘을 잃게 마련이다.

아니, 심지어 문제는 더욱 심각하다. 에로스는 영혼과 몸의 결합이 이루어지는 가장 중요한 부분을 건드린다. 우리가 사랑하는 사람을 보며 '아름답다'고 하는 말은 상대의 몸만 보고 하는 것이 아니다. 어떤 사람을 사랑한다고 할 때 이 사람의 몸과 성행위를 하는 것만으로 이 사랑이 진면목을 드러내지는 않는다. 오히려 사람은 대개 상대가 자신을 인격체로서가 아니라, 오로지 성욕을 해결하기 위한 도구로 여긴다는 경험을 할 때 심각한 위기를 겪는다.

"사라Sarah를 사랑한다고? 사라 대신 레오니Leonie하고 자. 레오니도 여자잖아!"

사라를 진정으로 사랑하는 마르크Marc는 이런 말을 들으면 불같이 화를 내리라. 어떤 사람을 사랑한다는 것은 그 또는 그녀를 있는 그대로, 그 전부를 사랑한다는 것을 뜻한다. 전부란 몸과 정신과 영혼의 통일체를 뜻한다.

섹스는 도덕규범의 촘촘한 규제로부터 풀려나면서 그 자체가 일종의 독립적인 물건처럼 되어버렸다. 마르크가 사라와 성생활을 한다고 해서 오늘날 그녀와 반드시 결혼해야만 하는 것은 아니다. 실제로 그는 아무 구속을 받지 않고 데이트앱 '틴더Tinder'로 레오니와 만나 즉흥적인 섹스를 할 수 있다. 또는 자신의 섹스 판타지를 포르노 사이트를 찾아다니며 마음껏 펼칠 수도 있다. 이 모든 것은 상당히 쉽고도 광범위하게 활용할 수 있다. 광범위한 활용이란 곧 겉핥기식의 피상적인 활용이다.

그러나 결속을 바탕으로 하는 진짜 인간관계는 이뤄지기 힘들다. 어떤 사람에게 감정을 흔쾌히 열어 보이는 우리의 능력, 이로써 결속을 이루는 능력은 발휘되기가 매우 어렵다. 당사자의 의지뿐만 아니라 주변의 요소도 함께 맞물려 작용하기 때문이다. 오늘날 섹스는 마치 칼로 찌르고 베듯 결속의 여러 부위를 찢어 놓았다. 그냥 섹스다. 그 이상의 것은 아무것도 없다. 즉흥적이고 피상적인 섹스가 안은 진짜 문제는 앞서 말한 몸과 정신과 영혼의 통일체를 갈가리 찢어 해체시킨다는 점이다. 본래 가장 은밀하면서도 신비한 두 인격체의 결합은 이로써 흔적도 없이 사라진다. 가능한 최고의 결합인 몸과 마음의 결합은 그 신비한 생명력을 잃는다. 여자와 남자를 새로운 생명의 부모로 만들어주는 가장 큰 축복인 생명력도 사라지고 만다.

이런 심오한 결합으로부터 자신의 몸을 완전히 떼어내 내키는 대로 상대를 바꾸어가며 섹스만 즐길 수 있는 사람은 아무도 없다. 아니, 몸을 물건처럼 다루는 사람은 그럴 수도 있으리라. 그러나 물건이란 사고팔 수 있는 것이다. 막스 베버는 자연의 '탈마법화'로 산업 시대의 자본화가 초래되었다고 진단하지 않았던가.

섹스 영역에서 이런 사정을 극명하게 보여주는 것은 포르노 산업이다(성매매도 마찬가지다.). 다른 사람의 몸을 내 쾌락을 풀 물건으로 만드는 작태는 상대의 인격 따위는 안중에도 없다. 로저 스크러턴 경의 말을 새겨보자.

"포르노는 주체를 대상으로, 인간을 물건으로 바꿔놓는 마법의 지팡이다. 이로써 인간을 탈마법화의 대상으로 만들고, 인간의 아름다움을 빚어주는 원천은 파괴되고 만다."[409]

그저 노골적인 성행위만 보여주는 '진부한 포르노'와 인간을 무자비하게 짓밟고 거침없이 폭력을 행사하는 포르노 사이의 경계가 갈수록 흐려지고 애매해지는 이유가 달리 있는 게 아니다. 몸을 물건으로 다루는 논리가 필연적으로 초래할 수밖에 없는 결과물이 갈수록 더 강한 자극을 노리는 포르노 자본주의다.

영상의 힘은 이루 말할 수 없이 강력하다. 리프의 'Deathworks'와 마찬가지로 지금껏 사람들이 아름답다고 느낀 것을 의도적으로 비웃는 포르노는 '인간다운 사랑이 무엇인지', '몸을 가진다는 게 무얼 뜻하는지'와 같은 철학적 고민마저 조롱한다. 포르노의 메시지는 간단하다. 인간을 목적으로 바라보지 말고 수단으로 삼아라. 인간은 상품처럼 얼마든지 바꿔치기할 수 있는 것이다. 베스트셀러 소설 《그레이의 50가지 그림자 Fifty Shades of Grey》에 등장

하는 구인광고가 성관계를 주고받는 교환을 조건으로 내건 것을 보라.[410]

섹스의 상업화는 포르노 산업에만 해당하는 게 아니다. 섹스의 상업화는 우리가 에로스를 생각하는 방식을 전반적으로 바꿔놓았다. 한병철은 이 변화를 '에로스의 단말마'라 부른다. 그가 쓴 문장을 읽어보자.

"자본주의는 모든 것을 상품으로 바꾸어 진열함으로써 사회의 포르노화를 강력하게 밀어붙였다. 자본주의는 섹스를 오로지 사고파는 상품으로만 바라본다. 자본주의는 에로스를 물상화物象化했다."[411]

'물상화'란 한마디로 더는 거룩하지 않다는 뜻이다. 거룩함은 마케팅될 수 없는 것이다. 물건, 곧 상품이 된 섹스는 일체의 신비함을 잃고 시장의 진열장에 나앉았을 뿐이다. 틴더 이용자의 프로필 사진은 텔레비전의 광고와 똑같다. 나를 가져! 그러나 누가 정말 지속적으로 물건 취급을 받고 싶을까? 우리는 그런 인생을 살고 싶은가?

물론 엄격한 윤리를 강제하는 사회로 되돌아간다는 것은 생각할 수 없는 노릇이다. 강제로부터의 해방이야 그런 대로 좋다. 엄격한 윤리는 지나치게 쾌락을 경계할 정도로 편협함을 보인 때가 많기는 하다. 하지만 이런 윤리의 본래적인 의도는 어느 일방의 자의적 횡포에 휘둘리지 않도록 보호하려는 것이다. 오늘날 이런 보호를 베풀어줄 수 있는 것은 무엇일까? 그런 것이 있기는 할까? 내가 보기에는 분명 있다. 그리고 이 대안은 아름다움과 깊은 관련을 가진다.

우리는 인간의 에로스를 새롭게 볼 관점을 필요로 한다. 섹스 해방은 무분별한 자유와 방종이라는 부정적인 측면 외에도 생명력을 펼쳐내는 데 봉사하는 긍정의 측면도 가진다. 인간의 섹스가 보여주는 아름다움, 자신의 성을 어떻게 다룰지 스스로 결정하는 인간의 자유는 섹스 해방이 분명 장려해준 측면이다. 엄격한 도덕을 다시 도입하기보다 우리는 에로스의 아름다움을 새롭게 발견해야만 한다.

이런 새로운 발견에 도움을 주는 것이 에덴동산이다. 성경에는 섹스와 관련한 표현이 단 몇 마디로만 정리되어 있지만, 이 묘사는 대단히 심오하고 아름다우며 인간을 어느 한쪽에 치우치지 않고 전모에서 다룬다.

"이러므로 남자가 부모를 떠나 그의 아내와 합하여 둘이 한 몸을 이룰지로다."(창세기 2장 24절)

인생의 핵심은 결속이다. 결속은 부모의 보살핌을 받던 보금자리로부터 떠나는 출가(오늘날 젊은이들이 갈수록 어렵게 느끼는 독립)로 비로소 가능해진다. 그리고 인생의 짝을 만나 새로운 가정을 이루는 일을 성경은 시적인 언어로 "한 몸을 이룰지로다"라고 표현한다. 이 결합은 두 사람만의 오롯한 사랑이다. 이 결속이 이루는 안정감으로 새로운 생명이 생겨난다. 그 어떤 이해타산 없이, 목적 없이, 아무런 강제를 받지 않고 남자와 여자는 서로 눈높이를 맞춰 자유롭게 결정한다. 서로 자신을 상대에게 흔쾌히 열린 마음으로 선물하는 섹스야말로 새로운 생명을 빚어내는 신비한 비밀이다. 물론 이런 결합이 항상 깔끔하게 이루어지지 않는 것은 분명한 이야기다. 선물은 더러 받아들여지지 않고 상처를 안기기도 한다. 하지만 에덴이 그려내는 그림은 우리에게 직관적으로 감동을 준다. 아름다우니까. 진리이니까.

인간은 절대 물건이 되어서는 안 되며, 자신을 물건으로 만들어서도 안 된다. 바로 그래서 포르노와 성매매는 인간의 존엄성과 합치될 수 없다. 벌거벗은 몸 또는 야성을 폭발시키는 쾌락이 멋지지 않다는 말이 아니다. 아름다움은 상대를 수단으로 바라보지 않고 목적 그 자체로 바라볼 때, 진심 어린 사랑으로 서로 보듬을 때 아름답게 남기 때문이다.

나는 내 아들과 딸이 이런 아름다운 섹스를 누리며 살기를 간절히 소망한다. 포르노 사이트가 보여주는 그런 섹스가 아니라.

생명의 아름다움을
맘껏 즐기라

/

열두 개도 넘는 커다란 솥이 이국적인 향신료의 향기를 발산한다. 여인들은 벌써 이틀 전부터 요리를 시작했다. 무대 위에서는 자줏빛 LED 조명이 반짝인다. 전구들은 흰색과 핑크색 끈에 걸렸다. 사람들이 아내와 나에게 걸어준 꽃다발은 어찌나 무거운지 허리를 곧게 펴기가 힘들 정도다. 그런데 이곳 사람들은 부자가 한 명도 없다. 이 축제의 화려한 장식들은 이웃 마을의 물결 모양 골함석 지붕들과 선명한 대비를 이룬다.

축제는 어떻게 하는 것인지 우리는 이 가난한 사람들에게 배워야 한다. 내 아내가 입은 인도의 전통의상 사리와 나의 알록달록한 비단옷을 준비하느라 이곳 사람들은 재산을 꽤나 축냈을 것이다. 나는 그저 축제에서 축사를 하려고 초대받았을 뿐인데도.

인도 사람들은 결혼식을 며칠에 걸쳐 치른다. 그리고 이 결혼식은 매우 특별한 의미를 가진다. 신부는 어려서 기독교 교회가 운영하는, 소녀들만 돌보는 보육원에 맡겨졌다. 인도의 농촌 지역에서 여아는 무시받기 일쑤여서 얼마 전까지만 해도 갓 태어난 여아는 그냥 내다 버리거나, 물에 빠뜨려 죽였다. 고아로 자란 에스더Esther는 인도의 전통적인 위계질서에서 그야말로 밑바닥 신세였다. 그녀는 의젓한 남자를 만나 결혼하는 것은 꿈도 꾸지 못했다. 그녀는 절대 '의젓한 여인'이 될 수 없었다. 힌두교의 엄격한 가부장 문화에서 남편이 없는 여인은 아무것도 아닌 존재이기 때문이다.

그런데 전혀 예상하지 못한 일이 일어났다. 그녀가 활동하는 기독교 공동체에서 좋은 집안 출신의 청년이 에스더와 결혼하고 싶어 했다. 누구도 가능하다고 여기지 않은 일이 실제로 일어났다. 수백 명의 하객들이 찾아온 결혼식장은 알록달록한 옷들로 색의 바다처럼 보였다. 닭고기로 요리한 '비리아니Biryani'가 산처럼 쌓였으며, 대형 스피커는 요란한 음악을 쿵쿵 울려댔다.

이 결혼식은 흥겨운 축제 그 이상의 것이었다. 사랑의 힘이 얼마나 대단한지 보여주는 시위이자 여성 억압이라는 비난받아 마땅한 부당함에 항거하는 선언이기도 한 것이 이 결혼식이었다. 인도 사회는 여전히 많은 분야에서 이런 부당함을 당연시하고 있다. 바로 그래서 이 결혼식은 관청에 눈엣가시였다. 거의 1년 가깝게 관청은 체포, 가택구금, 중상모략을 일삼으며 갈등을 조장해 왔다. 공식적 발표로는 어린아이가 살해된 사건이 결혼식과 연관되어 있다고 관청은 능청을 부렸다. 그러나 실제 그런 사건은 없었다. 관청은 그냥 에스더의 결혼식을 방해하고 싶었을 따름이다.

공무원과 경찰관은 결혼식이 열리는 교회로 찾아와 이 범상치 않은 축제를 긴장한 눈길로 지켜보았다. 무슨 일이든 벌어지기만 하면 바로 개입할 기세였다. 나는 연단에 오르며 살짝 긴장하지 않을 수 없었다. 하지만 이 축제 전체의 흥겨운 기쁨은 거역할 수 없는 힘을 발휘했다. 축제는 내면의 빛, 쉽사리 떨칠 수 없는 아름다움으로 가득했다. 심지어 공무원의 의심에 찌든 표정조차 점차 밝아지기 시작했다. 결국 이들도 줄을 지어 신혼 부부에게 다가가 친근한 축하 인사를 건넸다. 아무도 체포당하지 않았으며, 어떤 사건도 벌어지지 않았다. 그 대신 이 기막히게 아름다운 결혼식의 소식은 들불처럼 도시 전체로 번졌다. 고아에 가난한 처녀가 이처럼 화려하게 결혼식을 올렸다는 소식에 사람들은 놀란 입을 다물 줄 몰랐다.

앞서 에로스 왕국을 살피는 사색의 외유를 다녀온 지금 아주 편안한 마음으로 확인할 수 있는 사실은 이렇다. 아름다움은 너그러운 축제를 통해 표현된다. 축제는 그저 먹고 마시며 즐기는 시간 때우기가 아니다. 축제는 인생에서 정말 중요한 것이 무엇인지 보여준다.

"어떻게 축제를 즐기는지 말해주면, 나는 네가 누구인지 말해줄게."

독일의 화가로 바우하우스 문화를 가꾸는 데 결정적으로 기여한 오스카 슐레머Oskar Schlemmer가 한 말이다. 바우하우스에서는 함께 즐기는 축제가 늘 중심에 있다.

축제가 인간에게 얼마나 근본적인 의미를 가지는지는 다시금 에덴 이야기에서 다루어진다. 창세기에서 신은 세상을 창조한 뒤 하늘의 별들로 '절기'를 정하도록 했다고 한다(창세기 1장 14절). 이 절기는 곧 축제를 올릴 때를 뜻한다. 핵심은 물론 무슨 천문학을 이야기하는 것이 아니다. 인간의 본질이 무엇이며, 우주 안에서 인간의 위상이 어떤지 알려주는 게 그 핵심 내용이다. 유대 민족이 이해한 우주의 근본 구조 안에는 이미 축제를 즐겨야 마땅한 때가 마련되었다.

오로지 인간만이 축제를 즐기며, 축제가 비로소 사람을 인간으로 만든다. 실러는 그의 편지 '인간의 아름다움 교육'에서 이런 진리를 아주 심오한 문장으로 담아냈다. 인간은 놀이를 하면서 비로소 완전해지며, 놀이를 즐길 때에만 온전한 인간이 된다. 아름다움은 인간을 초대해 축제를 즐기고 놀이에 심취하게 해준다.[412]

플라톤도 이미 인간과 축제의 관계를 읽어냈다. 대화편《노모

이Nomoi》에서 플라톤은 인간이 신의 장난감으로 만들어졌으며, 따라서 인간은 "아주 아름다운 놀이를 즐기듯 인생을 살아야 한다."라고 썼다. 그러나 놀이가 진정한 축제가 되기 위해서는 신을 닮은 어떤 것, 즐거움보다 훨씬 더 큰 것이 따라붙어야 한다.[413]

아마도 바로 그래서 흥겨운 축제를 위한 최고의 상품이 다른 사람도 아닌 수도사의 노력으로 탄생했다는 점은 우연한 일이 아니리라. 피에르 신부는 프랑스 수도원 오빌레Hautvillers에서 와인을 책임졌다. 베네딕투스 수도회의 수도사들은 어디에 정착하든 포도나무를 심었다. 포도즙은 가톨릭이 가장 성스럽게 치르는 제례인 성찬식에서 중요한 역할을 하기 때문이다. 신에게는 오로지 최고의 것을 바쳐야 한다고 입버릇처럼 말하던 피에르 신부는 다양한 품종의 포도를 섞어가며 숙성시키는 새로운 방법을 개발해 특별히 좋은 와인을 빚는 법을 발견했다. 신에게 특별히 아름다운 것을 바치겠다는 바람과 노력으로 해당 지역 전체를 바꾸어놓는 업적, 곧 샴페인을 만들어냈다. 이 신부의 이름은 피에르 페리뇽Pierre Pérignon, 1638~1715이다. 오늘날까지도 세계에서 가장 유명한 샴페인은 그의 이름을 따서 '동 페리뇽Dom Pérignon'이라 부른다. 신부가 개발해낸 방법은 이내 지역 농부들에게 받아들여져 가난했던 샹파뉴 지역을 부유함을 자랑하는 아름다운 지역으로 바꿔놓았다. 오늘날까지도 샹파뉴는 고급 와인 산지로 유명세를 띠고 있다. 내가 보기에, 아니 나의 조촐한 입맛이기는 하지만 샴페인은 존재하는 음료 가운데 최고의 것(녹차와 더불어)이며, 중요한 축제에 특별한 광채를 더해주는 것이다.

샹파뉴든 인도든, 마음을 다해 축제를 즐기며, 신과 인간이 기뻐하도록 특별한 산물을 만드는 것은 정말 많은 것을 바꾸어놓는다. 축제는 에덴에서 아담과 하와가 즐겼던 바로 그 취향을 전달해준다. 바로 그래서 축제는 다채롭고 아무 근심 없이 즐기는 놀이마당, 낙원의 정원처럼 너그러운 품을 열어준다.

신의 은총을 경험하라
/

아름다움과 종교가 서로 깊이 연관되어 있다는 점은 흘려볼 수 없는 사실이다. 세계 어느 곳을 가든 신전, 모스크, 교회, 성당이 아름답게 지어진 것을 보라. 영성의 왕국에서는 어디서나 음악이 연주되고, 특별한 의상, 그림, 춤이 아름다움에 기여한다. 아름다움과 신성함이 완전히 일치하는 것은 아니지만, 그 주소를 보면 같은 우편번호를 가졌다고 해도 무방하다. 그런 만큼 서구의 기독교가 아름다움과 신성함을 많이 잃었다는 점은 안타깝기만 하다. 봉사 활동 등으로 교회는 여전히 사회와 결속되어 사회적 가치를 지키기는 한다. 하지만 아름다움은? 축제는?

몇 년 전 나는 어떤 바텐더와 친구가 되었다. 한네스Hannes는 당시 질트Sylt섬의 바에서 일했다. 그는 일급 호텔과 레스토랑에서 경력을 쌓은 요식업계의 전문가였다. 하지만 매일처럼 칵테일과 캐비아, 그리고 코카인에 둘러싸인 인생은 언제부터인가 견딜 수 없이 지루해졌다고 한다. 삶의 의미를 찾고 싶어진 한네스는 심리학의 로고테라피를 찾아다니며 신앙생활을 새롭게 해보려 노력했다. 알고 지낸 지 어느 정도 되었을 때 그가 한 질문을 나는 지금까지도 절대 잊지 못한다. 그는 몇 달째 교회가 주최하는 각종 행사를 찾아다녔다고 한다. 이런 행사는 정말 아름다운 주제를 다루기는 했지만, 행사가 치러지는 외양은 어설프고 낯설게만 느껴졌단다. 레스토랑이나 카페는 "그저 먹고 마시는 곳"일 뿐임에도 정성을 다해 아름답게 꾸며놓는데 왜 기독교 행사는 하나같이 칙칙할까? 1970년대 스타일의 회색 건물, 플라스틱으로 만든 일회용 식기, 진부하고 촌스러운 벽 달력, 불친절한 행사 요원들은 아름다운 주제를 다루는 행사에도 전혀 아름답지 않더라고 그는 얼굴을 찡그렸다.

어찌 보면 너무 일방적인 평가이기는 하지만 나는 정말 그 답을 지속적으로 찾아보았다. 아무래도 한네스의 말에 어떤 진실이 담겨 있지 않을까?

실제로 최근의 신학은 아름다움이라는 주제를 별로 다루지 않는다. 현대적인 성경 해석을 대표하는 독일 신학자 루돌프 불트만Rudolf Bultmann, 1884~1976은 콘크리트로 덩치만 키우는 '브루탈리즘Brutalism 건축', 이미 앞서 살펴본 바 있는 흉물스런 건축과 마찬가지로 아름다움에 별반 의미를 두지 않았다. "아름다움은 기독교 신앙에서 생명을 장려해주는 의미를 가지지 않는다."라며, 아름다움은 "그저 거짓으로 세상을 미화하려는 유혹"일 뿐이라고 불트만은 주장했다.[414] 아름다움을 다루는 미학이 아니라, 사회에 구체적으로 제시해야 할 윤리를 다듬는 일이 신앙의 핵심 과제라고 그는 강조한다. 미학과 윤리를 서로 엄밀하게 구분할 것을 요구한 인물은 덴마크 철학자 쇠렌 키르케고르 Søren Kierkegaard, 1813~1855다. 신학이 이 문제를 다루는 방식은 복잡하기만 하지만, 분명한 점은 아름다움과 종교를 이처럼 분리하는 관점은 19세기에서 20세기에 생겨난 상대적으로 새로운 것이라는 사실이다.

괴테는 이런 분리를 생각조차 할 수 없는 것으로 보았다.

"인간은 종교를 믿는 자세를 가지는 한에서만 시와 예술에서 생산적 활동을 할 수 있다. 종교를 믿지 않는 사람의 시와 예술은 오로지 고대에 선인들이 이룬 기념비적 작품을 모방하거나 고스란히 되풀이할 뿐이다."[415]

괴테의 이런 주장이 절대적으로 맞다고 동의하기는 힘들다. 신앙심이 없는 사람이 창조한 위대한 예술 작품은 없다는 주장은 말이 되지 않기 때문이다. 하지만 아름다움이 믿음과 깊은 연관을 가진다는 점을 확인해주는 요소는 많다.

독일의 철학자이나 분명 신앙에 충실한 사람은 아니었던 아도르노 Adorno는 이런 글을 썼다.

"예술 작품을 보고 충격을 받은 주체는 예술 작품이 무엇을 표현했는지 깨닫는 통찰 덕분에 아름다움이 실재한다는 경험을 한다. 이런 통찰 덕분에 주체는 자아의 한계를 자각하고 이 한계를 뛰어넘으려 노력한다. 예술 작품을 보고 충격을 받으며 진정한 행복을 느끼는 주체는 감격의 눈물을 흘리며 이 슬픔으로 자신이 얼마나 덧없는 존재인지 깨닫는다."[416]

이 복잡한 속내를 담은 문장의 핵심을 간단히 정리하면 이렇다. 뭔가를 보고 아름답다고 느끼며 눈물을 흘리는 사람은 그 어떤 거대한 존재를 깨닫고 충격을 받은 것이다. 훨씬 더 큰 존재가 실재한다는 깨달음은 종교의 뿌리가 되는 근원적인 경험이다.

그러나 '숭고함' 앞에서 아름다움을 느끼는 경외심은 오늘날의 종교에서 거의 사라졌다.[417] 오늘날의 종교는 오히려 인간이 어떻게 행동하는 것이 올바른지, 믿음은 인간에게 무엇을 가져다주는지에 더 많은 관심을 기울인다. 아름다움은 현대 종교에서 전혀 다른 멜로디로 들릴 따름이다. 아름다움은 나와는 상관이 없는 것이어서 내가 무엇을 해야만 하는지, 심지어 아름다움 덕에 내가 무슨 이득을 볼 수 있는지에 대한 답을 주지 않는다. 그래서 사람들은 종교의 신앙은 일차적으로 내가 무엇을 해야 마땅한지 알려주는 도덕에 집중해야 한다고 여긴다. 그러나 이런 관점은 기독교를 잘 이해하지 못해 빚어진 최악의 오해다.

에덴동산은 이루 말할 수 없이 풍요로운 생명이라는 그림을 보여주었다. 신이 베풀어준 더할 수 없이 소중한 선물. 이 선물에 보이는 자연스러운 반응은 감사하는 마음이다. 부여받은 선물과 이를 베풀어준 손길에 감사하며 경탄하는 자세야말로 모든 아름다운 예술을 낳은 원동력이라고 한스 우르스 폰 발타자르는 강조한다. 초월적 원천으로부터 발산하는 광채로 여겨지는 것을 보는 순간, 아름다움은 숭고함으로 승화한다.

"모든 걸작 예술은 종교적이다. 존재의 장엄함에 찬사를 올리는 행동의 결과물이다. 이런 종교적 차원이 결여된 것은 그저 개인적 기호에 맞춰 자극을 주는 예술에 지나지 않는다. 주님을 우러르는 숭고함이 사라진 작품은 그저 그런 '아름다움'이라 부를 수밖에 없는 잉여 상품일 따름이다."[418]

하지만 발타자르의 말은 거꾸로 해석할 수도 있다. 즉, 신을 우러르며 기도를 올릴 때 아름다움은 다시 제자리를 찾는다. 바꿔 말해서 불트만이 지적한 거짓으로 미화한 세계는 우리의 기도 앞에 그 추한 민낯을 드러낼 따름이다. 기독교 신앙은 그저 간단하게 세상에 존재하는 모든 것을 '아름답다'고 부르지 않는다. 아름다운 것은 신의 뜻이 실현되는 역사다. 이 역사가 충격적 사건 탓에 숱한 좌절을 부르기도 했다. 하지만 시련과 좌절을 겪으면서도 실현되는 신의 뜻은 진정으로 아름답다. 이런 역설을 가장 분명하게 드러내는 예는 예술사 전체를 통해 가장 자주 다루어지는 주제인 예수의 십자가 고행이다. 절대적으로 선한 인간이 터무니없이 부당한 죽음을 맞는 사건은 물론 전혀 아름답지 않다. 심지어 인간이 생각할 수 있는 가장 추악한 것이 이런 사건이다. 하지만 바로 이런 드라마를 통해 신의 심원한 사랑과 자비가 빛을 발한다. 이 빛이야말로 우리 인간이 희망을 걸어야 할 구원이다. 그리고 이 사랑이 심지어 죽음을 누르고 승리한다면, 우리는 인생을 살아갈 새로운 길잡이를 얻는다. 부활이야말로 고난과 역경을 두려워하지 말고 신의 뜻을 믿고 나아가야 한다는 메시지다. 다시 말해서 고약하기 짝이 없는 추악함은 세상을 결정하는 최후의 권세가 아니다. 성경이 그리는 은총의 역사는 그 정체를 정확히 알 수는 없지만, 대단히 환상적인 아름다움을 사랑한다. 그리고

이 아름다움의 중심에는 인격적 존재인 예수 그리스도가 서 있다.[419]

기독교 예배, 음악, 건물, 이 건물 안을 장식하는 예술 등 이 모든 것은 아름다워야만 한다. 이 모든 것은 신의 뜻을 실현하는 은혜로운 삶으로의 갈망을 일깨우며, 이 모든 것이 시작된 곳, 곧 에덴을 떠올리게 해야 한다.

종합적 결론

우리는 아름다움을 더럽히는 환경 파괴와 적당히 타협하는 대신, 적극적으로 맞서 싸워야 한다. 이런 투쟁의 핵심을 정리해보자면, ① 아름다움을 기능보다 우선시하며, ② 이상을 추구하는 일을 꺼려하지 않아야 한다. 곧 탁월함을 이루려 분투해야 한다. ③ 묵상으로 세계와 만나며, ④ 인간과 세계를 바라보는 자비로운 시선을 가지며 ⑤ 섹스가 가진 그 본연의 아름다움을 회복시켜주어야 한다. 그래야 우리는 인생을 근본에서부터 변화할 힘을 얻는다. 이로써 우리는 ⑥ 인생을 자축하며, ⑦ 늘 선한 신이 우리와 함께한다는 은혜로운 경험을 한다. 이런 경험으로 우리는 인생을 살며 에덴을 이 땅 위에 회복할 새로운 르네상스를 추구해야 한다. 지금 바로!

제4부

에덴 컬처

이 책은 우리가 뭔가 잃어가는 건 아닐까 하는 물음으로 시작했다. 어렸을 때 뛰놀며 자란 크고 오래된 정원과 지금 도시에서 우리가 사는 판박이 같은 작은 집을 비교할 때마다 이런 상실감에 슬그머니 사로잡힌다. 하지만 나는 지금 고향을 떠나 다른 어딘가에서 산다는 게 좋다는 점도 안다. 당시 나는 고향을 떠날 충분한 이유를 가졌다. 고향을 떠난 덕분에 많은 경험을 했다. 예를 들어 나는 네 자녀를 얻는 축복을 누렸다. 아이들에게는 도시가 고향이다. 또 나는 주변에 많은 친구들과 우정을 나눈다. 그럼에도 나는 고향 집을 찾을 때마다 나의 뿌리와 재회하는 느낌에 가슴이 벅차오른다. 나의 어린 시절, 순진하다 못해 얼굴부터 빨개지던 청소년기, 정의라는 말만 들어도 가슴이 뜨거워지던 십대 후반의 나 자신과의 재회는 나를 감회에 젖게 만든다. 당시에는 직업도, 꽉 찬 일정표도, 자동차도 없었다. 그저 여름이면 나무 위에 오두막을 짓던 소년은 나로 하여금 입가에 미소를 머금게 만든다. 이제 나는 나이를 먹었지만, 정원은 여전히 측백나무들이 늘어선 평화로운 모습이다. 그 아래 쌓인 마른 가지와 8월에 갓 깎은 잔디에서 올라오는 짙은 내음은 조금도 변하지 않았다. 대문을 지나 현관에 이르는 제법 긴 오르막길을 걸으며 발에 밟히는 자갈의 소리를 듣노라면 나의 맥박은 차분해진다.

인류는 정원에서 숨 쉬는 자신의 뿌리가 어떤 것인지 들려주는 옛이야기를 좋아한다. 우리가 어디에서 왔는지, 무엇이 우리를 인간으로 만드는지 이런 이야기가 상기시켜주기 때문이다.

이 책은 인간의 정원이 생명력을 발휘할 수 있게 해주는 자양분인 결속과 의미와 아름다움을 3부로 나누어 다루었다.

나는 이 세 가지 양분의 특성이 무엇인지, 무엇 때문에 우리가 이를 잃을 위험에 처했는지, 왜 우리는 이 양분이 없이는 살 수 없는지 자세히 살펴보았다. 이 세 가지 비밀을 다시금 나란히 놓고 보면, 우리는 한 가지 공통분모를 발견할 수 있다. 결속과 의미와 아름다움은 모두 고향을 되찾아야 함을 새기게 한다. 내가 결속되어 있으며, 모든 것이 자기 자리를 찾아 의미를 얻으면서, 비록 완전하지는 않을지라도 아름다움을 자랑하는 나의 옛 정원처럼. 의미와 아름다움에 둘러싸여 결속을 느낄 때마다 우리의 내면은 자발적으로 이렇게 말한다.

"이곳은 나에게 맞춤한 장소로구나. 이곳은 나의 집이다!"

이곳에서 우리는 앞에서 마주쳤던 많은 얼굴들을 다시 만난다. 이곳은 에티 힐레숨이 발견한 바로 그 장소다. 이 장소를 발견한 이후 그녀는 어디를 가든 고향처럼 편안하게 느낀다고 했다. 사랑스러운 꼬마 아가씨 리나와 엄마 클라라는 오로지 둘만의 오붓한 시간을 보내는 순간 이런 편안함을 느꼈다고 한다. 빅토르 프랑클과 알렉산드르 솔제니친은 심지어 인간이 겪을 수 있는 최악의 비참한 상황, 어둡기 짝이 없는 바라크 안에서조차 고향을 떠올리며 내면의 평정을 지켰다. 엘리아네는 르네와 마르타가 정성 들여 차린 식탁, 은은한 촛불을 밝힌 식탁에서 고향에 돌아온 것만 같은 느낌을 맛보았다. 결속과 의미와 아름다움을 일깨워주어 우리가 갈망해 마지않는 이 고향은 과연 어떤 장소일까? 이 장소를 부르는 은근하면서 신비에 가득 찬 이름은 바로 '존재'다.

우리가
존재라 부르는 것 _____

독자 여러분이 이미 짐작했겠지만, 다시금 우리 이야기는 약간 철학적인 부분을 짚고 넘어가야 한다. 하지만 걱정할 것은 없다. 이미 모두 접해본 이야기이기 때문이다. 그럼에도 다시 되풀이하는 이유야 간단하다. 대개 친숙하다고 여겨지는 것은 흘려보기 쉬우니까.

독일 철학자 마르틴 하이데거Martin Heidegger, 1889~1976는 1927년에 펴낸 책《존재와 시간Sein und Zeit》에서 고대 그리스 이후에 쓰인 철학사 전체를 '존재 망각Seinsvergessenheit'의 역사라 압축해 부른다. 늘 '존재자'만 이야기했을 뿐, '존재' 자체는 언급조차 하지 않았다고 하이데거는 주장한다.

터무니없는 말장난 같지만, 철학에서 존재자와 존재의 구분은 대단히 중요하다. 존재자는 모든 사물과 인간을 포괄한다. 돌, 인간, 은하계, 단어, 숫자, 그리고 도시 베를린은 저마다 고유한 특성을 가지는 존재자다. 하지만 이 모든 것은 공통점을 가진다. 이 공통점이 바로 존재다.

예로부터 철학자들은 '존재'라는 말을 어떻게 풀어야 좋을지 고민하면서 무어라 설명하기 힘든 짜릿함을 느껴왔다. 모든 존재자는 이론상으로 볼 때 없는 것이 되기도 한다.

"도대체 있는 것이 어떻게 없는 것이 될까?"

고트프리트 빌헬름 라이프니츠Gottfried Wilhelm Leibniz, 1646~1716는 이렇게 물으며 고개를 갸웃거렸다. 바꿔 물을 수도 있다. "없는 것은 왜 있지 않을까?" 하고 라이프니츠는 의문을 품었다. 심지어 보다 더 일반적으로 이런 물음도 가능하다. '뭐가 있다'는 말은 대체 무슨 뜻일까? '존재'란 대체 무엇일까?

이 물음의 답을 찾으려 씨름해본 사람은 알 것이다. 머리가 어질어질해서 속이 메스꺼워질 지경이라는 것을! 하지만 근원을 다루는 물음은 달리 어쩔 도리가 없다. 없는 것이 있다는 말처럼 우리가 쓰는 말은 당연하게 들리기는 하지만 조금만 따져도 앞뒤가 맞지 않는 게 너무 많다. 게다가 '~ 있다Be'는 말은 '~이다is'는 뜻으로도 쓰이는 통에 혼란은 더욱 심해진다. 바로 그러한 이유로 '있는 것은 무엇이고, 없는 건 뭐지?' 하고 생각하다 보면 늘 당연하다고 여겨왔던 바닥이 흔들리는 거 같아 현기증이 일어날 수밖에 없다.

많은 철학자들이 존재 물음을 한사코 피한 것은 전혀 놀라운 일이 아니다. 이른바 '분석철학'은 우리의 생각이 언어를 통해서만 이루어진다고 보았다. 그러니까 먼저 '언어를 어떻게 써야 마땅한가'라는 물음이 답을 얻어야만 철학 문제는 풀릴 수 있다. 분석철학의 많은 학자들은 이런 이유로 존재 문제는 언어가 만들어내는 가짜 문제라고 보았다. 분석철학이 보는 '~ 있다' 또는 '~이다'(be or is, 철학은 이 문제를 '코풀라Copula'라 부른다.)는 수학의 기호 '='와 같은 기능을 가질 뿐이다. '존재'는 '='와 마찬가지로 독자적인 뜻을 전혀 가지지 않는다. 그래서 '존재'라는 단어를 이 기능을 넘어서 무슨 뜻을 가지는지 묻는 것은 무의미할 뿐이라고 분석철학은 주장한다.[420]

그렇다면 이런 주장으로 문제가 실제 풀렸을까? 아리스토텔레스는 철학의 출발이야말로 '경탄'이라고 말했다. 너무 어려워서 놀랍고 어질어질하지만 그렇다고 포기하지 않을 때 진정한 철학이 시작된다는 뜻이다.

앞서 인용한 라이프니츠의 물음은 이런 경탄의 자세를 잘 보여준다. 물론 '존재'라는 지극히 추상적인 개념을 놓고 우리가 뭔가 의미 있는 말을 할 수 있을까 하는 물음은 쉽게 풀기 힘든 게 분명하다. 우리는 의미 있는 지식을 존재하는 사물을 관찰하고 얻어낸다. 그런데 이 존재자 배후까지 밀고 들어가는 물음은 어떻게 가능할까? 눈으로 볼 수도, 손으로 만질 수도 없지 않은가?[421]

하지만 우리 인간은 존재자의 배후에 존재의 근원이 있음을 짐작하며 경탄한다. 세계가 어떻게 존재하는지가 아니라, 세계가 존재한다는 사실이 신비 그 자체라고 분석철학의 시조 루트비히 비트겐슈타인은 썼다.[422] 그리고 우리 자신도 이 세계 안에 이미 존재한다. 존재가 무엇인지 물음을 품기도 전에 우리는 이미 존재한다. 결국 우리는 손으로 잡을 수 없는 것, 생각만으로 완전히 파악하기 힘든 것을 상대해야만 한다.

두 가지의
인생 모델 _____

'존재'라는 주제는 인간에 적용해보면 이해가 한결 쉬워진다. 어떤 인간의 '존재'는 무엇이 만들까? 아마도 사람들은 별로 중요하지 않은 모든 것을 털어버리면 그 인간의 '존재'만 남는다고 말하리라. 해당 인물이 가진 것 또는 행동, 주변에서 그를 두고 하는 말 따위는 모두 그 인생의 부분이기만 할 뿐, '존재'가 무엇인지 확인해주지는 않는다.

독일의 저명한 사회심리학자 에리히 프롬Erich Fromm, 1900~1980 은 인생에 두 가지의 모델이 있으며, 이들이 서로 대립한다고 보았다. 이 두 가지 모델은 바로 '존재'와 '소유'다. 소유라는 인생 모델은 인간을 재산이나 지식으로 그가 누구인지 정한다. 반대로 존재라는 인생 모델에서 인간이 누구인지는 그의 정체성이 말해

　에덴 컬처

준다. 이 정체성은 말로 표현될 수 있는 게 아니며, 오로지 체험될 수 있을 뿐이다.

"말은 체험을 암시하기는 하지만, 체험과 꼭 맞아떨어지지는 않는다."[423]

체험은 언제나 현재에서 일어난다. 돈을 모으는 사람은 미래를 대비할 뿐이다. 직업적으로 더 높은 지위에 오르기 위해 땀 흘려 일하는 사람도 마찬가지로 지금이 아닌 나중을 기약하는 인생을 살 따름이다.

존재의 경우는 전혀 다르다.

"존재라는 인생 모델은 오로지 '힉 에트 눈크hic et nunc', 곧 '여기, 지금'만 주목하지만, 반대로 소유라는 인생 모델은 현재로부터 확장된 시간, 곧 과거나 미래를 두루 염려한다."[424]

자신이 누구인지, 자신이 어떤 존재인지 잘 알지 못할수록, 그만큼 더 많은 물건을 소유하려는 욕구가 커진다고 에리히 프롬은 말한다.

실제로 존재와 소유는 결속과 의미와 아름다움이라는 세 가지 비밀의 상관관계를 잘 드러낸다. 결속이 결여된 사람은 그 상실감을 더욱 많은 소비로 메우려 든다. 반면, 자신이 소유한 것이 가치가 오를 때 그는 의미와 아름다움을 느낀다. 그 물건이 반드시 필요한 게 아님에도. 가진 것으로 부족한 결속을 상쇄하려 드는 인간 심리는 그만큼 인간의 본질이 존재에 깊은 뿌리를 드리우고 있음을 반증한다.

결속의 감정은 말만으로 채워지지 않는다. 결속으로 '존재'할 때 비로소 우리 인생은 의미로 충만해진다. 의미 충만한 아름다움 앞에서 우리는 이 세계가 존재해서 참 좋다는 감격을 맛본다. 드디어 우리는 존재라는 고향으로 돌아왔다고 느끼기 때문이다.

사랑은
존재를 알고 있다 _____

추상적으로 들리는 말이기는 하다. 그러나 사랑에 빠진 사람은 이 말이 무엇을 뜻하는지 온몸으로 실감한다. 상대는 말 그대로 아름다움을 흠뻑 뒤집어쓴다. 그 또는 그녀가 무엇을 가졌든, 얼마나 많이 알든, 무슨 일을 하든 상관없이, 그저 상대의 존재 자체가 최고의 황홀경을 빚어주는 대상이다.

역방향으로도 같은 황홀함은 일어난다. 상대가 나를 사랑해줄 때, 나는 내 존재가 온전히 인정받는다는 감격을 맛본다. 사랑은 내가 무엇을 했다거나, 어떤 대단한 부를 쌓았다거나 하는 차원을 뛰어넘는다. 진정으로 사랑에 빠져본 사람은 사랑의 상대에게 빛이 환하게 비치는 놀라운 경험을 한다. 더욱 놀라운 것은 빛이 상대에게만 머무르지 않고 온 세상으로 퍼져나간다는 사실이다. 돌연 세상의 모든 색깔이 더욱 밝아지며, 해는 부활절의 아침처럼 빛을 발한다.

이런 황홀한 경험을 두고 호르몬 작용 운운하는 설명은 한심하다 못해 경악스럽기까지 하다. 얼마나 메말랐으면 세상을 그렇게 무미건조하게 볼까? 사랑을 주고, 사랑을 받는 사람은 모든 것의 중심이 이런 거로구나 하고 느낀다. 갓 사랑에 빠진 한 쌍이 심각한 의미 위기를 겪는 일은 결코 없다. 상대를 향한 사랑은 하늘을 비단천 삼아 모든 존재를 감싸 안는다. 사랑을 하는 사람은 세상이 존재해서 좋다는 것, 존재 자체가 좋다는 것, "세계는 존재로 충만하다는 것"에 흔쾌히 동의하리라.

기독교의 관점에서 세계를 사랑으로 만족스럽게 바라보는 눈길은 세계 역사가 막을 연 바로 그 순간에 이미 있었다. 창세기에서 신은 창조를 마친 뒤 그 모든 것을 굽어보며 '참으로 좋다'라고 말한다. 존재는 너그러운 신이 베풀어준 선물이다. 신은 모든 것을 차고 넘치게 창조했으며, 그 어떤 것도 홀대하지 않았다. 인간은 누구나 인생을 살며 적어도 한 번은 이런 충만함을 맛본다. 최소한 이런 충만함을 예감한다. 하지만 안타깝게도 이 순간에 세상은 머무르지 않는다.

우리 자신이 에덴에 머물렀던 것은 아닐지라도, 우리는 에덴에서 추방당한 이야기를, 근원적인 신뢰가 무너져버린 까닭을 익히 알고도 남는다. 인생을 살아가며 언젠가 뱀은 그 간특한 혀를 놀리며 우리의 세상이 과연 진리를 중시하는지, 혹시 이 모든 것이 겉만 그럴싸하게 꾸며진 거짓 놀이는 아닌지 의심을 심어주는 통에 우리는 짙은 어둠에 갇히는 경험을 한다. 왜 나만 이렇게 잘 안 풀릴까? 어째서 나는 변변한 기회 한번 잡아보지 못할까? 나의 영혼을 어둠으로 물들이는 의심은 '나는 이 세상에 진정으로 존재할 권리가 없는 게 아닐까?' 하고 고뇌하며 밤을 지새우게 만든다.

너무도
익숙한 파리 _____

샴페인 한 잔? 예, 고맙습니다. 클라아스Claas는 주위를 돌아보았다. 그는 이 자리에 참석한 사람들을 거의 알지 못한다. 클라아스는 이제 막 입사한 신입이니까. 단지 마케팅 부서의 갈색 머리 여자는 어째 좀 낯이 익어 보인다. 사라Sarah라고 했던가? 라운지를 지나가며 그녀는 클라아스를 보며 살짝 윙크한다. 그는 되도록 자연스럽게 보이려 신경 쓰며 무리를 지나 뷔페로 갔다. 날렵한 몸매를 강조한 군청색의 정장은 클라아스를 매우 의젓해 보이게 만든다. 젊은 엔지니어는 이 정도는 입어야지. 하지만 그의 속내는 달랐다. 그는 하나 마나 한 잡담을 무척 싫어한다.

어째 좀 익숙한 상황이다. 그는 연어 샌드위치를 집어 들고 먹었다. 벌써 두 개째다. 한쪽 손은 샴페인 잔을 꽉 잡았다. 저쪽에 클라아스의 직속 상관인 팀장 엥글린Englin이 몇몇 중년 남자들에게 둘러싸여 있다. 커다란 창문으로 도시의 야경이 한눈에 들어온다. 창문 앞에서는 일군의 젊은 직원들이 뭐가 그리 재미있는지 깔깔댄다. 사라도 거기 섞여 있다. 조금 전만 해도 커피머신 옆에 있더니 언제 무리에 섞였을까.

모두 즐거운 표정으로 배경음악의 비트에 맞춰 고개를 까딱인다. 모두 무리를 지었는데, 클라아스만 홀로 뷔페 앞에 서 있다. 담배나 한 대 피울까. 발코니로 나가려 발길을 옮기던 클라아스는 커다란 거울 앞을 지나갔다. 혹시 내 옷차림이 흐트러진 건 아닐까? 나는 이 파티와 어울릴까? 이 무슨 어색한 파티란 말인가? 샴페인 한 잔 더 마시면 기분이 나아질까?

클라아스가 간절히 갈망하는 것은 소속감이다. 그런데 왜 그는 간단하게 사라나 다른 젊은 동료들에게 가서 어울리지 못할까? 추근대는 것처럼 보일까 봐? 엥글린에게 가서 "저도 대화에 동참할 수 있을까요?"하고 솔직하게 물어보면 되지 않을까? 사라와 그 무리에게도 같은 질문은 얼마든지 할 수 있다. 나도 끼면 안 될까? 혼자 있는 게 좀 그래서. 무엇이 그에게 이런 말을 하지 못하게 막을까?

흥미로운 점은 이곳에서 그런 느낌에 시달리는 사람이 클라아스 혼자만은 아니라는 사실이다. 엥글린의 아내 게르트루트Gertrud는 그저 혼자 집에 우두커니 있는 게 싫어서 남편을 따라왔다. 그녀는 값비싼 '에스카다Escada' 드레스를 입고, 진주목걸이를 했다. 그림처럼 아름다운 젊은 여인들 한복판에서 자신의 주름진 피부 탓에 속상한 것을 달래려면 이 정도 치장은 어쩔 수 없었다. 그녀는 직원들이 '저 늙은 아줌마가 여기서 뭘 원하는 거야?' 하고 수군거리는 것 같아 여간 불편한 게 아니었다. 물론 그녀는 자신의 이런 속내를 다른 사람들이 눈치채지 못하도록 남편 옆에 꼭 붙어서 사람들의 대화에 맞장구만 쳤다. 파티 공간을 둘러보던 게르트루트는 사라를 보고 질투가 치솟는 걸 간신히 억눌렀다. 에휴, 나도 한때는 저런 몸매를 가졌었지. 옛날에는 내 얼굴도 주름살 하나 없이 매끈하고 아름다웠는데!

그러나 사라는 자신이 특별히 아름답다고 생각하지 않는다. 사라는 다른 사람들과 대화를 나누는 내내 커다란 벽거울에 비친 자신의 모습을 곁눈질했다. 제발 사람들이 내가 땀을 흘리는 걸 보지 않아야 하는데. 새로 장만한 체취 제거 스프레이를 뿌렸음에도 그녀는 좀처럼 안심이 되지 않았다. 체취 제거 스프레이가 자신이 입은 검은 칵테일드레스에 흰 얼룩을 남겼을까 봐 전전긍긍했다. 광고는 얼룩이 남지 않는다고 했지만. 그녀는 땀 흘리는 게 정말 싫었다.

사실 사라는 그렇게 걱정하고 두려워할 필요가 없었다. 그녀의 땀 냄새는 그리 심하지 않았으니까. 그럼에도 사라는 땀 냄새로 사람들이 거부감을 가질까 봐 노심초사했다. 그만큼 그녀는 동료들과 간절하게 어울리고 싶었다. 남자 친구 카림Karim과의 오랜 관계가 깨진 지금, 절실함은 더욱 컸다. 누군가 자신을 안아주며 괜찮다고, 세상이 무너진 게 아니라고 위로해주기를 간절히 바랐다. 그러나 사라는 이런 속내는 한사코 숨기고 채식주의자가 마시는 소프트드링크를 마시며, 저 스톡홀름의 미친 벤처 회사 이야기를 떠벌였다. 이 스타트업 기업은 단 몇 명의 프로그래머가 설립해 막대한 돈을 벌어들였다고 사라는 능청을 떨었다.

거대한 탑 _____

이런 파티는 독자 여러분에게 어째 익숙하지 않은가? 파티 공간은 본래 서로 결속을 이루기 원하는 사람들로 가득하다. 어디로 가야 할지 방향을 찾지 못하다가 속절없이 나이만 먹어버린 늙은 어린애들, 그냥 길을 물어보면 될 것을 이런 물음을 던질 용기조차 내지 못하는 겁쟁이들은 서로의 주위를 맴돌 뿐이다.

세상에는 이런 파티들로 넘쳐난다. 자신이 누구인지, 어찌해야 자신의 존재 이유를 찾을 수 있을지 고민하지만, 정작 답을 찾는 일은 애써 미루거나 뒷전으로 밀어놓는다. 이들은 내면의 고향을 잃어버린 탓에 다른 사람들의 인정에 목을 맨다. 자신의 자아를 직시하기보다 다른 사람의 정체성을 흉내 내는 쪽으로 도피하는 선택이 주를 이룬다.

성경에서 최초의 인간은 신의 믿음을 잃었을 때, 부끄러움에 무화과 잎으로 자신의 치부를 가렸다. 에덴 신화는 인간이 낙원에서 추방당하는 것으로 끝난다. 맛있는 과실들이 풍성했던 정원 대신 인간은 돌연 엉겅퀴와 가시가 가득한 길, 오해로 얼룩진 길을 걸어야만 했다. 이내 첫 번째 살인이 벌어졌다.

하지만 아담과 하와의 아들과 딸은 다른 인생을 살았으면 하는 꿈을 버릴 수 없었다. 이 꿈을 이루어줄 대형 프로젝트가 절실히 필요했다. 그것이 바로 바벨탑 건설이라는 프로젝트다. 이 이야기는 모든 인간이 똑같은 언어를 쓰던 상황에서 시작한다.

"이에 그들이 동방으로 옮기다가 시날 평지를 만나 거기 거류하며 서로 말하되, 자, 벽돌을 만들어 견고히 굽자 하고 이에 벽돌로 돌을 대신하며 역청으로 진흙을 대신하고 또 말하되, 자, 성읍과 탑을 건설하여 그 탑 꼭대기를 하늘에 닿게 하여 우리 이름을 내고 온 지면에 흩어짐을 면하자 하였더니"(창세기 11장 2~4절)

이 짧은 묘사는 순전히 역사학의 관점에서도 대단히 흥미로운 대목이다. 실제로 인류는 대략 기원전 7천 년경부터 도시를 건설하기 시작했다. 이런 건설 기술의 발달에 결정적 전환점을 마련해준 것은 벽돌과 회반죽의 발명이다. 표면을 매끈하게 다듬은 벽돌로 가장 오래된 것은 메소포타미아에서 출토되었다. 메소포타미아는 창세기가 말하는 바로 그 지역이다. 첫 번째 대규모 주거지의 조성은 인류가 문명의 도약을 이룬 결정적 쾌거였다. 그러나 이 완전히 새로운 기회는 동시에 전혀 새로운 문제들을 불러들였다.[425]

성경은 신이 땅으로 내려와 지어지는 성읍을 보고 못마땅하게 여겼다고 전해준다.

"여호와께서 이르시되 이 무리가 한 족속이요 언어도 하나이므로 이같이 시작하였으니 이 후로는 그 하고자 하는 일을 막을 수 없으리로다."(창세기 11장 6절)

신은 이렇게 말하며 인간의 언어를 혼란스럽게 만들어 서로 이해할 수 없게 했다. 어째서 창세기는 바벨탑 건설을 이처럼 부정적으로 조명할까? 정확히 무엇이 문제였을까?

불신 위에
지어지다 _____

도시를 지으려는 인간의 동기는 충분한 이해가 가고도 남는다. 도시는 뿔뿔이 흩어져 살지 않아도 되는 환경을 제공하니까. 도시를 짓고자 하는 진정한 동기는 결속을 이루고자 하는 갈망이다.

그렇지만 결속을 이루고자 하는 이 의도는 기묘할 정도로 몸집을 키운다. 결속을 이룬다면서 하늘을 찌를 것만 같은 탑은 왜 지으려는 걸까? 히브리어 '샤마짐schamajim'은 하늘을 뜻하기는 하지만, 이는 푸른 상공을 뜻하는 영어의 'sky'가 아니라, 'heaven', 곧 천국이다. 우리 인간은 결속되고자 하는 갈망 외에도 자신의 이름을 널리 알렸으면 하는 명예 욕구를 가지고 있다. 명성은 거의 초인에 가까운 노력을 기울여야만 얻을 수 있는 것이다. 유명하고자 하는 욕구로 인간은 흙을 다져 구운 벽돌을 역시 흙을 반죽한 것을 접합제로 삼아 하나하나 쌓아 올린다. 그런데 이 흙은 성경에 따르면 바로 인간 자신이다. 인간은 흙으로 만들어졌으니까. 물론 흙을 굽고 붙여 쌓는 초인적 노력을 통해서만 인간은 서로 흩어지지 않을 수 있기는 하다. 탑을 쌓는 일은 결속과 명성의 교묘한 접합체인 셈이다.

어쨌거나 이 건설 프로젝트의 근원적인 동기, 곧 결속 욕구의 바탕에는 흩어지면 어쩌나 하는 불안과 두려움이 깔렸다. 이는 곧 낙원에서 쫓겨난 인간이 신을 바라보는 불신과 원망의 표현이기도 하다. 그런데 앞서 인용한 성경 구절에 '동방'이라는 표현이 나온다. 동쪽은 신이 에덴동산을 만들었던 곳이다.

"여호와 하나님이 동방의 에덴에 동산을 창설하시고 그 지으신 사람을 거기 두시니라."(창세기 2장 8절)

동쪽을 뜻하는 히브리어는 또한 시초, 근원이라는 뜻도 가진다. 동쪽은 해가 떠오르는 곳일 뿐만 아니라, 인류 역사의 뿌리가 드리운 곳이기도 하다.

근본으로부터 멀어진 인간은 초인적인 노력으로 실력을 보이고 그렇게 쌓은 명성으로 소속감을 찾고자 안간힘을 쓴다. 바벨탑 이야기는 이렇게 보아야 해석된다. 놀라울 정도로 현대적인 이야기다. 에덴을 잃은 인간이 이런 노력을 기울인 그대로 오늘날의 우리도 명성을 쌓고자 안달하지 않는가? 그런데 왜 신은 바벨탑을 쌓으려는 계획을 실패하게 만들었을까? 인간이 스스로 발달하며, 야망에 찬 목표를 추구하는 것을 눈 뜨고 봐줄 수 없을 정도로 신이 나르시시스트 폭군이라서? 하지만 신은 아담과 하와에게 땅을 경작하고 다스리라고 직접 말하지 않았던가? 그런데 정말 흥미로운 사실은 다양한 언어가 생겨나고 인간들이 지구 곳곳에 흩어져 살게 되면서 많은 좋은 일이 일어났다는 점이다. 인간은 가는 곳마다 마을과 성읍과 도시를 만들어 자손을 낳아 키우며 번성했다. 문화와 언어의 다양성 역시 신이 바벨탑 건설에 간섭해 빚어진 결과다.[426]

시대정신 ＿＿＿＿＿＿＿＿＿＿

그녀의 갈색 머리는 어깨에 닿을 정도였고, 치렁치렁 물결 모양으로 굽이쳤다. 목소리는 어찌나 사근사근한지 감미로운 음악을 듣는 것 같으며, 말을 할 때마다 두 눈은 낙관적인 빛을 반짝였다. 키르슈티네 프라츠Kirstine Fratz는 독일의 미래연구가로 구찌, 페이스북, 바이어스도르프Beiersdorf, 구글, 돌체앤가바나와 같은 대기업들의 컨설팅을 하고 있다. 그녀가 특별한 관심을 기울이는 분야는 이른바 '차이트가이스트Zeitgeist', 곧 '시대정신'이다.

왜 우리는 오늘날 녹색의 바이오 스무디 음료를 시대정신에 맞는 최신 유행이라 여길까? 시금치를 갈아 만든 음료가 좋아서 그런 건 분명 아니리라. 이 유행을 선도하는 것은 크로스핏 운동으로 몸매를 날씬하게 가꾼 여성의 사진이다. 젊게 유지한 피부를 뽐내며 인생을 주도적으로 살겠다는 자신감에 넘치는 여성은 지구를 구하겠다는 의지까지 불태운다. 시대정신은 없는 곳이 없을 정도로 존재감을 뽐낸다.

"시대정신은 성공적인 인생이 어떤 것인지 규정하며, 우리가 이를 위해 무엇을 해야 하는지 방향성을 제시한다. 시대정신은 늘 새롭고 확실한 키워드를 제시하며, 우리에게 성공적인 인생이 무엇인지 말해준다."

키르슈티네 프라츠가 자신의 책《시대정신의 책Buch vom Zeitgeist》에 써놓은 문장이다.[427]

프라츠는 '시대정신의 승자'라고 자신이 표현한 사람들의 인생을 집중적으로 연구해왔다. 모델 에이전시 소유자, 막대한 재산 상속자, 전 세계적인 체인망을 자랑하는 레스토랑 주인 등 모두 돈과 권력을 자랑하며 성공과 아름다움을 선물받은 인물들이다. 프라츠는 이비사, 파리, 뉴욕, 마라케시 등지로 엄선한 사람만 초대받는 파티와 럭셔리 이벤트를 찾아다녔다. 그녀가 내린 냉철한 결론이 흥미롭다. 그 사람들은 부족한 거 하나 없이 모두 가졌지만, 가장 강렬하게 갈망하는 뭔가가 채워지지 않아 힘들어했다. 여행을 다닐수록, 소비를 할수록, 성공을 이룰수록, 그들은 더 큰 공허함 탓에 괴로워했다.

"이들은 레드와인으로, 신경안정제로 스스로를 마비시킨다. 사람들은 이들의 얼굴에서 인간다움이 사라지고, 뭔가 동물적인 것이, 부분적으로 완전히 고삐 풀린 어떤 것이 마수를 드러내는 걸 보았다."[428]

그녀는 시대정신에 속았다는 결론을 내렸다. 시대정신은 은혜로운 삶을 살게 해주겠다는 약속에 지나지 않는다. 시대정신은 전체를 맛보고 싶다는 인간의 갈망 탓에 생겨난다. 늘 다시금 새로운 것을 감행하게 만드는 결정적 동기는 이런 갈망이다. 그러나 간절히 원했던 귀향을 시대정신은 선물하지 못한다.

프라츠가 이해한 시대정신에서 흥미로운 점은 그녀는 그저 순진하게 발전을 낙관하는 게 아니라는 사실이다. 그녀는 "옛날이 훨씬 더 나았어."라는 식의 패기라고는 없는 퇴행적 태도 역시 철저히 경계한다. 패기를 자랑하는 젊음이든 과거만 그리워하는 늙은이든 모두 시대정신의 자식이다. 바로 그래서 프라츠는 시대정신 연구의 핵심이야말로 "세상에서 벌어지는 모든 일들 안에 깊숙이 숨은 인간의 본래적 갈망, 오랫동안 잊혔던 갈망을 읽어내고 이를 온전히 되살려내야 하는 것"이라고 보았다. 세상에서 벌어지는 일은 그게 어떤 것이든 이해해야만 할 속내를 가지기 때문이다.

우리는 자신의 인생이나 사랑하는 사람을 보며 더 나은 쪽으로 발전이 이뤄질 거라는 낙관적 태도를 가지는 반면, 시대정신의 분석에서는 성급하게 비관주의에 사로잡힌다. 우리는 언제나 미래보다는 과거가 더 좋았다는 생각을 한다. 그 과거를 현재로 살아낼 때는 힘들었으면서도 돌아보는 과거는 늘 좋게만 보인다. 이유야 간단하다. 과거는 익히 아는 것이지만 미래는 전혀 모르니까. 과거를 되돌아보는 눈길은 새로운 유행과 흐름을 순진하고 무비판적으로 받아들이지 않게 해주는 귀중한 분석 방법을 제공한다. 그러나 인간의 근원적인 갈망을 이해하기 위해서는 새로운 흐름을 너그러운 마음으로 받아들일 줄 아는 자세가 반드시 필요하다. 프라츠는 이런 마음가짐을 "발전을 너그러이 보는 관용"이라 불렀다. 시대정신의 발전이 혼란만 야기할지라도, 대개는 반대의 흐름이 이미 나타나게 마련이다.

"사람들이 입에 달다시피 하는 '형편없는 세상'이라는 비난은 새롭게 꿈틀대는 시대정신의 조짐이 이 형편없고 못된 세상을 더 낫게 바꾸려는 갈망에서 생겨난다는 점을 무시한다."[429]

암울한 미래를 그린 디스토피아 드라마 〈다크〉, 〈블랙 미러〉, 또는 2020년에 방영된 〈바이오해커스〉 역시 이런 갈망을 읽어내지 못하는 탓에 비관적이다. 구석구석 차분하게 살필 여유를 주지 않고 디스토피아라는 방향으로만 밀어붙인 것이 이런 드라마다. 하지만 실제 세상일은 결코 한 방향으로만 나아가지 않는다. 인류가 인공지능과 로봇을 연구하는 것과 동시에 '인간적'으로 남았으면 하는 미래에 대한 갈망이 커지는 것이다. 결국 디스토피아가 아닌 다른 미래가 올 가능성을 믿지 않았다면 그런 시리즈는 만들어지지도 않았으리라. 우리의 갈망은 미래를 감지하려는 감각기관과도 같다.

세상은
새로워진다 _____

동식물은 유전자와 환경적 요인으로 미리 결정되는 반면, 인간은 진정으로 새로운 것을 이끌어낼 능력을 가졌다. 이 능력을 우리는 정신이라고 한다. 정신은 신비롭게도 능동적인 동시에 수동적이다. 우리가 쓰는 언어가 그 좋은 증거다.

예를 들어 어떤 새로운 기술이 발명될 때 결정적인 역할을 한 아이디어를 두고 우리는 머릿속에 번갯불이 번쩍했다고 표현한다. 두 눈 앞에 번쩍 보였다고 하는가 하면 하늘로부터 뚝 떨어졌다고도 한다. 무엇인가 신묘한 힘으로부터 부여받듯 아이디어를 얻었다고 하는가 하면, 자발적으로 솟아나는 영감(정신이 불어넣어주는 숨결)의 감격을 이야기하기도 한다. 이 모든 것이 수동적이며 능동적인 정신의 특성을 확인해주는 언어 표현이다. 이런 표현은 뭔가 새로운 것을 만들어내는 창의적 과정이 적극적 만듦뿐만 아니라, 수동적 받아들임이기도 하다는 점을 강조한다.[430]

인류가 바벨탑 건설과 같은 어리석은 일을 벌일 때조차 정신은 은밀하게 새로운 것을 준비한다. 신학은 이런 이치를 두고 '거룩한 은총의 역사'라 부르며, 생명에 봉사해주는 선한 힘을 '성령', 곧 '거룩한 정신'이라 표현한다. 성경에서 성령은 태초부터 인간이 혼돈에 빠지지 않게 힘을 발휘했다.

바벨탑 건설이 수포로 돌아간 직후 새로운 역사가 일어났다. 어떤 남자는 새로운 땅을 발견해야 한다는 신의 소명을 받았다. 그의 이름은 큰 아버지를 뜻하는 '아브람Abram'이다. 아브람은 세상에 뿔뿔이 흩어져 사는 부족들을 이 구원의 새로운 땅으로 이끌어 통합하고자 했다. 단 하나의 선제 조건은 믿음이다. 서로를 믿는 근원적인 신뢰를 바탕으로 생명을 키우는 문화를 일구고자 아브람은 자신의 이름을 그날부터 아브라함이라 바꾸고 새로운 민족의 시조가 되었다. 이 새로운 문화는 다른 민족의 풍습과 철저히 구분되어야만 한다. 아브라함은 이 문화의 기초를 '믿음(신뢰)'이라고 강조했다.

인간이 정신의 좋은 힘을 발휘하려 노력할 때 새로운 것이 생겨난다. 심지어 바벨이 무너진 뒤 인간이 엄두도 내지 못했던 일조차 정신의 힘으로 가능해졌다. 신약성경은 인류 전체가 성령의 구원을 받는 역사를 이야기한다. 전혀 다른 언어를 쓰던 사람들이 성령강림절에 돌연 서로의 말을 이해할 수 있게 되었다. 언어가 달라 도대체 무슨 말을 하는지 알 수 없었던 답답함은 성령의 역사로 소통과 결속으로 바뀌었다. 하늘을 찌를 것처럼 과대망상에 사로잡힌 바벨탑 건설로 해낼 수 없었던 것이 이제 위로부터 선물로 주어졌다.

문제의
심장 _____

　무엇이 결속과 의미와 아름다움을 길어 올릴까? 어떻게 해야
세상은 인간다운 곳으로 남을 수 있을까? 지금까지 이 책이 묘사
해온 철학사와 예술사, 모든 혁신 기술, 문화 발달과 이데올로기
는 더 나은 세상을 향한 갈망에서 비롯된 것이다. 이것들은 모두
우리가 인생을 어떻게 살아야 좋을까 하는 물음의 답을 찾아보려
는 시도의 산물이다. 그러나 이 모든 답은 피상적일 수밖에 없는
해결책이다. 바벨탑처럼 인간은 동원할 수 있는 모든 실력, 드높
은 목표, 집단의 노력으로 문제를 해결하려 시도한다. 그러나 문
제는 훨씬 더 깊게 뿌리를 드리웠다. 당시 에덴에서 벌어진 일은
인간의 가장 깊은 내면을 뒤흔들었다. 그리고 어떤 정치 시스템
도 이 상처를 치유해줄 수 없었다.

문제의 핵심은 바로 심장에 있다. 그래서 치유는 정확히 심장을 어루만지는 것부터 시작해야만 한다.

세상의 종교들은 이 물음에 저마다 다른 답을 내놓는다. 심리학은 지그문트 프로이트 이래 영혼의 아픔은 그 뿌리가 무엇인지 살피는 장기적인 안목으로만 치유할 수 있다고 보았다. 인간의 가슴속 깊이 뿌리를 드리운 갈등을 조명해야만 비로소 아픔은 사라질 수 있다. 세계를 더 나은 곳으로 바꾸려는 기독교 이론 역시 비슷한 관점을 가진다. 기독교는 인간이 품은 근본 문제를 불신에서 찾는다. 인간은 결속과 의미와 아름다움을 갈망하면서도 서로 믿지 못하며, 무엇보다도 신을 우러르는 믿음을 잃어버린 탓에 이 모든 것의 원천과 단절되고 말았다. 이런 깊은 분열로 인간은 계속해서 새로운 분열을 일으키면서 새로운 무의미함과 아름다움의 파괴를 밀어붙여 왔다.

어떤 섬을 정복하든 인간은 그곳에 바이러스와 병원체를 함께 가지고 갔다. 마찬가지로 우리는 불신으로 얼룩진 태도, 오로지 자신의 이해관계만 따지는 태도로 인간이 새롭게 꾸며본 모든 유토피아를 망가뜨렸다. 불신으로 오로지 자신의 욕심만 채우려는 이런 파괴적인 힘을 성경은 죄악이라 부른다. 그리고 죄악은 인간의 생태계를 무차별적으로 훼손했다. 거짓과 혐오로 세상은 결속을 이루지 못하고 갈가리 찢겨버렸다. 생태계의 훼손은 세상을 독으로 물들인다. 그 결과는 가히 치명적이다.

두 번째
어린 시절 _____

《행복한 어린 시절을 누리기에 늦은 때란 결코 없다It's Never Too Late to Have a Happy Childhood》는 핀란드의 정신과 전문의 벤 퍼먼Ben Furman이 펴낸 베스트셀러다. 실제로 어린 시절에 입은 상처를 치유해주는 다양한 심리 치료 방법은 보란 듯 성공을 거둔다. 우리는 직관적으로 내면의 귀향, 우리가 그토록 갈망하는 귀향이 어린 시절과 깊은 관련을 가졌음을 안다. 아이들은 모든 문제를 머리로만 풀 수 없다는 점을 안다. 아이들은 실력이나 능력, 소유 또는 지식으로 뽐내는 일이 결코 없다. 아이들은 존재 그 자체로 생명의 기쁨을 누린다.

내 인생에서 가장 가슴 벅찬 만남은 철학자 페르디난트 울리히Ferdinand Ulrich와의 만남이다. 그와 얼굴을 맞대고 대화를 나눌 당시 그는 매우 연로한 노인이었다. 결국 2020년 그는 하늘의 부름을 받았다. 비록 단 한 번 만났을 뿐임에도 나는 그의 차분하면서 선량한 눈빛을 잊을 수가 없다.

마르틴 하이데거와 마찬가지로 울리히 역시 존재 문제를 천착하며 일생을 보냈다. 그러나 울리히는 하이데거와는 전혀 다른 결론에 도달했다.

"모든 존재는 사랑이다."

울리히의 철학은 이 한마디로 집약된다. 모든 것이 좋다는 말이 아니다. 존재는 실력이나 평가에 앞서 우리에게 순수하게 주어진 선물, 누구도 이를 받을 어떤 업적이나 공로를 쌓지 않았음에도 값없이 주어진 대단히 너그러운 선물이라고 울리히는 강조한다.[431] 그가 가장 중시하는 것은 인간의 어린 시절이다. 자신의 어린 시절을 긍정하고 받아들일 수 있는 사람만이 존재를 온전히 누릴 수 있다. 존재의 핵심 원리는 이미 어린 시절에 우리가 환히 알던 것이다. 아이는 놀이를 즐기며 춤을 춘다. 아무 이유 없이. 아이는 자신의 생존권을 확보하려고 안간힘을 쓰지 않는다. 아이는 남자와 여자가 서로 사랑을 나누어 생겨난다. 아이는 순수한 선물이다.[432]

치료를 통해 자신의 어린 시절과 직면해야 하는 사람은 피할 수 없이 부모와의 기억을 떠올려야만 한다. 좋은 쪽이든 나쁜 쪽이든. 부모는 나를 정말 사랑했을까? 얼마나, 어떻게 사랑했을까? 이런 물음들의 답은 아이가 어른이 되어 타인과 신뢰를 쌓을 수 있는지, 자신감을 가지고 자율적으로 인생을 살아갈 수 있는지를 판명할 수 있게 해준다. 완벽한 부모를 가진 사람은 아무도 없기 때문에 인간은 누구나 감정적 결함을 가지게 마련이다. 이런 이치는 우리의 부모 세대도 마찬가지이며, 조부모, 증조부모, 아무튼 모든 세대의 누구에게나 적용된다. 저 에덴의 신화가 들려주는 인류의 신비로운 시작 이후 인간은 누구나 어린 시절의 상처를 안고 살아간다.

이 상처로부터 불신이, 건강하지 않은 생활습관이, 갈수록 심해지는 분열이 자라난다. 이런 이치 역시 모든 사람에게 똑같이 작용한다.

어떻게 해야 어린 시절의 상처가 치유될 수 있는지 성경은 감동적이면서도 해석이 아리송한 그림을 보여준다. 창조주가 스스로 아이가 되는 것이 이 그림이다. 과연 이 그림은 어떻게 해석해야 좋을까? 나사렛 예수의 메시지는 우리 인간에게 두 번째 어린 시절을 선물하려는 게 아닐까? 예수의 메시지는 당시의 철학과 종교와 완전히 달랐다. 예수는 하느님 아버지의 품으로 돌아오라고, 우주의 창조주는 가장 완벽한 부모보다도 더 큰 사랑을 베풀어주는 아버지라고, 귀향을 해보는 게 어떻겠냐고 우리에게 권고한다. 하지만 아버지의 품으로 돌아오기 위해 인간은 우선 그 옛길을 철저히 버려야만 한다. 탕아는 일단 백기 투항해야만 한다. 죽음을 각오할 때 부활의 기회가 주어진다.

분열과 거짓과 파렴치의 세상에서 결속과 의미와 아름다움을 찬미하며 그 소중함을 전파하고 다니는 사람은 박수갈채만 받는 게 아니다. 예수는 그에 앞선 소크라테스가 그랬듯 사형을 선고받는 혹독한 시련을 겪었다. 하지만 소크라테스와는 다르게 예수는 무덤에 남지 않았다. 기독교의 관점에서 예수의 죽음과 부활은 새롭게 거듭나야 한다는 호소다. 이로써 실제로 모든 것은 새로워진다.

위대한
초기화 _____

　새롭게 거듭나는 일이 정확히 어떻게 해야 이뤄질 수 있을지 신학자들은 여러 과감한 이론으로 설명하려 시도했다. 그림처럼 선명하게 보여주기 위해 든 대표적 사례는 체르노빌 원자력발전소의 충격적인 사건에서 방사능으로 오염된 원자로에 올라가 더 심각한 피해를 막고자 자신을 희생한 러시아 소방관의 영웅적인 행동이다. 생태계가 무너질 때 그것이 얼마나 치명적인지 이보다 더 잘 보여주는 예는 없다. 소방관이 자신의 목숨을 거는 모험을 하지 않았다면, 파국은 훨씬 더 심각해졌으리라. 더없이 심각한 오염 현장에서 소방관들이 목숨을 던졌기에 수많은 사람들이 구조될 수 있었다.

　신약성경이 묘사하는 예수의 죽음과 부활은 바로 이런 이치를 담아낸 게 아닐까.

어떤 상처를 가졌는지 드러내주는 심리 치료는 불신이라는 독이 가진 힘을 해독하는 역할을 한다. 치료가 성공하기 위해서는 상처가 빚어진 원인에 자신의 책임도 일정 부분 있다는 점을 인정하는 자세가 꼭 필요하다. 솔제니친이 깨달았듯 선과 악 사이의 유동적인 경계는 바로 인간의 심장이 만든다. 선과 악을 분명하게 갈라보겠다는 다짐과 이에 따른 책임을 감당할 때 인간은 비로소 자기 자신과 타인과의 결속을 이뤄낼 능력을 가진다.

이런 능력을 키울 때 길이 다시 열린다. 예수가 새로운 탄생을 이야기하는 뜻은 이런 깨달음을 강조하기 위함이리라. 다시 어린 시절로 돌아가 아버지와 허심탄회한 대화를 나눌 때 우리는 다시 오롯이 존재할 수 있다.

에덴 2.0

인생 이력서에 담기는 것은 대개 겉모양만 알려주는 자료다. 어떤 학교를 나왔고, 무슨 공부를 했으며 직업은 무엇인지 하는 것이 그런 자료다. 그러나 훨씬 더 중요한 것은 그 사람이 어떤 인품을 가졌는지, 이런 내면의 발달을 위해 어떤 길을 걸어왔는지다. 지난 몇십 년 동안 내가 걸어온 길을 한마디로 담아낸다면 이렇게 표현하리라. 천천히 그러나 꾸준히 집으로 돌아가는 길을 걸어왔다. 때로 돌아가기도 하고 때로 후퇴하는 경우도 없지 않았지만, 목적지만큼은 분명했다. 얼마나 가까이 갔는지는 주변 사람들이 더 잘 알아본다. 내 아들 사무엘Samuel은 정확히 무엇 때문인지 꼬집어 말할 수는 없지만 내가 예전보다 훨씬 더 차분해졌다고 말한다. 마치 예전에 어깨에 졌던 짐을 이제는 내려놓은 것처럼 홀가분해 보인다고 아들은 말했다. 그때는 내가 넉 달 동안 일체의 일을 내려놓고 안식을 위한 시간을 가진 뒤였다. 처음에는 강연이나 토론, 그리고 소셜네트워크 활동이 그립고 아쉬울 거 같아 걱정했었다. 그러나 넉 달 뒤 나는 이 모든 것이 필요하지 않다는 것을 느꼈다. 숲속을 오래 산책하는 동안 내 안에서는 간명한 진리가 갈수록 더 깊어졌다. 존재할 수 있다는 것, 이는 정말 큰 축복이다. 또는 불과 몇 년 전 딸 안나는 나에게 예전에는 아빠와 자신 사이에 뭔지 정확히는 모르지만 벽 같은 게 있었는데, 이제는 그 벽이 느껴지지 않는다고 말했다. 이 말은 내가 지금껏 들어온 것 가운데 가장 소중한 기쁨을 선물했다.

고향으로 돌아온다. 하지만 무슨 향수에 젖어 역사의 시곗바늘을 돌리자는 말이 아니다. 에덴보다 더 좋은 것은 분명 존재한다. 역사의 길이 뒤로 돌아가는 퇴행일 수는 없다. 정신은 새로운 것을 이끌어내려 진력하는 사람들과 함께한다. 그리고 이런 노력의 매 순간마다 정신은 구체적인 모습을 얻는다. 인간이 늘 다시금 새로운, 보다 더 요란한 바벨탑을 세우려 하는 반면, 이와 나란히 진정으로 새로운 것, 다른 무엇이 생겨난다.

예수는 아버지의 집에 거할 곳이 많다고 말한다(요한복음 14장 2절). 성경의 말미에는 이 오랜 낙원보다 더 좋은 곳이 등장한다. 생명의 나무들이 울창하며, 크리스털처럼 투명한 물이 흐르는 도시가 그곳이다. 이 아름다운 곳은 도시인 동시에 정원이다. 말하자면 '에덴 2.0'이랄까. 이 도시는 인간이 안간힘으로 세운 곳이 아니라 하늘이 베풀어준 곳, 곧 선물이다. 오늘날 우리의 세계에서 더없이 절실하게 필요한 선물이다. 우리는 심장이 약동하는 생태의 길을 닦아야만 한다. 이것은 우리의 의무다. 그리고 우리는 이 길을 닦을 수 있다. 생명의 정신으로 충만한 사람들이 이 도시 정원에 길을 열어줄 것이다. 결속과 의미와 아름다움의 문화를 가꾸어라. 그곳에서 흐르는 생명수가 위협받는 인간의 생태계를 회복시켜 주리라. 이 문화는 바로 우리가 살기 원하는 바로 그것이기 때문에 매우 친숙한 느낌을 줄 것이다. 이 문화는 우리의 고향인 에덴에서 생겨났으며, 우리를 기다리는 도시의 문화다. 나의 창의적인 친구들과 흥겨운 파티를 벌이며 우리는 이 문화의 이름을 떠올렸다.

'에덴 컬처.'

2052년 11월 12일 요나스는 원목으로 만든 육중한 현관문 앞에 다시 섰다. 문이 열린 틈새를 통해 따뜻한 빛이 흘러나온다. 안에서는 사람들이 음악을 틀어놓고 춤을 추며 모두 즐거운 표정을 짓는다. 에티 힐레숨이 있으며, 알프레트 델프도 보이지만, 대개 전혀 알지 못하는 얼굴이다. 그럼에도 왜 고향에 돌아온 것처럼 느껴질까? 그 불에 탄 자동차들, 군복 입은 남자들, 방사능으로 오염된 지역은 어디로 갔을까? 이 모든 것이 그저 꿈이었나? 돌연 누군가 그의 이름을 불렀다. 현관문이 활짝 열렸다.

기묘하게도 매우 친숙한 목소리다. 그는 이 목소리를 알았다. 마치 우주가 존재하기도 전에 알았던 것만 같은 친숙한 목소리가 그의 이름을 불렀다.
"미래에 오신 걸 환영합니다."
노래를 부르듯 목소리는 경쾌한 울림을 냈다.
미래에 온 것을 환영한다고?

감사의 말

●

다양한 연구 분야를 다루는 책은 각 분야 전문가들의 도움이 없이는 세상의 빛을 보기 힘들다. 트랜스휴머니즘과 관련한 문의에 자세한 답을 준 올리버 뒤르Oliver Duerr 박사, 인간 진화를 친절히 설명해준 에머리히 줌저Emmerich Sumser 박사에게 깊은 감사를 드린다. 크리스티안 바흐만Christian Bachmann 교수는 결속 연구와 관련한 학술적 자문을 아끼지 않았으며, 프리데가르트 바르켄틴Friedegard Warkentin과 요헨 폰 발러르트Jochen von Wahlert 박사는 정신의학의 관점에서 도움을 베풀어주었다. 알프리트 렝글레Alfried Längle 박사는 의미를 다룬 장을 쓸 때, 안나 필립Anna Philipp과 테레사 가타르스키Theresa Gatarski 박사는 예술사와 관련해 각각 자문해주었다. 마지막 장을 쓸 수 있게 자극을 준 키르슈티네 프라츠에게 고마운 마음을 전한다. 오랜 동안 대화를 나누어준 슈테판 오스터Stefan Oster와 존경하는 스승님 페르디난트 울리히 교수에게 깊은 감사를 드린다. 이 책은 평소 모험소설을 즐겨 쓰는 크리스토프 디테르트Christoph Dittert의 정성 어린 편집이 아니었다면 지금처럼 매끄럽게 읽히지 않았으리라. 뛰어난 시각적 디자인을 해준 톰 루포Tom Lupo에게도 고마움을 전한다.

'edenculture.de'의 내 친구들, 함께 길을 가며 상상의 공간을 마음껏 펼쳐내며 새로운 내일을 감지할 수 있게 도와준 친구들에게 특별히 고마운 마음을 전한다.

주석

●

인터넷에서 끌어온 모든 인용문은 2021년 8월 11일에 열어본 것이다.

1   오비디우스, 《변신 이야기》, pp.89~101; https://lateinon.de/uebersetzungen/ovid/metamorphosen/goldenes-zeitalter-89-112

2   제바스티안 슈빅커(Sebastian Schwiecker), "개발 지원은 헛수고일 뿐이다(Entwicklungshilfe bringt doch nichts...)", 효과적으로 기부하기(Effektiv Spenden Org.); https://www.effektiv-spenden.org/spenden-tipps/entwicklungshilfe-bringt-doch-nichts 빈민은 갈수록 줄어든다는 뜻이다. 절대빈곤의 감소와 더불어 글로벌 중산층이 형성되었다. 세계은행은 중산층을 국경의 차이를 넘어서서 하루에 11달러에서 110달러의 수입을 올리는 계층이라고 정의한다(2011년 구매력 기준). 미국 싱크탱크 브루킹스 연구소(Brookings Institution)는 2018년 9월을 일종의 티핑포인트(Tipping Point)라고 계산했다. 이는 곧 세계 인구의 절반이 부유층이거나 중산층이며, 나머지 절반은 중하층 또는 빈민층으로 나뉘는 시점이 2018년 9월이라는 진단이다. 브루킹스 연구소는 이런 경향, 곧 빈곤층을 벗어나 중산층으로 올라서는 경향이 지속된다고 보았다.; https://www.brookings.edu/blog/future-development/2018/09/27/a-global-tipping-point-half-the-world-is-now-middle-class-or-wealthier

3   다음 자료들을 참조할 것. Rosling, Hans, *Factfulness*(Berlin, Ullstein, 2019). Ridley, Matt, *The rational optimist*(New York, HarperCollins, 2011). Pinker, Steven, *Enlightenment now*(London, Penguin, 2018).

4   Easterbrook, Gregg, *The Progress Paradox: How Life Gets Better While People Feel Worse*(New York, Random House, 2003), p.163.

5   DAK-Gesundheit, "심리 질환으로 인한 근무수행불능 상태"(2019. 2); https://www.dak.de/dak/download/folien-2335938.pdf

6   로베르트 코흐 연구소가 2020년에 발간한 《건강 모니터링 저널(Journal of Health Monitoring)》의 13쪽에 발표한 내용; https://www.rki.de/DE/Content/

Gesundheitsmonitoring/JoHM/2020/JoHM_Inhalt_20_03.html

7   Konrath, Sara H.(et al.), "Changes in Dispositional Empathy in American College Students Over Time: A Meta-Analysis", *Personality and Social Psychology Review*, *15*(2011), pp.180~198.

8   2018년 9월 7일 조 로건이 일론 머스크와 나눈 대담: https://www.youtube.com/watch?v=ycPr5-27vSI

9   Precht, Richard David, *Künstliche Intelligenz und der Sinn des Lebens*(München, Goldmann, 2020).

10 프레히트의 철저할 정도로 부정적인 관점에 반론이 없는 것은 아니다. 인공지능 연구는 다양한 분야에서 적지 않은 성과를 선보이기 때문이다. 이를테면 독일의 '막스 플랑크 연구소 지능 체계 분과'는 뢴트겐 현미경에 적용할 수 있는 인공물질 렌즈를 개발해냈다. 이 렌즈는 실시간으로 주변의 밝기에 자동으로 적응해 광학현미경보다 훨씬 더 높은 해상도를 제공한다.; https://www.cicero.de/kultur/richard-david-precht-buch-kuenstliche-intelligenz

11 자본주의야말로 인공지능 개발 열풍을 부추기는 힘이라고 프레히트 역시 진단한다. 그의 이런 견해에는 많은 사람들이 동의하리라. 이 비판에서 가장 과격한 목소리를 내는 사람은 스위스 사회학자이자 유엔 특별 조사관을 역임한 장 지글러(Jean Ziegler)다. 그는 오로지 자본주의를 극복해야만 인류를 구원할 수 있다고 본다.[Jean Ziegler, *Le capitalisme explique a ma petite-fille: En esperant qu'elle en verra la fin*(éd. Seuil, 2018) 국내 번역본은 《왜 세계의 가난은 사라지지 않는가》이다.] 지글러의 논제 역시 반론이 없는 것은 아니다(특히 공산주의 독재자들에게 보이는 호감 탓에). 사회주의 국가들의 역사도 성공 모델이라고 보기는 힘들다. 대중적 인기를 누리는 철학자 찰스 아이젠스타인(Charles Eisenstein)의 주장은 더욱 신비한 분위기를 자아낸다. 그는 '인간의 르네상스'를 희망한다며, 심지어 자신이 쓴 책의 제목을 《우리의 심장이 아는 더 아름다운 세상은 가능하다(The more beautiful world our hearts know is possible)》(2013)라고 지었다. 하지만 아이젠스타인 역시 문제의 해결책보다는 분석이 더 큰 설득력을 자랑한다. 결국 아이젠스타인도 발전을 바라보는 회의적 태도와 자연 낭만주의, 그리고 탐욕의 극복만 언급할 뿐이다.

12 이 운동은 다음 웹사이트를 참조할 것: https://www.degrowth.info/de/degrowth-de

13 Habermas, Jürgen, *Auch eine Geschichte der Philosophie I*(Frankfurt a. M., Suhrkamp,

2019), p.174.

14 Rosa, Hartmut, *Resonanz*(Frankfurt a. M., Suhrkamp, 2019), p.520.

15 위의 책, p.19.

16 Adorno, Theodor W./Horkheimer, Max, *Dialektik der Aufklärung*(Frankfurt a. M., Fischer, 1988), p.5.

17 1970년은 유럽 자연보호의 해를 정해 지키기로 결정한 때다. 이는 유럽 전역을 상대로 벌인 최초의 환경보호운동이다. 1972년 로마 클럽(Club of Rome)이 인류의 미래를 다루어 나중에 유명해진 보고서 〈성장의 한계〉를 발표한 것은 이런 종류의 역사 고찰로는 최초로 이뤄진 사건이다. 이후 사정은 철저히 달라졌다. 그동안 환경보호를 표방한 녹색당은 젊은 유권자들 사이에 강한 영향력을 자랑했고, 원자력발전을 포기하기로 한 결정이 내려진 지도 벌써 10년이 흘렀다.

18 Scheer, Ursula, "Kinder oder Klima", *Frankfurter Allgemeine Zeitung*(2019. 8. 2); https://www.faz.net/aktuell/feuilleton/medien/prinz-harry-will-der-umwelt-zuliebe-hoechstenszwei-kinder-haben-16313566.html

19 Extinction Rebellion Deutschland; https://extinctionrebellion.de 본문에 인용된 문구는 독일 지부의 홈페이지에만 걸려 있다.

20 Schumann, Kathrin, *Glück kann man pflanzen*(München, Gräfe und Unzer, 2020), p.9f.

21 Klanten, Robert(hg.), *The New Traditional*(Berlin, Beside Media, 2020), p.250. "We are observing a cultural return to the values of an agricultural system in which all living organisms exist in symbiosis."

22 SHIFT GmbH; https://www.shiftphones.com

23 Falk, John/Balling, John, "Evolutionary Influence on Human Landscape Preference"; https://journals.sagepub.com/doi/abs/10.1177/0013916509341244

24 Oppenheimer, Steven, *Out of Eden*(London, Robinson, 2003), p.347. "Y염색체와 'mtDNA' 양쪽의 유전자 나무는 모든 현대 인간들의 공통된 조상이 최소한 20만 년 전으로 거슬러 올라가며, 10만 년 전에 아프리카를 떠나 이주했음을 명확히 보여준다." 이른바 '아프리카 출신 이론'은 논란의 여지가 없는 것은 아니다. 2016년에 쓰인 다음 기사는 현재 벌어지는 논의의 대강을 일목요연하게 정리해놓았다. López, Saioa/van Dorp, Lucy/Hellenthal, Garrett, "Human Dispersal Out of Africa:

A Lasting Debate"; https://www.ncbi.nlm.nih.gov/pmc/articles/PMC4844272

25 Schaik, Carel van/Michel, Kai, *Das Tagebuch der Menschheit*(Reinbek bei Hamburg, Rowohlt, 2016).

26 위의 책, p.487. 독일 생물학 교수 알로이스 P. 휘터만(Aloys P. Hüttermann) 역시 구약성경은 그 본래적인 생물적 환경에서 인간이 어떤 삶을 꾸려가는지 매우 정확한 지식을 담았다고 본다. 자신의 아들이자 생화학자인 알로이스 H. 휘터만(Aloys H. Hüttermann)과 함께 그가 쓴 책의 제목은《태초에 생태가 있었다(Am Anfang war die Ökologie)》이다. 국내 번역본은《성서 속의 생태학》이다.

27 Fränkel, Hermann, *Dichtung und Philosophie des frühen Griechentums*(München, C. H. Beck, 1993), p.542.

28 Gehlen, Arnold, *Der Mensch*(Wiesbaden, Aula, 1995), p.9.

29 이를테면 수컷 보노보는 집중적인 훈련을 받아 3천 개의 단어를 이해할 수 있으며, 회색 앵무새 알렉스(Alex)는 100개 이상의 물건 이름을 부르고, 숫자를 10까지 헤아릴 수 있다. 그러나 인간의 언어능력은 동물의 그것과 확연히 다르다. 어린아이는 자발적으로 혼자서도 언어를 말하기 시작하기 때문이다. Morell, Virginia, "Inside Animal Minds", *National Geographic Magazine*(2008).

30 인간의 언어능력은 '공유된 지향성(shared intentionality)'이라는 개념으로 불린다. Tomasello, Michael/Carpenter, Malinda/Call, Josep/Behne, Tanya/Moll, Henrike, "Understanding and sharing intentions: The origins of cultural cognition"; https://www.cambridge.org/core/journals/behavioral-and-brain-sciences/article/abs/understanding-and-sharing-intentions-the-origins-of-cultural-cognition/F9C40BF73A68B30B8EB713F2F947F7E2

31 윤리와 종교의 발생을 진화론이라는 패러다임으로 설명할 수 있을까? 그 가능성과 한계를 다룬 자료는 다음을 참조할 것. Sumser, Emmerich, *Evolution der Ethik*(Berlin/Boston, de Gruyter, 2016).

32 Scruton, Roger, *On Human Nature*(Princeton/Oxford, Oxford University Press, 2017), p.19.

33 Oppenheimer, *Out of Eden*, p.122.

34 듀튼은 이렇게 보는 근거로 석기시대 사람들이 아주 힘들게 세웠을 게 틀림없는 등신대 바위를 내세운다. 대칭형을 자랑하는 이 바위는 그저 감상하려는 목적 외

에는 아무 쓸모가 없다. Dutton, Dennis, "A Darwinian Theory of Beauty"(TED 2010, Long Beach, CA, 2010. 2. 12); https://www.ted.com/talks/denis_dutton_a_darwinian_theory_of_beauty

35 Oppenheimer, p.120.

36 다윈이 히틀러와 직접적으로 연결된다는 주장으로 논란을 촉발시킨 책으로는 다음의 것이 있다. Weikart, Richard, *From Darwin to Hitler: Evolutionary Ethics, Eugenics and Racism in Germany*(Basingstoke, Palgrave Macmillan, 2006).

37 이를테면 《선과 악의 피안(Jenseits von Gut und Böse)》 62쪽에 다음과 같은 문장이 나온다. "인간은 다른 동물 종과 마찬가지로 장애, 질병, 기형, 쇠약함으로 고통받는 많은 개체를 가진다. 성공적으로 발달한 인간은 언제나 예외이며, 심지어 인간은 '아직 완성되지 않은 동물'이라는 점을 고려하면 극히 드문 예외다."[Nietzsche, Friedrich, "Sämtliche Werke. Kritische Studienausgabe in 15 Bänden", hg. Giorgio Colli/Mazzino Montinari(München/Berlin/New York, dtv/de Gruyter, 1980), Bd. 5, p.81]

38 다윈이 니체에게 미친 영향과 두 사람의 이론 사이에 어떤 관계가 성립하는지 하는 문제는 매우 복잡하다. 이 문제를 생각하는 데 도움을 주는 자료는 다음의 것이다. Choung, Dong-Ho, "Nietzsches Auseinandersetzung mit dem Darwinistischen Evolutionismus in seinem Bemühen um die Gewinnung eines neuen Menschenbildes"(Diss.)(Freiburg i. Br., 1980); https://www.freidok.uni-freiburg.de/fedora/objects/freidok:1212/datastreams/FILE1/content

39 Marx-Engels Werke, Bd. 19(Berlin, Dietz, 1962), p.335.

40 Chesteron, Gilbert K., *Orthodoxie*(Kißlegg, 2. 2011), p.268.

41 Dawkins, Richard, *The Selfish Gene*(Oxford, Oxford University Press, 1989), XXI.

42 Nagel, Thomas, *Geist und Kosmos*(Frankfurt a. M., Suhrkamp 2013), p.70.

43 Scruton, *On Human Nature*, p.20.

44 디터 키나스트의 블로그 글을 볼 것. Garten & Mehr(2008년 8월 22일자); https://www.brennemann.com/tag/dieter-kienast

45 "인간은 여전히 어디서나 역사 이전의 시대에 산다. 그렇다. 모든 것이 아직 세계가 창조되기 이전, 올바른 세계가 창조되기 이전이다. 본격적인 창세기는 태초가 아니라, 끝에서 비로소 시작한다.(……)"[Bloch, Ernst, *Das Prinzip Hoffnung*(Frankfurt a.

M., Suhrkamp, 1973), p.1628]

46 Harari, Yuval Noah, *21 Lektionen für das 21. Jahrhundert*(München, C. H. Beck, 2019).

47 Hillesum, Etty, *Das denkende Herz der Baracke*(Freiburg i. Br., Herder, 2014), p.79f.

48 위의 책, p.173f.

49 위의 책, p.184.

50 위의 책, p.268.

51 회복탄력성에 쉽게 입문할 수 있는 책은 다음의 것이다. Pieper, Georg, *Wenn unsere Welt aus den Fugen gerät*(München, Random House, 2014).

52 사안의 대강을 조망할 수 있는 자료에는 다음이 있다. Franken, Ulla, "Emotionale Kompetenz. Eine Basis für Gesundheit und Gesundheitsförderung"(Diss.) (Bielefeld, 2004); https://pub.uni-bielefeld.de/download/2303721/2303724/ EmotionaleKompetenz_061215.pdf; Goleman, Daniel, *Emotionale Intelligenz*(München, dtv, 1997), p.65f.; Stauss, Konrad, *Bonding-Psychotherapie*(München, Kösel, 2006), p.60f.

53 Moritz, Karl Philipp, *Samtliche Werke I*, hg. von Christof Wingertszahn(Tübingen, Niemeyer, 2006), p.146.

54 Holt-Lunstad, J./Smith, T. B./Layton, J. B.(2010), "Social Relationships and Mortality Risk: A Meta-analytic Review", *PLoS Medicine*, 7(7): e1000316; https:// journals.plos.org/plosmedicine/article?id=10.1371/journal.pmed.1000316

55 Holford, Patrick, "How Loneliness is a Secret Killer"; https://balance.media/ loneliness-effects

56 Hüther, Gerald, *Lieblosigkeit macht krank*(Freiburg i. Br., Herder, 2021).

57 Grossmann, Karin/Grossmann, Klaus E., *Bindungen–das Gefüge psychischer Sicherheit*(Stuttgart, Klett-Cotta, 2004), p.612.

58 영국의 아동심리학과 청소년 심리학에 결정적 영향을 준 심리학자 마이클 러터 경 (Sir Michael Rutter) 역시 비슷한 연구 결과를 도출했다. 런던 킹스칼리지 교수인 러 터 경은 확실하고 안정적인 관계가 감정 건강을 지켜주는 두 가지 가장 중요한 요소 라고 보았다. Rutter, Michael, "Resilience in the face of adversity – protective factors and resistance to psychiatric-disorder", *British Journal of Psychiatry, 147*(1985),

pp.598~601.; Rutter, Michael, "Psychosocial resilience and protective mechanisms", *American Journal of Orthopsychiatry, 57*(1987), pp.316~331.

59 이 이름은 실명이 아님을 밝혀둔다.

60 이런 연구 결과는 2002년부터 변함없는 모습을 보여준다. 심지어 행복한 가족이라는 희망은 계속 늘어나는 추세다. "가족과 사회관계는 거의 모든 청소년이 가장 중시하는 가치관이다. 심지어 '자율적 책임'(89%)과 '독립'(83%)보다 행복한 가족을 더 중시했다. 청소년에서 성인으로 넘어가는 과정에서 책임과 독립이 특히 중요한 가치임을 감안하면 의외의 결과가 아닐 수 없다.", *Shell-Jugendstudie*; https://www.shell.de/ueber-uns/shell-jugendstudie/_jcr_content/par/toptasks.stream/1570708341213/4a002dff58a7a9540cb9e83ee0a37a0ed8a0fd55/shellyouth-study-summary-2019-de.pdf

61 Barroso, Amanda/Parker, Kim/Bennett, Jesse, "As Millennials Near 40, They're Approaching Family Life Differently Than Previous Generations"; https://www.pewsocialtrends.org/2020/05/27/as-millennials-near-40-theyre-approaching-family-life-differently-thanprevious-generations

62 Parker, Kim/Igielnik, Ruth, "On the Cusp of Adulthood and Facing an Uncertain Future: What We Know About Gen Z So Far"; https://www.pewsocialtrends.org/essay/on-thecusp-of-adulthood-and-facing-an-uncertain-future-what-we-know-about-gen-z-so-far

63 Auxier, Brooke/Anderson, Monica/Perrin, Andrew/Turner, Erica, "Parenting Children in the Age of Screens"; https://www.pewresearch.org/internet/2020/07/28/parenting-children-in-the-age-ofscreens

64 이 자료는 다음 책에서 인용했다. Neufeld, Gordon/Maté, Gabor, *Hold on to your kids*(London, Penguin, 2019), p.313.

65 Twenge, Jean, "Has the smartphone destroyed a generation?"; https://www.theatlantic.com/magazine/archive/2017/09/has-the-smartphone-destroyed-a-generation/534198

66 Berkel, Irene(hg.), *Postsexualität*(Gießen, Psychosozial-Verlag, 2009).

67 스마트폰을 만지는 횟수는 입력을 위해 터치하는 모든 동작까지 포함한 탓에 논란의 여지가 있다. Paul, Kari, "Millennials waste five hours a day doing this one thing",

New York Post(2017. 5. 18); https://nypost.com/2017/05/18/millennials-wastefive-hours-a-day-doing-this-one-thing

68 Hagel, John III/Brown, John Seely, "Measuring the Forces of Long-Term Change - the 2010 Shift Index", Deloitte Center for the Edge.

69 Greve, Gustav, *Organizational Burnout*(Wiesbaden, Springer Gabler, 2011). Nil, Rico(et al.), "Burnout - eine Standortbestimmung", *Schweizer Archiv für Neurologie und Psychiatrie, 161*(2010), pp.72~77.

70 "소외된 인간은 모든 다른 사람들과의 접촉을 잃는 것과 마찬가지로 자아와의 접촉도 잃는다." Hartmut Rosa, *Resonanz*, p.569.

71 캐나다의 철학자 찰스 테일러는 근대적 자아의 출현을 '중대한 탈피'라고 부른다. 자아는 더는 어떤 더 커다란 것, 더 높은 권위나 힘으로 이뤄진 체계를 받아들이지 않고 빠져나온다. 자아는 고립되고, 그 어떤 완충지대도 가지지 않으며, 전체를 의식하고 그에 맞춰 행동하지 않는 주체가 된다. 관계는 피상적이고, 덧없는 것이 되고 말았다. 개인의 욕구 충족만이 핵심이 되었다. 하지만 "소속감과 관계가 늘 바뀌는 세상에서 자아는 실체를 잃으며, 관계의 피상성과 소비 상품의 천박함은 빠르게 늘어만 간다."[Taylor, Charles, *Quellen des Selbst*(Frankfurt a. M., Suhrkamp, 1996), p.874]

72 Rainie, Lee/Perrin, Andrew, "Key findings about Americans' declining trust in government and each other"; https://www.pewresearch.org/fact-tank/2019/07/22/key-findings-aboutamericans-declining-trust-in-government-and-each-other

73 Han Byung-Chul, *Im Schwarm*(Berlin, Matthes & Seitz, 2013), p.34.

74 "근대 후기의 실력 중심 주체는 과잉 선택지를 가지는 탓에 밀도 있는 관계를 맺을 능력이 없다."[Han Byung-Chul, *Müdigkeitsgesellschaft*(Berlin, Matthes & Seitz, 2018), p.75]

75 "지난 30년 동안 1만 4천 명이 넘는 대학생들을 상대로 이뤄진 조사 자료를 2010년 분석한 데이터는 2000년부터 젊은이들이 타인에게 가지는 관심의 폭과 깊이가 극적으로 줄어드는 결과를 보여준다. 예를 들어 상대방과 입장을 바꿔 생각한다거나 상대의 감정을 이해하는 게 필요하고도 소중한 일이라고 말하는 젊은이는 오늘날 거의 없다."[Turkle, Shelly, *Alone Together. Why We Expect More from Technology and Less from Each Other*(New York, Basic Books, 2011)]

76 생물학은 R-전략과 K-전략을 구분한다. 예를 들어 물고기나 곤충은 매우 많은 양의 유충이나 알을 낳고, 천적에 잡아먹히더라도 충분한 개체가 살아남을 수 있게 해주는 것이 R-전략이다. 반대로 K-전략은 매우 적은 수의 새끼를 낳아 보다 더 집중적으로 돌보는 번식 형태다.

77 '유대감'은 "새끼가 부모 또는 자신을 늘 돌봐주는 개체에게 가지는 특별한 관계 감정으로 정의된다. 감정에 기반을 둔 유대는 개체를 다른 특별한 개체와 시공간의 차이를 뛰어넘는 관계를 이루어준다." Grossmann/Grossmann, *Bindungen*, p.29.

78 할로의 원숭이 의존성 연구는 다음 링크를 볼 것; https://www.youtube. com/watch?v=OrNBEhzjg8I&t=4s

79 Haarer, Johanna, *Die Mutter und ihr erstes Kind*(München, Carl Gerber, 1978), p.144. "응석을 받아주면, 이는 우리 증조모 시절 흔히 보았던 것(!)인데, 꼬마 독재자만 키울 뿐이다." 흥미롭게도 하러가 그리는 가족의 그림에서는 아버지가 아무런 역할을 하지 않는다. 1939년에 하러는 《엄마, 아돌프 히틀러를 이야기해줘!(Mutter, erzähl von Adolf Hitler!)》라는 제목의 책을 출간했다. 같은 해 하러는 이런 글을 썼다. "유아기의 연령대에서는 본격적인 교육을 할 공간이 비교적 적다. 다시 말해서 정신적 발달에 초점을 맞춘 교육은 아직 어렵다. 그러나 그만큼 유아기에 엄격하게 키우는 것이 건강하고 공동체에 이바지하는 생활 습관을 형성하는 데 중요하다. 그래야 나중에 학교와 다른 교육기관을 거쳐 노동 봉사를 하고 군대 생활을 하는 데 알맞은 성격의 함양이 더 쉬워진다."[Haarer, Johanna, *Unsere kleinen Kinder*(München, Lehmanns), p.182] 다음 자료도 참고할 것. Schmid, Michaela, *Erziehungsratgeber in der ersten Hälfte des 20. Jahrhunderts – eine vergleichende Analyse*(Berlin, Weißensee, 2008).

80 Grossmann/Grossmann, *Bindungen*, p.64.

81 사안을 종합적으로 살필 수 있게 해주는 자료는 거의 1천 쪽에 가까운 다음 책이다. Cassidy, Jude/Shaver, Phillip R., *Handbook of Attachment*(London, Taylor & Francis, 2018).

82 리나의 이야기는 수백만 명의 아기들을 상징하는 사례다. 그 이름과 어머니 이름은 가명이다.

83 협력을 강조하는 이론을 대표하는 사람은 스튜어트 앨런 카우프만이다. 미국의 이론생물학자인 카우프만은 켈거리대학교(캐나다)에서 생물학과 물리학과 천문학

을 가르치며, 철학과 부교수이기도 하다. 그의 논제 가운데 가장 유명한 것은 복잡한 생물 체계를 갖춘 생명체가 발생하기 위해서는 다윈의 적자생존 못지않게 생명체의 자기 조직이 중요하다는 주장이다. Kauffman, Stuart A., *The Origins of Order*(Oxford, Oxford University Press, 1993).

84 Grossmann/Grossmann, *Bindungen*, p.102.

85 Buber, Martin, *Das dialogische Prinzip*(Gerlingen, Schneider, 1994), p.28.

86 Bachmann, Hannsjörg/Bachmann, Eva-Mareile, *Familien leben*(München, Kösel, 2019), p.180.

87 Grossmann/Grossmann, *Bindungen*, p.192.

88 Stauss, *Bonding-Psychotherapie*, p.90.

89 구조주의 발달심리학자 장 피아제는 아기가 외부로부터 받아들이는 정보들이 만들어주는 감정의 구조를 강조한다. 반면 존 볼비는 '내면의 작업 모델'이 존재한다고 주장한다.

90 Grossmann/Grossmann, *Bindungen*, p.124f.

91 위의 책, pp.605.

92 위의 책, p.228.

93 아버지 자신이 가지는 자화상과 아이가 장차 맺게 될 관계 사이에는 명확한 연관이 확인되었다. 아버지가 부부 관계에 소극적이고 바깥으로 나돌수록, 아이는 관계를 두고 부정적으로 생각하는 성향이 커졌다. "아이가 아주 어릴 때 아빠가 같이 놀아주는 데 섬세하지 못하고, 아이가 학교를 다닐 때도 별로 관심을 가지지 않으면, 아이가 나중에 22세가 되었을 때 부부 관계를 두고 부정적으로 생각하는 성향이 크다."(Grossmann/Grossmann, *Bindungen*, p.570)

94 위의 책, pp.236~239.

95 위의 책, p.159.

96 이것을 포함해 다른 사례들은 다음 책에서 발췌했다. Bachmann/Bachmann, *Familien leben*, p.196f.

97 Grossmann/Grossmann, *Bindungen*, p.148.

98 Moullin, Sophie/Waldfogel, Jane/Washbrook, Elizabeth, "Baby Bonds. Parenting, attachment and a secure base for children"; https://www.suttontrust.com/our-research/babybonds-early-years

99 이런 확인은 어린 시절의 관계 경험이 어른으로 살아가는 동안에도 강력한 영향력을 행사한다는 점을 알려주기는 하지만, 그렇다고 관계 유형이 되돌릴 수 없이 고착되는 것은 아니라는 점도 암시해준다. 관계 연구의 최신 자료들을 조망할 수 있게 해주는 글은 다음 것을 참조하면 된다. Phillip R./Mikulincer, Mario, "New directions in attachment theory and research", *Journal of Social and Personal Relationships*, *27*(2010), pp.163~172.

100 심리학자 마르틴 도르네스(Martin Dornes)는 자신의 책 《아이의 감정 세계(Die emotionale Welt des Kindes)》에서 사람들 사이에 널리 퍼진 "과거를 지워버리고자 하는 욕구"는 유아기에 부족한 애착 관계로 받은 상처에 더는 영향을 받고 싶지 않은 희망사항의 발로라고 묘사한다.[Dornes, Martin, *Die emotionale Welt des Kindes*(Frankfurt a. M., Fischer, 2000), pp.160~174]

101 애착 관계 유형은 성별과 지역에 따라 각기 다른 분포를 보인다. 이를테면 회피 유형은 여성보다는 남성에서, 남독 지방보다는 북독 지방에서 자주 볼 수 있다. 회피 유형은 나이를 먹어가면서 약간 줄어드는 경향을 보여준다.[Chopik, William J./Edelstein, Robin S./Grimm, Kevin J., "Longitudinal changes in attachment orientation over a 59-year period", *Journal of Personality and Social Psychology*, *116*(2019), pp.598~611]

102 Grossmann/Grossmann, *Bindungen*, p.579f.

103 위의 책, p.493.

104 Bachmann, Christian/Beecham, Jennifer/O'Connor, Thomas(et al.), "The cost of love: financial consequences of insecure attachment in antisocial youth", *Journal of Child Psychology and Psychiatry*, *60*(2019), pp.1343~1350.

105 Bachmann C. J., Beecham J., O'Connor T. G., Briskman J., Scott S., "A good investment: longer-term cost savings of sensitive parenting in childhood", *J Child Psychol Psychiatry*(2021. 6. 29), doi: 10.1111/jcpp.13461 인쇄본에 앞서 온라인에 발표됨.

106 이 통계 자료는 독일연방 직업훈련청이 정기적으로 발표하는 데이터 보고서다.; https://www.bibb.de/datenreport/de/2016/41636.php

107 Stepler, Renee, "Led by Baby Boomers, divorce rates climb for America's 50+ population"; https://www.pewresearch.org/fact-tank/2017/03/09/led-by-baby-

boomers-divorce-ratesclimb-for-americas-50-population

108 Graf, Nikki, "Key findings on marriage and cohabitation in the U.S."; https:// www.pewresearch.org/fact-tank/2019/11/06/key-findings-on-marriage-and-cohabitation-in-the-u-s

109 Springer Science+Business Media, "Marriage linked to better survival in middle age; Study highlights importance of social ties during midlife", *Science Daily*(2013. 1. 10); https://www.sciencedaily.com/releases/2013/01/130110102342.htm

110 108번 주를 볼 것.

111 Radtke, Rainer, "Anzahl von Schönheitsoperationen weltweit bis 2019"(Statista, 2020. 12. 21); https://de.statista.com/statistik/daten/studie/702578/umfrage/laender-mit-der-hoechstenanzahl-an-schoenheitsoperationen

112 Radtke, Rainer, "Beliebteste Schönheitsoperationen in Deutschland bis 2020"(Statista, 2021. 2. 1); https://de.statista.com/statistik/daten/studie/221664/umfrage/anteil-der-haeufigsten-schoenheitsoperationen-in-deutschland

113 Galmiche, Marie/Déchelotte, Pierre(et al.), "Prevalence of eating disorders over the 2000-2018 period: a systematic literature review", *American Journal of Clinical Nutrition, 109*(2019), pp.1402~1413; https://doi.org/10.1093/ajcn/nqy342

114 Gil-Or, Oren(et al.), "The 'Facebook-self': characteristics and psychological predictors of false self-presentation on Facebook", *Frontiers in Psychology*(2015), Nr. 99. doi:10.3389/fpsyg.2015.00099

115 이런 연관 관계를 확인해주는 자료는 다음의 것이다. Diefenbach, Sarah, *Digitale Depression: Wie Medien unser Glücksempfinden verändern*(München, mvg, 2016).

116 Taylor, Charles, *Ein säkulares Zeitalter*(Berlin, Suhrkamp, 2012). 자아실현과 행복을 추구하라는 지상명령의 포괄적 분석은 프랑스 사회학자 알랭 에렝베르(Alain Ehrenberg)가 1998년에 선보였다. 이 책은 여러 국가들에 번역되었으며, 오늘날까지도 폭넓게 리뷰를 받고 있다.[Alain Ehrenberg, *Das erschöpfte Selbst*(Berlin, Suhrkamp, 2008)]

117 에덴 이야기의 이런 해석은 인스부르크대학교 체계신학 교수 빌리발트 잔들러(Willibald Sandler)가 자신의 책에서 선보였다. Sandler, Willibald, *Der verbotene Baum im Paradies*(Kevelaer, Topos, 2009).

118 Buber, *Das dialogische Prinzip*, p.15.

119 사라 디펜바흐 역시 대다수의 사람들이 자신의 '셀카'를 보지, 남이 찍은 그의 '사진'은 보지 않는다고 매우 의미심장한 촌평을 남겼다.

120 Brown, Brené, *Daring greatly*(London, Penguin, 2012), p.69f.

121 Kross, Ethan/Berman, Marc G.(et al.), "Social rejection shares somatosensory representations with physical pain", *Proceedings of the National Academy of Sciences*, *108*(2011), pp.6270~6275; https://doi.org/10.1073/pnas.1102693108

122 일기를 쓰는 것은 소소해 보이기는 하지만 자신의 자아에 공감할 능력을 키울 첫 행보다. 이렇게 하면 피해자 역할에 사로잡히지 않고 자신이 어떤 부분을 부끄러워하는지 밝혀볼 안목이 키워진다. 이런 방법을 임상 사례에 적용해본 효과는 다음 자료를 참조할 것. Pennebaker, James W., "Expressive writing in a clinical seeting", *The Independent Practitioner, 30*(2010), pp.23~25.

123 Scott, Joe, "The Effect of Perfectionism und Unconditional Self-Acceptance on Depression", *Journal of Rational-Emotive and Cognitive-Behavior Therapy, 25*(2007), pp.35~64. Bardone-Cone, Anna M./Lawson, Melissa A./Robinson, D. Paul/Smith, Roma, "Perfectionism across Stages of Recovery from Eating Disorders", *International Journal of Eating Disorders, 43*(2010), pp.139~148. Park, Hyun-joo/Heppner, P. Paul/Lee, Dong-gwi, "Maladaptive Coping and Self-Esteem as Mediators between Perfectionism and Psychological Distress", *Personality and Individual Differences, 48*(2010), pp.469~474.

124 학문 지식의 빠른 변화는 1919년에 이미 막스 베버(Max Weber)가 유명한 논문 〈직업으로서의 학문(Wissenschaft als Beruf)〉에서 묘사한 바 있다. 학문에 종사하는 사람은 누구나 자신의 지식이 불과 몇 년 뒤에 낡은 것이 된다는 점을 잘 안다.[Weber, Max, *Wissenschaft als Beruf*, hg. von Johannes Winkelmann(Tübingen, Mohr, 1988), pp.582~613]

125 "유럽의 가장 유명한 시간 연구가"(PM 매거진) 카를하인츠 가이슬러는 이미 1999년에 데이터 처리량은 10^6(100만 배) 증가한다고 진단했다.[(Geißler, Karlheinz A., *Vom Tempo der Welt: am Ende der Uhrzeit*(Freiburg I. Br., Herder, 2000)]

126 하르트무트 로자는 가속화라는 현상이 근대에 접어들며 생겨났다고 상세히 분석한다. 그는 '사회적 가속화'라는 지극히 폭넓은 개념 아래 세 분야를 나눈

다. 기술적 가속화와 사회 변화의 가속화, 그리고 인생 속도의 가속화가 그것이다.[Rosa, Hartmut, *Beschleunigung und Entfremdung. Entwurf einer kritischen Theorie spätmoderner Zeitlichkeit*(Berlin, Suhrkamp, 2013)]

127 Marx, Karl/Engels, Friedrich, *Manifest der Kommunistischen Partei*(Berlin, Dietz, 1971), p.465.

128 Pew Research Center, "Mobile Fact Sheet"(2021. 4. 7); https://www.pewresearch.org/internet/fact-sheet/mobile

129 번아웃에 시달리는 사람들은 2007년과 2017년 사이에 세 배로 늘어났다. Statista Research Department, "Krankheitstage durch das Burn-out-Syndrom in Deutschland nach Geschlecht bis 2019"(Statista, 2021. 6. 8); https://de.statista.com/statistik/daten/studie/189542/umfrage/anzahl-der-krankheitstage-durch-das-burnout-syndrom-seit-2004

130 Tieste, Oliver, *Karôshi, ein japanisches Phänomen? Ursachen und rechtliche Hintergründe für den Tod am Arbeitsplatz*(Frankfurt a. M., Lang, 2000).

131 독일에서 40~49세 사이의 사람들을 상대로 벌인 설문 조사에서 응답자의 63%는 오늘날 사람들의 삶이 15~20년 전보다 훨씬 더 큰 스트레스에 시달린다고 답했다. "Umfrage zur Entwicklung des allgemeinen Stresslevels in Deutschland nach Altersgruppe im Jahr 2016"(Statista, 2016. 10. 12); https://de.statista.com/statistik/daten/studie/649732/umfrage/wahrgenommene-aenderung-des-allgemeinen-stresslevels-in-deutschland-nach-alter 독일인의 사망 원인 가운데 가장 잦은 것은 심혈관계 질환이다. Radtke, Rainer, "Anzahl der Todesfälle in Deutschland nach Todesursachen und Geschlecht 2019"(Statista, 2021. 5. 20); https://de.statista.com/statistik/daten/studie/215791/umfrage/ todesfaelle-in-deutschland-nach-todesursachen-und-geschlecht

132 Han Byung-Chul, *Mudigkeitsgesellschaft*.

133 "공명을 누리면서 동시에 다른 곳에 있었으면 하는 희망은 이루어질 수 없는 불가능한 것이다."(Rosa, Resonanz, p.693)

134 마이크로소프트(Microsoft)의 위탁을 받아 진행된 연구는 인간의 집중력이 금붕어보다도 떨어진다는 것을 확인했다. McSpadden, Kevin, "You Now Have a Shorter Attention Span Than a Goldfish", *Time*(2015. 5. 14); https://time.com/3858309/

attention-spans – goldfish 이런 연구 결과는 다음의 연구와 딱 일치하지는 않지만, 그래도 주의력이 떨어지는 불안한 경향을 확인해주는 것만큼은 사실이다. Littlefield, Andrew, "No, you don't have the attention span of a goldfish", *Cereos*(2020. 1. 20); https://www.ceros.com/inspire/originals/no-dont-attention-span-goldfish

135 Lesch, Harald/Schwartz, Thomas, *Unberechenbar*(Freiburg i. Br., Herder, 2020).

136 Comer, John Mark, *The ruthless elimination of hurry*(Colorado Springs, WaterBrook, 2019), p.53.

137 인터넷이 인간의 사생활에 얼마나 부정적인 영향을 주는지 전 세계의 사례들을 모아놓은 책은 충격적인 실상을 전달해준다. Anderson, Janna/Rainie, Lee, "2. The negatives of digital life"; https://www.pewresearch.org/internet/2018/07/03/the-negatives-of-digital-life

138 Plaut, W. Gunther(hg.), *Die Tora in jüdischer Auslegung II*(Gütersloh, Gütersloher Verlagshaus, 2000), p.173.

139 Statistisches Bundesamt, "Betreuungsquoten der Kinder unter 6 Jahren in Kindertagesbetreuung am 01.03.2020 nach Ländern"(2020. 9. 30); https://www.destatis.de/DE/Themen/Gesellschaft-Umwelt/Soziales/Kindertagesbetreuung/Tabellen/betreuungsquote-2018.html

140 Grossmann/Grossmann, *Bindungen*, p.129.

141 위의 책, p.540.

142 동독의 전체주의 정책이 그 사회의 모든 세대에게 얼마나 파괴적인 결과를 불러왔는지 묘사하는 자료는 다음의 것이다. Maaz, Hans-Joachim, *Der Gefühlsstau. Psychogramm einer Gesellschaft*(München, C. H. Beck, 2017).

143 "가족, 시니어, 여성, 청소년 담당 연방관청, 유치원 증축, 법률과 투자 계획"(2021. 6. 30); https://www.bmfsfj.de/bmfsfj/themen/familie/kinderbetreuung/kita-ausbau-gesetze-und-investitionsprogramme-863944

144 독일정신분석학회가 유아 돌봄 시설 확보에 관하여 밝힌 보고서(2007. 12. 12); https://www.dpv-psa.de/fileadmin/downloads/Archiv/Dokumente/Memorandum%20Krippenaufbau%20DPV%2012%2012%2007.pdf

145 교사 대 아동 비율은 독일의 주에 따라 판이하게 다르다. 새롭게 연방에 포함된 구

동독의 주들에서 그 비율이 1:3.5를 이루는 유치원은 전체의 95%다. 서독 지역의 경우 그 비율이 53%이다. 베르텔스만 재단(Bertelsmann Stiftung)의 주정부 정책 수행 모니터링(https://www.laendermonitor.de/de/vergleich-bundeslaender-daten/personal-und-einrichtungen/personalschluessel/personalschluessel-im-vergleich)을 참고하라.

146 'NUBBEK(Nationale Untersuchung zur Bildung, Betreuung und Erziehung in der frühen Kindheit, 유아기의 교육과 보육, 그리고 돌봄의 국가 연구)'이 2013년에 발표한 연구 결과는 모든 돌봄의 10%만이 만족스러운 수준이라고 밝혔다.; http://www.nubbek.de/media/pdf/NUBBEK%20Broschuere.pdf

147 Strüber, Nicole, *Die erste Bindung: Wie Eltern die Entwicklung des kindlichen Gehirns prägen*(Stuttgart, Klett-Cotta, 2017).

148 Grossmann/Grossmann, *Bindungen*, p.148.

149 Goodman, Robert/Scott, Stephen, *Kinder- und Jugendpsychiatrie*(Stuttgart, Schattauer, 2016), p.315.

150 좋은 결정을 내리도록 도와줄 길라잡이는 다음 자료다. Bachmann/Bachmann, *Familienleben*, pp.336~345.

151 Howes, Carollee, "Social-emotional classroom climate in child care, child-teacher relationships and children's second grade peer relations", *Social Development* 9(2000), pp.191~204.

152 인용문은 다음 자료에서 끌어왔다. 이 책은 같은 연구 결과를 보여주는 많은 자료를 소개한다. Grossmann/Grossmann, *Bindungen*, p.104.

153 Perner, Josef/Ruffman, Ted/Leekam, Susan R., "Theory of mind is contagious: You catch it from your sibs", *Child Development* 65(1994), pp.1228~1238.

154 신체적 접촉을 잃게 되는 과정을 추적한 여성 저널리스트 엘리자베트 폰 타덴은 자신의 책에《접촉 없는 사회》라는 제목을 붙였다. Thadden, Elisabeth von, *Die berührungslose Gesellschaft*(München, C. H. Beck, 2018).

155 Grunwald, Martin, *Homo hapticus: Warum wir ohne Tastsinn nicht leben können*(München, Droemer, 2017).

156 이 전통의 흥미로운 단면을 보여주는 자료는 다음의 것이다. Sollberger, Daniel/Boehlke, Erik/Kobbé, Ulrich(hg.), *Soma – Sema. Im Spannungsfeld zwischen Somatik*

und Semiotik(Lengerich, Pabst, 2019).

157 인간 정신을 컴퓨터 모델로 보는 관점을 철학적으로 비판한 자료는 다음의 것이다. Taylor, Charles/Dreyfus, Hubert, *Die Wiedergewinnung des Realismus*(Berlin, Suhrkamp, 2016).

158 젠더 연구가 항상 몸을 중시하는 것은 아니다. 미국의 여성 철학자로 젠더 문제를 연구하는 주디스 버틀러(Judith Butler)는 자신의 책《젠더 트러블(Gender trouble)》(1991)에서 사회적인 성(性, 젠더)과 생물적인 성(性, 섹스)을 완전히 분리한다. 의학 역사학의 선구자로 독일 젠더 연구의 위대한 마담 바르바라 두덴(Barbara Duden)은 버틀러가 '몸을 부정하는 실수'를 저질렀다고 비난한다. 두덴은 1993년에 발표한 글에서 아무래도 버틀러는 '하체가 없는 여성'이라는 환영에 시달리는 모양이라고 썼다. 이 문제와 관련한 논의들을 조망해주는 자료에는 다음의 것이 있다. Mangelsdorf, Marion/Palm, Kerstin/Schmitz, Sigrid, "Körper(-sprache) – Macht – Gesellschaft", *Freiburger Zeitschrift für Geschlechterstudien, 19/2*(2013), pp.5~18.

159 Plener, Paul L./Kaess, Michael/Schmahl, Christian(et al.), "Nichtsuizidales selbstverletzendes Verhalten im Jugendalter", *Deutsches Ärzteblatt*(2018); https://www.aerzteblatt.de/archiv/195721/Nichtsuizidales-selbstverletzendes-Verhalten-im-Jugendalter

160 "현재 서구 사회에서 마음대로 바꿀 수 있는 몸은 그야말로 전성기다.(Veränderbare Körper haben Konjunktur in der westlichen Gegenwartsgesellschaft)"[Mangelsdorf (et al.), "Körper(-sprache) – Macht – Gesellschaft", p.10]

161 Killus, Jürgen, "Selbstverletzendes Verhalten", *Fachzeitschrift der Aktion Jugendschutz, 44/3*(2008), pp.4~12.

162 Davis, Leanne L./Fowler, Samantha A.(et al.), "The Role of Body Image in the Prediction of Life Satisfaction and Flourishing in Men and Women", *Journal of Happiness Studies, 21*(2020), pp.505~524; https://doi.org/10.1007/s10902-019-00093-y

163 Goodman/Scott, *Kinder- und Jugendpsychiatrie*, p.316.

164 Schenk-Danzinger, Lotte, *Entwicklung, Sozialisation, Erziehung von der Geburt bis zur Schulfähigkeit*(Wien, Österreichischer Bundesverlag, 1984), p.53f.

165 Stauss, *Bonding-Psychotherapie*, p.219f.

166 스위스의 정신과 전문의 한스 트뤼프(Hans Trüb)는《만남으로 치유를(Heilung aus der Begegnung)》이라는 제목의 감동적인 책에서 자신의 스승이자 친구인 카를 구스 타프 융과 단계적으로 거리를 두게 된 과정을 자세히 묘사한다. 트뤼프는 융의 심리 학이 결국 신만 바라보는 하늘에 붕 뜬 인간의 영지주의와 다르지 않다고 해석한다. 그는 친구 마르틴 부버의 이론을 더 설득력이 있다고 보고 인간을 대화하는 존재로 규정한다. 마음이 병든 사람은 오로지 다른 사람과의 관계를 통해서만 치유될 수 있 다고 트뤼프는 강조한다. 이 관계는 초월자, 곧 신과의 대화에도 열려 있다.[Trüb, Hans, *Heilung aus der Begegnung*(Stuttgart, Klett, 1951)]

167 Miller, Alice, *Das Drama des begabten Kindes*(Frankfurt a. M., Suhrkamp, 1979), p.164.

168 위의 책, p.41.

169 Miller, Martin, *Das wahre "Drama des begabten Kindes*(Freiburg i. Br., Kreuz, 2013) p.163.

170 예를 들어 찰스 다윈은 여덟 살에 어머니를 잃었지만, 어른이 되어서 어머니의 죽 음을 전혀 기억하지 못했다. 가족들이 어머니 이야기를 입 밖에도 꺼내지 못하 게 했기 때문이다. 이런 사실은 존 볼비가 다윈의 전기를 읽고 밝혀냈다고 설명한 다.(Grossmann/Grossmann, *Bindungen*, p.427)

171 다음 책은 꼭 한 번 읽어보라고 추천한다. Bordt, Michael, *Die Kunst, die Eltern zu enttäuschen*(München, Sandmann, 2018).

172 Fry, Richard/Passel, Jeffrey S./Cohn, D'Vera, "A majority of young adults in the U.S. live with their parents for the first time since the Great Depression"; https://www. pewresearch.org/fact-tank/2020/09/04/a-majority-of-young-adults-in-the-u-s-live-with-their-parentsfor-the-first-time-since-the-great-depression

173 많은 구체적 사례와 함께 용서를 실천할 자극을 주는 책은 다음 것이다. Stauss, Konrad, *Die heilende Kraft der Vergebung*(München, Kösel, 2010).

174 "불행한 사람, 영혼에 강한 상처를 받아 분노한 나머지 죽기를 바랐음에도 살아남은 사람, 인생을 사랑하지 않았음에도 살아남은 사람, 하지만 어떤 집착이나 두려움 때 문이 아니라, 의무감에서 살아남은 사람은 자신이 이룰 수 있는 최고의 도덕을 실현 한다."[Kant, Immanuel, *Kant's gesammelte Schriften*, von der königlich preußischen Akademie der Wissenschaften(hg.)(Berlin, G. Reimer), p.1900f, Bd. 4(Grundlegung

zur Metaphysik der Sitten), p.398]

175 이런 '자아 열풍'의 과정을 추적한 자료는 다음 것이다. Taylor, *Quellen des Selbst.*

176 Twenge, Jean M./Campbell, W. Keith, *The Narcissism Epidemic: Living in the Age of Entitlement*(New York, Atria, 2010). Twenge, Jean M., *Generation Me*(New York, Atria, 2014). 나르시시즘 현상을 다르게 보는 시각을 다룬 책은 다음 것이다. Lammers, Claas-Hinrich/Eismann, Gunnar, *Bin ich ein Narzisst? Oder einfach nur sehr selbstbewusst?*(Stuttgart, Schattauer, 2019).

177 Bordt, *Die Kunst, die Eltern zu enttäuschen*, p.38.

178 Schmid, Wilhelm, *Mit sich selbst befreundet sein: Von der Lebenskunst im Umgang mit sich selbst*(Frankfurt a. M., Suhrkamp, 2007).

179 Peyton, Sarah, *Selbstresonanz. Im Einklang mit sich und seinem Leben*(Paderborn, Junfermann, 2019). 다음 책도 참조할 것. Lehofer, Michael, *Mit mir sein. Selbstliebe als Basis für Begegnung und Beziehung*(Wien, Braumüller, 2017).

180 제목은 낯간지러울 정도로 진부하지만, 다음 두 권의 책은 자아 탐색과 관계 맺음 사이의 연관을 밝히 보여준다. 두 책이 베스트셀러에 오른 데에는 다 그만한 이유가 있다. Zurhorst, Eva-Maria, *Liebe dich selbst und es ist egal, wen du heiratest*(München, Goldmann, 2009); Zurhorst, Eva-Maria, *Liebe dich selbst und freu dich auf die nächste Krise*(München, Goldmann, 2011).

181 Chattu, Vijay K.(et al.), "The Global Problem of Insufficient Sleep and Its Serious Public Health Implications", *Healthcare(*Basel*) 7*(2019), Nr. 1. doi:10.3390/healthcare7010001

182 "게임의 반대말은 노동이 아니다. 게임의 반대말은 우울증이다." 게임은 몸에 수면만큼이나 중요하다. Brown, Stuart, *Play: How It Shapes the Brain, Opens the Imagination, and Invigorates the Soul*(New York, Penguin, 2009).

183 문화혁명 당시 확신에 찬 공산당원으로 활동했던 장융(張戎)은 다음 책에 그 생생한 증언을 남겼다. Chan, Jung, *Wilde Schwäne – Die Geschichte einer Familie*(München, Knaur, 1993). 국내 번역본은 《대륙의 딸들》이다.

184 Bellamy, François-Xavier, *Les déshérités ou l'urgence de transmettre*(Paris, J'ai lu, 2016); Bellamy, François-Xavier, *Demeure*(Paris, Flammarion, 2020).

185 물리학자 하랄트 레슈는 "비물질적인 것의 모음, 이를테면 지식과 인식의 축적이

그 본질인 교육 분야조차 감가상각의 문화로 위협한다."라고 보았다. 그러나 미래를 열어주는 것은 과학의 끊임없는 검증이 아니라, 인류의 축적된 지식이라는 것이 그의 주된 논지다. 과학 지식은 인간 사회처럼 여러 체계가 복잡하게 맞물리는 현상은 예측을 불허한다는 사실만 확인해줄 따름이다. 과학으로 확인할 수 있는 직접적인 데이터에만 집중하는 사회는 전면적 통제의 강한 유혹을 받을 뿐이다.(Lesch/Schwartz, Unberechenbar, p.66.)

186 에드먼드 버크(Edmund Burke)는 다음과 같은 말로 표현한다. "사회는 죽은 자와 살아 있는 자, 그리고 아직 태어나지 않은 생명의 협력 관계다.(Society is a partnership of the dead, the living and the unborn.)"

187 Rutter, Michael/Smith, David(hg.), *Psychological disorders in young people: Time trends and their causes*(London, John Wiley & Sons, 1995).

188 "그저 또래끼리 어울려 만들어내는 문화는 엄밀한 의미에서 불임이다. 자신을 재생산하거나, 미래 세대를 위해 봉사할 가치를 그런 문화는 전달해주지 못하기 때문이다. 3세대 히피가 매우 드문 것을 보라."[Neufeld, Gordon, *Hold on to your kids*(London, Penguin, 2019), p.90]

189 Scruton, Roger, *Green Philosophy*(London, Atlantic, 2012), p.93ff. 이 책은 관료주의의 결정이 자연의 '보호'에 얼마나 치명적인 결과를 안기는지 그 충격적인 사례들을 무수히 보여준다.

190 스위스 신학자 요하네스 츠발리나(Johannes Czwalina)는 오래전부터 유대교와 기독교의 대화를 중재하는 일에 힘쓰면서, 문화 간의 화해를 이끌어내기 위한 다양한 활동을 벌였다. 그는 각국이 자국의 역사를 왜곡하지 않고 정확히 밝히며, 그 책임을 온전히 감당하려는 자세를 보이는 것이야말로 성공적인 외교와 평화 조성의 전제 조건임을 많은 예를 들어가며 설명했다. Czwalina, Johannes(hg.), *Die Gegenwart bleibt, nur die Zeit vergeht*(Kiew, Duh i Litera, 2016).

191 Rosa, *Resonanz*, p.459.

192 Adorno/Horkheimer, *Dialektik der Aufklärung*, p.15.

193 마르틴 부버라면 이렇게 말하리라. 인간은 자연과 '나와 그것의 관계'라는 거리를 두고 자연을 바라보는 관계를 맺는다. 독일의 소설가 다니엘 켈만(Daniel Kehlmann)은 세계를 분석하는 시각을 훔볼트라는 허구의 인물을 창조해 아주 재미있게 묘사한다. Kehlmann, Daniel, Die *Vermessung der Welt*(Reinbek bei Hamburg,

Rowohlt, 2005). 자연을 성찰의 시선으로 바라보면서도 자연과학의 순도 높은 지식을 전해주는 글은 에른스트 융거(Ernst Jünger)가 쓴 것이다. Jünger, Ernst, *Geheime Feste*(Stuttgart, Klett-Cotta, 2020).

194 이를테면 러시아의 첼랴빈스크(Chelyabinsk) 도시는 지역의 무수한 원자력 군수 산업 탓에 세계에서 방사능 오염이 가장 심한 곳이다. 방사능 폐기물 처리장이 위치했던 카라차이(Karachay) 호수에는 방호복을 입지 않은 사람이 한 시간만 머물러도 치명적인 방사능에 노출된다. 그 충격적 실상은 폴란드의 영화 제작자 슬라보미르 그륀베르크(Slawomir Grünberg)가 만든 다큐멘터리에 고스란히 담겼다. 이 작품으로 그는 상까지 받았다.(https://logtv.com/chelyabinskhttps) 체르노빌 원자로 사고가 소비에트의 관료들의 거짓말 탓에 빚어졌으며, 아무도 책임지지 않으려 했다는 점을 잘 보여주는 드라마는 'HBO'의 시리즈물이자 골든글로브 상을 받은 〈체르노빌〉(2019)이다.

195 니코 패히(Niko Paech) 교수는 유럽의 독보적 수준을 자랑하는 성장 비판가로 자신의 책《과잉으로부터의 해방》으로 독일어권에서 포스트 성장주의 경제를 선도하는 사상가다.[Paech, Niko, *Befreiung vom Überfluss*(München, Oekom, 2012)]

196 인간이 신을 섬기는 태도는 땅의 생태 균형에 직접적인 영향을 미친다.(신명기 11장 13~15절) 땅에서 어떻게 농사를 지어야 하는지 규칙이 언급된다.(이사야 5장 8~10절) 땅을 쉬게 해 다시 비옥함을 회복시켜야 한다는 언급(레위기 19장 23~25절)과, 땅을 경작하고 재생해주어야 하는 규칙(출애굽기 23장 10절 이하, 레위기 25장 1~5절) 등 성경의 언급은 다양하다. 또한 생태계를 보존하기 위해 어떻게 먹고 마셔야 하는지도 다양하게 언급된다고 휘터만은 썼다.

197 Hüttermann, p.173.

198 Pew Research Center, "Religion's Relationship to Happiness, Civic Engagement and Health Around the World"(2019. 1. 31); https://www.pewforum.org/2019/01/31/religions-relationshipto-happiness-civic-engagement-and-health-around-the-world

199 사례는 많지만 단 하나만 꼽아보겠다. Kaur, Devinder/Sambasivan, Murali(et al.), "Effect of spiritual intelligence, emotional intelligence, psychological ownership and burnout on caring behaviour of nurses: a cross-sectional study", *Journal of Clinical Nursing, 21/22*(2013), pp.3192~3202. doi: 10.1111/jocn.12386.

200 Cappellen, Patty van/Toth-Gauthier, Maria(et al.), "Religion and Well-Being: The Mediating Role of Positive Emotions", *Journal of Happiness Studies, 17*(2016), pp.485~505.

201 Greenwald, Yaakov/Mikulincer, Mario, "Apostasy and conversion: Attachment orientations and individual differences in the process of religious change", *Psychology of Religion and Spirituality, 10*(2018); https://doi.org/10.1037/rel0000239

202 Leblanc, Élizabel/Dégeilh, Fanny(et al.), "Attachment Security in Infancy: A Preliminary Study of Prospective Links to Brain Morphometry in Late Childhood", *Frontiers in Psychology*(2017), Nr. 2141. doi.org/10.3389/fpsyg.2017.02141

203 Rosa, *Resonanz*, p.441.

204 Pieper, *Wenn unsere Welt aus den Fugen gerät*, p.93.

205 Hillesum, *Das denkende Herz der Baracke*(Freiburg i. Br., Herder, 2014), p.305.

206 위의 책, p.268.

207 위의 책, p.81.

208 Zilhão, João, "Lower and Middle Palaeolithic Mortuary Behaviours and the Origins of Ritual Burial", Renfrew, Colin(et al., hg.), *Death Rituals, Social Order, and the Archeology of Immortality in the Ancient World*(New York, Cambridge University Press 2016), pp.27~44.; https://doi.org/10.1017/CBO9781316014509.004

209 Pettitt, Paul, *The Palaeolithic Origins of Human Burial*(London, Routledge, 2010).

210 *Duden*, Bd. 7(Mannheim, Duenverlag, 2007), p.770.

211 "물론 독일어와 라틴어의 차이는 좀 더 자세히 풀어보아야만 한다."라고 프리드리히 클루게는 설명한다. Kluge, Friedrich, *Etymologisches Wörterbuch der deutschen Sprache*(Berlin/New York, de Gruyter, 1989), p.673.

212 "나는 털썩 주저앉으며 번쩍이는 우주를 바라보았다. 영원함이라는 거대한 뱀이 똬리를 틀고 우주 위에 앉아 고개를 드는 게 보였다. 뱀의 껍질이 벗겨지며 커다란 반지들처럼 우주 위로 쏟아지며 덮어버렸다. 그런 다음 뱀은 자연을 수천 번도 넘게 휘감았다. 우주가 박살이 났다. 마침내 무한함의 신전이 바스러지며 묘지의 교회처럼 무너졌다. 모든 것이 암울하며 협소해지면서 두려움을 자아냈다. 측량할 수도 없이 확장된 거대한 종이 시간의 마지막을 울리며 우주가 박살이 났다. …그리고 나는 잠에서 깨었다."(Jean Paul, *Siebenkäs*(Stuttgart, Reclam, 1983), p.298f.(8. Kapitel,

Erstes Blumenstück)]

213 물론 사르트르는 절망에서 머무르지 않는다. 무의미하고 공허하기만 한 자신의 상황을 깨달으며 인간은 자유를 더욱 철저하게 밀어붙이기로 다짐한다. 그 어떤 형이상학적 근거도 찾을 수 없는 탓에(신은 죽었다), 인간은 오로지 자신의 힘에만 의존해 스스로 인생의 의미를 빚어낼 기투(Entwurf, 세상에로 자신을 던짐)를 감행해야 한다. 도덕적으로 좋으냐, 나쁘냐 평가할 유일한 기준은 개인의 자유를 키워주느냐 아니냐 하는 문제다. 이처럼 인간의 자율성을 철저히 강조한 사상은 이후 유럽과 북아메리카의 정신사에 엄청난 영향을 미쳤다. 특히 사르트르는 자신의 평생 동반자 시몬 드 보부아르(Simone de Beauvoir)와 더불어 정신사에 큰 족적을 남겼다.

214 다음 자료를 참조할 것. Längle, Alfried, *Wenn der Sinn zur Frage wird*(Wien, Picus, 2015).

215 *Götzen-Dämmerung*, '말과 화살' 12번에는 다음과 같은 기묘한 문장이 따라온다. "인간은 행복을 추구하지 않는다. 오로지 영국인만 행복을 추구한다."(Nietzsche, Friedrich, KSA VI, p.60ff.)

216 Frankl, Viktor, *Man's search for meaning*(London, Random House, 2008), p.141.(국내 번역본은 《죽음의 수용소에서》다.)

217 Jung, Carl Gustav, "Über die Beziehung der Psychotherapie zur Seelsorge"(1932), *Psychologie und Religion*, Lorenz Jung(hg)(München, dtv, 1991), pp.113~131, p.116.

218 Jebb, Andrew/Morrison, Mike(et al.), "Subjective well-being around the world", *Psychological Science*(2020); doi:10.1177/0956797619898826

219 Nier, Hedda, "Sinnlose Arbeit macht krank"(Statista, 2018. 9. 5); https://de.statista. com/ infografik/15327/sinnlose-arbeit-macht-krank

220 Fox, Justin/Lorsch, Jay W., "What good are shareholders?", *Harvard Business Review*, 7/8(2012).

221 Frankl, *Man's search for meaning*, p.147.

222 다음 자료에 인용된 것을 재인용함. Stauss, *Bonding-Psychotherapie*, p.132.

223 도스토옙스키의 《죄와 벌》 결말 부분에서 살인을 저질러 심판을 받은 라디온 라스콜니코프는 시베리아에서 새롭게 거듭나는 각성을 이룬다. 또 《죽음의 집의 기록》(1862)에서 도스토옙스키는 형무소에 수감되어 겪은 경험을 이야기하며, 자신은 수감자들 가운데 가장 고결한 덕성을 갖춘 최고의 인물을 만났다고 털어놓았다. 레

프 톨스토이의 위대한 작품 《전쟁과 평화》의 주인공 피에르 역시 인생의 결정적인 전환점을 포로로 사로잡혔을 때 찾아내는 경험을 한다. 함께 사로잡혔던 플라톤을 보며 피에르는 운명을 이겨내는 숭고함의 사례를 발견한다. 톨스토이의 《부활》에서는 귀족 영주가 자발적으로 어떤 창녀를 돕고자 시베리아까지 따라가며 인생의 진정한 의미를 깨우치는 이야기가 그려진다. 이런 사례는 얼마든지 이어진다.

224 Solschenizyn, *Der Archipel GULAG II*, p.586.

225 "네가 '어떤 대가를 치르고서라도 살아남겠다는 태도'를 버리고, 차분하고 단순한 길을 가기로 결심한다면, 이 결심은 예전의 너를 놀라울 정도로 변화시킨다. 이런 변화를 보며 내가 이럴 수 있구나 하고 너는 놀랄 게 틀림없다."(위의 책, p.589)

226 Längle, Alfried, "Das Sinnkonzept V. Frankls – ein Beitrag für die gesamte Psychotherapie", Petzold, Hilarion G./Orth, Ilse(hg), *Sinn, Sinnerfahrung, Lebenssinn in Psychologie und Psychotherapie, Bd. 2*(Bielefeld/Locarno, Aisthesis), pp.403~460.

227 헤겔의 법철학은 가족은 물론이고 사회 역시 상호 의무를 져야 하는 영역이라고 규정한다. 가족은 자연적인 혈통으로, 사회는 계약으로. 주체들이 어울려 사는 사회에서 인간은 상호 인정하며 책임을 지는 의무를 지켜야만 한다. 나의 자유가 사회 상황으로부터 비롯된다는 사실은 이 자유가 타인을 상대로 그 책임을 온전히 져야 함을 의미한다.[Hegel, Georg Wilhelm Friedrich, *Philosophie des Rechts*(Hamburg, Meiner, 1968)]

228 Fromm, Erich, *Haben oder Sein*(München, dtv, 1979), p.54.

229 Hillesum, *Das denkende Herz der Baracke*(Freiburg i. Br., Herder, 2014), p.189.

230 Taylor, Charles, *Ein säkulares Zeitalter*(Berlin, Suhrkamp, 2012), p.1122. 다음 문장도 새겨봄직하다. "가장 심오한 행복, 최고로 강렬한 행복은, 비록 순간의 행복에 지나지 않는다 할지라도, 충만한 의미에 몰입하는 것이다."(같은 책, p.1195)

231 "신과의 관계에서 자신의 정체성을 찾고자 하는 사람은 자신에게 강제된 모든 역할을 상대적으로 바라보면서, 심지어 모든 역할, 가족 내의 역할도 벗어던지려는 충동을 느낀다."(Bordt, Die Kunst, *die Eltern zu enttäuschen*, p.81)

232 언어의 기원은 인류가 오랫동안 씨름해온 문제다. 1940년에 독일의 인류학자 아르놀트 겔렌(Arnold Gehlen)은 언어의 기원을 집단이 함께 하는 행동이라고 설명한다. 이를테면 함께 사냥을 하려는 의도로 무리 지어 행동하면서 간단한 동사들을 쓰며 의사를 소통한 게 언어의 시작이라는 것이다.(Gehlen, Arnold, *Der Mensch*,

p.267ff.) 이와 완전히 반대되는 주장을 펴는 사람은 언어학자 노암 촘스키(Noam Chomsky)다. 그는 세계에서 가장 많이 인용되는 지성인이기도 하다. 촘스키는 언어를 "진리 출현의 대표적 사례이며, 복잡한 조직이 생겨나는 특별한 단계에서 그때마다 질적으로 다른 차이를 보이는 현상 가운데 하나"라고 설명한다.(Chomsky, Noam, *Language and Mind*(Cambridge, Cambridge University Press, 2006), p.62. 그리고 다음 인터뷰도 참조할 것. Chomsky, Noam, *The Science of Language. Interviews with James McGilvray*(Cambridge, Cambridge University Press, 2012).

233 Taylor, *Ein säkulares Zeitalter*, p.1251.

234 뛰어난 사회적 능력, 자율성, 그리고 문화는 인간의 대표적인 특성이다. "동물에게서도 이런 특성의 면면을 찾아볼 수 있기는 하지만, 인간은 평생에 걸쳐 사회성과 자율성을 키우며 문화를 즐기는 유일한 생명체다."(Sumser, Evolution der Ethik, p.213) 자연스럽게 고개를 드는 의문은 이런 특성들이 인간의 언어능력을 빚어준 것인지, 아니면 언어가 이런 특성들을 강화해준 것인지 하는 물음이다. 그러나 이 물음은 닭이 먼저냐, 달걀이 먼저냐 하는 것과 같다. 특성과 언어는 서로 영향을 주고받으며, 인간의 고유성을 만들어준다. 볼비가 보는 관점도 마찬가지다. "언어와 상징을 구사하는 인간의 능력, 계획을 짜고 모델을 개발하며, 장기적으로 협력하면서 반대편과 지칠 줄 모르고 갈등을 벌이는 능력이 오늘날 우리가 보는 모습 그대로의 인간을 형성시켰다. 이 모든 과정의 기원은 생후 첫 3년 안에 그 기틀을 얻는다."(다음 자료에 인용된 것을 재인용함; Grossmann/Grossmann, Bindungen, p.597)

235 영지주의에서 계몽주의를 거쳐 니체에 이르기까지 이런 해석은 줄기차게 이어져 왔다. 오늘날에는 특히 C. G. Jung의 이원론적 인간 원형 이론을 따르는 심리학자들이 즐겨 이렇게 해석한다. 이를테면 독일 신학자이자 작가인 오이겐 드레버만(Eugen Drewermann)은 인간이 자신의 자유로 할 수 있는 것이라야 오로지 자기 자신을 되돌아보는 반성일 뿐이며, 이 반성으로 자신의 순수함만 잃는 비극적 존재라고 본다.[Drewermann, Eugen, *Strukturen des Bösen III*(Paderborn/Wien, Schöningh, 1978), pp.438~441]

236 이 맥락을 자세히 다룬 자료는 다음의 것이다. Safranksi, Rüdiger, *Das Böse oder das Drama der Freiheit*(München/Wien: Hanser, 1984), p.64.

237 Längle, *Das Sinnkonzept V. Frankls.*

238 이를테면 아이들은 어떤 사건이든 그 배후에는 항상 원인 제공자가 있다고 믿는 성향을 보여준다. 이런 성향이야말로 창조주가 모든 것을 만들고 관장한다는 종교적 세계관의 바탕이다. "우리는 '선천적 종교인'으로 세상에 태어난다. 우리 두뇌가 문제를 푸는 방식은 '신이 해답을 안다'는 발상에 바탕을 두기 때문이다."(Sumser, Evolution der Ethik, p.5) 이런 성향이 아동의 두뇌가 보이는 일종의 착각이라는 주장은 과학적으로 전혀 입증되지 않았다. 다른 많은 합리적 판단 역시 어린 시절에 이미 시작된다. 이를테면 물건의 항상성(물건은 우리가 눈으로 보지 않는다고 해도 사라지지 않고 원래 자리에 있다는 것), 원인과 결과의 관계를 따져가며 상대방이 다른 의도를 가진다고 예견하는 판단, 어머니가 자신을 사랑한다는 믿음 등은 아이들의 그저 순진한 생각이 아니라, 두뇌의 타고난 능력으로 보아야만 한다.

239 소설이나 드라마로 서사를 즐기는 것은 이야기를 체험하는 인간의 독특한 특징이다. 흥미롭게도 문학사의 흐름과 더불어 개인의 내면을 들여다보고자 하는 관심, 이를테면 소설, 특히 자서전으로 내면을 들여다보고자 하는 관심은 갈수록 커져왔다. 아우렐리우스 아우구스티누스(Aurelius Augustinus)의 《고백록(Confessiones)》은 최초의 자서전으로 간주되는 작품이다. 이후 약 1,400년 동안 자서전이라는 장르는 조용했다가 장자크 루소(Jean-Jacques Rousseau)의 《고백록(Les Confessions)》 (1782)으로 화려하게 부활했다. 유고를 편집해 출간된 이 책에서 루소는 조금도 꾸밈이 없는 솔직함으로 자신의 어린 시절과 청소년기를 전대미문의 방식으로 털어놓아 대중을 일대 충격에 빠뜨렸다. 이 기록으로 루소는 지속적인 영향력을 자랑한다. 이야기는 당사자의 의미 지향성을 향상시킬 뿐만 아니라, 상대의 관점을 받아들여 공감할 줄 아는 능력도 키운다. 이런 공감 능력은 두뇌 안에서 서로 직접 맞닿아 있으며 층층이 쌓여 중첩적 구조를 가지는 거울 뉴런 덕분이라고 한다.[Rizzolatti, Giacomo/Sinigaglia, Corrado, Empathie und Spiegelneurone(Berlin, Suhrkamp, 2008), pp.162~173]

240 Platon: Werke in acht Bänden, Gunther Eigler(hg), Friedrich Schleiermacher(ubers.) (Darmstadt, Wissenschaftliche Buchgesellschaft, 1977).

241 예를 들어 1969년에 출간되어 폭발적인 인기를 얻은 책 《자존감의 심리학(The Psychology of Self-Esteem)》이 이런 개인주의를 대변한다. 이 책의 저자 너새니얼 브랜든(Nathaniel Branden)은 자존감이 높은 사람일수록 더 높은 목표를 추구한다고 강조한다. 객관적 의미가 아니라 오로지 자신의 가치를 중시하는 태

도를 개인주의는 표방한다.[Branden, Nathaniel, *The Psychology of Self Esteem: A Revolutionary Approach to Self-Understanding That Launched a New Era in Modern Psychology*(Hoboken, John Wiley & Sons, 1969)] 더 큰 맥락에서 현대의 자아 중심 사상의 발생을 다루는 자료는 다음 것이다. Taylor, *Quellen des Selbst*. 이에 비판적 입장을 취하는 책도 살펴볼 것. Jean Twenge, *Generation Me*.

242 Taylor, *Quellen des Selbst*, p.876.

243 Scruton, *On Human Nature*, p.142f.

244 Rohr, Richard, *Falling Upward: A Spirituality for the Two Halves of Life*(Hoboken, John Wiley & Sons, 2011), p.201.

245 미국의 문화 철학자인 찰스 아이젠스타인(Charles Eisenstein)은 이런 이치를 시적으로 아름답게 표현한다. "인생 목표는 다른 존재를 보살펴야 하는 요구에 아무런 보상을 바라지 않고 비켜선다. 이 문장을 다시 한번 읽어보기 바란다. 이것이야말로 성자들이 우리에게 베푼 기쁨의 비결이지 않은가?" Eisenstein, Charles, *Renaissance der Menschheit*, p.763.

246 1998년 9월 5일의 일기. 다음 인터넷 사이트에서 인용함(영문의 독일어 번역은 내가 했음). "The Diary of Eric Harris"; http://melikamp.com/features/eric.shtml(전문)

247 "Wahlen Sie den besten Nirvana-Song!(최고의 니르바나 곡을 고르세요!)"(필자 미상), *Stern*(2011. 9. 23); https://www.stern.de/kultur/musik/20-jahre--nevermind--waehlen-sie-den-besten-nirvana-song--3772312.html

248 이는 의학적으로도 분명한 사실이다. 최신 의학 연구는 자신의 인생을 의미 충만하다고 여기는 사람이 뇌졸중과 심장마비에 걸리는 확률이 그렇지 않은 사람에 비해 두 배 반 더 낮다고 확인했다. 의미 문제는 사망률에 확연한 영향을 미친다. Alimujian, Aliya/Wiensch, Ashley, "Association Between Life Purpose and Mortality Among US Adults Older Than 50 Years", *JAMA Netw Open*(2019) 2(5):e194270, doi:10.1001/jamanetworkopen.2019.4270

249 Solschenizyn, *Der Archipel GULAG II*, p.579.

250 Weber, Max, *Die protestantische Ethik und der Geist des Kapitalismus*(München, C. H. Beck 2013), p.12.

251 Lubin, Gus, "There's A Staggering Conspiracy Behind The Rise Of Consumer Culture", *Buisness Insider*(2013. 2. 23); https://www.businessinsider.com/birth-of-

consumer-culture-2013-2?r=DE&IR=T#ever-ything-from-shoes-to-cars-was-promoted-in-functional-termsmeant-to-appeal-to-a-ra-tional-consumer-2

252 Rosa, *Resonanz*, p.671ff.

253 나는 다음 책 덕분에 이 문제의 핵심을 간결하게 잡을 수 있었다. Comer, John Mark, *The ruthless elimination of hurry*(New York, Random House, 2019), p.180. 보드리야르의 소비 이론은 다음 책을 볼 것. Baudrillard, Jean, *Die Konsumgesellschaft*(Berlin, Springer, 2015).

254 국가별 매년 출간되는 도서 종수, Wikipedia(Englisch), 2021년 8월 3일 기준; https://en.wikipedia.org/wiki/Books_published_per_country_per_year

255 Garba, Stephen/Adamu, Ahmed/Mai, Ahmed, "Proliferations of Scientific Medical Journals: A Burden or A Blessing", *Oman Medical Journal, 25(4)*.(2010), pp.311~314; https://www.ncbi.nlm.nih.gov/ pmc/articles/PMC3191655

256 Kahneman, Daniel, *Schnelles Denken, langsames Denken*(München, Siedler, 2012), p.309.

257 다음 책은 관련 연구 자료들을 풍부히 담았다. Spitzer, Manfred, *Digitale Demenz*(München, Droemer, 2012).

258 Han, *Im Schwarm*, p.56. 매우 시적인 다음 문장은 음미해볼 만하다. "정보는 지식의 포르노그래피다. 정보에는 지식의 내부를 이루어주는 뼈대가 없다."[Han, *Die Errettung des Schönen*(Frankfurt a. M., Fischer, 2015), p.19]

259 Postman, Neil, *Wir informieren uns zu Tode*(Bonn, Deutsches Inst. für Erwachsenenbildung, 1993). 영어 원제는《How to Watch TV News》다.

260 Anderson, Chris, "The end of theory"; https://www.wired.com/ 2008/06/pb-theory 한병철은 크리스 앤더슨이 이론 개념을 충분히 이해하지 못한 모양이라고 비판한다. "데이터만으로 이뤄지는 생각이란 없다. 데이터만 가지고 할 수 있는 것은 계산일 따름이다."[Han, Byung-Chul, *Agonie des Eros*(Berlin, Matthes & Seitz, 2012), p.84]

261 Lesch/Schwartz, *Unberechenbar*, p.32.

262 뮌헨의 사회학자 아르민 나세히(Armin Nassehi)는 여러 글에서 이 문제의 심각성을 경고한다. Nassehi, Armin, *Die letzte Stunde der Wahrheit: Kritik der komplexitätsvergessenen Vernunft*(Hamburg, Murmann, 2018).

263 Twenge, Jean, "Have Smartphones Destroyed a Generation?"; https://www. theatlantic.com/magazine/archive/2017/09/has-the- smartphone-destroyed-a-generation/534198

264 Spitzer, Manfred, *Cyberkrank!*(München, Droemer, 2015), p.112. 알렉산더 마르코베츠 역시 디지털 번아웃을 다룬 책에서 비슷한 주장을 선보였다. Markowetz, Alexander, *Digitaler Burnout: Warum unsere permanente Smartphone-Nutzung gefährlich ist*(München, Droemer, 2015).

265 Weis, Robert/Cerankosky, Brittany C., "Effects of video-game ownership on young boy's academic and behavioral functioning: A randomized, controlled study", *Psychological Science, 21*(2010), pp.463~470.

266 Spitzer, *Digitale Demenz*, p.234.

267 Wilson, Timothy D./Reinhard, David A.(et al.), "Just think: The challenges of the disengaged mind", *Science, 345*(2014)(Nr. 6192), pp.75~77. doi: 10.1126/science.1250830. 다음 자료에서 인용된 것을 재인용함. Spitzer, *Cyberkrank!*, p.348ff.

268 Tworuschka, Udo, *Die Einsamkeit*(=Untersuchungen zur allgemeinen Religionsgeschichte 9)(Bonn, Röhrscheid, 1974).

269 Hillesum, *Das denkende Herz der Baracke*, p.161.

270 "왜 종소리가 울릴 때 우리의 감각은 흐려질까"라는 의미심장한 부제목이 붙은 다음 책은 읽어볼 만하다. Liedtke, Rüdiger, *Die Vertreibung der Stille*(München, Schöneberger, 1985).

271 Pawlik, V., "Anzahl der Personen in Deutschland, die Bücher lesen, nach Häufigkeit von 2016 bis 2020"(Statista, 2020); https://de.statista.com/statistik/daten/studie/171231/umfrage/ haeufigkeit-des-lesens-von-einem-buch

272 《서구의 필독서》라는 제목의 책에서 문학 연구가 해럴드 블룸(Harold Bloom)은 이미 1990년대에 셰익스피어의 〈율리우스 카이사르〉가 고등학교의 교과서에서 사라지고 말았다고 한탄한다. 이 희곡을 읽기에 필요한 학생들의 주의력이 현저히 떨어진 것이 그 원인이다.[Bloom, Harold, *The Western Canon*(New York, Riverhead, 1995), p.520.]

273 글을 읽지 못하는 난독증에 시달리는 아이들은 반사회적 성향을 보인다는 통계 자료가 있다. Maughan, B./Pickles, A./Hagell, A./Rutter, M./Yule, W., "Reading

problems and antisocial behaviour: Developmental trends in comorbidity", *Journal of Child Psychology and Psychiatry, 37*(1996), pp.405~418. 이는 나중에 직업 생활에도 영향을 미친다. Maughan, B./Gray, G./Rutter, M., "Reading retardation and antisocial-behavior — a follow-up into employment", *Journal of Child Psychology and Psychiatry, 26*(1985), pp.741~758; doi:10.1111/j.1469 - 7610.1985.tb00588. xdoi:10.1111/j.1469 - 7610.1996.tb01421.x.

274 1998년 7월 29일의 일기. 주석 246번 참조.

275 토마스 아퀴나스의 사상을 간략히 살필 수 있는 자료에는 다음의 것이 있다. "Fundación Tomás de Aquino: S. Thomae de Aquino opera omnia": https://www. corpusthomisticum.org/iopera.html

276 이 극적인 전환을 위르겐 하버마스와 한스 우르스 폰 발타자르는 서로 다른 방식이기는 하지만, 매우 실감 나게 서술한다. Habermas, Jürgen, *Auch eine Geschichte der Philosophie I*(Berlin, Suhrkamp, 2019), p.765ff.; Balthasar, Hans Urs von, *Herrlichkeit, Im Raum der Metaphysik, Altertum*(Freiburg, Johannes Verlag Einsiedeln), p371ff.

277 Hume, David, *A Treatise of Human Nature*, P. H. Nidditch & L. A. Selby-Bigge(hg.) (Oxford, Oxford University Press, 1978), I - III.

278 인간 본성을 보는 헤겔과 마르크스의 공통된 생각을 에리히 프롬은 매우 적절하게 짚어냈다. "스피노자, 괴테, 헤겔, 그리고 마르크스도 마찬가지로 인간은 생산적인 한에서만 살아 있는 존재이며, 인간의 고유한 힘을 표현하고자 하는 행동으로 물질 세계를 파악하는 한에서, 이 힘으로 세계를 파악하려 노력하는 한에서 살아 있는 존재다. 생산적이지 않은 인간, 수용적이며 수동적인 인간은 아무것도 아닌, 죽은 존재다."[Fromm, Erich, *Marx's Concept of Man*(London, Continuum, 2004), p.26]

279 독일의 자연 연구가 요한 프리드리히 블루멘바흐(Johann Friedrich Blumenbach)는 1780년 생명체가 더 높게 발달하고 번식하려는 특성을 가진다며, 이를 두고 '교육 본능'이라고 불렀다.

280 Haeckel, Ernst, "Stellung der Welträtsel", *Die Welträtsel*(=Gemeinverständliche Werke III)(Leipzig/Berlin, Kröner und Henschel, 1927), p.11.

281 위의 책, p.20.

282 Schopenhauer, Arthur, *Die Welt als Wille und Vorstellung II*(=ders.: Sämtliche

Werke,Bd. 2), Wolfgang von Löhneysen(hg.)(Frankfurt a. M., Suhrkamp, 1986).

283 *Die fröhliche Wissenschaft*, p.125(Friedrich Nietzsche, KSA III), p.480f.

284 Nietzsche, Friedrich, KSA VI, p.81.

285 *Zur Genealogie der Moral*, Vorrede, p.6(Nietzsche, Friedrich, KSA V), p.253.

286 Freud, Sigmund, *Das Unbehagen in der Kultur*, p.213.

287 카뮈의 다음 작품은 "철학은 자살이라는 문제나 진지하게 다룰 수 있다."라는 문
장으로 시작한다. Camus, Albert, *Der Mythos des Sisyphos*(Reinbek bei Hamburg,
Rowohlt, 2000), p.11.

288 Deleuze, Gilles, *Woran erkennt man den Strukturalismus?*(Berlin, Merve, 1973), p.17.

289 바로 그래서 들뢰즈는 구조주의가 "새로운 유물론, 새로운 무신론, 새로운 안티 휴
머니즘과 따로 떼어볼 수 없다."라고 설명한다(위의 책, p.19). 다시 말해서 구조주
의는 "주체의 정체성을 논란거리로 만들며, 주체를 이곳에서 저곳으로 떠도는 유목
민으로 남게 한다."(위의 책, p.55) "그래서 인간과 신은 지구를 병들게 하는 원인,
곧 구조를 망가뜨리는 주범이다."(위의 책, p.56)

290 포스트 구조주의를 개괄할 수 있는 입문서는 다음과 같다. Foucault, Michel, *Die
Archäologie des Wissens*(Frankfurt a. M., Suhrkamp, 1994).

291 루트비히 비트겐슈타인(Ludwig Wittgenstein)이 인생의 말년에 이르러 빈(Wien)
학파의 경험주의와 작별한 것과 이와 맞물린 철학의 '언어 전환(linguistic turn)'
과 분석철학의 발생은 당시 철학의 다양한 발전 흐름 가운데 대표적인 것이다.
이 흐름을 가장 잘 조망해주는 책, 논쟁적이기는 하지만 문제의 핵심을 잘 짚
은 책은 리처드 로티(Richard Rorty)가 쓴 것이다. Rorty, Richard, *Der Spiegel der
Natur*(Frankfurt a. M., Suhrkamp, 1986). 분석철학의 발생은 다음 자료를 참조
할 것. Dummett, Michael, *Ursprünge der analytischen Philosophie*(Frankfurt a. M.,
Suhrkamp, 1992). 학문 이론과 결합해 흥미로운 논의를 펼치는 책은 토마스 쿤이
쓴 것이다. Thomas Kuhn, *Die Struktur wissenschaftlicher Revolutionen*(Frankfurt a. M.,
Suhrkamp, 1996). 심지어 오스트리아 철학자 파울 파이어아벤트(Paul Feyerabend)
는 참이나 거짓은 아예 없다는 더욱 과격한 주장을 펼친다.

292 "극단적 구성주의는 숨길 수 없이 도구주의일 따름이다. 극단적 구성주의는 진
리 개념을 유용성이라는 개념으로 대체한다."라고 오스트리아 철학자 클라저펠
트는 주장한다.[Glasersfeld, Ernst von, *Radikaler Konstruktivismus*(Frankfurt a. M.,

Suhrkamp, 1996), p.55] 나중에 글라저펠트는 구성주의 자체가 참인지 거짓인지도 물을 수 없다고 보았다. 구성주의는 그저 도구에 지나지 않기 때문이다. "구성주의의 가치는 실제 유용하게 쓸 수 있느냐의 성공 여부에 따라 그 가치가 정해진다." 다만 이 '성공'은 무엇을 뜻할까? 누가 어떤 기준으로 성공 여부를 결정할 수 있을까?

293 이 문제를 개괄할 수 있는 입문서로는 다음의 책이 있다. Delgado, Richard, *Critical Race Theory. An Introduction*(New York, New York University Press, 2017).

294 이 사건을 두고 '비판 이론'과 포스트모더니즘 일반을 겨눈 공격이라는 평이 주를 이루었다. 논리적 근거가 턱없이 부족하며, 다른 입장을 전혀 수용하지 못하는 마치 사이비 종파 같은 담론이 이런 풍조를 만들어냈다는 비판이다. 이 문제와 관련해 영국의 진화생물학자 리처드 도킨스(Richard Dawkins)는 특히 다음 책을 추천한다. Lindsay, James/Pluckrose, Helen, *Cynical Theories: How Activist Scholarship Made Everything About Race, Gender, and Identity: And Why This Harms Everybody*(Durham, Pitchstone, 2020).

295 "우크라이나 하르키우의 대기근과 캄보디아의 킬링필드는 완벽한 인간이라는 고결한 이상을 실천하려는 무신론자들의 실험 탓에 빚어졌다."(Taylor, *Quellen des Selbst*, p.896.)

296 Solschenizyn, *Der Archipel GULAG, II*, p.593.

297 위의 책, p.602.

298 위의 책, p.583.

299 상대주의와 구성주의를 쉽게 읽을 수 있으면서도 간명하게 정리한 책에는 다음 것들이 있다. Boghossian, Paul, *Angst vor der Wahrheit*(Frankfurt a. M., Suhrkamp, 2013); Nagel, Thomas, *Das letzte Wort*(Stuttgart, Reclam, 1999).

300 다음 책에 인용된 것을 재인용한 것이다. Spaemann, Robert, *Moralische Grundbegriffe*(München, C. H. Beck, 2015), p.34.

301 Lukács, Georg, *Was ist orthodoxer Marxismus?*(Neuwied/Berlin, Luchterhand, 1968), p.69.

302 '표현주의'는《Quellen des Selbst》(p.639ff)를, '진정성'은《Ein säkulares Zeitalter》(p.788ff)를 각각 볼 것.

303 이런 흐름을 그림처럼 잘 정리해 보여주는 책은 다음 것이다. Trueman, Carl R., *The Rise and Triumph of the Modern Self*(Wheaton, Crossway, 2020).

304 "정서주의는 모든 평가적 판단, 더욱 구체적으로는 모든 도덕적 판단, 곧 도덕 또는 평가라는 성격을 가지는 모든 판단은 선호의 표현, 태도 또는 감정의 표현일 뿐이라는 주의다."[MacIntyre, Alasdair, *After Virtue*(London, Duckworth, 1985), p.11f]

305 테일러 스위프트의 1989년 앨범에 수록된 〈Welcome to New York〉에 나오는 가사.

306 Revers, Matthias/Traunmüller, Richard, "Is Free Speech in Danger on University Campus? Evidence from a Most Likely Case", *Kölner Zeitschrift für Soziologie und Sozialpsychologie, 72*(2020), pp.471~497.

307 로크는 관용이라는 주제를 다룬 1689년의 에세이에서 이렇게 주장했다. 이 에세이는 근대 자유사회의 기초를 닦은 중요한 기록 가운데 하나다.

308 "Statista Research Department: Umfrage zur Meinungsäußerung in Deutschland 2019"(Statista, 2019. 11. 7); https://de.statista.com/statistik/daten/studie/1067107/umfrage/umfrage-zur-meinungsaeusserung-in-deutschland

309 Selby, Jenn, "Bob Dylan: Singer-songwriter charged with incitement to racial hatred in France", *The Independent*(2013. 12. 2); https://www.independent.co.uk/arts-entertainment/music/news/bob-dylan-sued-for-alleged-racism-8978039.html

310 Coleman, Paul, *Zensiert: Wie europäische "Hassrede"-Gesetze die Meinungsfreiheit bedrohen*(Basel, Frontis, 2020).

311 Sen, Amartya, *Die Identitätsfalle*(München, dtv, 2010), p.185.

312 Komor, Alexis C./Yongjoo, B. Kim(et al.), "Programmable Editing of a Target Base in Genomic DNA Without Double-Stranded DNA Cleavage", *Nature, 533*(2016) (Nr. 7603), pp.420~424; https://doi.org/10.1038/nature17946

313 Jinek, Martin/Chylinski, Krzysztof(et al.), "A Programmable Dual-RNA-Guided DNA Endonuclease in Adaptive Bacterial Immunity", *Science, 337*(2012)(Nr. 6096), pp.816~821; doi: 10.1126/science.1225829

314 오늘날의 '트랜스휴머니즘'이 어떤 사고방식을 가졌는지, 그 본의는 무엇인지 잘 살필 수 있게 해주는 자료는 다음 웹사이트를 참조할 것. 'Humanity+', https://humanityplus.org 특히 1998년부터 계속 최신 정보로 업데이트되는 사이트는 다음 것이다. 'Transhumanist Declaration', https://humanityplus.org/philosophy/transhumanist-declaration 이 문제를 체계적으로 조망할 수 있게 해주는 자료는 다음 것이다. Bostrom, Nick, "A History of Transhumanist Thought", *Journal*

of Evolution and Technology, 14/1(2004), pp.1~25. '트랜스휴머니즘 철학'을 옹호하는 미국 언어권의 개론서는 다음 것이다. More, Max, "The Philosophy of Transhumanism", Vita-More, Natasha(hg.), *The Transhumanist Reader. Classical and Contemporary Essays on the Science, Technology, and Philosophy of the Human Future*(Chichester, Wiley-Blackwell, 2013), pp.3~17. 독일어권 자료는 다음 것이다. Sorgner, Stefan L., *Transhumanismus. "Die gefährlichste Idee der Welt?!"*(Freiburg i. Br., Herder, 2016).

315 그 좋은 예는 이른바 '장수 탈출 속도(longevity escape velocity)', 곧 새로운 생명의학 기술로 수명을 빠르게 연장시키려는 실험이 오늘날 사람들에게 죽음을 계속 늦출 수 있다는 희망을 품게 만든다고 노인 학자 오브리 드 그레이(Aubrey de Grey)는 강조한다. de Grey, Aubrey/Rae, Michael, *Ending Aging. The Rejuvenation Breakthroughs That Could Reverse Human Aging in Our Lifetime*(New York, Griffin, 2007). 특히 p.330f. 같은 생각을 대변하는 책은 다음 것이다. Kurzweil, Ray/Grossman, *Terry, Fantastic Voyage. Live Long Enough to Live Forever*(Emmaus, Plume, 2005). 특히 pp.1~13.

316 Duerr, Oliver, *Zur eschatologischen Transformation des Menschen im Zeitalter des Transhumanismus*, Dissertation an der Universität Freiburg(CH). 아직 출간되지 않음.

317 필자 미상, "Bundesgerichtshof bestatigt Schuldspruch gegen zwei Frauenarzte, Deutsches", *Ärzteblatt*(2021. 1. 4); https://www.aerzteblatt.de/nachrichten/119839/Bundesgerichtshofbestaetigt-Schuld-spruch-gegen-zwei-Frauenaerzte

318 'PID' 허용 문제는 벌써 오래전부터 윤리위원회와 법원이 다루고 있다. 그러나 현실에서 이 방법은 갈수록 더 인기를 끌고 있다. Kiworr, Michael/Bauer, Axel W.(et al.), "Vorgeburtliche Diagnostik. Schritte auf dem Weg zur Eugenik", *Deutsches Ärzteblatt*(2017. 6), A255 - 257.

319 영국의 생물학자이자 철학자 줄리언 헉슬리(Julian Huxley)는 트랜스휴머니즘 운동의 선구자이자, 확신에 찬 우생학자였다. 또 다른 선구자 조지프 플레처(Joseph Fletcher)는 신체적으로나 정신적으로 제약을 받는 아이들("정신적 장애 또는 지체 부자유자, …근육위축병, 낭포성섬유증, 이분척추 환자")을 염두에 두고 이런 글을 썼다. "그런 불행한 피조물에게 우리가 가져야 할 도덕적인 관심은 정직하게 말해서

그들이 태어나는 것을 돕기보다는 태어나지 못하게 막는 일이다."[Fletcher, Joseph, *The Ethics of Genetic Control. Ending Reproductive Roulette*(New York, Prometheus, 1988), p.152f]

320 다음 자료를 참조할 것. Göcke, Benedikt P./Meier-Hamidi, Frank(hg.), *Designobjekt Mensch. Die Agenda des Transhumanismus auf dem Prüfstand*(Freiburg i. Br., Herder, 2018).

321 Harari, *Homo Deus*, p.445.

322 이데올로기 인간관을 열정적으로 비판하는 책은 다음 것이다. Fuchs, Thomas, *Verteidigung des Menschen. Grundfragen einer verkörperten Anthropologie*(Berlin, Suhrkamp, 2020).

323 Pascal, Blaise, *Les Pensées*, Charles-Marc des Granges(hg.)(Paris, Garnier, 1948), p.434.

324 인간이 세상에 홀로 살아가는 존재가 아니라는 사실을 철학자들은 윤리를 다질 바탕으로 삼았다. 이 문제와 관련한 헤겔의 생각은 앞서 이미 살펴본 바 있다. 에마뉘엘 레비나스(Emmanuel Lévinas)는 인간이 다른 사람의 얼굴을 보는 상황을 윤리의 토대로 삼았다. 타인의 얼굴은 살인을 절대 해서는 안 된다는 점을 직관적으로 일깨워준다. '형이상학 이후의 생각'이라는 프로젝트에서 위르겐 하버마스(Jürgen Habermas)는 대화의 실천으로 윤리의 기초를 다져야 한다고 보았다. "자율성은 자신이 절대적이라고 여기는 태도가 아니라, 지켜야 하는 한계에 자신을 맞추려는 노력을 뜻한다."(Habermas, *Auch eine Geschichte der Philosophie II*, p.804) 그럼에도 하버마스는 인간의 이성이 "세계 내 존재 전체를 초월하는 생각, 형이상학의 생각을 놓치면서 스스로 위축되고 만다."(같은 책, p.807.) 그러므로 형이상학 이후의 이성도 종교가 그리는 세계의 그림을 배우려는 자세를 잃지 않아야 한다.

325 Delp, Alfred, Gesammelte Schriften, Roman Bleistein(hg.), *Aus dem Gefängnis*(Frankfurt a. M., Knecht, 1984), p.236.

326 신이 존재하며, 인격적 신이라는 논리는 물론 증명될 수 있는 게 아니다. 그러나 이 믿음 자체는 논리적이며, 인격체인 인간이 어떻게 생겨날 수 있었는지 그 비밀을 설명하게 해준다는 점에서 모든 것을 물질로 풀어버리는 자연주의보다 훨씬 더 강력하다. 대단히 간결하기는 하지만 이 문제를 일목요연하게 풀어주는 책은 다음 것이다. Tetens, Holm, *Gott denken*(Stuttgart, Reclam, 2015). 이신론을 증명할 수는 없

지만, 모든 것을 물질로 돌리는 자연주의의 날선 논박 탓에 논쟁은 뜨겁기만 하다.
Nagel, Thomas, *Geist und Kosmos*(Berlin, Suhrkamp, 2013). 네이글 역시 아주 비슷한 논증을 펼친다. 개인의 '나'라는 관점은 물질로만 설명할 수 없기 때문에 자연과학으로만 세계를 설명하는 것은 불충분하다.

327 '경건함'을 학문적일 뿐만 아니라, 시적 감성까지 충만하게 다룬 책은 다음 것이다. Rosa, Hartmut, *Unverfügbarkeit*(Wien/Salzburg, Residenz. 2019).

328 Statista Research Department, "Welchen Aussagen zum Thema Glauben stimmen Sie nicht zu?"(Statista, 2006. 9. 20); https://de.statista.com/statistik/daten/studie/ 177273/umfrage/aussagen-zum-thema-glauben-denen-nicht-zugestimmt-wird

329 Duerr, Oliver, "Sie rufen 'Friede! Friede!', aber da ist kein Friede – Eine christliche Kritik des Transhumanismus in Zeiten von COVID-19", *Zeitschrift für Theologie und Philosophie*(Themenheft Anthropologie der Digitalisierung, 2021)

330 요하네스 호프는 '디지털 변화의 인류학'이라는 주제를 다루며 이런 논증을 펼친다. Hoff, Johannes, *Verteidigung des Heiligen*(Freiburg i. Br., Herder 2021).

331 기자 이름을 밝히지 않은 기사, "Wir haben deutsche Universitäten nach Hässlichkeit sortiert, *VICE Deutschland*(2018. 10. 29); https://www.vice.com/de/article/negabb/ universitaeten-deutschlandnach-haesslichkeit-sortiert

332 위의 기사.

333 '독일의 도시 미관(Stadtbild Deutschland)'이라는 이름의 단체는 이런 사례를 수집해 도시의 역사적인 본래 모습을 회복하거나 보존하는 것을 목표로 투쟁한다.

334 '비엔날레 2014'를 위해 칠레가 지은 전시관은 소비에트에서 싼값으로 생산된 조립식 주택이 칠레의 주택 건설에 어떤 영향을 끼쳤는지 고스란히 보여준다. Fredrickson, Trent, "Chilean pavilion reflects upon prefabricated past at venice biennale, designboom"(2014. 6. 11); https://www.designboom.com/architecture/ chile-pavilion-prefabricated-past-venice-architecture-biennale-06-11-2014

335 다음 자료를 참조할 것. Göpfert, Claus-Jürgen, "Die Inszenierung eines Traums", *Frankfurter Rundschau*(online)(2018. 5. 10); https://www.fr.de/frankfurt/ inszenierung-eines-traums-10986651.html

336 "TED 2010"(Long Beach, CA, 2010. 2. 12); https://www.ted.com/talks/denis_ dutton_a_darwinian_theory_of_beauty

337 이런 사실은 장례와 부장품을 넣는 풍습과 거의 동시에 생겨난 게 확실하다.(Zilhão, João, "Lower and Middle Palaeolithic Mortuary Behaviours and the Origins of Ritual Burial", p.42.)

338 최근 맥도날드 레스토랑은 전 세계적으로 3만 1천 곳(2006)에서 3만 9천 곳 (2019)으로 늘어났다. Graefe, Lena, "Entwicklung der Anzahl der Restaurants der McDonald's Corporation weltweit von 2006 bis 2020"(Statista, 2021. 8. 9); https://de.statista.com/statistik/daten/studie/244232/umfrage/entwicklung-der-anzahlder-restaurants-von-mcdonalds

339 '도큐멘타 14'의 미술감독 아담 심칙(Adam Szymczyk)은 이 전시회를 위해 발간 한《도큐멘타 독자(documenta reader)》에 기고한 장문의 글에서 자신의 기획 의도 를 순전히 정치적인 관점으로 설명한다. 갈수록 힘을 키우는 신자유주의의 세계에 서 "낡은, 더는 지탱하기 힘든 민족국가의 주권을 되살려내려는 시도"는 예술로 퇴 치되어야만 한다. 이런 예술의 핵심은 "주체의 자유를 철저히 실현해내는 것"이다. '도큐멘타 14'의 야심찬 목표는 "우리 세계의 완전히 새로운 실존 방식을 세우고 자 하는 시도"다.[Szymczyk, Adam, "Iterabilität und Andersheit", Latimer, Quinn/ Szymczyk, Adam(hg.), *Der documenta 14 Reader*(München/London/New York, Prestel, 2017), pp.17~42]

340 *Philebos*, 64e. Platon. Werke in acht Bänden, Gunther Eigler(hg.), Friedrich Schleiermacher(übers.)(Darmstadt, Wissenschaftliche Buchgesellschaft, 1977).

341 Heisenberg, Werner, *Quantentheorie und Philosophie*(Stuttgart, Reclam, 2016), p.98.

342 Spaemann, *Moralische Grundbegriffe*, p.15.

343 숭고함이라는 주제를 처음으로 자세히 다룬 책은 서기 1세기에 신플라톤주의의 롱 기누스(Longinus)라는 저자가 썼다고 잘못 알려졌으며 진짜 필자는 누구인지 알 수 없는《숭고함에 대하여(Peri hypsous)》다. 이 책은 숭고함이 압도하는 것만 같은 부 정적 느낌 역시 아름다움의 일종이라고 주장한다.

344 Hume, David, "Of the Standard of Taste"(1757), *The Philosophical Works of David Hume, Green & T. H. Grose*(hg.)(London, Longmans, Green and Co., 1874/75), Bd. 3. 이 텍스트는 다음 인터넷 주소에서도 볼 수 있다.; https://web.csulb. edu/~jvancamp/361r15.html

345 어떤 대상을 실제로 아무 이해관계가 없이 바라본다면, 모든 취향 판단에 우리는 동

의해야 마땅하다. 또 이런 동의는 이론적으로도 객관적이다.(《판단력 비판(Kritik der Urteilskraft)》에서 '미적 판단력 비판'의 첫 단락 제목은 "취향 판단은 미학적이다"이다. Kant, Immanuel, Akademie-Ausgabe, Bd. 5(Kritik der Urteilskraft), p.203.

346 "(…)머리에 이르는 길은 심장으로 열려야만 한다. 공감 능력을 키우는 일이야말로 시대의 더욱 절박한 요구다." 실러가 인간의 아름다움 교육을 주제로 쓴 여덟 번째 편지 가운데 등장하는 내용이다.[Gesammelte Werke in fünf Bänden, Reinhold Netolitzky(hg.)(Bielefeld, Bertelsmann, 1960), p.345]

347 실러는 다음 자료를 참고해가며 숭고함을 논구한다. Edmund Burke, *A Philosophical Enquiry into the Origin of Our Ideas of the Sublime and Beautiful*(1756)

348 Keats, John, *Ode on a Grecian Urn*, V.46~50.

349 Stendhal, *Über die Liebe*(Frankfurt a. M., Insel, 1975), p.76.

350 Nachgelassene Fragmente, 1887~1889(Nietzsche, Friedrich, KSA XIII, p.500).

351 Jury, Louise, "'Fountain' most influential piece of modern art", *The Independent*(2004. 12. 2); https://www.independent.co.uk/news/uk/this-britain/fountain-most-influential-piece-of-modern-art-673625.html

352 Taylor, *Ein säkulares Zeitalter*, p.678.

353 Baudelaire, Charles, *Die Blumen des Bösen*(Stuttgart, Reclam, 1992), p.105.

354 다음 자료에 인용된 것을 재인용한 것이다. Liessmann, Konrad Paul, *Schönheit*(Wien, facultas wuv, 2009), p.65.

355 Scruton, Roger, *Schönheit*(München, Diederichs, 2012), p.224ff.

356 Homer, *Ilias*, Wolfgang Schadewaldt(ubers.)(Frankfurt a. M., Insel, 1975), XXIV, p.54.

357 Scruton, *Schönheit*, p.130.

358 Sartre, Jean-Paul, *Der Ekel*(Reinbek bei Hamburg, Rowohlt, 1982), p.194f.

359 Loos, Adolf, *Samtliche Schriften in zwei Banden*, Franz Glück(hg.)(Wien/München, Herold, 1962), Bd. 1, pp.276~288.

360 Wolf, Norbert, *Architektur verstehen*(Darmstadt, Primus, 2012), p.13.

361 바우하우스의 구상과 연구 역사는 다음 자료를 참조할 것. Prigge, Walter(hg.), *Ikone der Moderne*(Berlin, Jovis, 2006).

362 '국제 양식'이라는 개념은 1932년 뉴욕의 전시회에서 처음으로 등장했다. 이 전시

회에서 바우하우스는 새로운 양식의 패러다임으로 여겨졌다.[Hitchcock, Henry-Russell/Johnson, Philip, *The International Style*(New York, Norton and Co., 1932] 물론 그로피우스는 '국제 건축'이라는 개념을 먼저 썼다. 바우하우스가 1925년 출간한 총서의 제1권은 이 제목을 달았다.

363 그로피우스 자신도 "새로운 건축예술은 시대의 정신적이고 사회적이며 기술적 전제 조건의 요구를 피할 수 없이 따라야 한다."라고 강조한다.[다음 자료에 인용된 것을 재인용한 것이다. Schulze, Ulrich, "Das Bauhaus in Dessau von Walter Gropius. Die Schönheit der Funktion", Marek, Kirstin/Schulz, Martin(hg.), *Kanon Kunstgeschichte III*(Paderborn, Fink, 2015), pp.263~284, p.271]

364 Marinetti, Filippo Tommaso, "Das futuristische Manifest", Chipp, Herschel B., *Theories of Modern Art*(Berkeley/Los Angeles, University of California Press, 1968), p.286.

365 미스 판 데어 로에가 1935년 브뤼셀에서 열린 국제박람회의 독일 전시관 설계 공모에 지원했을 때 그의 설계 스케치에 나치스의 하켄크로이츠 깃발이 그려진 것은 우연이 아니다.(Welsch, Celina R., "Mies van der Rohe's Compromise with the Nazis"; https://doi.org/10.25643/bauhaus-universitaet.1145)

366 히틀러의 총애를 받았던 건축가 알베르트 슈페어(Albert Speer)가 뉘른베르크의 나치스 전당대회 행사장인 '제국전당대회부지(Reichsparteitagsgelände)'를 중심으로 시도한 거대한 건설 프로젝트 역시 르 코르뷔지에와 놀랍도록 흡사하다. 기능 중심의 미학은 나치 프로파간다 역할을 충실히 했다. 나치스에 협력했던 영화감독 레니 리펜슈탈(Leni Riefenstahl)의 작품 〈의지의 승리(Der Triumph des Willens)〉는 운동선수의 몸을 아름다움의 상징으로 표현하며, 완벽하게 기능하는 기계로 묘사했다. 인간을 노동 기계이자 전투 기계로 기능하게 만들려는 의도를 노골적으로 드러낸 영화다.

367 Sagmeister, Stefan/Walsh, Jessica, *Sagmeister & Walsh: Beauty*(London, Phaidon, 2018), p.62.

368 1955년 소비에트 공산당 중앙위원회가 내린 결정, "계획과 건설의 지나친 요소의 제거" 역시 이런 요구를 고스란히 반영했다. 이렇게 시작된 건설 경기 호황을 대중은 '흐루쇼카(Chruschtschowka)'라 불렀다. 이는 곧 대량으로 제작된 조립주택 단지를 부른 표현이다.

369 Gropius, Walter, *Bauhausbauten Dessau*(München, Langen, 1930), p.8f.

370 솔직함의 요구는 바우하우스 방문객들에게 도덕을 중시하자는 환기다(Schulze, p.278)

371 Roberto del Signore, "Die Strassen von Rom", Referat für die Politischen Angelegenheiten im Bereich der Internationalen Förderung des Tourismus, o. D.; https://www.enit.de/uploads/tx_pdforder/latium_die_strassen_von_rom.pdf

372 Brühl, Jannis. "Pornhubs dunkelste Nischen", *Süddeutsche Zeitung*(2020. 12. 7); https://www.sueddeutsche.de/digital/vorwuerfe-gegen-porno-webseite-pornhubs-dunkelste-nischen-1.5140263

373 Exodus Cry; https://exoduscry.com

374 Zahavi, Amotz/Zahavi, Avishag, *Signale der Verständigung: Das Handicap-Prinzip*(Frankfurt a. M., Insel, 1998).

375 암컷이 아름다움을 기준으로 짝을 고르는 수많은 사례는 미국 텍사스주의 오스틴 대학교 생물학과 교수 마이클 라이언(Michael Ryan)이 쓴 다음 책이 보여준다. *A Taste for the Beautiful*(Princeton, Princeton University Press, 2017).

376 Prum, Richard, *The Evolution of Beauty*(New York, Doubleday, 2017).

377 진화생물학자 길 로젠탈(Gil Rosenthal)은 동물 암컷은 '좋은 유전자'를 가졌을 거라고 여겨지는 기준에 따라 짝을 고른다고 주장한다. 그는 아름다움이 어떤 특정한 목적을 추구하는 것은 아니라고 본다. 그저 다양한 생체 작용들이 맞물려 빚어낸 것이 아름다움이라고 한다. Rosenthal, Gil, *Mate Choice. The Evolution of Sexual Decision Making from Microbes to Humans*(Princeton, Princeton University Press, 2017).

378 Dutton, Denis, *The Art Instinct*(New York/Berlin/London, Bloomsbury, 2009), p.140.

379 위의 책, pp.141~163.

380 "인간의 본성은 개성과 취향에 따른 문화와 예술을 추구하도록 요구한다고 진화 미학은 주장한다."(Dutton, The Art Instinct, p.206.)

381 Wolchover, Natalie, "Pie Chart: Humanity's Favorite Colors", *Livescience*(2012. 7. 31); https://www.livescience.com/34105-favorite-colors.html

382 이미 1868년 물리학자이자 철학자 에른스트 마흐(Ernst Mach)는 프라하의 독일 카지노에서 행한 강연에서 대칭성이야말로 인간의 미적 감각을 이루는 기초라고 밝

힌 바 있다. 대칭성을 중시하는 원인은 원시인이 주변의 위험한 환경에서 살아남기 위해 물체를 식별할 감각을 키우는 것이 필요했기 때문이라고 한다. 이 강연은 1971년 《대칭성(Die Symmetrie)》이라는 제목으로 출간되었다. *Die Symmetrie*(Berlin, Xenomoi, 2008).

383 아름다움을 철저히 상대적인 것으로 보는 관점은 움베르토 에코(Umberto Eco)가 대변한다. 그는 자신의 책 《아름다움의 이야기(Storia della Bruttezza)》에서 후대는 아마도 오늘날 타당한 아름다움의 이상을 더는 확인하기 힘들 거라는 진단으로 끝맺는다. 포스트모던의 무차별성을 에코는 관용이라고 해석한다. 미래의 미학 이론가들을 두고 그는 이렇게 썼다. "무분별한 관용, 이것저것 뒤섞는 잡탕, 아름답다고 끌어댈 수 있는 모든 것을 섬기는 다신교 앞에서 미래의 미학자는 두 손 두 발 들 게 틀림없다."[Eco, Umberto, *Die Geschichte der Schönheit*(München, dtv, 2006), p.428]

384 문학에 적용되는 규칙을 다룬 책은 다음과 같다. Carroll, Joseph, *Literary Darwinism: Evolution, Human Nature, and Literature*(New York, Routledge, 2004), dtv pp.187~206.

385 Dutton, *The Art Instinct*, p.248.

386 Heisenberg, Werner, *Quantentheorie und Philosophie*(Stuttgart, Reclam, 1979), p.28.

387 위의 책, p.91~114.

388 위의 책, p.102.

389 Feynman, Richard, *The Character of Physical Law*(Cambridge MA., MIT Press, 1985), p.171.

390 "지난 20년 또는 30년 동안 어떤 면에서 나의 정신세계에서 변화가 일어났다. 30세 또는 그 넘어서까지 나는 밀턴, 그레이, 바이런, 콜리지, 셸리의 다양한 시들을 즐겨 읽었으며, 학창 시절에는 셰익스피어에, 특히 역사를 다룬 사극에 열광했다. 또 옛날 그림들을 보며 많은 생각을 했고, 음악을 들으며 커다란 기쁨을 느꼈다. 그러나 지금은 벌써 몇 년째 시 한 줄 읽기가 힘들다. 최근에는 셰익스피어를 읽으려 해보았지만, 참을 수 없이 따분해서 견딜 수가 없었다. 그림이나 음악을 즐길 줄 아는 취향도 거의 잃었다. (……) 나의 두뇌는 엄청나게 많은 사실들을 수집해 갈아서 보편적 법칙을 알아내려 작동하는 일종의 기계가 된 것만 같다. 어째서 이런 일이 드높은 취향을 담당하는 두뇌의 부분을 위축시켰는지 나는 알 수가 없다. 나보다 더 잘 훈련되었거나 보다 더 높은 수준에 오른 정신의 소유자는 이런 고통을 받지 않으리라.

인생을 다시 살 수만 있다면, 나는 매주 최소한 한 번은 시를 읽고 음악을 듣는 규칙을 지키리라. 그럼 아마도 지금은 위축된 뇌의 부분이 다시 쓰임을 받아 활성화하지 않을까. 취향의 상실은 곧 행복의 상실이며, 우리 본성의 감성을 약하게 만들어 지성, 특히 도덕 품성에 심각한 위해를 가한다."[Darwin, Charles, *The Life and Letters of Charles Darwin*(Cambridge University Press, 2009), pp.100~102]

391 Scarry, Elaine, *On Beauty and Being Just*(Princeton, Princeton University Press. 2001).

392 Angelus Silesius(Johannes Scheffler), *Der Cherubinische Wandersmann*(Stuttgart, Reclam, 1984), p.69.

393 Nebel, Gerhard, *Das Ereignis des Schönen*(Stuttgart, Klett-Cotta, 1997), pp.149~156.

394 Scruton, *Schönheit*, p.93.

395 위의 책, p.94.

396 Balthasar, Hans Urs von, *Herrlichkeit, Schau der Gestalt*(Johannes Verlag, Einsiedeln, 1988), p.16.

397 위의 책, p.17.

398 Ellard, Collin, *Places of the heart: The Psychogeography of Everyday Life*(New York, Bellevue Literary Press, 2015), p.108f.

399 Stahl, Antje, "Schonheit kann Kriminalitat untergraben", *Neue Züricher Zeitung*(2018. 11. 29); https://www.nzz.ch/feuilleton/ministerpraesident-edi-rama-verbrechen-undschoenheit-in-albanien-ld.1438011

400 하버마스(Habermas)는 바로 이런 관점에서 도덕적 태도도 자신의 생각과 행동을 다른 사람의 그것과 견주어 보아야만 한다고 강조한다. "하나의 예술 작품은 그저 우연하게 만들어지는 것이 아니다. 물론 산에서 얻은 기묘한 모습의 암석이나 해변의 독특한 자갈도 아름다운 작품은 될 수 있다. 하지만 이런 것을 예술 작품으로 만드는 것은 미학적 경험을 축적한 표준을 알아보는 감각이다."(Habermas, *Auch eine Geschichte der Philosophie II*, p.787)

401 Herder, Johann Gottfried, *Von Schulübungen*, Herders Werke in funf Banden, Regine Otto(hg.), Bd. 5(Berlin/Weimar, Aufbau, 1969), p.257.

402 Schopenhauer, Arthur, *Die Welt als Wille und Vorstellung I*, p.530.

403 묵상의 이런 정의는 16세기 스페인 카르멜 수도원의 신학자들이 내린 것이다. 12세기의 스코틀랜드 신학자 리처드 오브 세인트 빅터(Richard of Saint Victor)는 묵상을 "포괄적이며, 절박하고, 사랑으로 가득한 직관"이라고 정의했다.[Grialou, Marie-Eugen, *Ich will Gott schauen*(Fribourg, Paulusverlag, 1993), p.497]

404 Ignatius von Loyola, *Geistliche Übungen 2*, Adolf Haas(ubers.)(Freiburg/Basel/Wien, 1966), p.15.

405 세계의 신비한 아름다움을 훼손하는 것을 막스 베버는 '탈마법화'라는 개념으로 탁월하게 정리했다. "과학과 그에 맞춘 기술로 모든 것을 계산하는 합리화가 실질적으로 무엇을 뜻하는지 분명히 해두자. (……) 이런 계산적인 합리화는 (……) 우리가 어떻게 인생을 살아야 하는지 그 보편적인 조건을 알려주지 않는다. 오히려 계산적 합리화는 전혀 다른 것을 의미한다. 과학을 바라보는 신뢰는 우리가 원하기만 한다면, 같은 경험을 언제라도 되풀이할 수 있게 해주리라는 기대, 계산을 통해 지배할 수 있다는 기대에서 성립한다. 이는 곧 계산할 수 없는 그 어떤 신비로운 힘도 존재하지 않는다는 탈마법화다."[Weber, Max, *Wissenschaft als Beruf*(1919), ders.: Gesammelte Aufsatze zur Wissenschaftslehre, Johannes Winkelmann(hg.)(Tübingen, Mohr, 1988), pp.582~612, p.593]

406 Han, *Müdigkeitsgesellschaft*, p.27.

407 Gadamer, Hans-Georg: "Die Aktualitat des Schonen. Kunst als Spiel, Symbol und Fest", ders., *Ästhetik und Poetik I*(Tübingen, Mohr, 1993), p.136.

408 Platon, *Nomoi*, 874c. 다음 자료도 참조할 것. Doblhofer, Georg, *Vergewaltigung in der Antike*(Berlin, de Gruyter, 1994).

409 Scruton, *Schönheit*, p.209. 이런 문장도 나온다. "이처럼 인격의 신비를 모독하는 일은 자유를 파괴하며, 사랑을 부정한다. 모독은 사랑이라고는 없는 세계를 꾸며내려는 안간힘이다."(같은 책, p.226f.)

410 James, Erika L., *Fifty Shades of Grey*(München, Goldmann, 2012), p.191.

411 Han, *Agonie des Eros*, p.62.

412 실러 전집 제5권, pp.368~374.

413 놀이를 축제로 만드는 신성을 두고 한병철은 이렇게 썼다. "신은 인간들이 놀이를 할 때 기뻐한다. 인간은 신을 위해 놀이를 한다. 그러나 축제 없는 시대, 축제를 잃어버린 시대에 살면서 우리는 신과의 관계마저 잃었다."(*Müdigkeitsgesellschaft*, p.90)

414 Bultmann, Rudolf, *Glauben und Verstehen II*(Tübingen, Mohr, 1958), p.137

415 괴테 전집, 제11권(1835), p.16.

416 Adorno, Theodor W., *Ästhetische Theorie*(=Gesammelte Schriften VII), Rolf Tiedemann(hg.)(Frankfurt a. M., Suhrkamp, 1972), p.401.

417 다음 자료를 참조할 것. Hartl, Johannes, *Gott ungezähmt*(Freiburg i. Br., Herder, 2016). 신학에서 아름다움이 상실된 역사를 온전히 다룬 자료는 한스 우르스 폰 발타자르의 기념비적 대작《영광(Herrlichkeit)》이다.

418 Balthasar, *Herrlichkeit*, p.14. 그리고 스크러턴 경 역시 아주 비슷한 논지를 펼친다. "아름다움은 우리가 그것이 아무 의미를 가지지 않은 것처럼 인생을 사는 바람에 우리의 세계에서 사라지고 말았다. 우리는 신께 바쳐야 하는 제물이 무엇인지 잊어버리고, 제물을 바치기를 한사코 피하는 통에 이런 상황을 자초하고 말았다. 우리 시대의 예술이 그저 선정적인 막장과 얼버무려진 신성모독에 불과함을 보라."(Scruton, *Shönheit*, p.244)

419 "성경이 전해주는 은총의 계시는 인간의 눈앞에 그 구현의 역사를 중심에서부터 이끌고 나가는 인물을 세워둔다. 이 인물이 당하는 고난을 인간이라면 누구나 되새겨보며 그 안에 담긴 스핑크스의 수수께끼, 곧 불가사의한 난제를 풀어야만 한다. 이런 과정을 통해 탄생하는 예술, 곧 고난의 묘사는 아무리 사소한 것이라도 무시해서는 안 되는 걸작을 낳는다. 이런 작품은 무게중심이 잘 잡혀 무한하게 뻗어나가며, 세월의 풍파를 견뎌낸다. 역사의 중심에 선 신의 예술은 흠 잡을 데 하나 없으며, 이런 걸작을 겨논 비난과 비평은 오로지 불평불만에 찌든 사람이나 한다."(Balthasar, *Herrlichkeit*, p.165)

420 분석철학의 역사는 철학의 문제들을 언어 사용을 해명해 풀어보려는 체계적인 시도의 역사다. 고트로프 프레게(Gottlob Frege), 버트런드 러셀(Bertrand Russell), 루돌프 카르납(Rudolf Carnap)과 같은 선구자들은 (수학적) 논리로 언어분석의 확실한 기반을 얻어낼 수 있다는 희망을 품었다. 분석철학은 루트비히 비트겐슈타인(Ludwig Wittgenstein)의 후기 저작들로 방향을 새롭게 바꾸었다. 합리적 생각의 확실한 근거를 찾는 대신, 분석철학은 오로지 언어 사용의 분석에만 치중했다. 언어가 어떤 객관적인 존재자를 지칭하는 게 아니라, 우리의 습관만 반영하고 있기 때문에 언어를 기호로 대체하면 모든 문제가 풀린다고 보았다. 다시 말해서 단어는 우리가 쓰는 습관에 지나지 않는다. 다음 자료를 참조할 것. Rorty, Richard, *Der Spiegel der*

Natur(Frankfurt a. M., Suhrkamp, 1981).

421 존재자의 배후를 묻는 물음은 분석철학 체계 안에서도 얼마든지 제기될 수 있다. '존재 물음'을 이른바 '언어 전환'이라는 전제 아래 풀어가는 흥미로운 해결책은 브라질 출신으로 독일에서 활동한 철학자 로렌츠 푼텔(Lorenz Puntel)이 고안해냈다. Puntel, Lorenz B./Tourpe, Emmanuel, *Philosophie als systematischer Diskurs*(Freiburg/München, Alber, 2014).

422 Wittgenstein, Ludwig, *Tractatus logico-philosophicus*(Suhrkamp, 1984), p.84.

423 Fromm, *Haben oder Sein*, p.110.

424 위의 책, p.157.

425 도시에 여러 부족들이 모여 사는 일은 그에 따른 갈등의 해결을 위해 새로운 문화적 장치를 요구했을 게 틀림없다. 이를테면 충격적인 전염병을 막을 위생 처리는 반드시 필요했다. 인류가 처음으로 만들었던 도시들은 사람들이 몰려오는 활황을 겪다가 이내 주민들에게 다시 버림받았다. 성경을 순전히 인류학의 관점에서 읽어보면, 바벨탑 건설과 관련한 대목은 초기 도시 건설이 가진 기회와 위험에 어떤 게 있는지 관련 지식을 집약해놓은 것이다. 다음 자료를 참조할 것. Schaik/Michel, *Das Tagebuch der Menschheit*, pp.126~132.

426 바벨탑 전설의 이 철학에 가까운 해석을 제시한 인물은 독일의 철학자 페르디난트 울리히(Ferdinand Ulrich)다. "Die babylonische Transzendenz. Der eine Logos und die vielen Sprachen", *Logo-tokos*(=Schriften IV)(Freiburg, Johannes, 2003), pp.353~505.

427 Fratz, Kirstine, *Das Buch vom Zeitgeist*(Basel, Fontis, 2017), p.37.

428 위의 책, p.16.

429 이 문장과 앞서 인용한 문장은 키르슈티네 프라츠의 블로그에서 인용했다.; https://www.reflab.ch/der-untergang-naht-zeit-fuer-freigespielte-hoffnung

430 영감을 주제로 한 유명한 TED 강의는 미국의 여성 저널리스트 엘리자베스 길버트(Elisabeth Gilbert)의 〈먹고 기도하고 사랑하기(Eat-Pray-Love)〉다. 이 강의에서 길버트는 오늘날의 천재 숭배를 비판하고, 예술가는 오로지 어떤 드높은 힘이 불어넣어주는 영감을 받는 것이라는 고대의 관점이 훨씬 더 큰 설득력을 가진다고 강조한다. 그녀는 이런 생각을 베스트셀러 《빅 매직(Big Magic)》에서 더욱 상세히 논술했다. 길버트는 영감에 따르는 정신 현상이 우리 바깥의 보이지 않는 힘이 작용하는

결과라고 믿는다.

431 울리히는 그의 대표적인 저서 《호모 아비수스》에서 이 문제를 집중적으로 다룬다. 유감이지만 울리히의 책은 읽기가 쉽지 않다. *Homo Abyssus. Das Wagnis der Seinsfrage*(Einsiedeln, Johannes, 1998). 다음 책도 참조할 것. *Gabe und Vergebung*(Einsiedeln, Johannes, 2006). 울리히의 사상을 쉽게 푼 입문서는 다음 것이다. Oster, Stefan, *Mit-Mensch-Sein*(Freiburg/München, Alber, 2004).

432 아이는 "부모의 친밀한 보살핌을 통해 자신의 존재 풍경으로 들어간다. 아이는 존중을 받기에 존중을 베푼다. 아이는 받아들일 줄 안다, 자신이 받아들여졌기 때문에. 아이는 성장한다, 부모가 성장의 기반을 만들어주니까. 아이는 세상에서 살아갈 곳을 얻는다, 세상이 아이에게 살 곳, 요람과 집을 미리 마련해주니까. (……) 아이의 미래는 아버지와 어머니의 '너와 우리'라는 심장의 중심으로부터 열린다. (……) 너라는 빛 안에서 세계는 말하기 시작한다."[Ulrich, Ferdinand, *Der Mensch als Anfang. Zur philosophischen Anthropologie der Kindheit*(Einsiedeln, Johannes, 1970), p.70] "아이가 놀이를 즐기는 것은 놀이가 시작, 근원으로부터의 도약하는 상징이기 때문이다. 아이는 펄쩍펄쩍 뛰며 춤춘다."(같은 책, p.129) 바로 그래서 어린 시절은 모든 형이상학의 시초다. 생각하는 사람은 다음을 유념한다. "존재 문제는 어린아이의 관점으로 바라보아야만 한다."(같은 책, p.121) "어린 시절로 돌아간다는 것은 인간이 되기를 시작한다는 뜻이다."(같은 책, p.155)

EDEN CULTURE
에 덴 컬 처

초판 1쇄 인쇄 2022년 7월 4일
초판 1쇄 발행 2022년 7월 11일

지은이 | 요하네스 하르틀
옮긴이 | 김희상
펴낸이 | 한순 이희섭
펴낸곳 | (주)도서출판 나무생각
편집 | 양미애 백모란
디자인 | 박민선
마케팅 | 이재석
출판등록 | 1999년 8월 19일 제1999-000112호
주소 | 서울특별시 마포구 월드컵로 70-4(서교동) 1F
전화 | 02)334-3339, 3308, 3361
팩스 | 02)334-3318
이메일 | namubook39@naver.com
홈페이지 | www.namubook.co.kr
블로그 | blog.naver.com/tree3339

ISBN 979-11-6218-207-9 03300